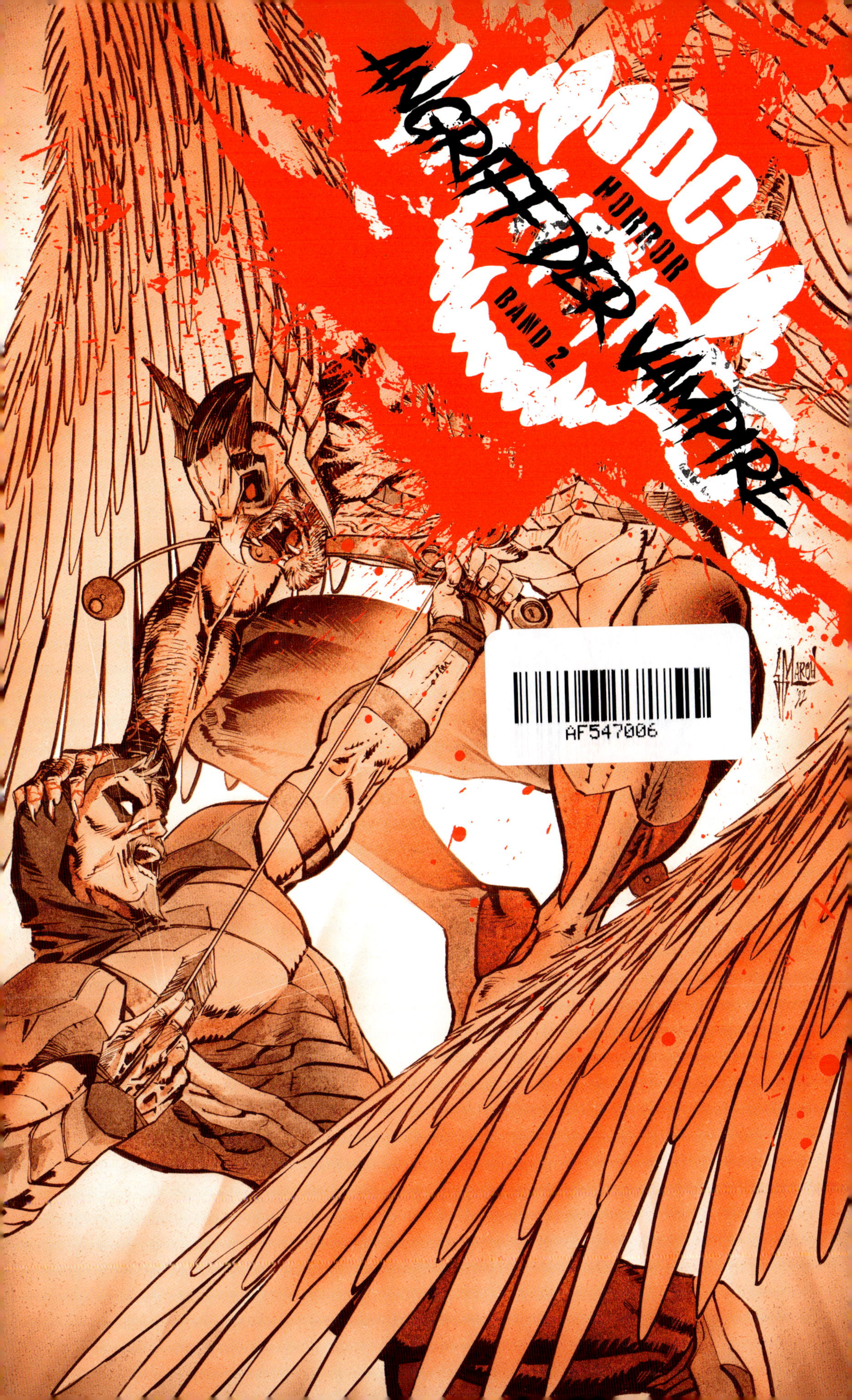
DC
HORROR
ANGRIFF DER VAMPIRE
BAND 2
AF547006

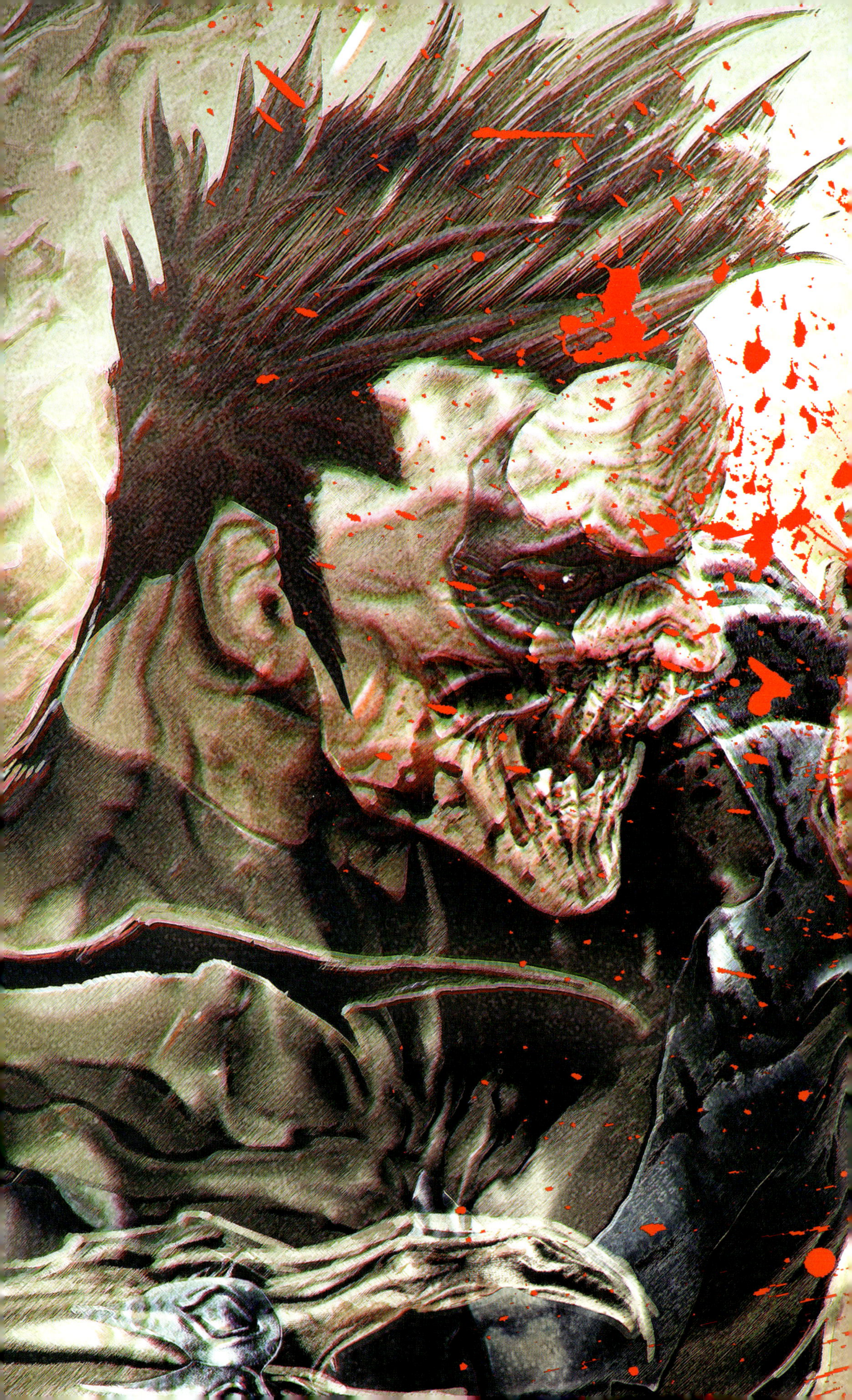

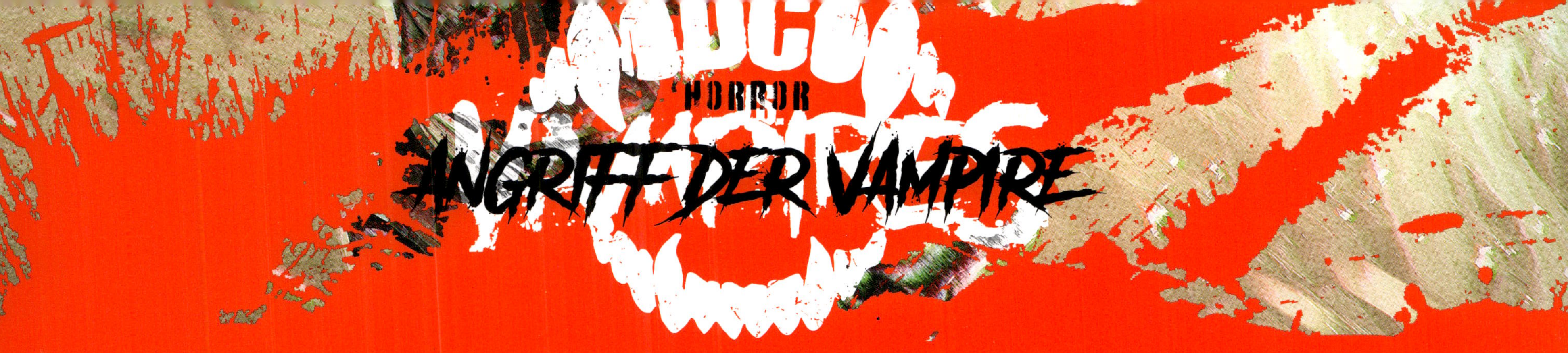

Angriff der Vampire

DER SCHWUR
The Promise
DC vs. Vampires: Hunters 1
Juli 2022

KILLER
Killers
DC vs. Vampires: Killers 1
August 2022

VOR SONNENAUFGANG
Darkest Before Dawn
DC vs. Vampires 7
September 2022

EINES LANGEN TAGES REISE
Long Day's Journey
DC vs. Vampires 8
Oktober 2022

DIE RUHE UND DER STURM
A Stillness and a Storm
DC vs. Vampires 9
November 2022

GOTHAM MUSS FALLEN
Gotham Must Fall
DC vs. Vampires 10
Dezember 2022

UNSERE LETZTEN STUNDEN
Our Final Hours
DC vs. Vampires 11
Januar 2023

MORGENGRAUEN
Dawn
DC vs. Vampires 12
Februar 2023

JAMES TYNION IV MATTHEW ROSENBERG STORY
OTTO SCHMIDT NEIL GOOGE MIKE BOWDEN FRANCESCO MORTARINO DANIELE DI NICUOLO EDUARDO MELLO ZEICHNUNGEN
OTTO SCHMIDT NEIL GOOGE MIKE BOWDEN EDUARDO MELLO LE BEAU UNDERWOOD JOHN LIVESAY TUSCHE
OTTO SCHMIDT ANTONIO FABELA PIERLUIGI CASOLINO FARBEN JÖRG FASSBENDER ÜBERSETZUNG RUI ALVES LETTERING
BEN ABERNATHY REDAKTION USA

HELDEN UND SCHURKEN GEGEN VAMPIRE

DC-HORROR: ANGRIFF DER VAMPIRE erzählt eine Alternativwelt-Story abseits der vertrauten Welt rund um **Batman**, **Superman** und Co. Hier sind Menschen und Vampire in einen Krieg um die Weltherrschaft verstrickt, und die Helden und Schurken sind Teil des Konflikts.

Alles begann damit, dass die **Blutkönigin Mary** ermordet wurde, die der Garant des Friedens zwischen Menschen und Vampiren war. **Andrew Bennett**, selbst seit Jahrhunderten ein Vampir, machte sich auf die Suche nach Marys Mörder und fand heraus, dass hinter den Kulissen der Krieg zwischen den beiden Spezies längst begonnen hatte. Die Spur führte Bennett zum Hauptquartier der Superschurkentruppe **Legion of Doom**, deren Mitglieder den Vampiren bereits zum Opfer gefallen waren. Ein tödlich verletzter **Lex Luthor** konnte Bennett noch eine Probe seines Blutes geben und bat ihn, sie Batman zu bringen. Diese Probe könnte die Rettung für die Menschheit sein. Bennett überreichte sie Batmans Butler **Alfred** und machte sich dann zur **Justice League** auf, um die Superheldengruppe zu warnen. Doch das Team war bereits von Vampiren unterwandert – und der zum Vampir gewordene **Hal Jordan** alias **Green Lantern** tötete Bennett. Batman aber nahm den Kampf gegen die Blutsauger auf, nachdem er sich vergewissert hatte, dass sich in seiner „Familie" keine Vampire befanden. Doch die Untoten hatten längst im großen Stil die Jagd auf Helden und Schurken eröffnet, viele getötet – zum Beispiel **Flash**, **Zan**, **Pinguin** und den **Joker** – oder ebenfalls in Vampire verwandelt – darunter auch **Wonder Woman** und **Superman**.

Batman, seine **Bat-Familie** und **Green Arrow** wurden schließlich in der Bat-Höhle von Wonder Woman, Green Lantern und den restlichen Mitgliedern der Liga gestellt, denen man weisgemacht hatte, dass Batman ein Vampir und für den Tod von Flash verantwortlich sei. Im Laufe des Gefechts stellte sich jedoch heraus, dass **Nightwing** der heimliche Anführer der Vampire ist – als er Batman die Faust durch die Brust rammte! Anschließend begannen die Vampire ihren Großangriff auf die Welt und machten sie für Menschen fast unbewohnbar. Nur wenige Helden konnten entkommen, darunter Green Arrow, **Dr. Fate**, **Swamp Thing**, **Jayna** und **John Constantine**. An ihnen ist es nun, den Kampf gegen die Vampire aufzunehmen …

Bernd Kronsbein

DC-HORROR: ANGRIFF DER VAMPIRE erscheint bei **PANINI COMICS**, Schloßstraße 76, D-70176 Stuttgart. Druck: Tecnostampa srl – Pigini Group – Loreto – Trevi. Pressevertrieb: Stella Distribution GmbH, D-22297 Hamburg. Direkt-Abos auf **www.paninicomics.de**. Anzeigenverkauf: BLAUFEUER VERLAGSVERTRETUNGEN GmbH, info@blaufeuer.com. Es gelten die Anzeigenpreise gemäß der Mediadaten 2023. Geschäftsführer **Hermann Paul**, Publishing Director Europe **Marco M. Lupoi**, Finanzen/Logistik **Felix Bauer**, Marketing Director **Holger Wiest**, Marketing **Thorsten Kleinheinz**, Vertrieb **Alexander Bubenheimer**, PR/Presse **Steffen Volkmer**, Publishing Manager **Lisa Pancaldi**, Redaktion **Tommaso Caretti**, **Giorgio Crico**, **Christian Grass**, **Bernd Kronsbein**, **Ilaria Tavoni**, **Peter Thannisch**, **Monika Trost**, **Daniela Uhlmann**, Übersetzung **Jörg Faßbender**, Proofreading **Marion Bergmann**, Lettering **Rui Alves**, grafische Gestaltung **Rudy Remitti**, **Nicola Spano**, Art Director **Alessandro Gucciardo**, Redaktion Panini Comics **Annalisa Califano**, **Beatrice Doti**, Prepress **Francesca Aiello**, **Andrea Bisi**, Repro/Packager **Alessandro Nalli** (coordinator), **Anna Boselli**, **Mario Da Rin Zanco**, **Valentina Esposito**, **Luca Ficarelli**, **Linda Leporati**. Cover von **Guillem March**, *DC vs. Vampires* 12. Variant-Cover von **Francesco Mattina**, *DC vs. Vampires* 6 Variant.

Digitale Ausgaben:
ISBN 978-3-7367-9661-4 (.pdf) / ISBN 978-3-7367-9662-1 (.epub) / ISBN 978-3-7367-9660-7 (.mobi)

Bibliografische Information der Deutschen Nationalbibliothek
Die Deutsche Nationalbibliothek verzeichnet diese Publikation in der Deutschen Nationalbibliografie; detaillierte bibliografische Daten sind im Internet über dnb.d-nb.de abrufbar.

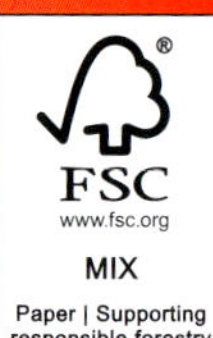

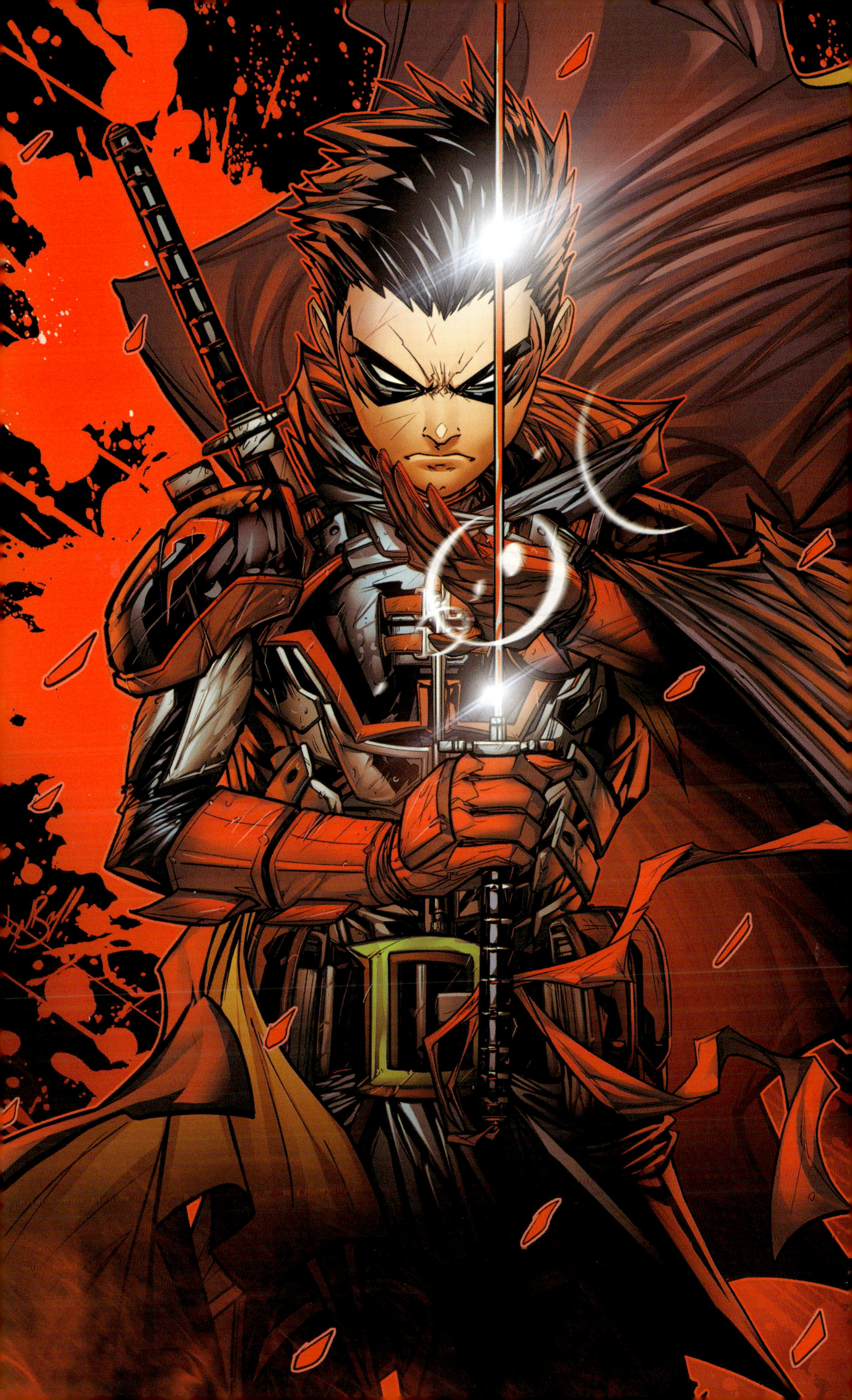

DC VS. VAMPIRES: HUNTERS 1

DER SCHWUR

MATTHEW ROSENBERG
STORY

NEIL GOOGE
ZEICHNUNGEN UND TUSCHE

ANTONIO FABELA
FARBEN

JONBOY MEYERS
ORIGINAL-COVER

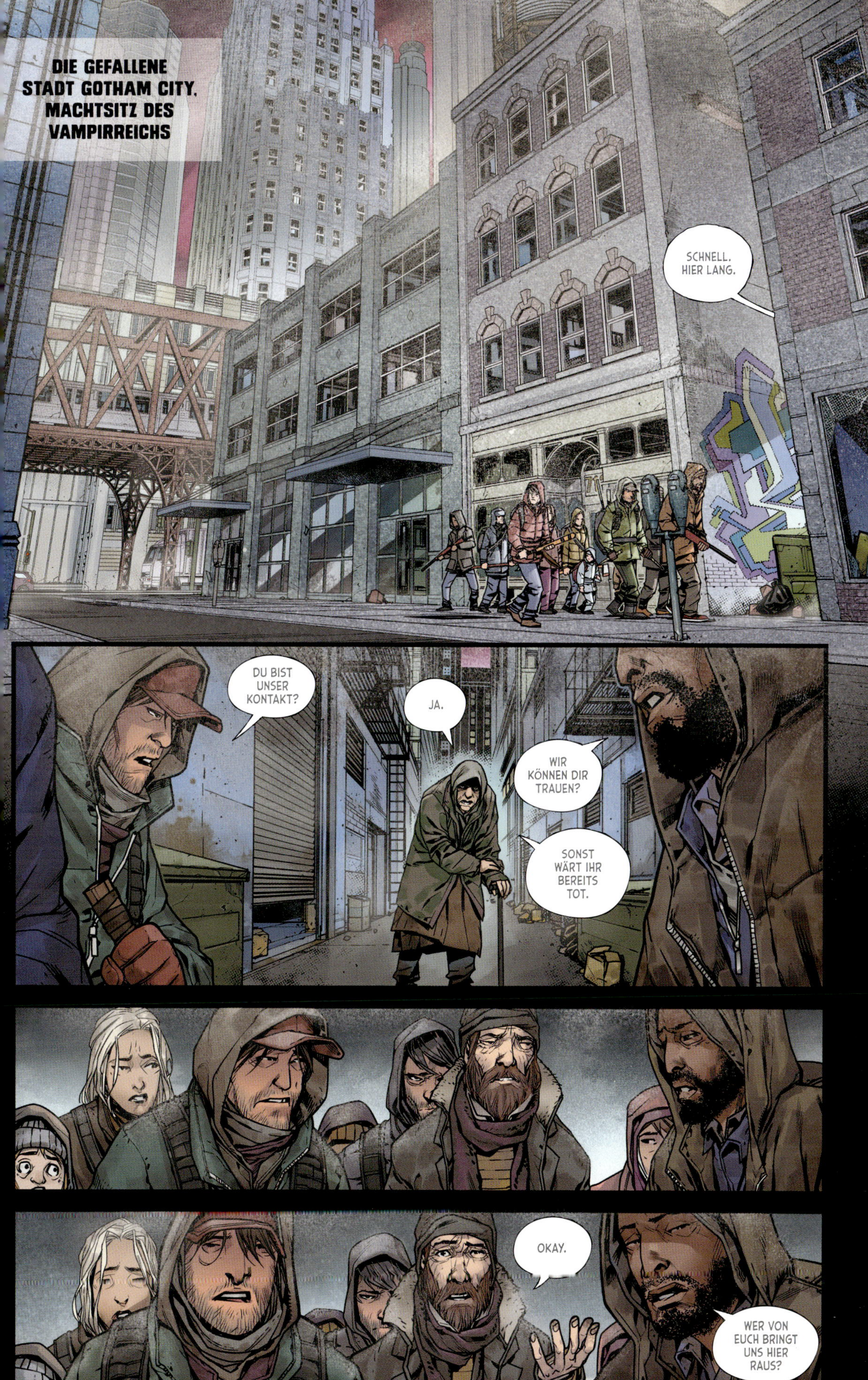
DIE GEFALLENE STADT GOTHAM CITY. MACHTSITZ DES VAMPIRREICHS
SCHNELL. HIER LANG.
DU BIST UNSER KONTAKT?
JA.
WIR KÖNNEN DIR TRAUEN?
SONST WÄRT IHR BEREITS TOT.
OKAY.
WER VON EUCH BRINGT UNS HIER RAUS?

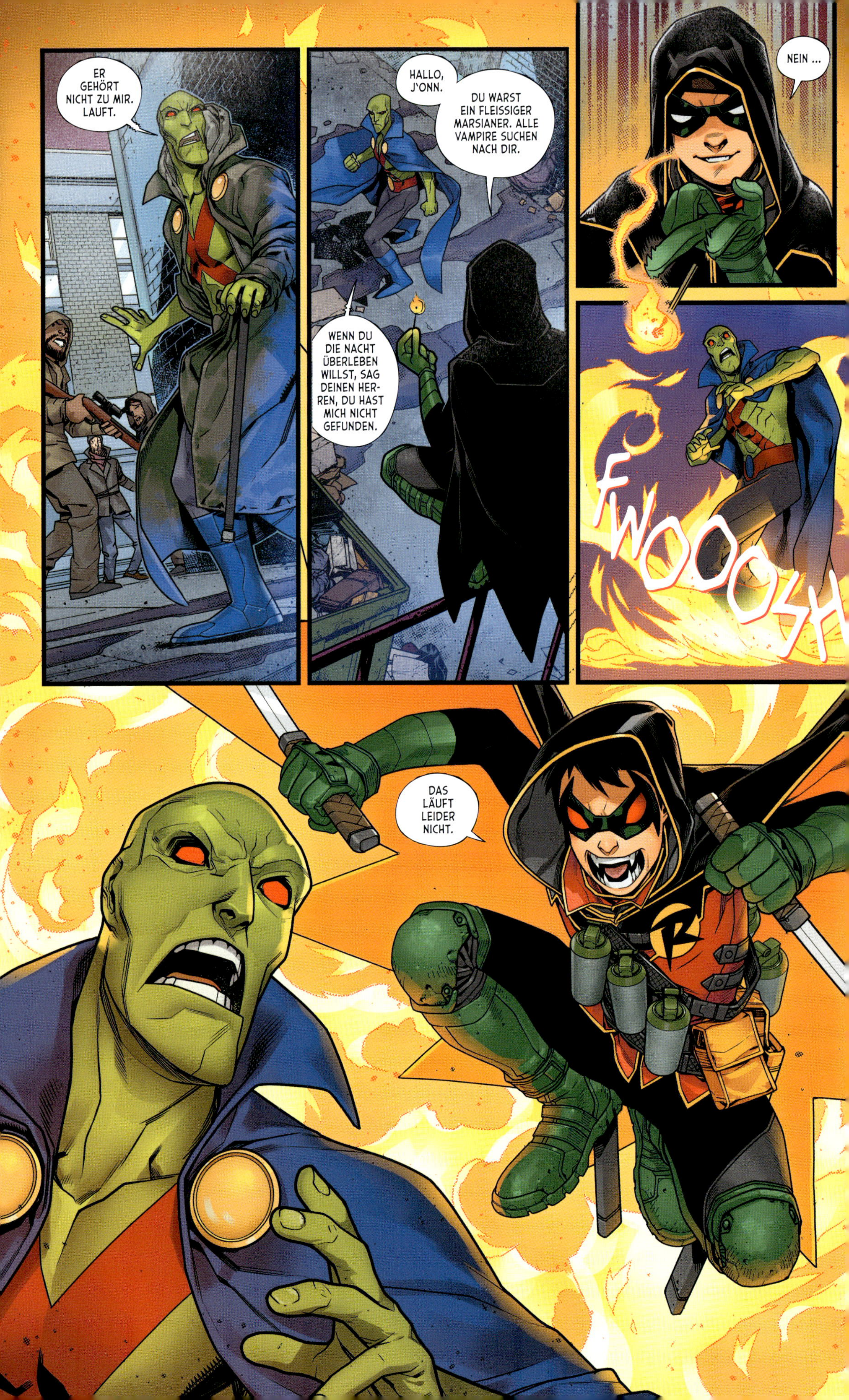
ER GEHÖRT NICHT ZU MIR. LAUFT.
HALLO, J'ONN.
DU WARST EIN FLEISSIGER MARSIANER. ALLE VAMPIRE SUCHEN NACH DIR.
WENN DU DIE NACHT ÜBERLEBEN WILLST, SAG DEINEN HERREN, DU HAST MICH NICHT GEFUNDEN.
NEIN ...
FWOOOOSH
DAS LÄUFT LEIDER NICHT.

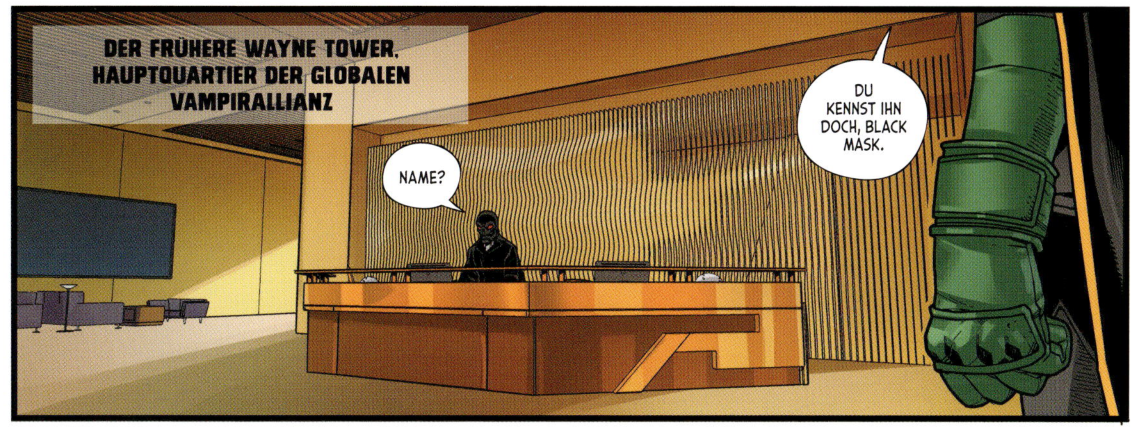
DER FRÜHERE WAYNE TOWER, HAUPTQUARTIER DER GLOBALEN VAMPIRALLIANZ
NAME?
DU KENNST IHN DOCH, BLACK MASK.

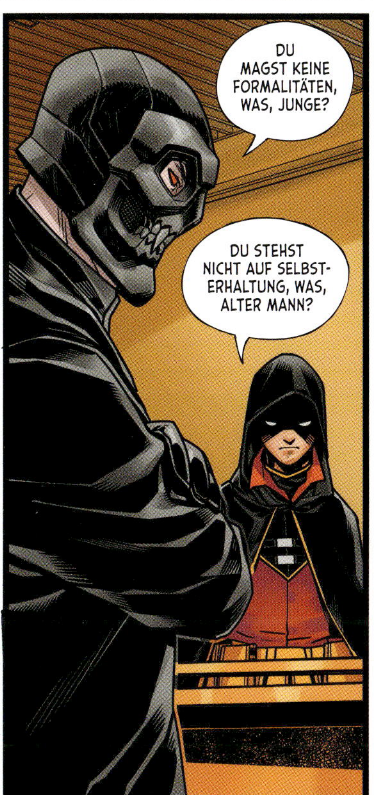
DU MAGST KEINE FORMALITÄTEN, WAS, JUNGE?
DU STEHST NICHT AUF SELBST-ERHALTUNG, WAS, ALTER MANN?

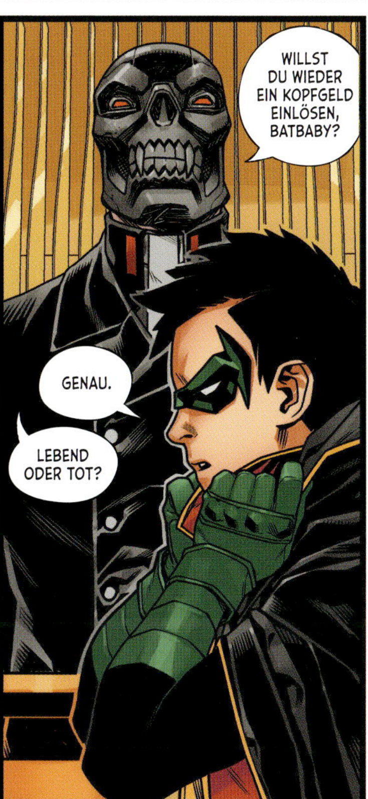
WILLST DU WIEDER EIN KOPFGELD EINLÖSEN, BATBABY?
GENAU.
LEBEND ODER TOT?

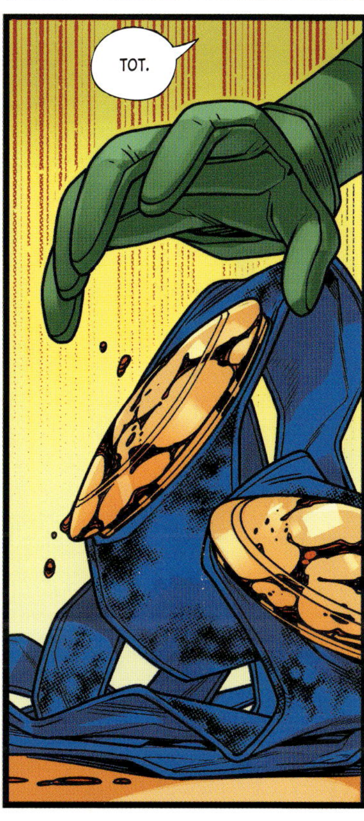
TOT.

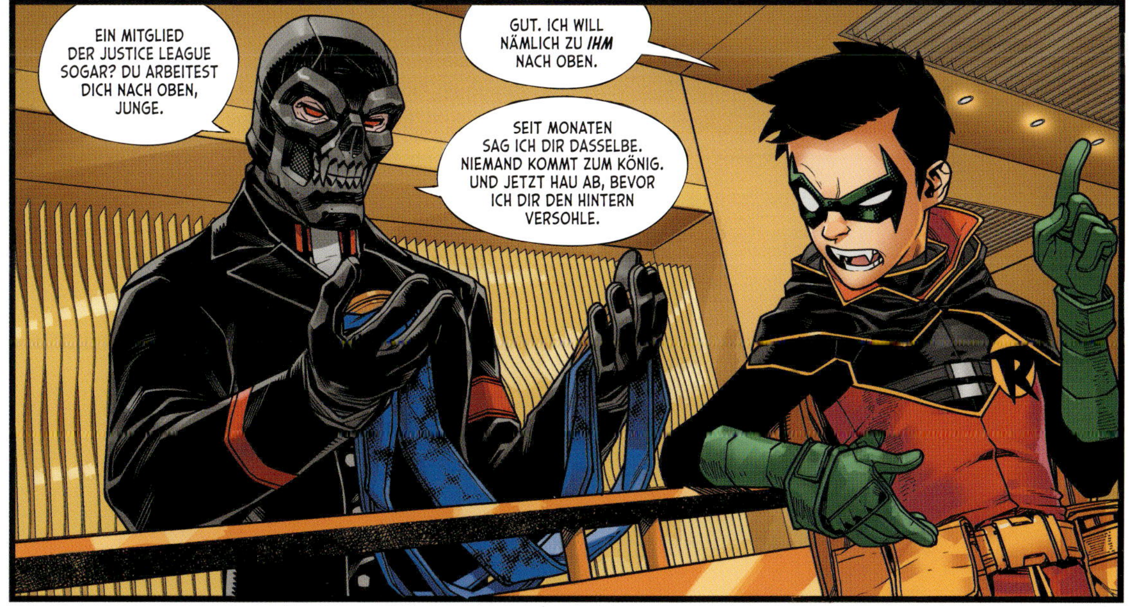
EIN MITGLIED DER JUSTICE LEAGUE SOGAR? DU ARBEITEST DICH NACH OBEN, JUNGE.
GUT. ICH WILL NÄMLICH ZU *IHM* NACH OBEN.
SEIT MONATEN SAG ICH DIR DASSELBE. NIEMAND KOMMT ZUM KÖNIG. UND JETZT HAU AB, BEVOR ICH DIR DEN HINTERN VERSOHLE.

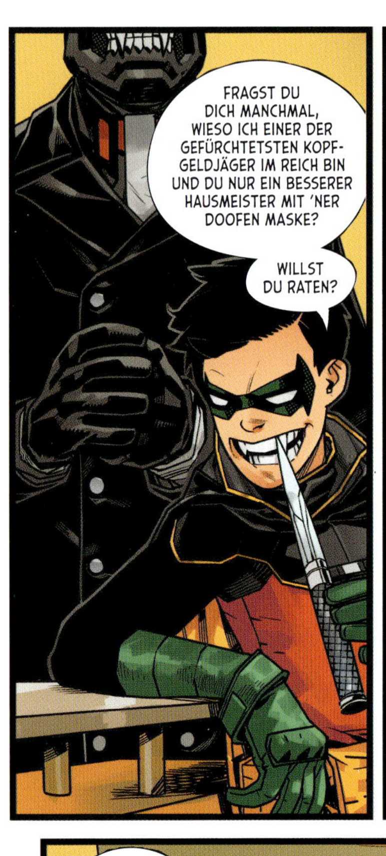
FRAGST DU DICH MANCHMAL, WIESO ICH EINER DER GEFÜRCHTETSTEN KOPF-GELDJÄGER IM REICH BIN UND DU NUR EIN BESSERER HAUSMEISTER MIT 'NER DOOFEN MASKE?
WILLST DU RATEN?
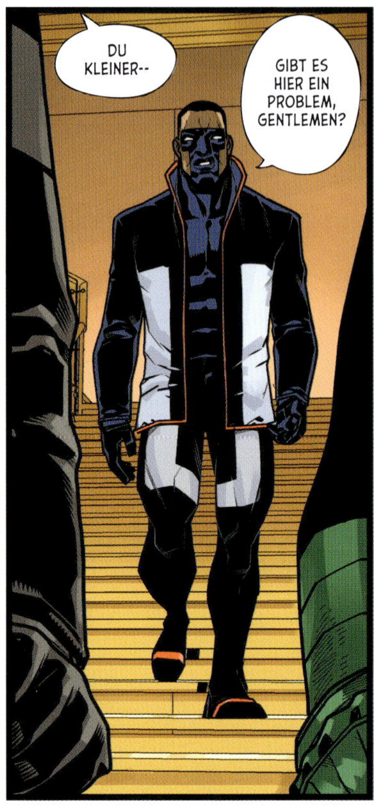
DU KLEINER--
GIBT ES HIER EIN PROBLEM, GENTLEMEN?
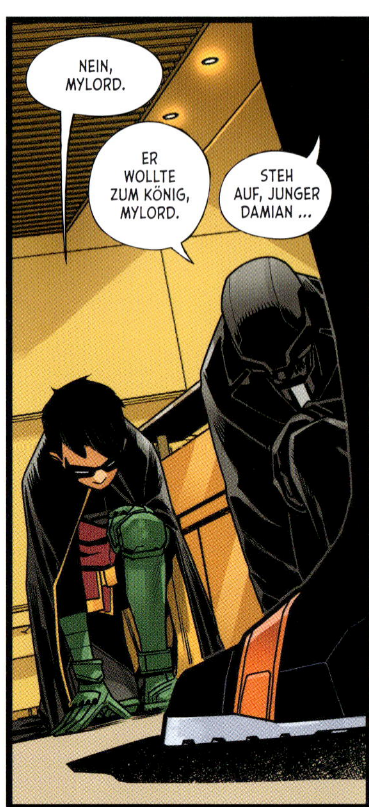
NEIN, MYLORD.
ER WOLLTE ZUM KÖNIG, MYLORD.
STEH AUF, JUNGER DAMIAN ...
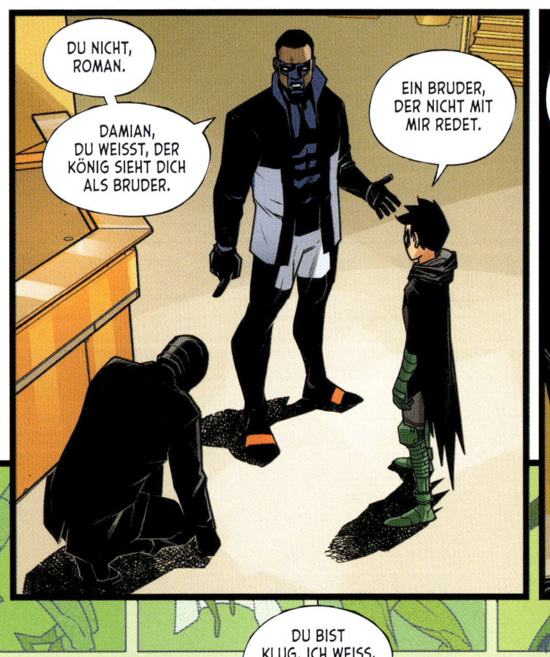
DU NICHT, ROMAN.
DAMIAN, DU WEISST, DER KÖNIG SIEHT DICH ALS BRUDER.
EIN BRUDER, DER NICHT MIT MIR REDET.
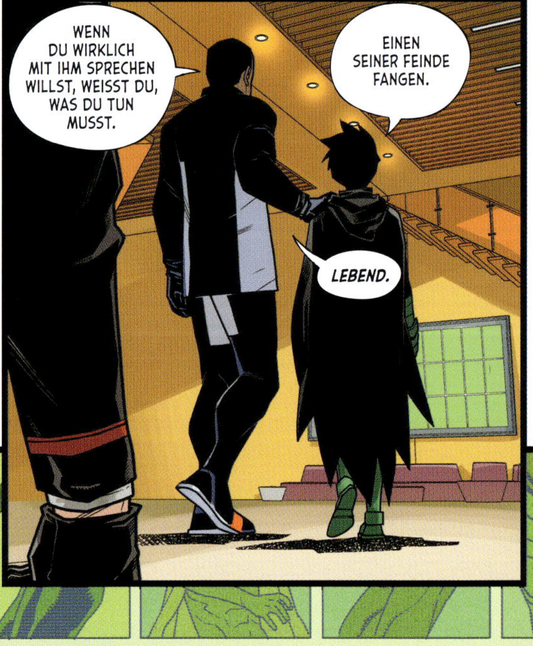
WENN DU WIRKLICH MIT IHM SPRECHEN WILLST, WEISST DU, WAS DU TUN MUSST.
EINEN SEINER FEINDE FANGEN.
LEBEND.
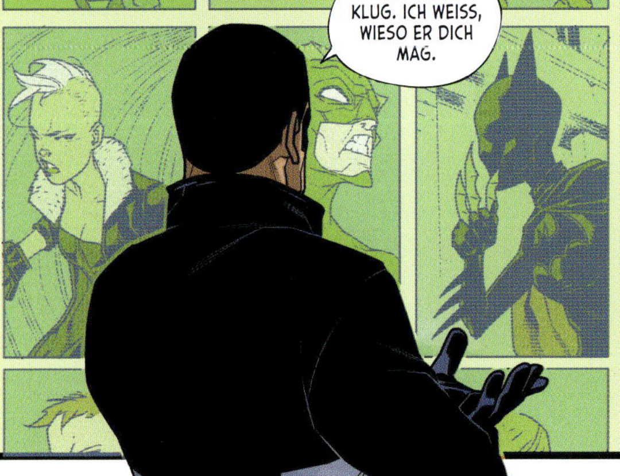
DU BIST KLUG. ICH WEISS, WIESO ER DICH MAG.
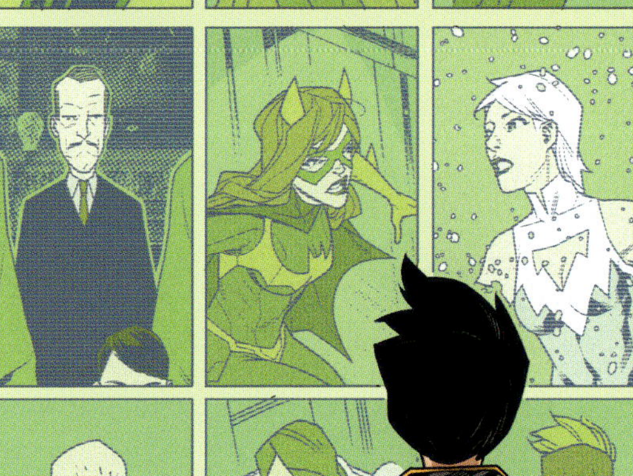

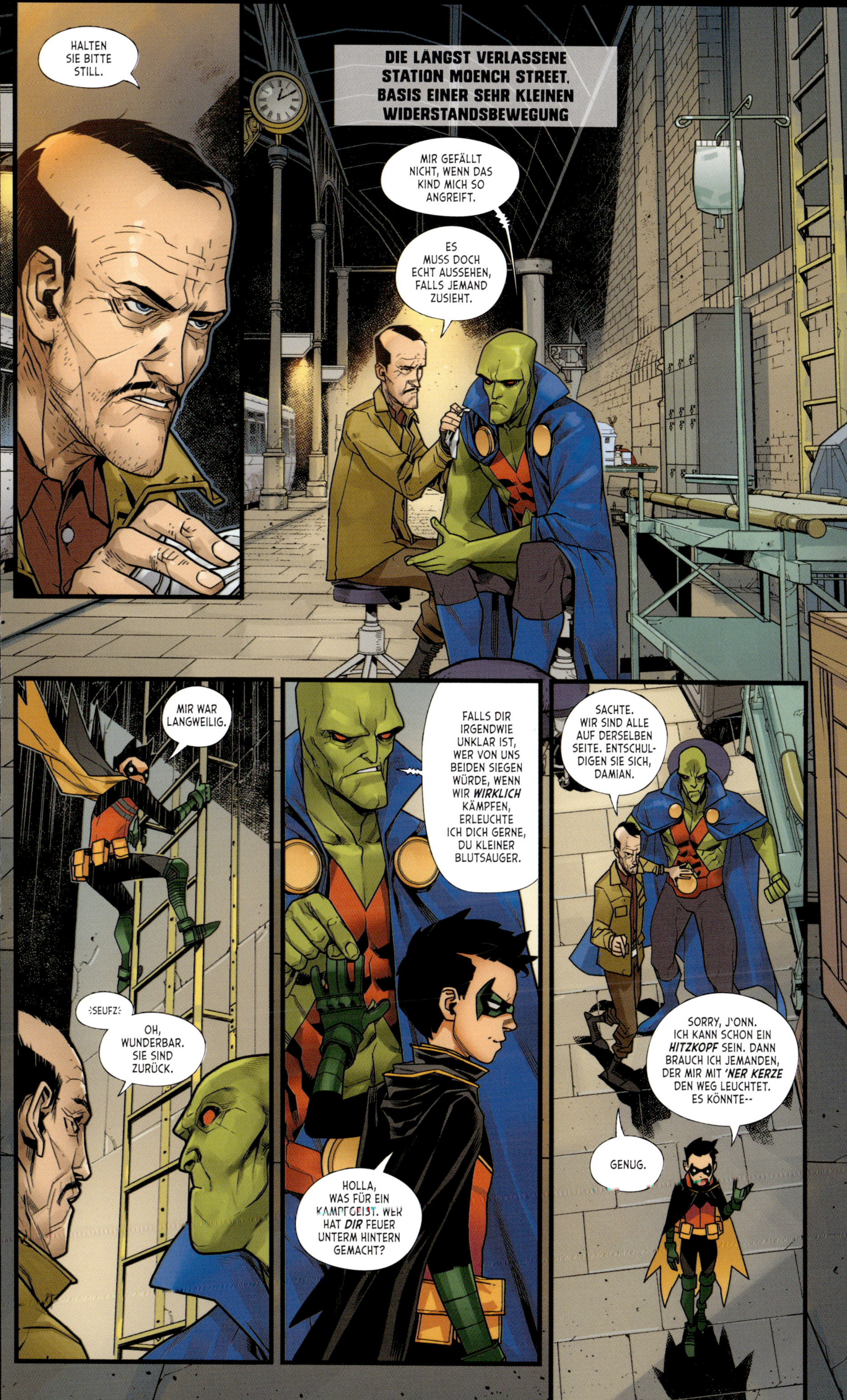
HALTEN SIE BITTE STILL.
DIE LÄNGST VERLASSENE STATION MOENCH STREET, BASIS EINER SEHR KLEINEN WIDERSTANDSBEWEGUNG
MIR GEFÄLLT NICHT, WENN DAS KIND MICH SO ANGREIFT.
ES MUSS DOCH ECHT AUSSEHEN, FALLS JEMAND ZUSIEHT.
MIR WAR LANGWEILIG.
:SEUFZ:
OH, WUNDERBAR. SIE SIND ZURÜCK.
FALLS DIR IRGENDWIE UNKLAR IST, WER VON UNS BEIDEN SIEGEN WÜRDE, WENN WIR *WIRKLICH* KÄMPFEN, ERLEUCHTE ICH DICH GERNE, DU KLEINER BLUTSAUGER.
HOLLA, WAS FÜR EIN KAMPFGEIST. WER HAT *DIR* FEUER UNTERM HINTERN GEMACHT?
SACHTE. WIR SIND ALLE AUF DERSELBEN SEITE. ENTSCHULDIGEN SIE SICH, DAMIAN.
SORRY, J'ONN. ICH KANN SCHON EIN *HITZKOPF* SEIN. DANN BRAUCH ICH JEMANDEN, DER MIR MIT *'NER KERZE* DEN WEG LEUCHTET. ES KÖNNTE--
GENUG.

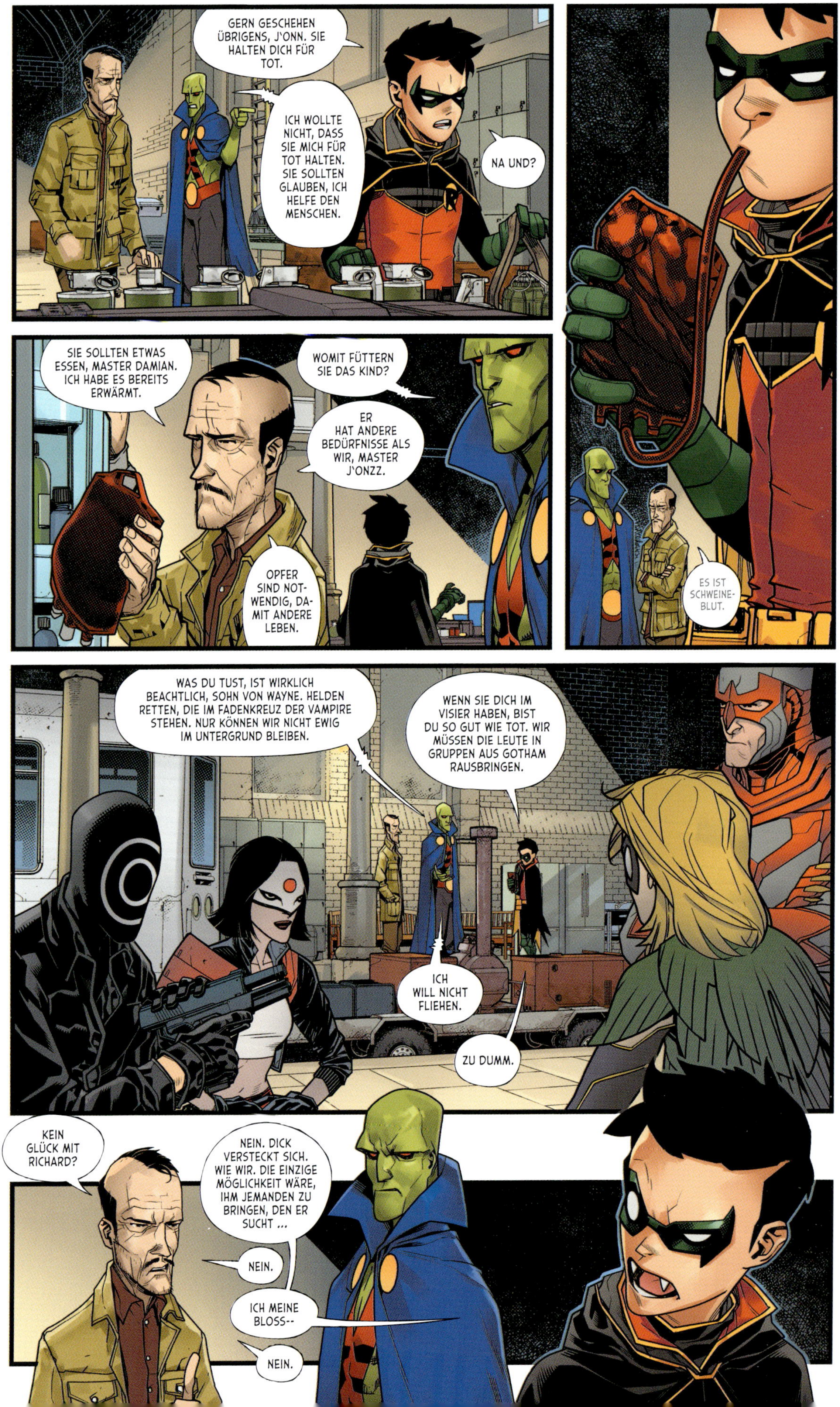

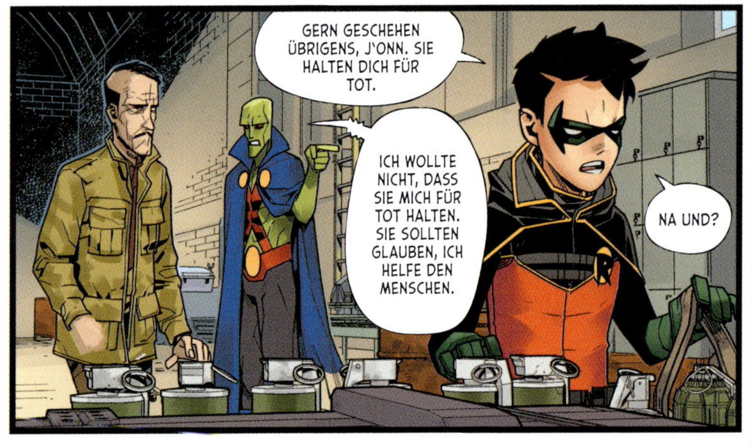
GERN GESCHEHEN ÜBRIGENS, J'ONN. SIE HALTEN DICH FÜR TOT.
ICH WOLLTE NICHT, DASS SIE MICH FÜR TOT HALTEN. SIE SOLLTEN GLAUBEN, ICH HELFE DEN MENSCHEN.
NA UND?

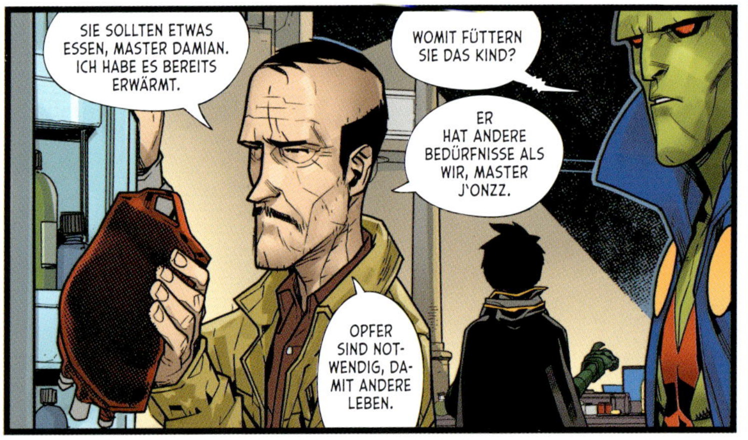
SIE SOLLTEN ETWAS ESSEN, MASTER DAMIAN. ICH HABE ES BEREITS ERWÄRMT.
WOMIT FÜTTERN SIE DAS KIND?
ER HAT ANDERE BEDÜRFNISSE ALS WIR, MASTER J'ONZZ.
OPFER SIND NOT-WENDIG, DAMIT ANDERE LEBEN.

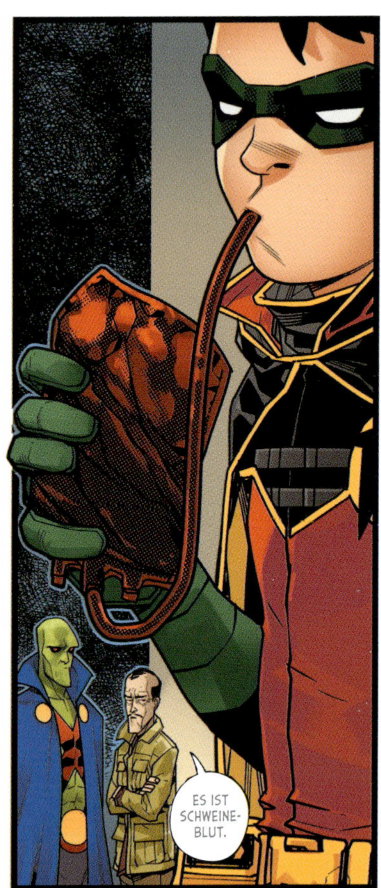
ES IST SCHWEINE-BLUT.

WAS DU TUST, IST WIRKLICH BEACHTLICH, SOHN VON WAYNE. HELDEN RETTEN, DIE IM FADENKREUZ DER VAMPIRE STEHEN. NUR KÖNNEN WIR NICHT EWIG IM UNTERGRUND BLEIBEN.
WENN SIE DICH IM VISIER HABEN, BIST DU SO GUT WIE TOT. WIR MÜSSEN DIE LEUTE IN GRUPPEN AUS GOTHAM RAUSBRINGEN.
ICH WILL NICHT FLIEHEN.
ZU DUMM.

KEIN GLÜCK MIT RICHARD?
NEIN. DICK VERSTECKT SICH. WIE WIR. DIE EINZIGE MÖGLICHKEIT WÄRE, IHM JEMANDEN ZU BRINGEN, DEN ER SUCHT ...
NEIN.
ICH MEINE BLOSS--
NEIN.

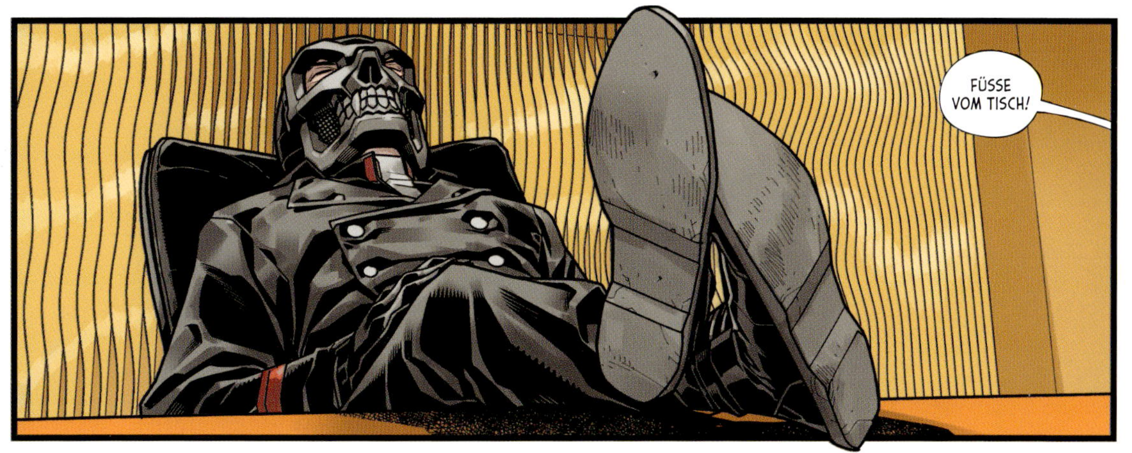
FÜSSE VOM TISCH!

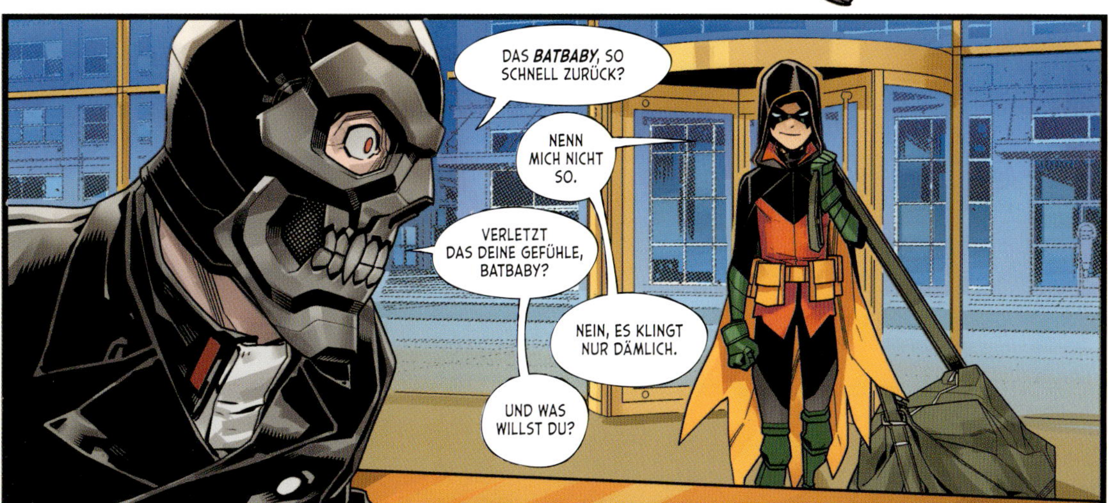
DAS BATBABY, SO SCHNELL ZURÜCK?
NENN MICH NICHT SO.
VERLETZT DAS DEINE GEFÜHLE, BATBABY?
NEIN, ES KLINGT NUR DÄMLICH.
UND WAS WILLST DU?

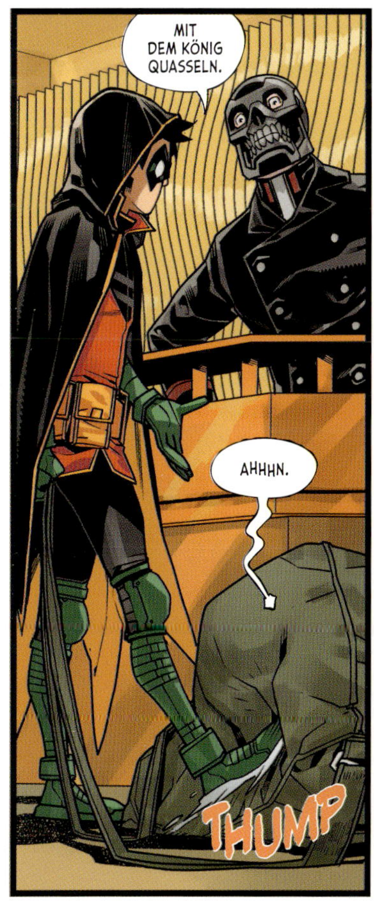
MIT DEM KÖNIG QUASSELN.
AHHHN.
THUMP

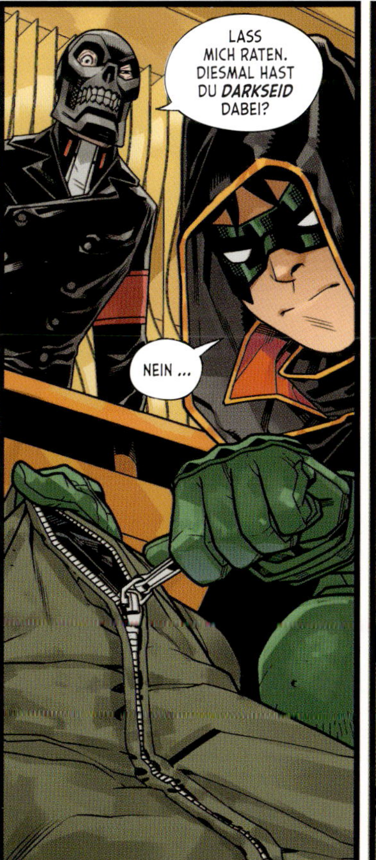
LASS MICH RATEN. DIESMAL HAST DU DARKSEID DABEI?
NEIN ...

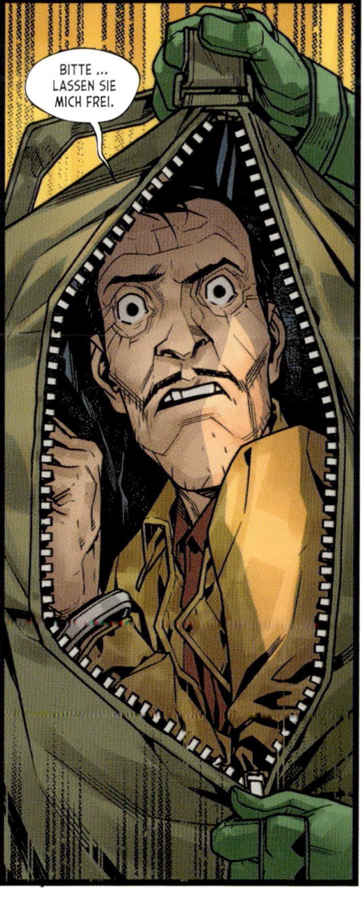
BITTE ... LASSEN SIE MICH FREI.

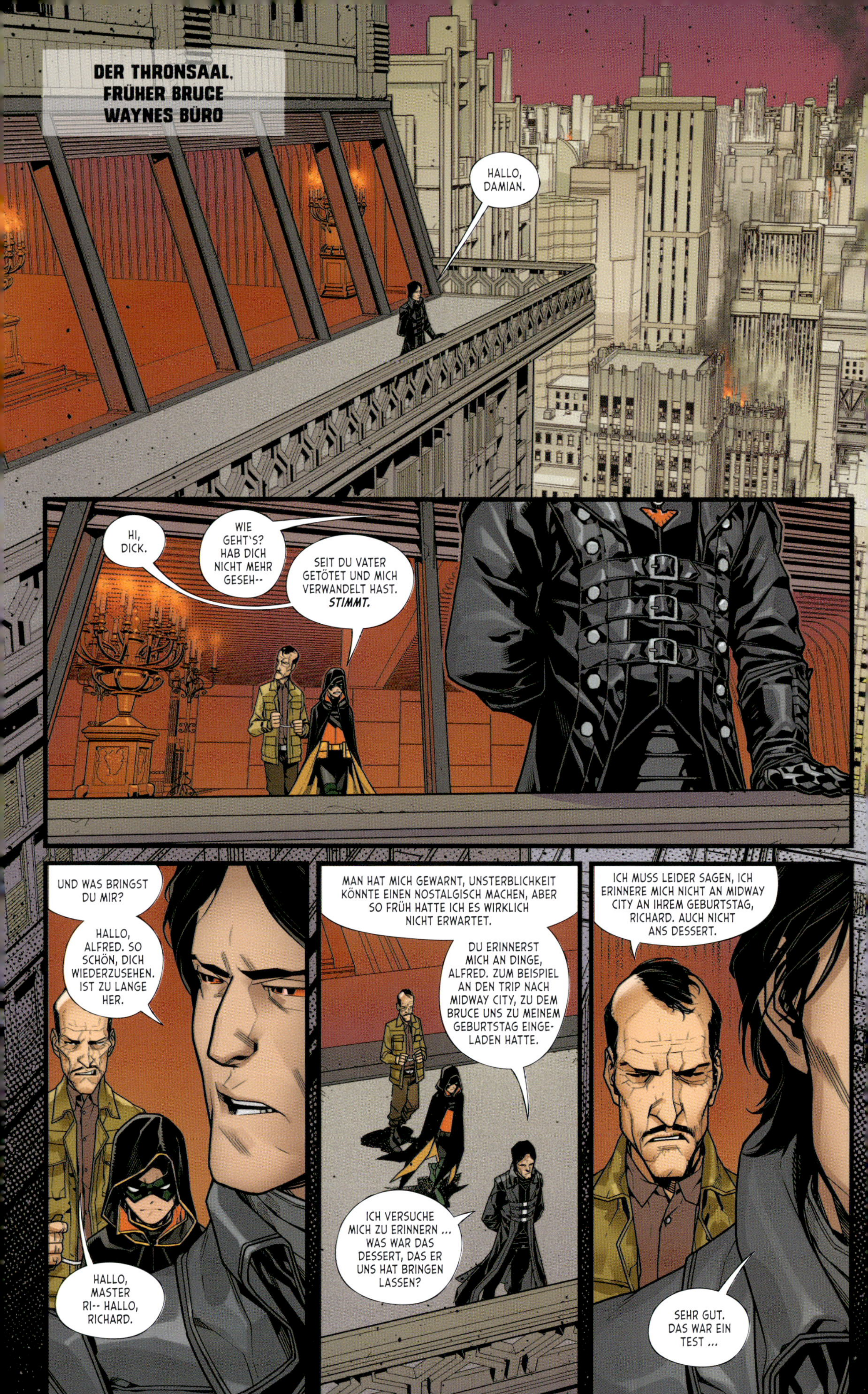
DER THRONSAAL, FRÜHER BRUCE WAYNES BÜRO
HALLO, DAMIAN.
HI, DICK.
WIE GEHT'S? HAB DICH NICHT MEHR GESEH--
SEIT DU VATER GETÖTET UND MICH VERWANDELT HAST. *STIMMT.*
UND WAS BRINGST DU MIR?
HALLO, ALFRED. SO SCHÖN, DICH WIEDERZUSEHEN. IST ZU LANGE HER.
HALLO, MASTER RI-- HALLO, RICHARD.
MAN HAT MICH GEWARNT, UNSTERBLICHKEIT KÖNNTE EINEN NOSTALGISCH MACHEN, ABER SO FRÜH HATTE ICH ES WIRKLICH NICHT ERWARTET.
DU ERINNERST MICH AN DINGE, ALFRED. ZUM BEISPIEL AN DEN TRIP NACH MIDWAY CITY, ZU DEM BRUCE UNS ZU MEINEM GEBURTSTAG EINGELADEN HATTE.
ICH VERSUCHE MICH ZU ERINNERN ... WAS WAR DAS DESSERT, DAS ER UNS HAT BRINGEN LASSEN?
ICH MUSS LEIDER SAGEN, ICH ERINNERE MICH NICHT AN MIDWAY CITY AN IHREM GEBURTSTAG, RICHARD. AUCH NICHT ANS DESSERT.
SEHR GUT. DAS WAR EIN TEST ...

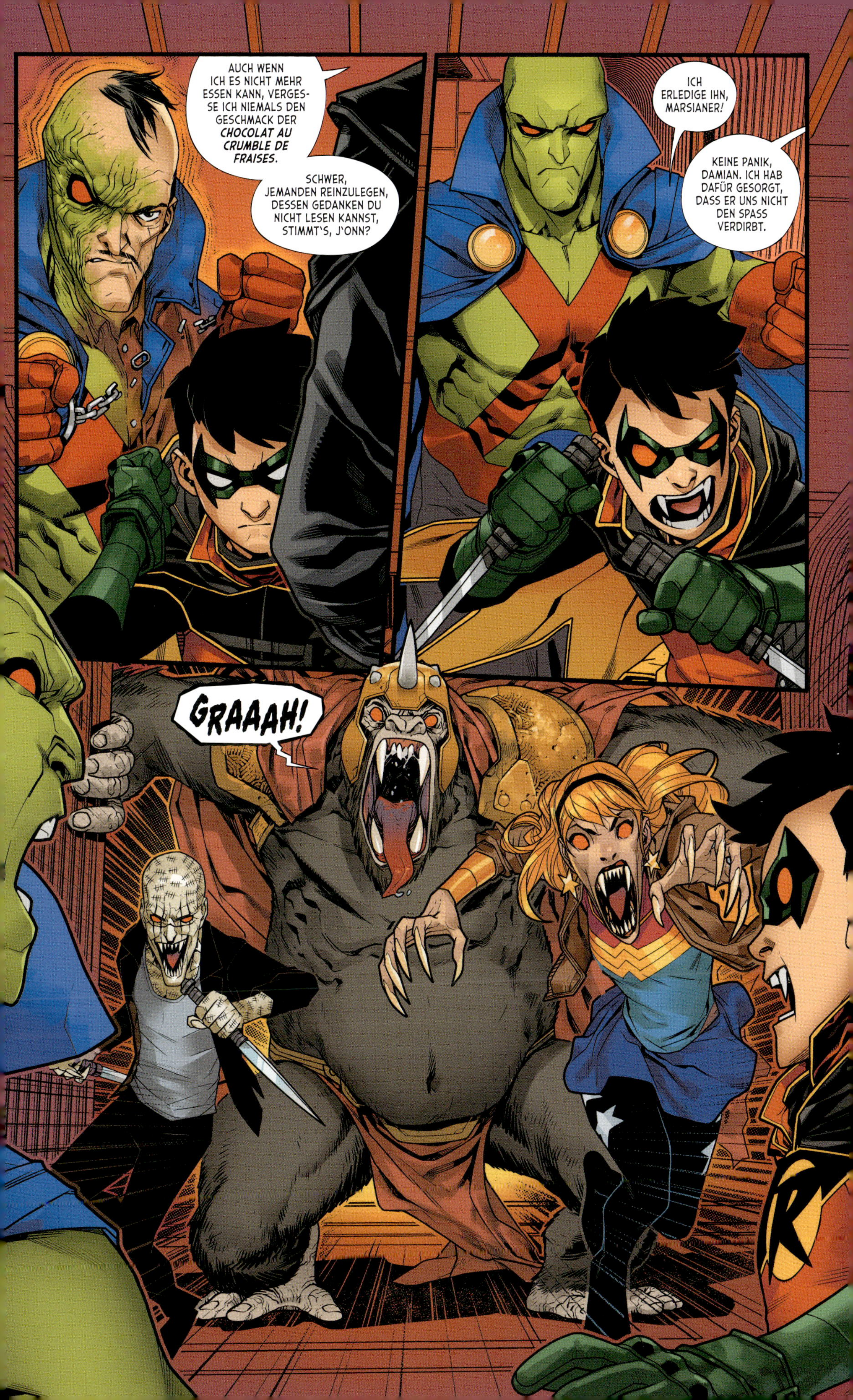
AUCH WENN ICH ES NICHT MEHR ESSEN KANN, VERGESSE ICH NIEMALS DEN GESCHMACK DER *CHOCOLAT AU CRUMBLE DE FRAISES*.
SCHWER, JEMANDEN REINZULEGEN, DESSEN GEDANKEN DU NICHT LESEN KANNST, STIMMT'S, J'ONN?
ICH ERLEDIGE IHN, MARSIANER!
KEINE PANIK, DAMIAN. ICH HAB DAFÜR GESORGT, DASS ER UNS NICHT DEN SPASS VERDIRBT.
GRAAAH!

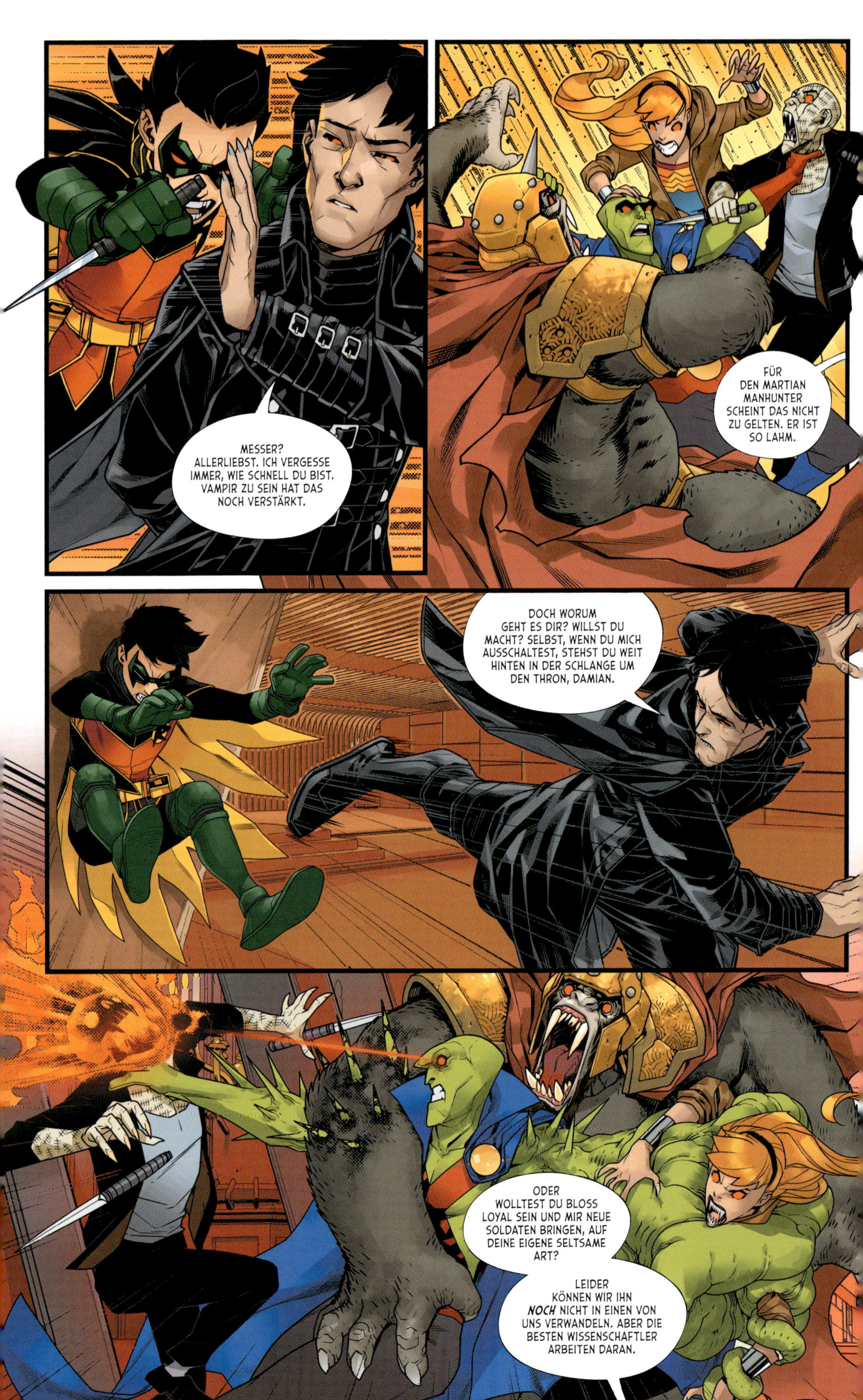
MESSER? ALLERLIEBST. ICH VERGESSE IMMER, WIE SCHNELL DU BIST. VAMPIR ZU SEIN HAT DAS NOCH VERSTÄRKT.
FÜR DEN MARTIAN MANHUNTER SCHEINT DAS NICHT ZU GELTEN. ER IST SO LAHM.
DOCH WORUM GEHT ES DIR? WILLST DU MACHT? SELBST, WENN DU MICH AUSSCHALTEST, STEHST DU WEIT HINTEN IN DER SCHLANGE UM DEN THRON, DAMIAN.
ODER WOLLTEST DU BLOSS LOYAL SEIN UND MIR NEUE SOLDATEN BRINGEN, AUF DEINE EIGENE SELTSAME ART?
LEIDER KÖNNEN WIR IHN *NOCH* NICHT IN EINEN VON UNS VERWANDELN. ABER DIE BESTEN WISSENSCHAFTLER ARBEITEN DARAN.

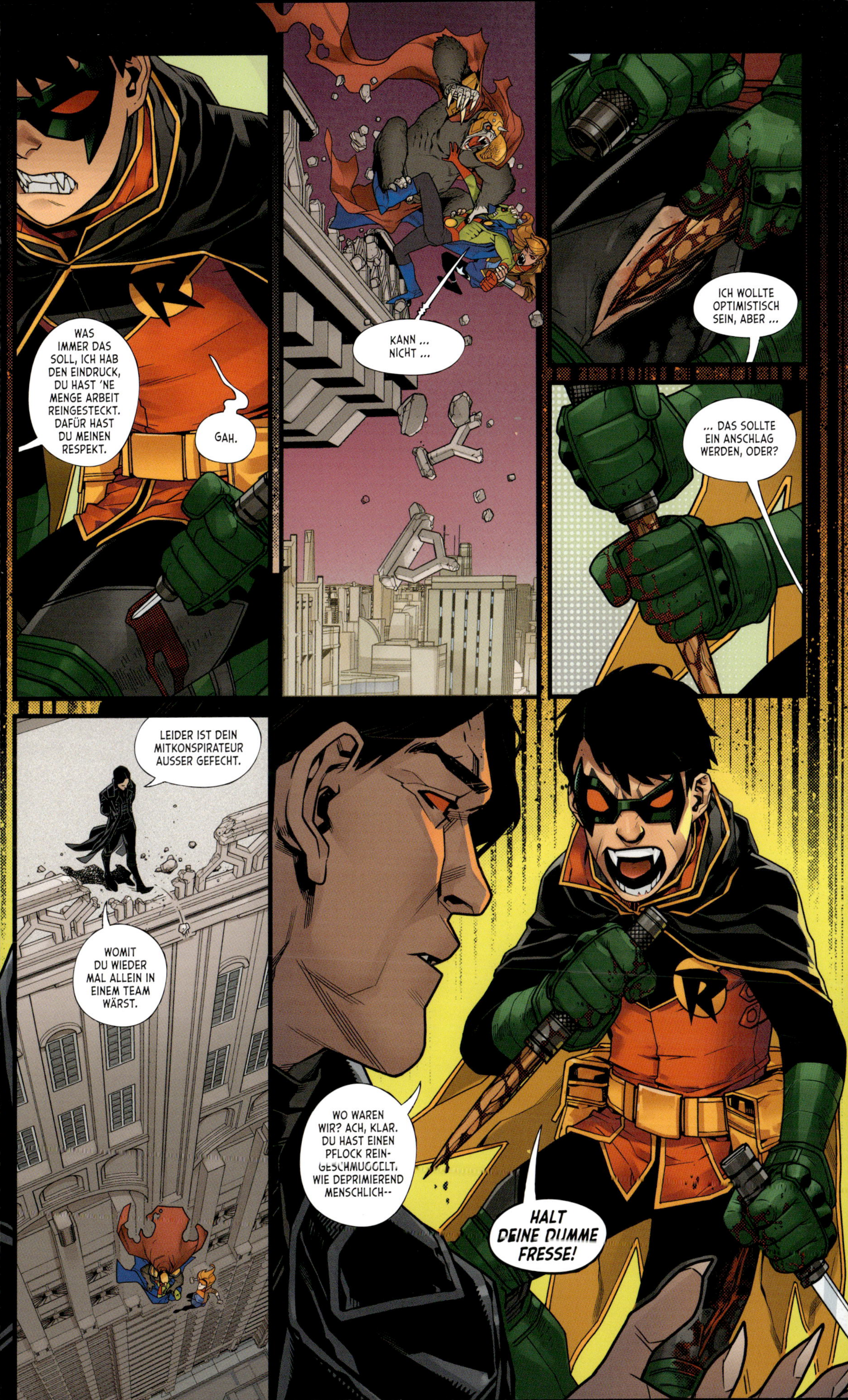
WAS IMMER DAS SOLL, ICH HAB DEN EINDRUCK, DU HAST 'NE MENGE ARBEIT REINGESTECKT. DAFÜR HAST DU MEINEN RESPEKT.
GAH.
KANN ... NICHT ...
ICH WOLLTE OPTIMISTISCH SEIN, ABER ...
... DAS SOLLTE EIN ANSCHLAG WERDEN, ODER?
LEIDER IST DEIN MITKONSPIRATEUR AUSSER GEFECHT.
WOMIT DU WIEDER MAL ALLEIN IN EINEM TEAM WÄRST.
WO WAREN WIR? ACH, KLAR. DU HAST EINEN PFLOCK REIN-GESCHMUGGELT. WIE DEPRIMIEREND MENSCHLICH--
HALT DEINE DUMME FRESSE!

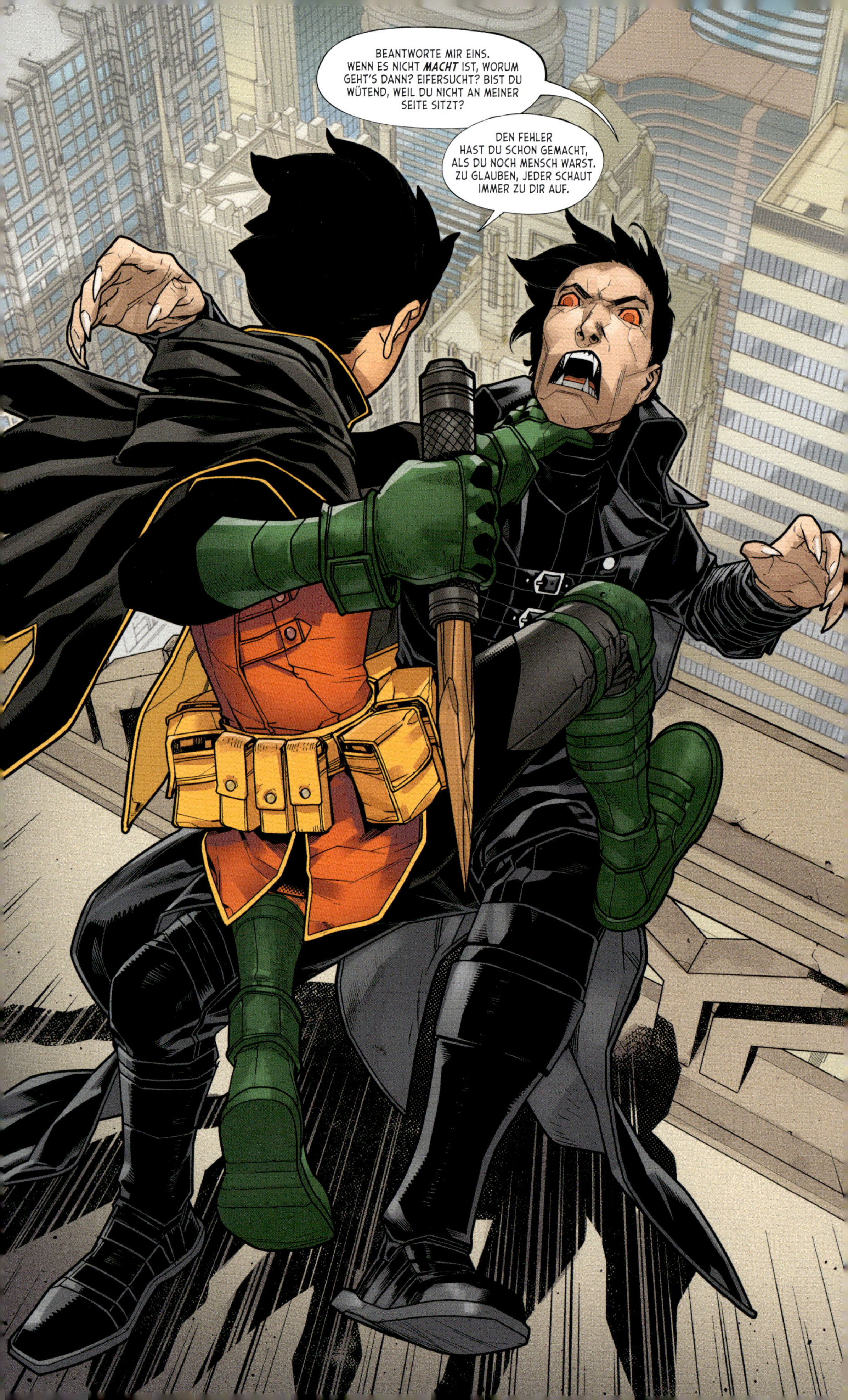
BEANTWORTE MIR EINS. WENN ES NICHT *MACHT* IST, WORUM GEHT'S DANN? EIFERSUCHT? BIST DU WÜTEND, WEIL DU NICHT AN MEINER SEITE SITZT?
DEN FEHLER HAST DU SCHON GEMACHT, ALS DU NOCH MENSCH WARST. ZU GLAUBEN, JEDER SCHAUT IMMER ZU DIR AUF.

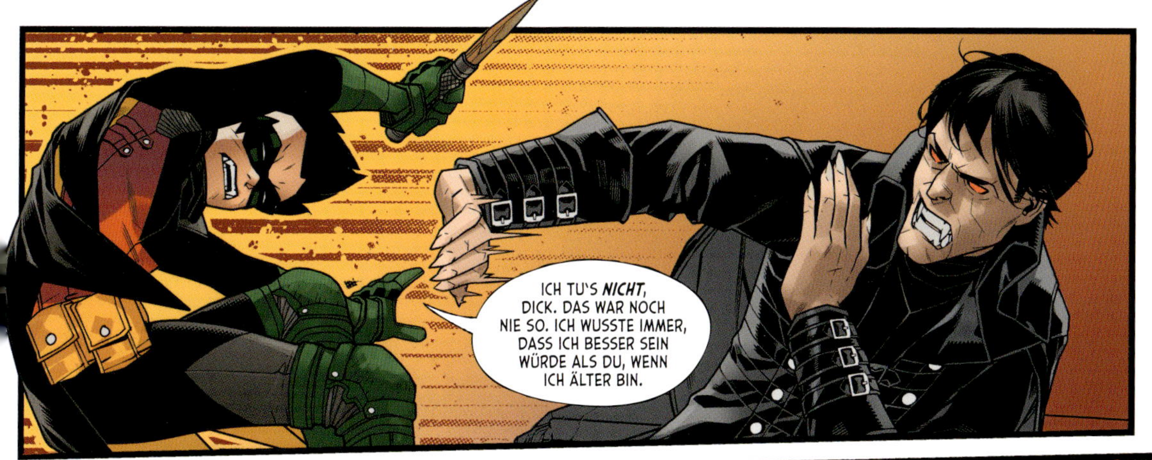
ICH TU'S *NICHT*, DICK. DAS WAR NOCH NIE SO. ICH WUSSTE IMMER, DASS ICH BESSER SEIN WÜRDE ALS DU, WENN ICH ÄLTER BIN.

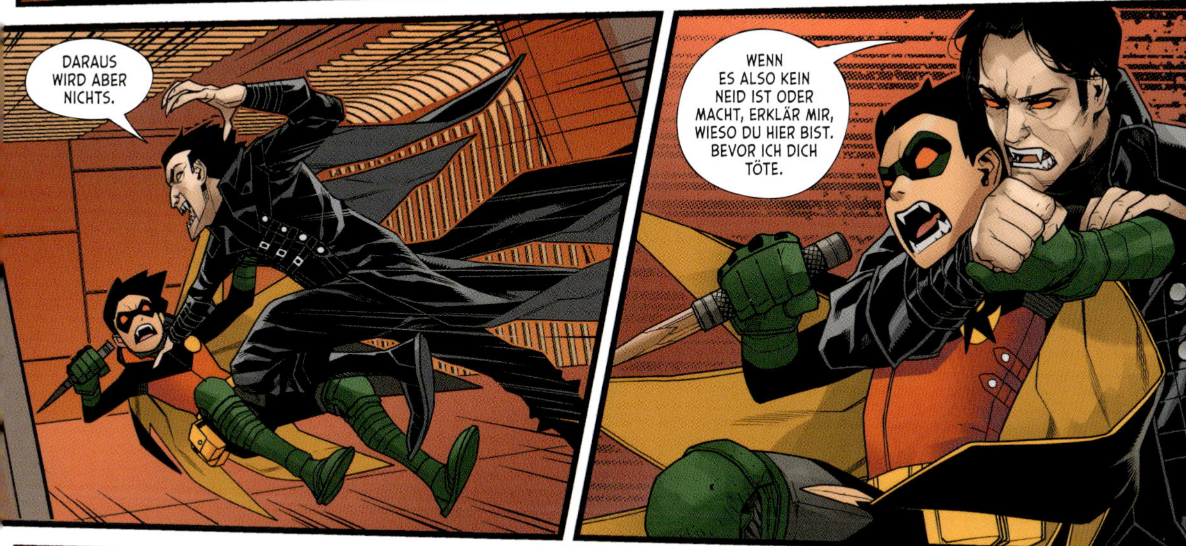
DARAUS WIRD ABER NICHTS.
WENN ES ALSO KEIN NEID IST ODER MACHT, ERKLÄR MIR, WIESO DU HIER BIST. BEVOR ICH DICH TÖTE.

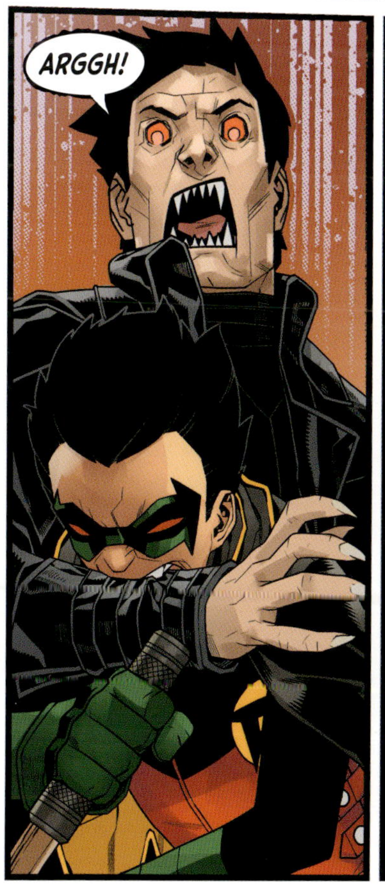
ARGGH!

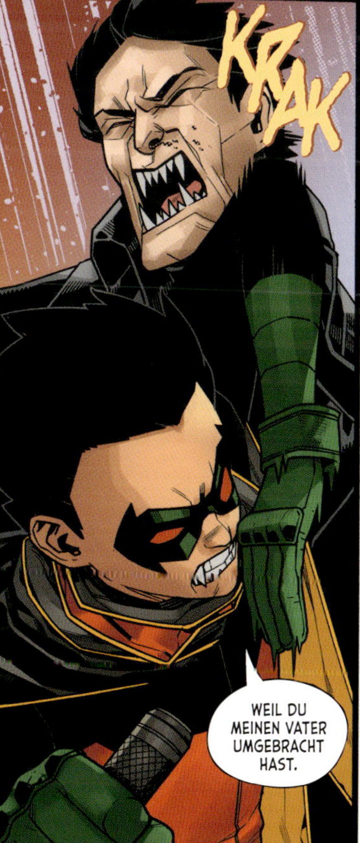
KRAK
WEIL DU MEINEN VATER UMGEBRACHT HAST.

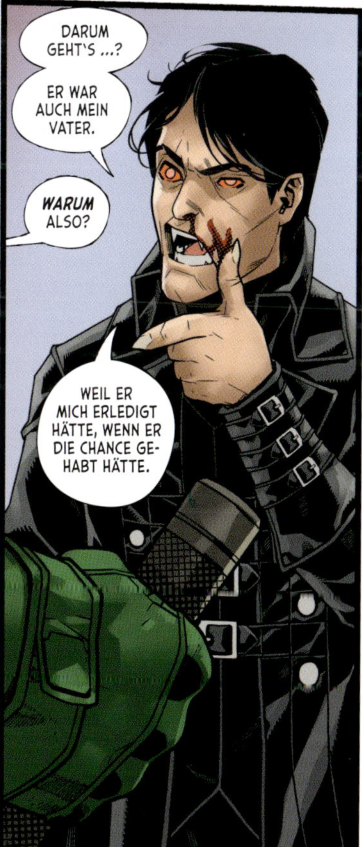
DARUM GEHT'S ...?
ER WAR AUCH MEIN VATER.
WARUM ALSO?
WEIL ER MICH ERLEDIGT HÄTTE, WENN ER DIE CHANCE GE-HABT HÄTTE.

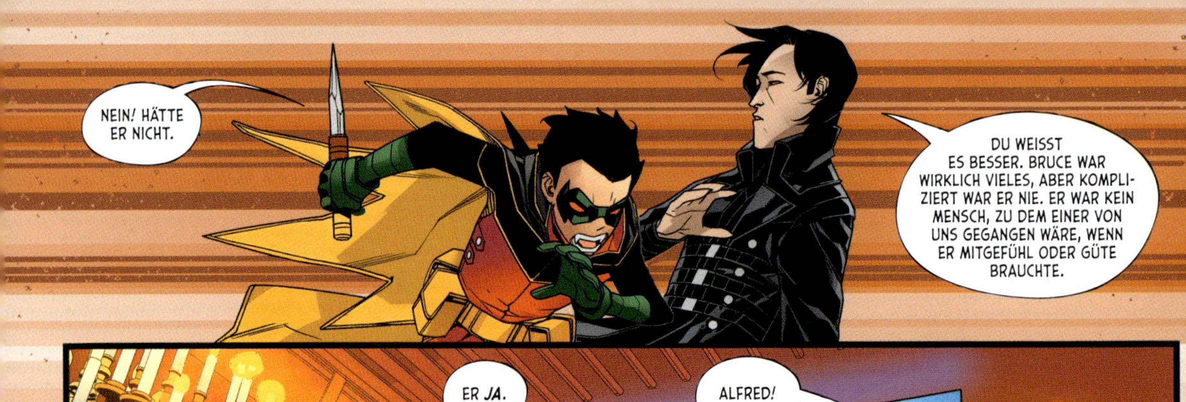
NEIN! HÄTTE ER NICHT.
DU WEISST ES BESSER. BRUCE WAR WIRKLICH VIELES, ABER KOMPLIZIERT WAR ER NIE. ER WAR KEIN MENSCH, ZU DEM EINER VON UNS GEGANGEN WÄRE, WENN ER MITGEFÜHL ODER GÜTE BRAUCHTE.

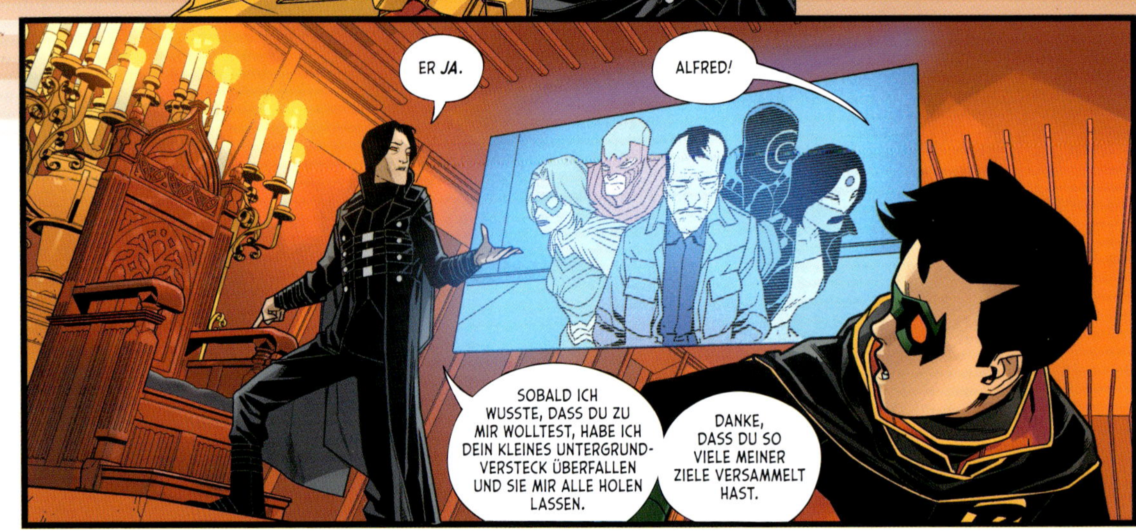
ER *JA*.
ALFRED!
SOBALD ICH WUSSTE, DASS DU ZU MIR WOLLTEST, HABE ICH DEIN KLEINES UNTERGRUND-VERSTECK ÜBERFALLEN UND SIE MIR ALLE HOLEN LASSEN.
DANKE, DASS DU SO VIELE MEINER ZIELE VERSAMMELT HAST.

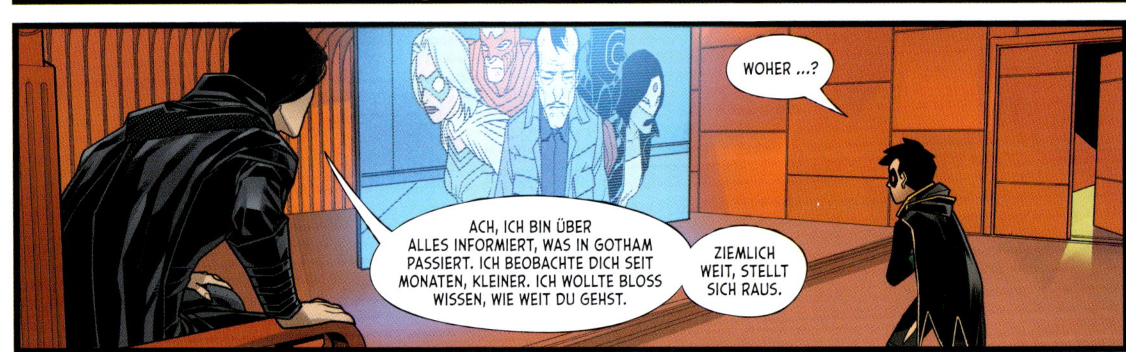
WOHER ...?
ACH, ICH BIN ÜBER ALLES INFORMIERT, WAS IN GOTHAM PASSIERT. ICH BEOBACHTE DICH SEIT MONATEN, KLEINER. ICH WOLLTE BLOSS WISSEN, WIE WEIT DU GEHST.
ZIEMLICH WEIT, STELLT SICH RAUS.

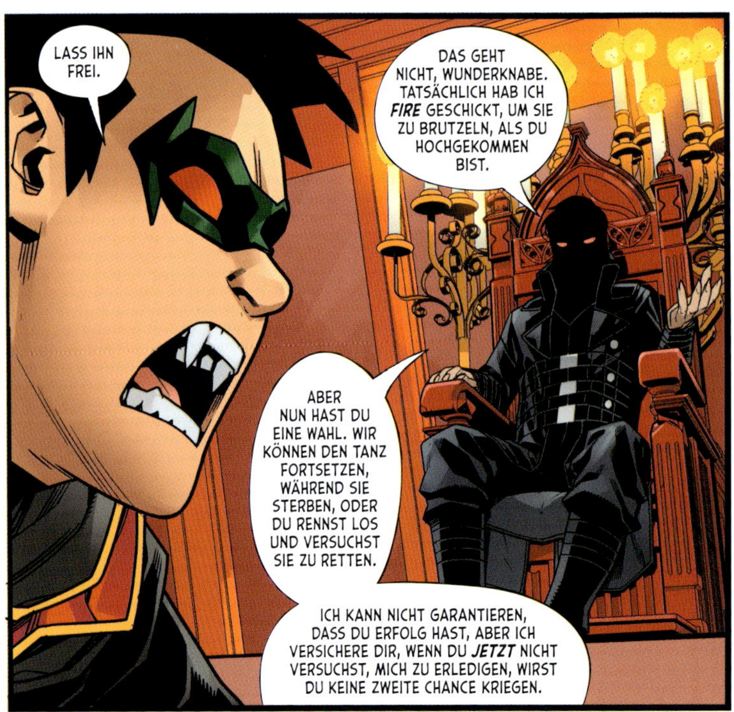
LASS IHN FREI.
DAS GEHT NICHT, WUNDERKNABE. TATSÄCHLICH HAB ICH *FIRE* GESCHICKT, UM SIE ZU BRUTZELN, ALS DU HOCHGEKOMMEN BIST.
ABER NUN HAST DU EINE WAHL. WIR KÖNNEN DEN TANZ FORTSETZEN, WÄHREND SIE STERBEN, ODER DU RENNST LOS UND VERSUCHST SIE ZU RETTEN.
ICH KANN NICHT GARANTIEREN, DASS DU ERFOLG HAST, ABER ICH VERSICHERE DIR, WENN DU *JETZT* NICHT VERSUCHST, MICH ZU ERLEDIGEN, WIRST DU KEINE ZWEITE CHANCE KRIEGEN.

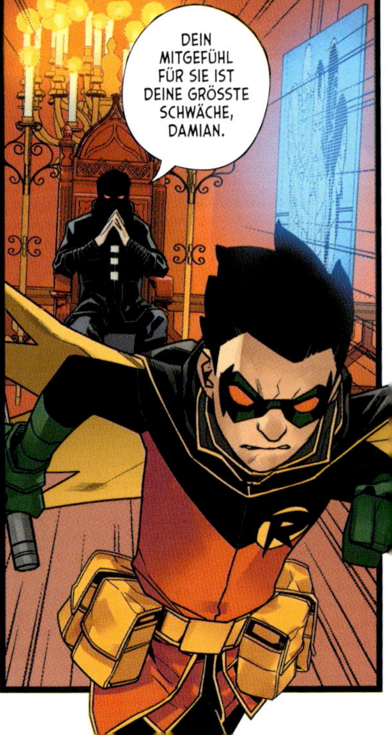
DEIN MITGEFÜHL FÜR SIE IST DEINE GRÖSSTE SCHWÄCHE, DAMIAN.

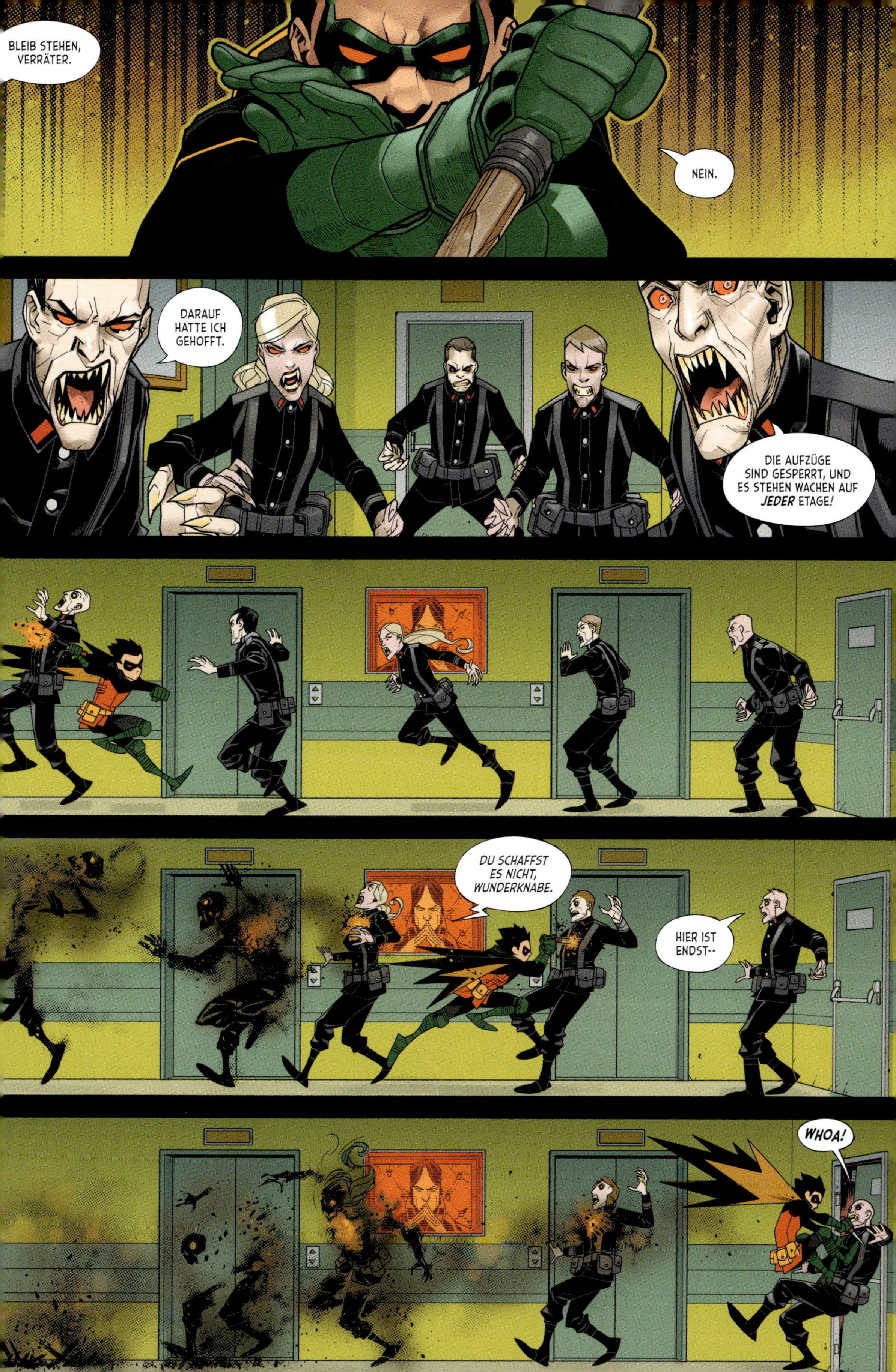
BLEIB STEHEN, VERRÄTER.
NEIN.
DARAUF HATTE ICH GEHOFFT.
DIE AUFZÜGE SIND GESPERRT, UND ES STEHEN WACHEN AUF *JEDER* ETAGE!
DU SCHAFFST ES NICHT, WUNDERKNABE.
HIER IST ENDST--
WHOA!

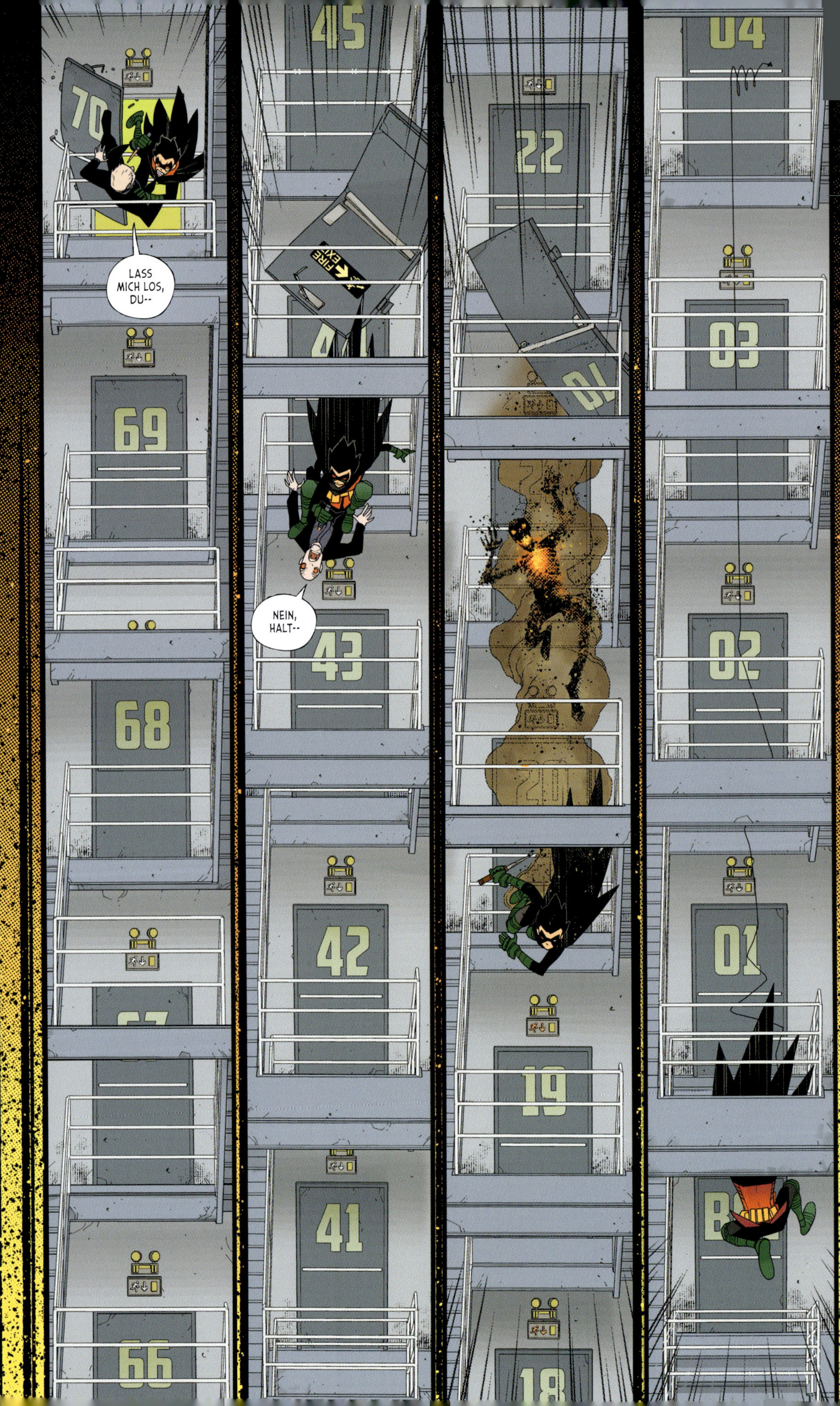
LASS MICH LOS, DU--
NEIN, HALT--

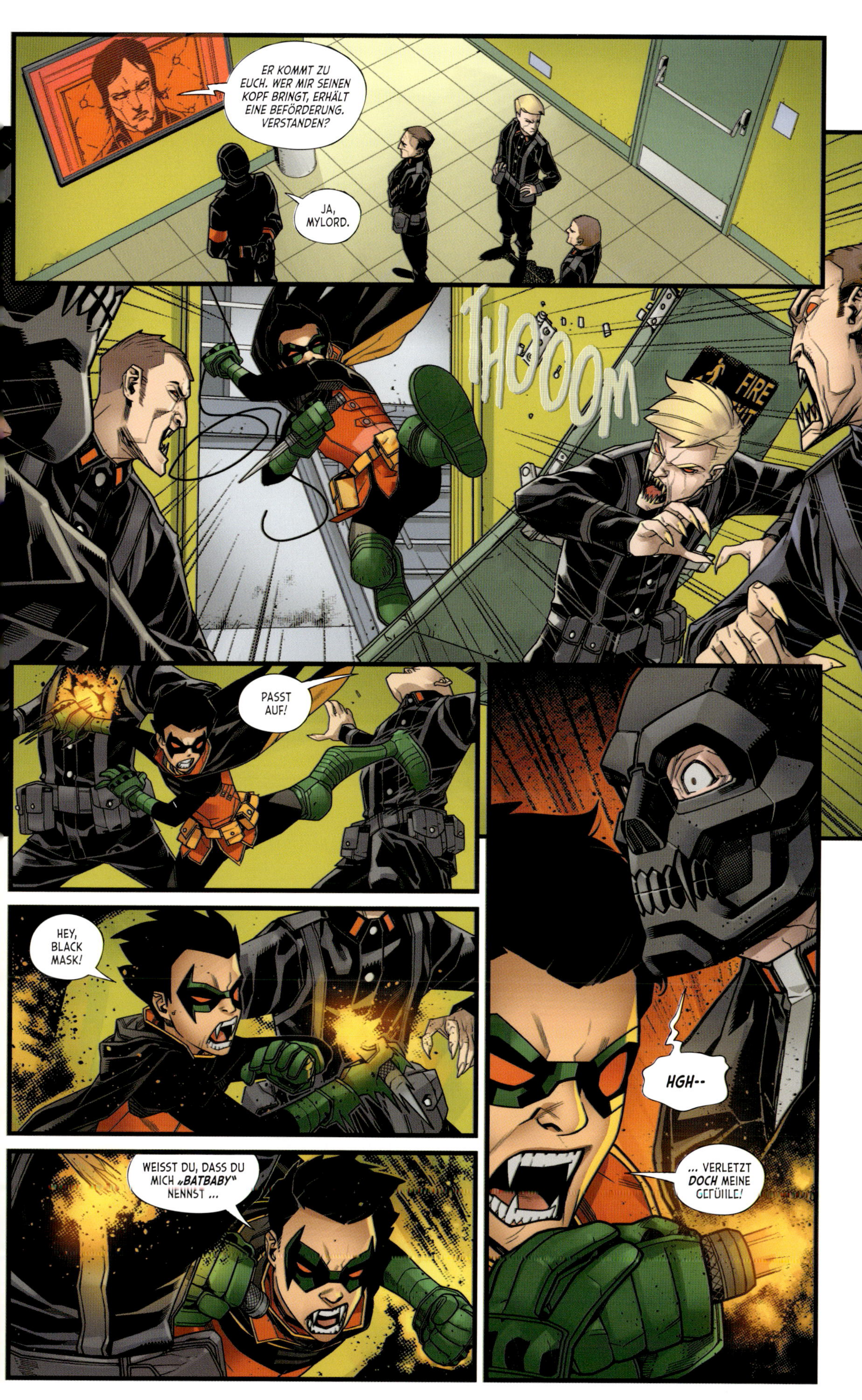
ER KOMMT ZU EUCH. WER MIR SEINEN KOPF BRINGT, ERHÄLT EINE BEFÖRDERUNG. VERSTANDEN?
JA, MYLORD.
THOOOM
FIRE
PASST AUF!
HEY, BLACK MASK!
WEISST DU, DASS DU MICH „BATBABY“ NENNST ...
HGH--
... VERLETZT DOCH MEINE GEFÜHLE!

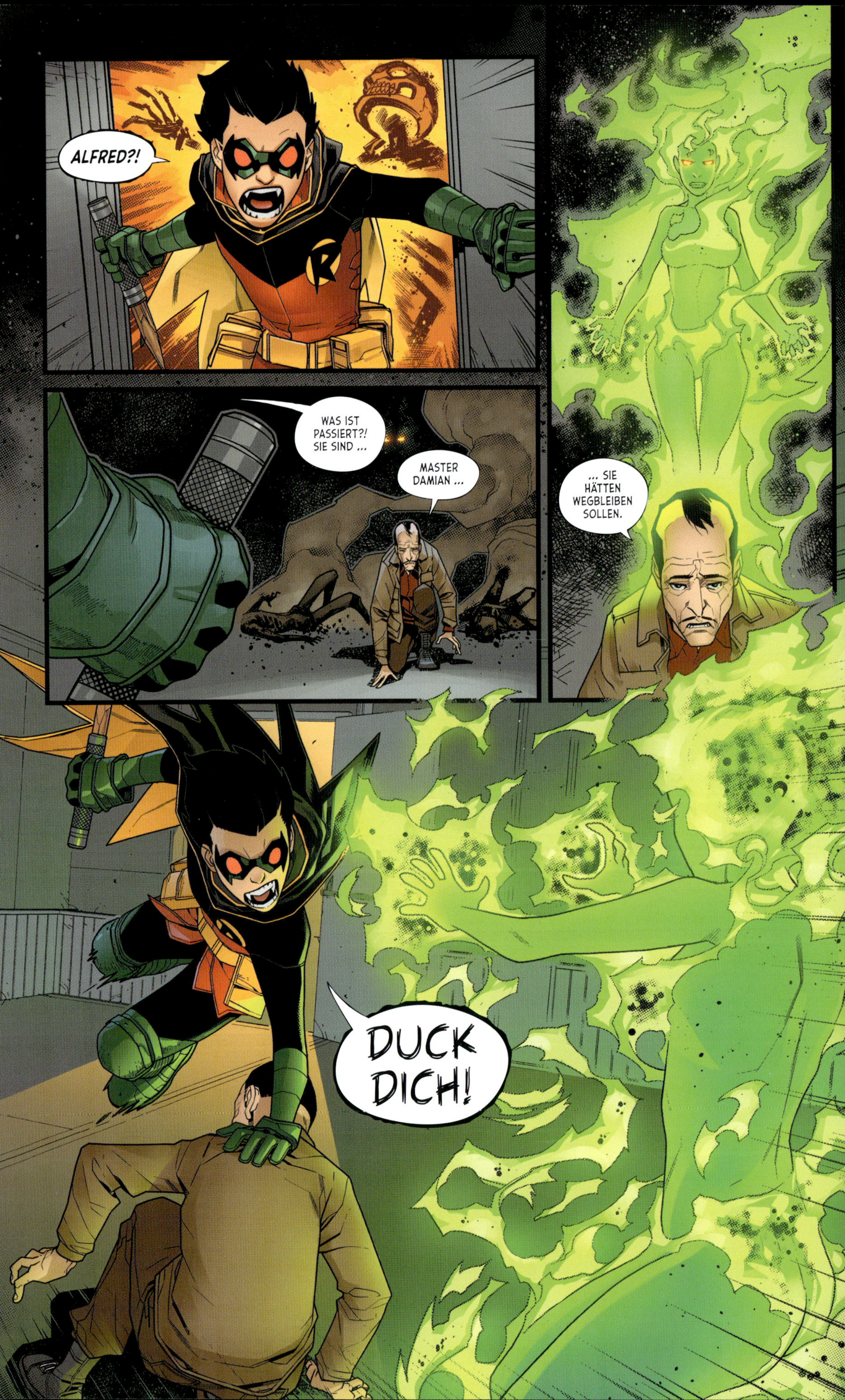
ALFRED?!
WAS IST PASSIERT?! SIE SIND ...
MASTER DAMIAN ...
... SIE HÄTTEN WEGBLEIBEN SOLLEN.
DUCK DICH!

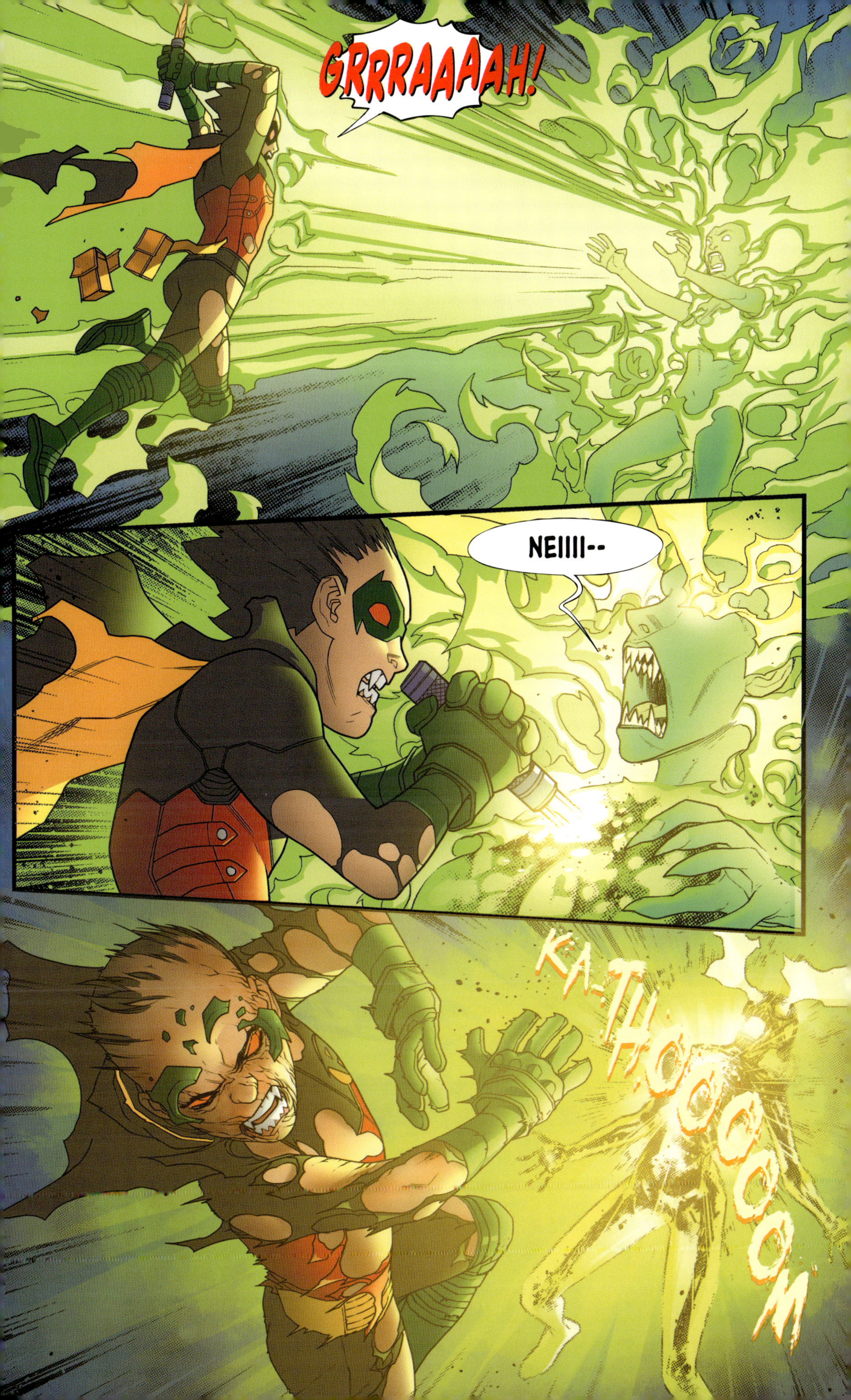
GRRRAAAAH!
NEIIII--
KA-THOOOOOM

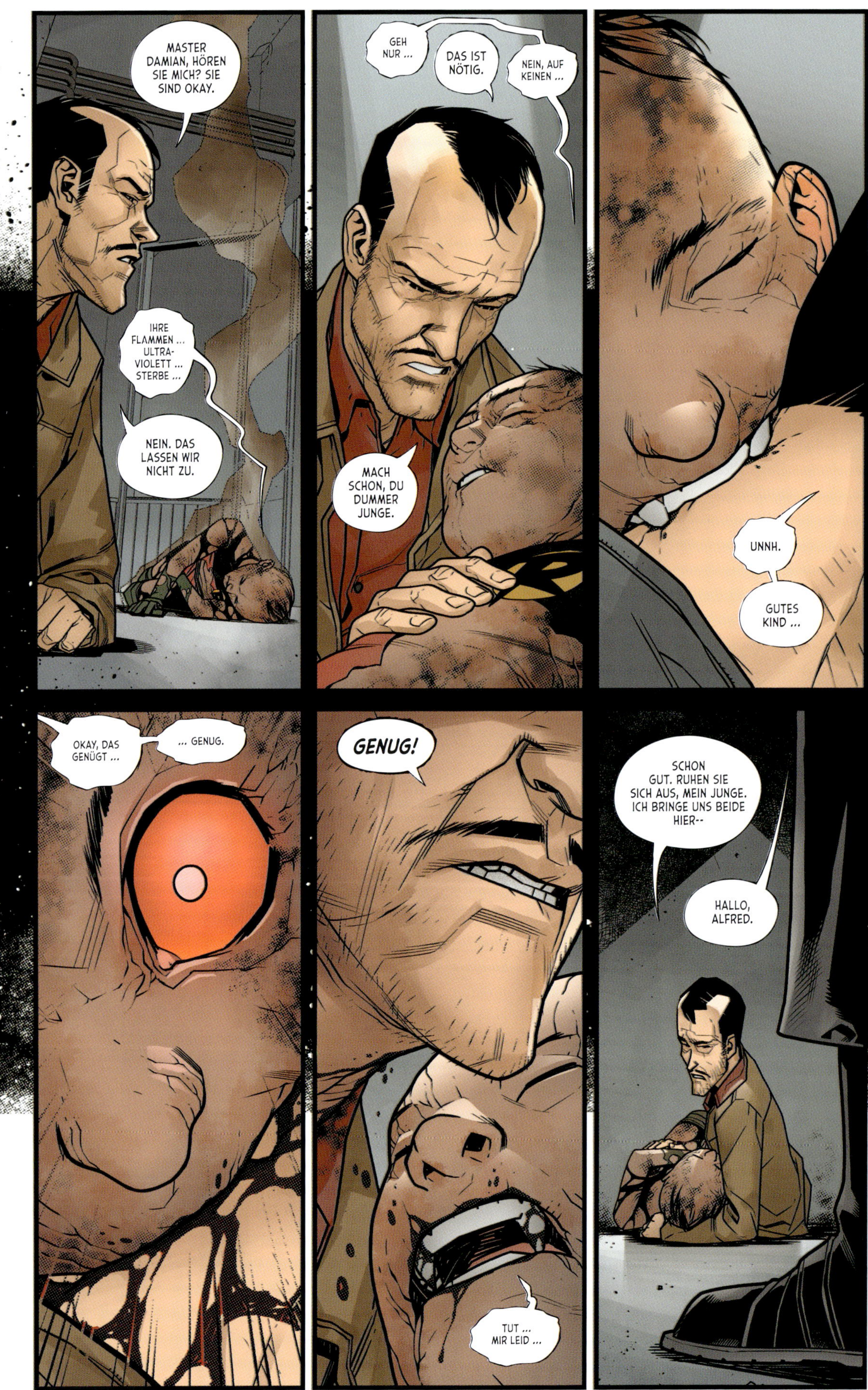
MASTER DAMIAN, HÖREN SIE MICH? SIE SIND OKAY.
IHRE FLAMMEN ... ULTRA-VIOLETT ... STERBE ...
NEIN. DAS LASSEN WIR NICHT ZU.
GEH NUR ...
DAS IST NÖTIG.
NEIN, AUF KEINEN ...
MACH SCHON, DU DUMMER JUNGE.
UNNH.
GUTES KIND ...
OKAY, DAS GENÜGT ...
... GENUG.
GENUG!
TUT ... MIR LEID ...
SCHON GUT. RUHEN SIE SICH AUS, MEIN JUNGE. ICH BRINGE UNS BEIDE HIER--
HALLO, ALFRED.

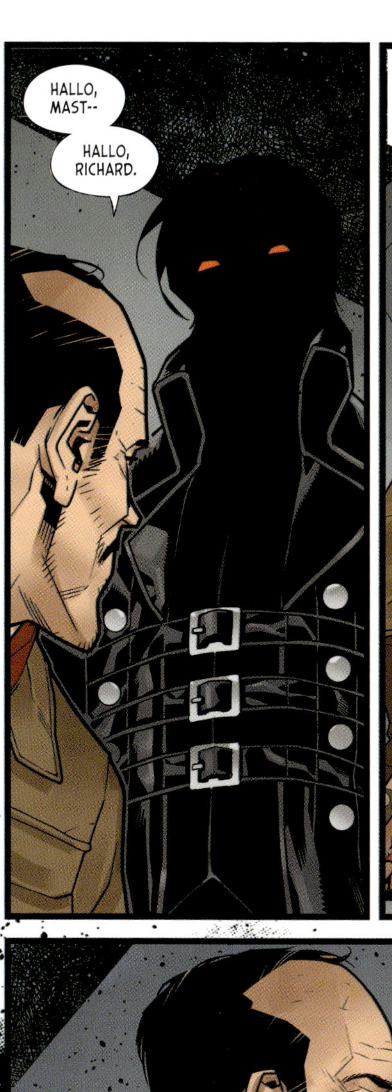
HALLO, MAST--
HALLO, RICHARD.

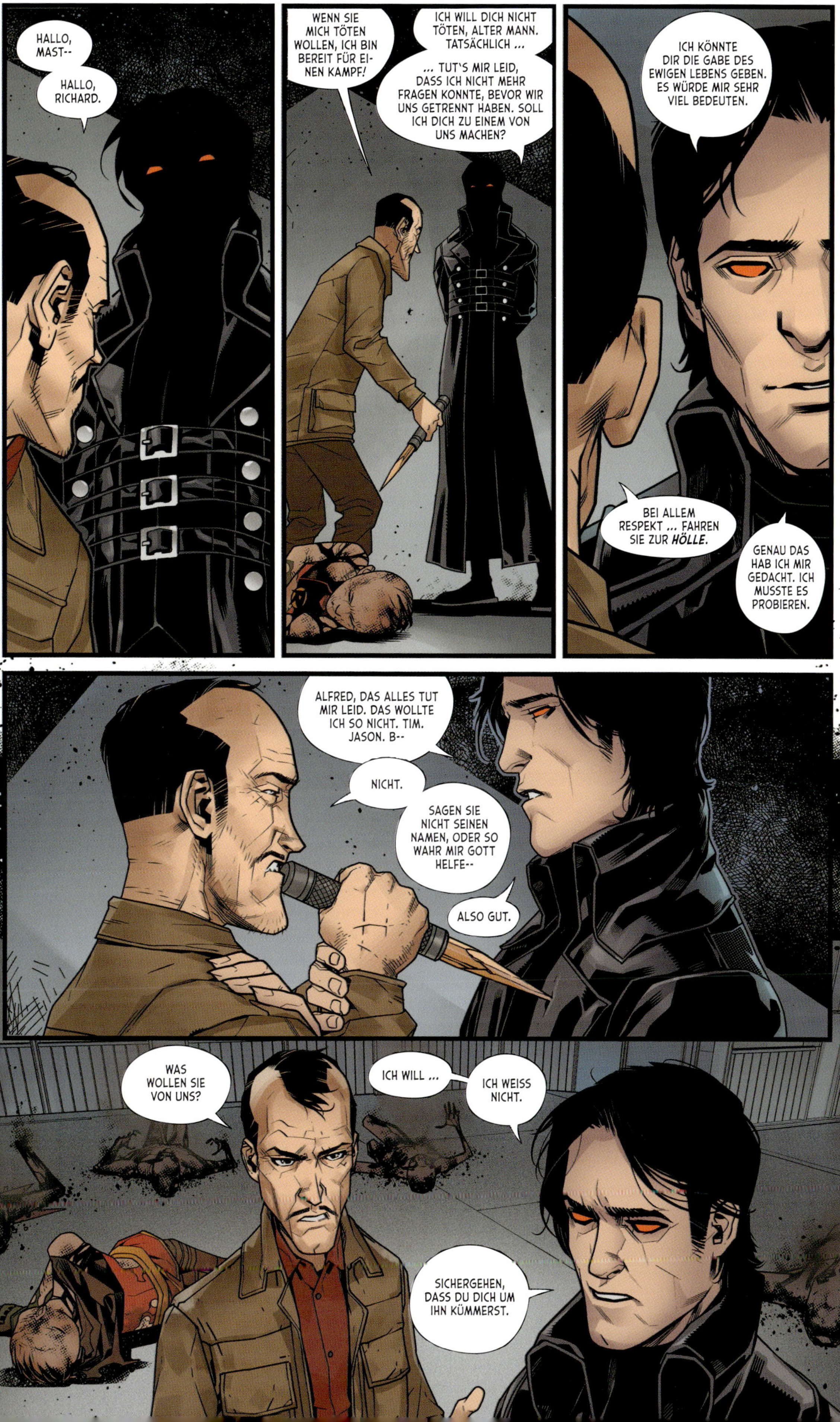

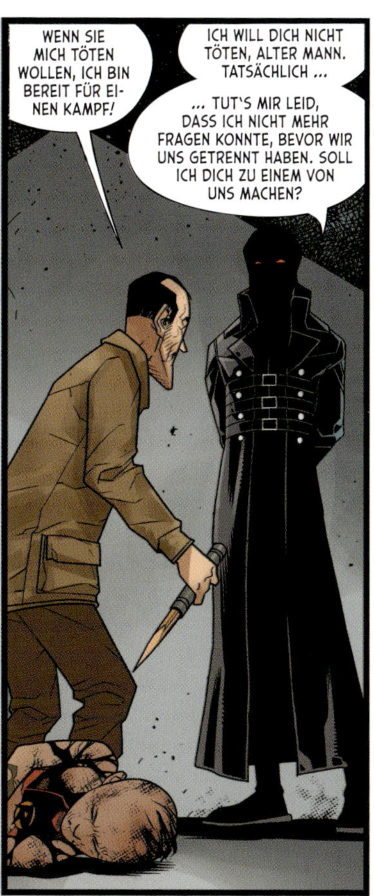
WENN SIE MICH TÖTEN WOLLEN, ICH BIN BEREIT FÜR EINEN KAMPF!
ICH WILL DICH NICHT TÖTEN, ALTER MANN. TATSÄCHLICH ...
... TUT'S MIR LEID, DASS ICH NICHT MEHR FRAGEN KONNTE, BEVOR WIR UNS GETRENNT HABEN. SOLL ICH DICH ZU EINEM VON UNS MACHEN?

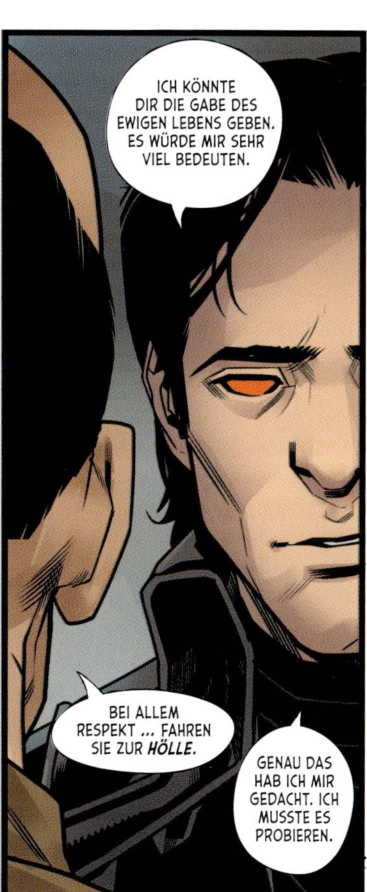
ICH KÖNNTE DIR DIE GABE DES EWIGEN LEBENS GEBEN. ES WÜRDE MIR SEHR VIEL BEDEUTEN.
BEI ALLEM RESPEKT ... FAHREN SIE ZUR *HÖLLE*.
GENAU DAS HAB ICH MIR GEDACHT. ICH MUSSTE ES PROBIEREN.

ALFRED, DAS ALLES TUT MIR LEID. DAS WOLLTE ICH SO NICHT. TIM. JASON. B--
NICHT.
SAGEN SIE NICHT SEINEN NAMEN, ODER SO WAHR MIR GOTT HELFE--
ALSO GUT.
WAS WOLLEN SIE VON UNS?
ICH WILL ...
ICH WEISS NICHT.
SICHERGEHEN, DASS DU DICH UM IHN KÜMMERST.

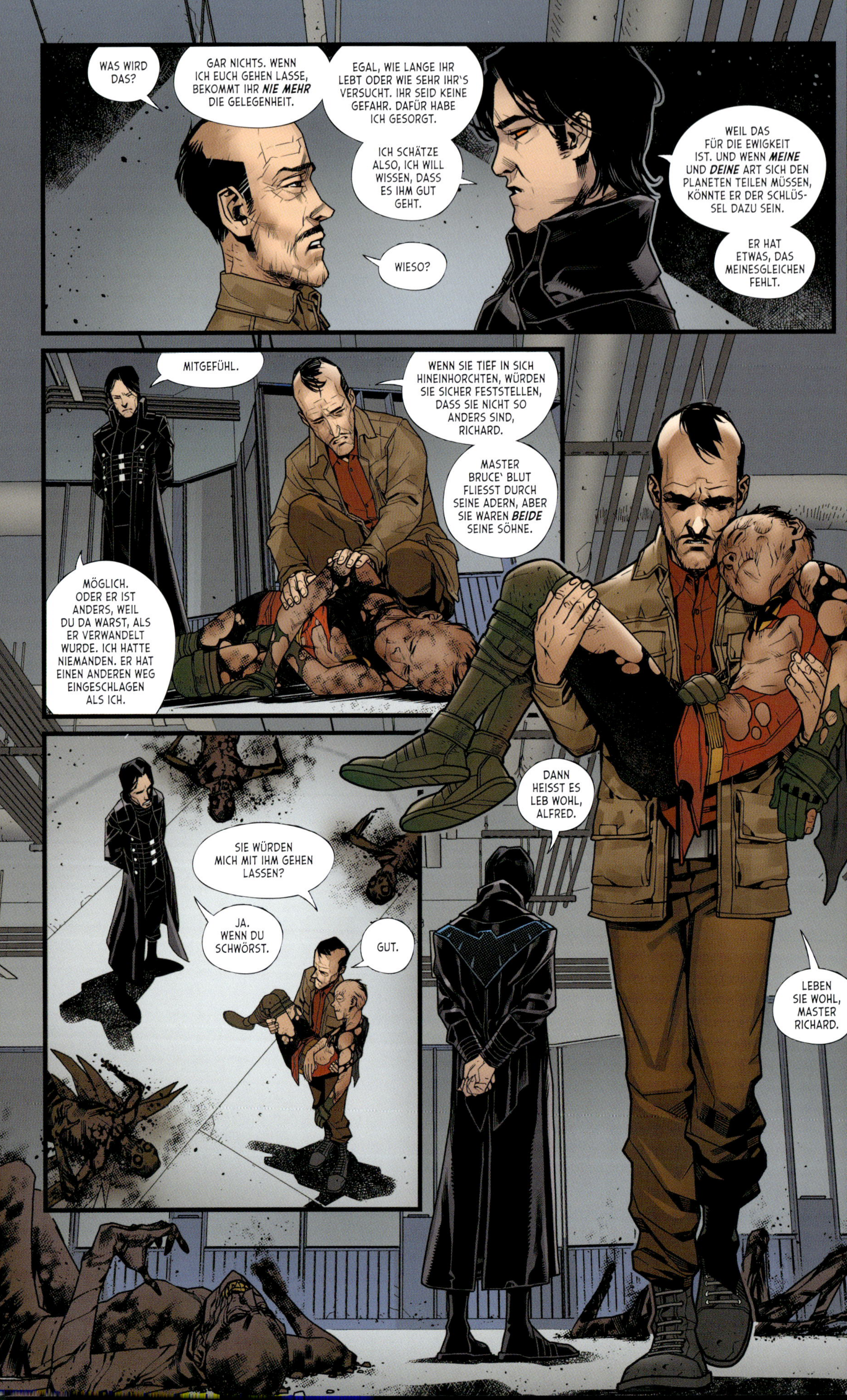
WAS WIRD DAS?
GAR NICHTS. WENN ICH EUCH GEHEN LASSE, BEKOMMT IHR *NIE MEHR* DIE GELEGENHEIT.
EGAL, WIE LANGE IHR LEBT ODER WIE SEHR IHR'S VERSUCHT. IHR SEID KEINE GEFAHR. DAFÜR HABE ICH GESORGT.
ICH SCHÄTZE ALSO, ICH WILL WISSEN, DASS ES IHM GUT GEHT.
WIESO?
WEIL DAS FÜR DIE EWIGKEIT IST. UND WENN *MEINE* UND *DEINE* ART SICH DEN PLANETEN TEILEN MÜSSEN, KÖNNTE ER DER SCHLÜS-SEL DAZU SEIN.
ER HAT ETWAS, DAS MEINESGLEICHEN FEHLT.
MITGEFÜHL.
WENN SIE TIEF IN SICH HINEINHORCHTEN, WÜRDEN SIE SICHER FESTSTELLEN, DASS SIE NICHT SO ANDERS SIND, RICHARD.
MASTER BRUCE' BLUT FLIESST DURCH SEINE ADERN, ABER SIE WAREN *BEIDE* SEINE SÖHNE.
MÖGLICH. ODER ER IST ANDERS, WEIL DU DA WARST, ALS ER VERWANDELT WURDE. ICH HATTE NIEMANDEN. ER HAT EINEN ANDEREN WEG EINGESCHLAGEN ALS ICH.
SIE WÜRDEN MICH MIT IHM GEHEN LASSEN?
JA. WENN DU SCHWÖRST.
GUT.
DANN HEISST ES LEB WOHL, ALFRED.
LEBEN SIE WOHL, MASTER RICHARD.

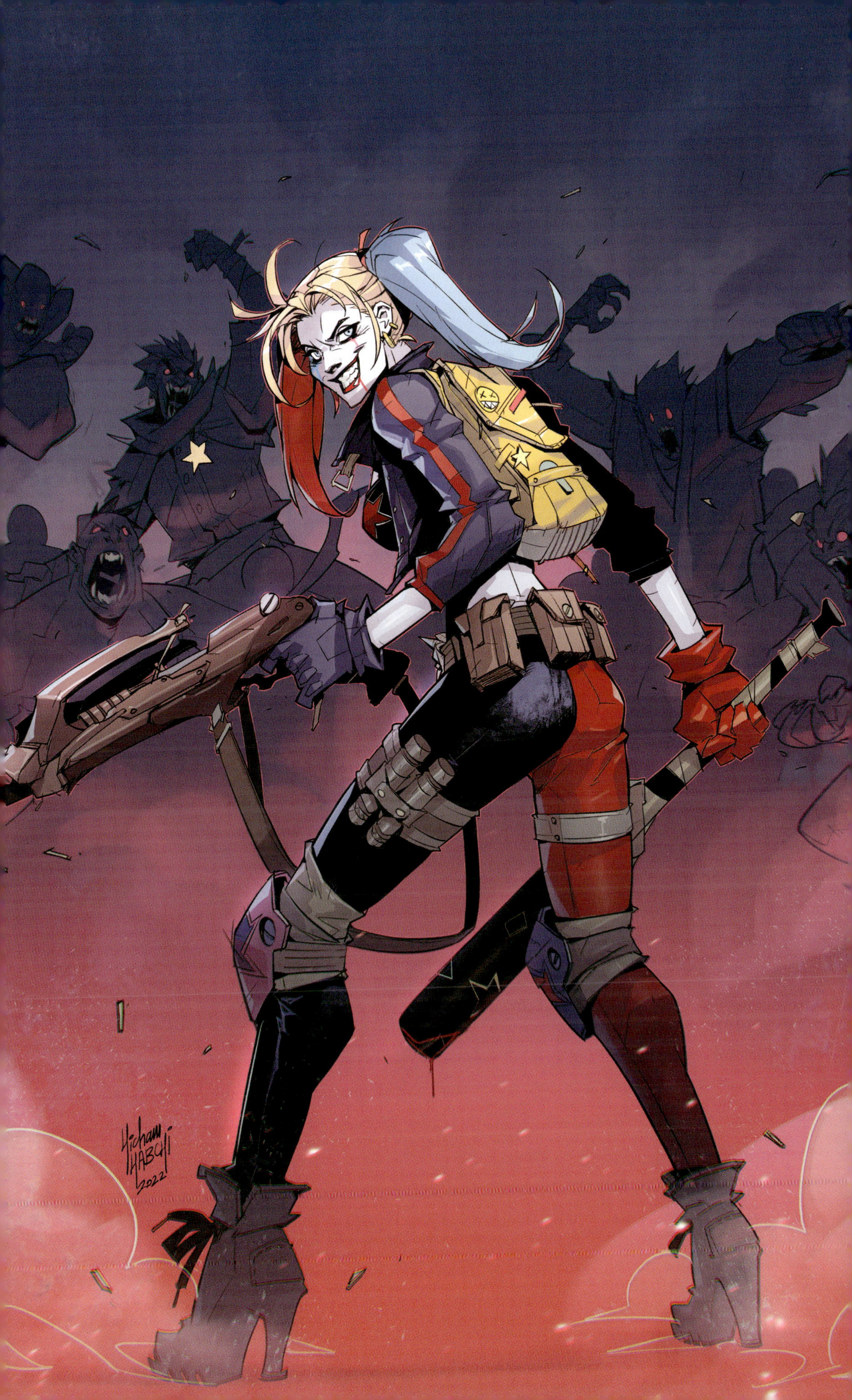

DC VS. VAMPIRES: KILLERS 1

KILLER

MATTHEW ROSENBERG
STORY

MIKE BOWDEN • EDUARDO MELLO
ZEICHNUNGEN

LE BEAU UNDERWOOD • JOHN LIVESAY • MIKE BOWDEN • EDUARDO MELLO
TUSCHE

ANTONIO FABELA
FARBEN

HICHAM HABCHI
ORIGINAL-COVER

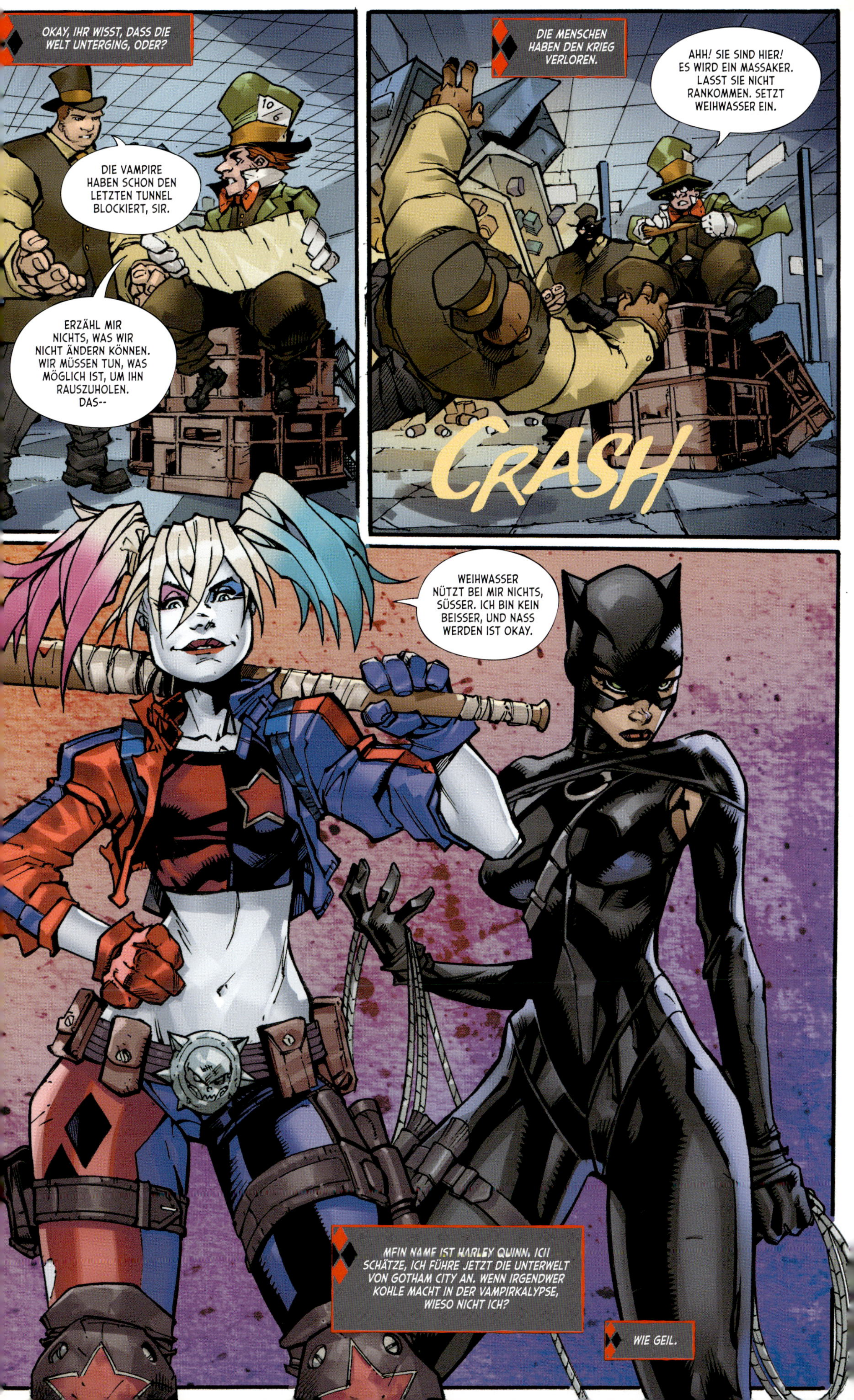
OKAY, IHR WISST, DASS DIE WELT UNTERGING, ODER?
DIE VAMPIRE HABEN SCHON DEN LETZTEN TUNNEL BLOCKIERT, SIR.
ERZÄHL MIR NICHTS, WAS WIR NICHT ÄNDERN KÖNNEN. WIR MÜSSEN TUN, WAS MÖGLICH IST, UM IHN RAUSZUHOLEN. DAS--
DIE MENSCHEN HABEN DEN KRIEG VERLOREN.
AHH! SIE SIND HIER! ES WIRD EIN MASSAKER. LASST SIE NICHT RANKOMMEN. SETZT WEIHWASSER EIN.
CRASH
WEIHWASSER NÜTZT BEI MIR NICHTS, SÜSSER. ICH BIN KEIN BEISSER, UND NASS WERDEN IST OKAY.
MEIN NAME IST HARLEY QUINN. ICH SCHÄTZE, ICH FÜHRE JETZT DIE UNTERWELT VON GOTHAM CITY AN. WENN IRGENDWER KOHLE MACHT IN DER VAMPIRKALYPSE, WIESO NICHT ICH?
WIE GEIL.

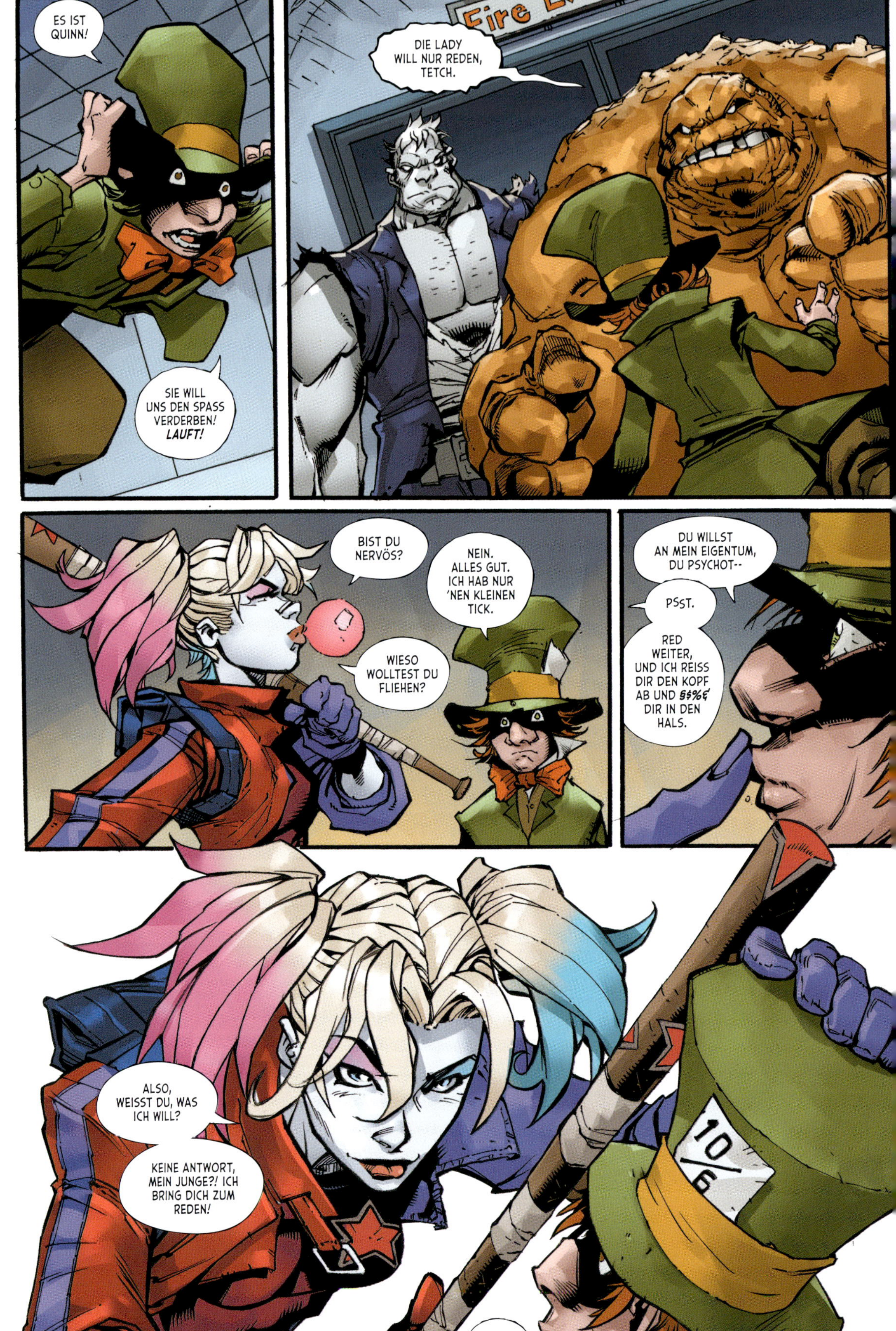
ES IST QUINN!
SIE WILL UNS DEN SPASS VERDERBEN! LAUFT!
Fire E
DIE LADY WILL NUR REDEN, TETCH.
BIST DU NERVÖS?
NEIN. ALLES GUT. ICH HAB NUR 'NEN KLEINEN TICK.
WIESO WOLLTEST DU FLIEHEN?
DU WILLST AN MEIN EIGENTUM, DU PSYCHOT--
PSST.
RED WEITER, UND ICH REISS DIR DEN KOPF AB UND §$%€ DIR IN DEN HALS.
ALSO, WEISST DU, WAS ICH WILL?
KEINE ANTWORT, MEIN JUNGE?! ICH BRING DICH ZUM REDEN!
10/6
...

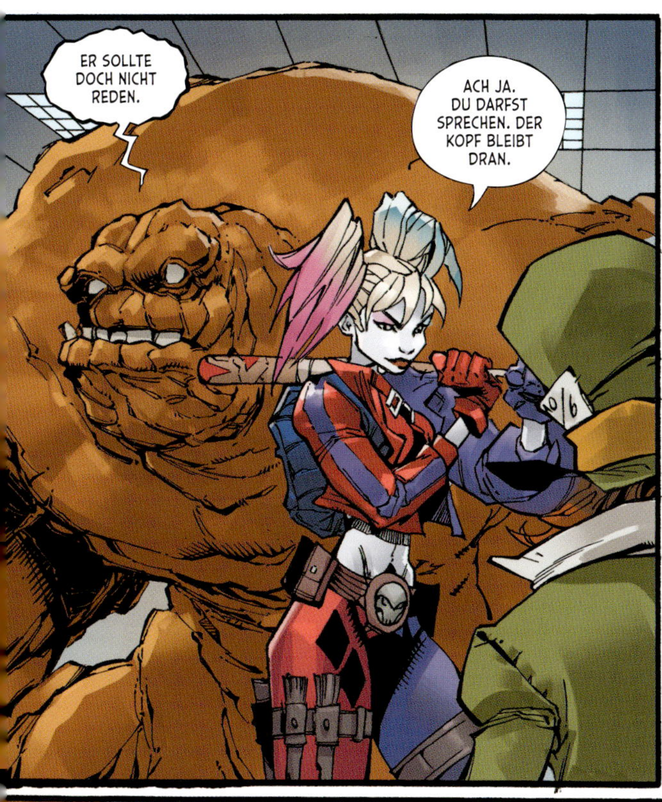
ER SOLLTE
DOCH NICHT
REDEN.
ACH JA.
DU DARFST
SPRECHEN. DER
KOPF BLEIBT
DRAN.

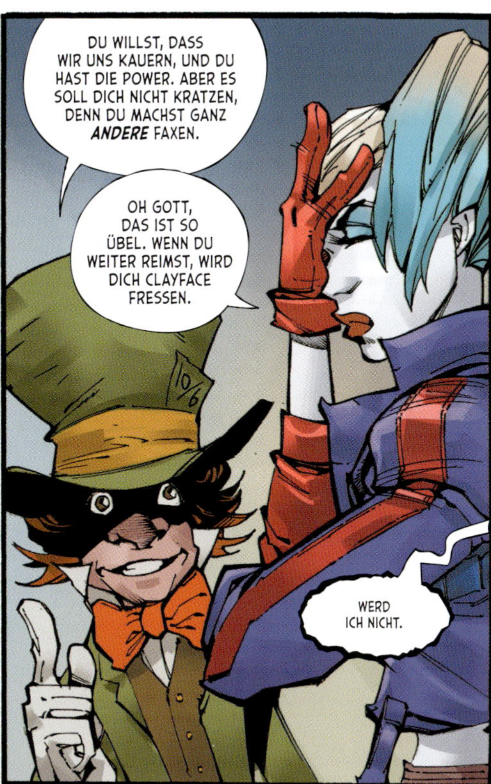
DU WILLST, DASS
WIR UNS KAUERN, UND DU
HAST DIE POWER. ABER ES
SOLL DICH NICHT KRATZEN,
DENN DU MACHST GANZ
ANDERE FAXEN.
OH GOTT,
DAS IST SO
ÜBEL. WENN DU
WEITER REIMST, WIRD
DICH CLAYFACE
FRESSEN.
WERD
ICH NICHT.

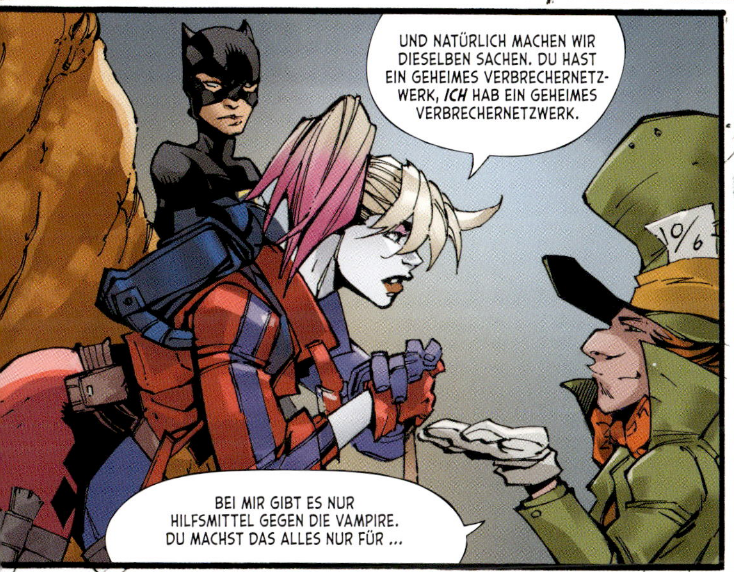
UND NATÜRLICH MACHEN WIR
DIESELBEN SACHEN. DU HAST
EIN GEHEIMES VERBRECHERNETZ-
WERK, *ICH* HAB EIN GEHEIMES
VERBRECHERNETZWERK.
BEI MIR GIBT ES NUR
HILFSMITTEL GEGEN DIE VAMPIRE.
DU MACHST DAS ALLES NUR FÜR ...

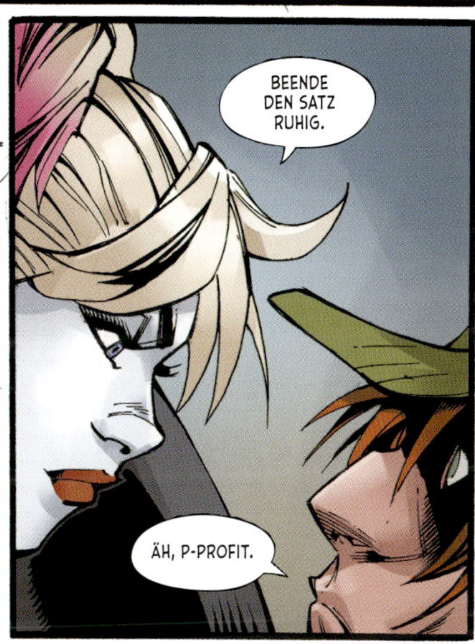
BEENDE
DEN SATZ
RUHIG.
ÄH, P-PROFIT.

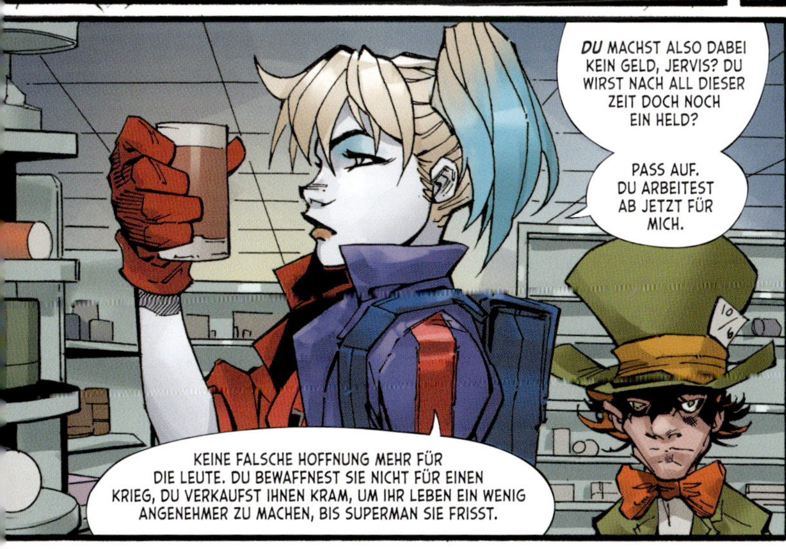
DU MACHST ALSO DABEI
KEIN GELD, JERVIS? DU
WIRST NACH ALL DIESER
ZEIT DOCH NOCH
EIN HELD?
PASS AUF.
DU ARBEITEST
AB JETZT FÜR
MICH.
KEINE FALSCHE HOFFNUNG MEHR FÜR
DIE LEUTE. DU BEWAFFNEST SIE NICHT FÜR EINEN
KRIEG, DU VERKAUFST IHNEN KRAM, UM IHR LEBEN EIN WENIG
ANGENEHMER ZU MACHEN, BIS SUPERMAN SIE FRISST.

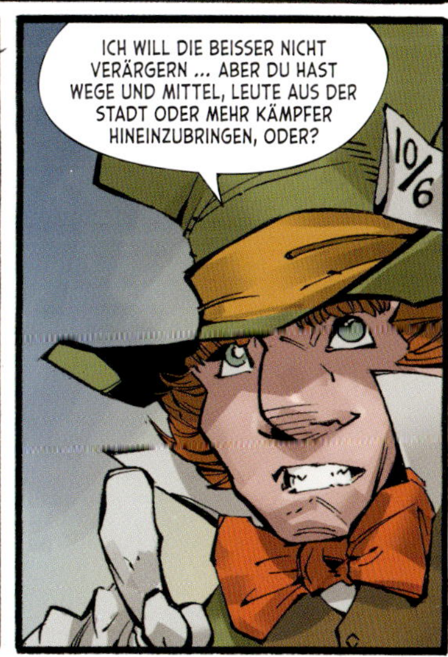
ICH WILL DIE BEISSER NICHT
VERÄRGERN ... ABER DU HAST
WEGE UND MITTEL, LEUTE AUS DER
STADT ODER MEHR KÄMPFER
HINEINZUBRINGEN, ODER?

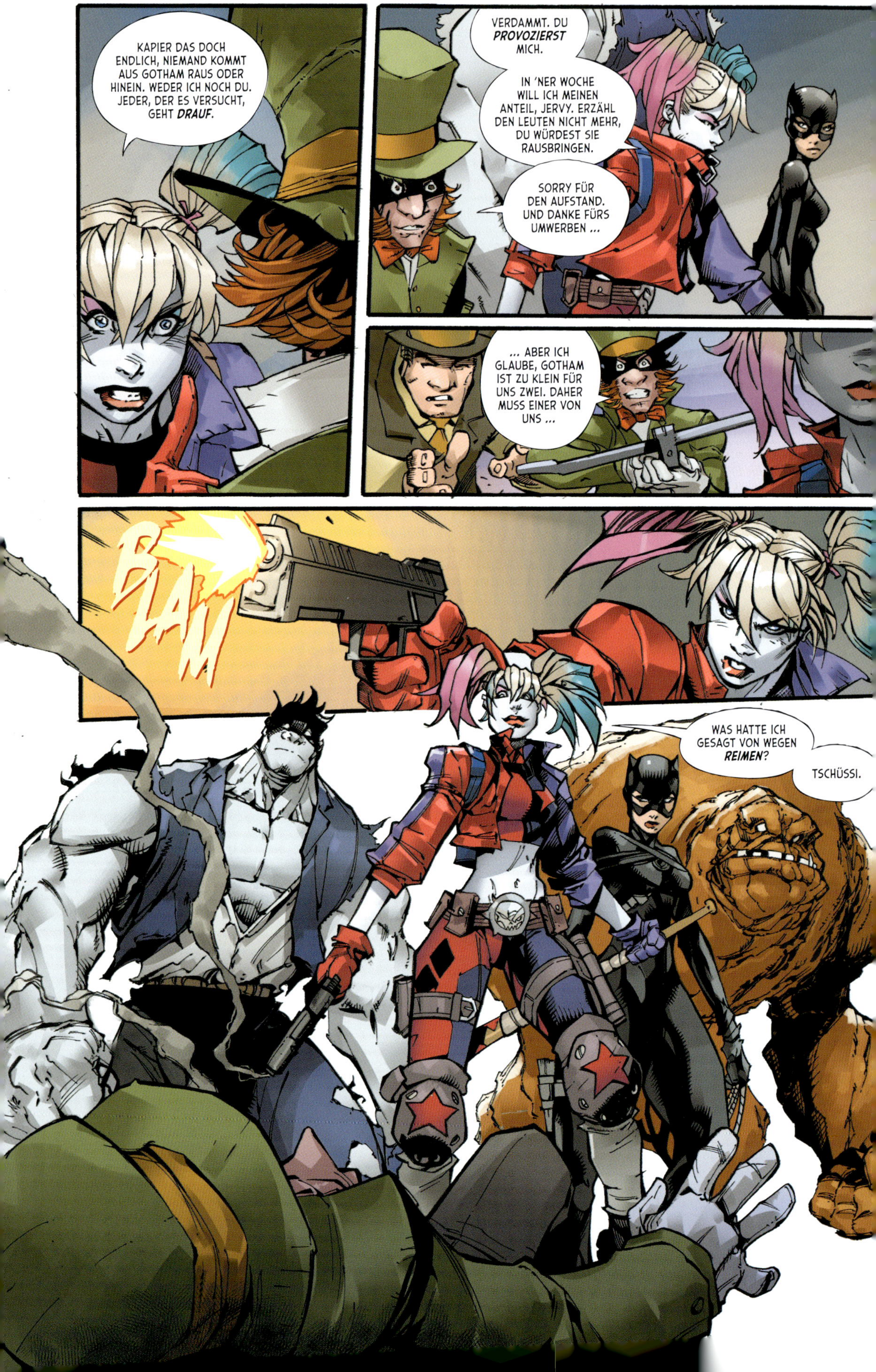

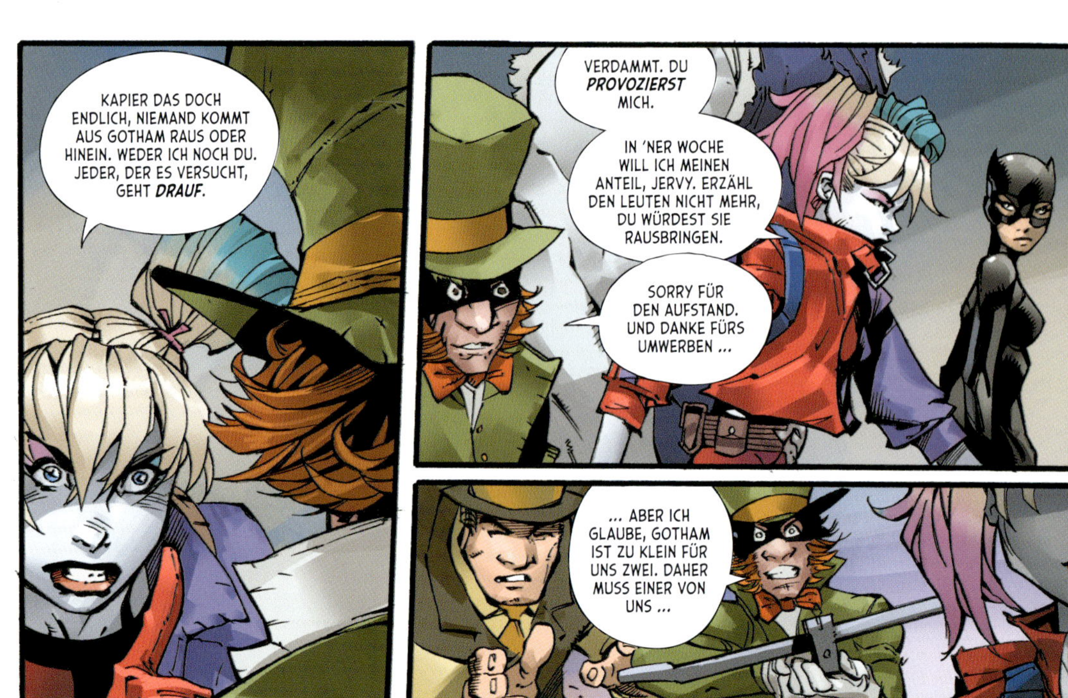
KAPIER DAS DOCH ENDLICH, NIEMAND KOMMT AUS GOTHAM RAUS ODER HINEIN. WEDER ICH NOCH DU. JEDER, DER ES VERSUCHT, GEHT *DRAUF*.
VERDAMMT. DU *PROVOZIERST* MICH.
IN 'NER WOCHE WILL ICH MEINEN ANTEIL, JERVY. ERZÄHL DEN LEUTEN NICHT MEHR, DU WÜRDEST SIE RAUSBRINGEN.
SORRY FÜR DEN AUFSTAND. UND DANKE FÜRS UMWERBEN ...
... ABER ICH GLAUBE, GOTHAM IST ZU KLEIN FÜR UNS ZWEI. DAHER MUSS EINER VON UNS ...
BLAM
WAS HATTE ICH GESAGT VON WEGEN *REIMEN*?
TSCHÜSSI.

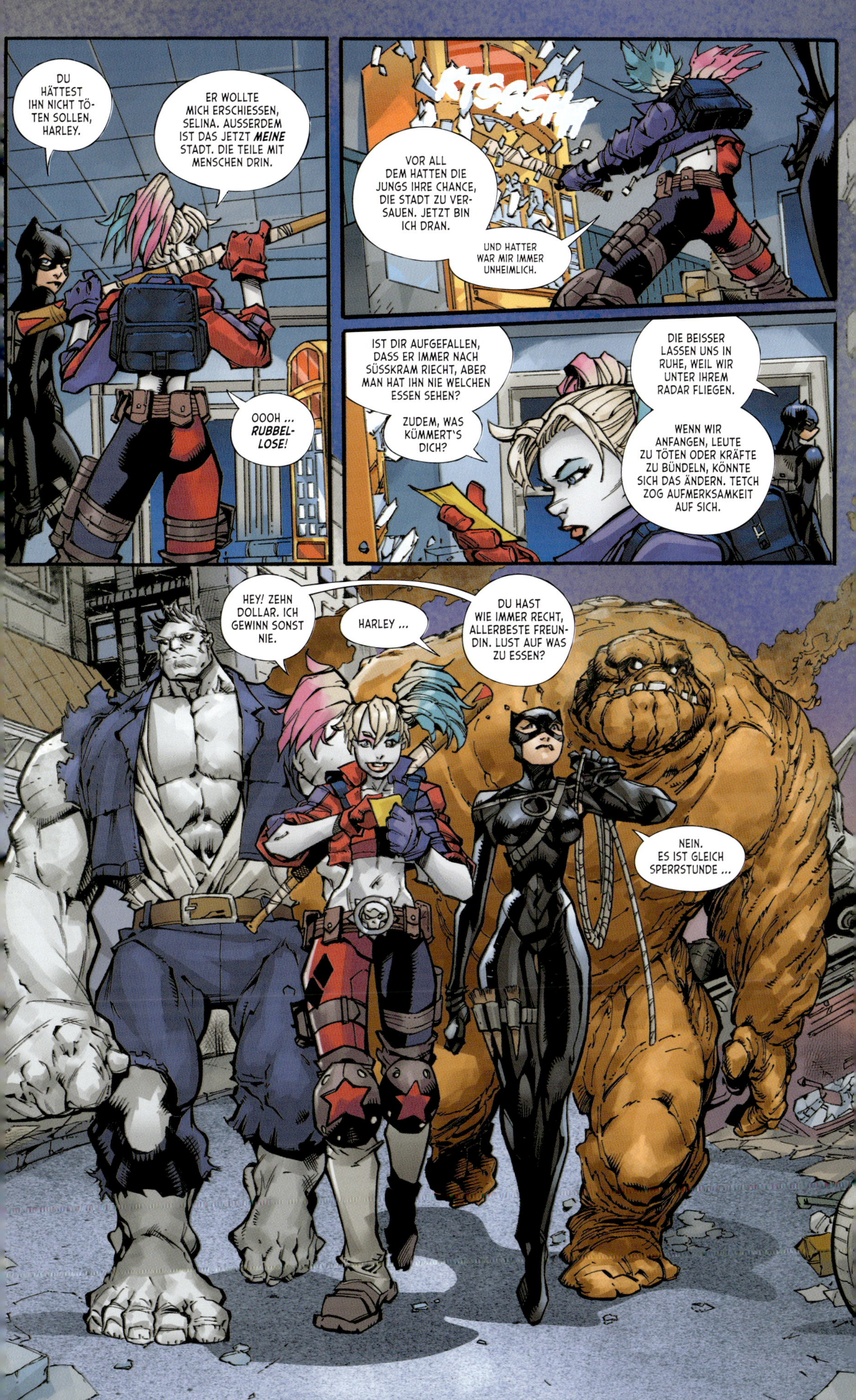
DU HÄTTEST IHN NICHT TÖTEN SOLLEN, HARLEY.
ER WOLLTE MICH ERSCHIESSEN, SELINA. AUSSERDEM IST DAS JETZT *MEINE* STADT. DIE TEILE MIT MENSCHEN DRIN.
OOOH ... *RUBBELLOSE!*
KTSSSH!
VOR ALL DEM HATTEN DIE JUNGS IHRE CHANCE, DIE STADT ZU VERSAUEN. JETZT BIN ICH DRAN.
UND HATTER WAR MIR IMMER UNHEIMLICH.
IST DIR AUFGEFALLEN, DASS ER IMMER NACH SÜSSKRAM RIECHT, ABER MAN HAT IHN NIE WELCHEN ESSEN SEHEN?
ZUDEM, WAS KÜMMERT'S DICH?
DIE BEISSER LASSEN UNS IN RUHE, WEIL WIR UNTER IHREM RADAR FLIEGEN.
WENN WIR ANFANGEN, LEUTE ZU TÖTEN ODER KRÄFTE ZU BÜNDELN, KÖNNTE SICH DAS ÄNDERN. TETCH ZOG AUFMERKSAMKEIT AUF SICH.
HEY! ZEHN DOLLAR. ICH GEWINN SONST NIE.
HARLEY ...
DU HAST WIE IMMER RECHT, ALLERBESTE FREUNDIN. LUST AUF WAS ZU ESSEN?
NEIN. ES IST GLEICH SPERRSTUNDE ...

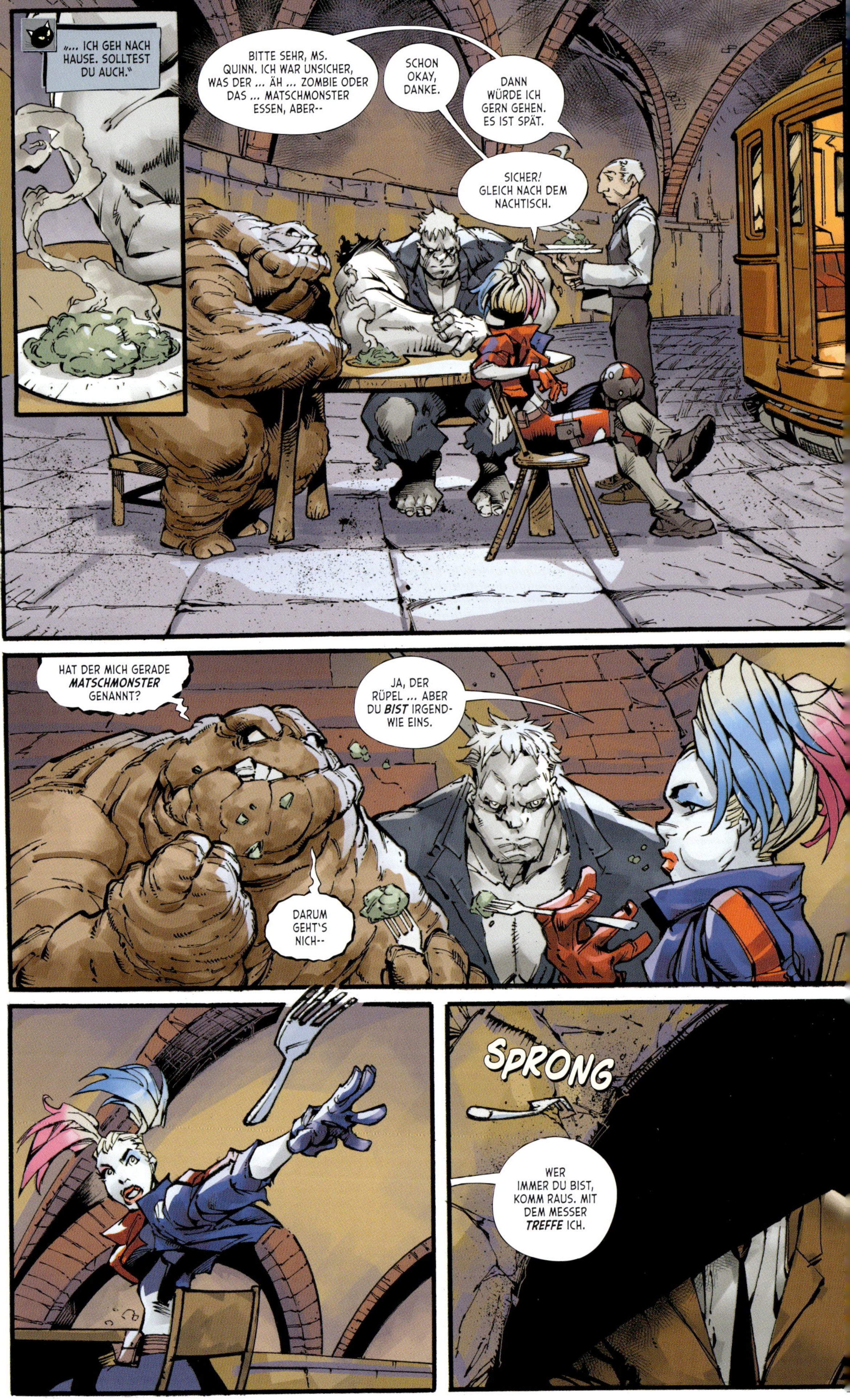

„... ICH GEH NACH HAUSE. SOLLTEST DU AUCH."

BITTE SEHR, MS. QUINN. ICH WAR UNSICHER, WAS DER ... ÄH ... ZOMBIE ODER DAS ... MATSCHMONSTER ESSEN, ABER--

SCHON OKAY, DANKE.

DANN WÜRDE ICH GERN GEHEN. ES IST SPÄT.

SICHER! GLEICH NACH DEM NACHTISCH.

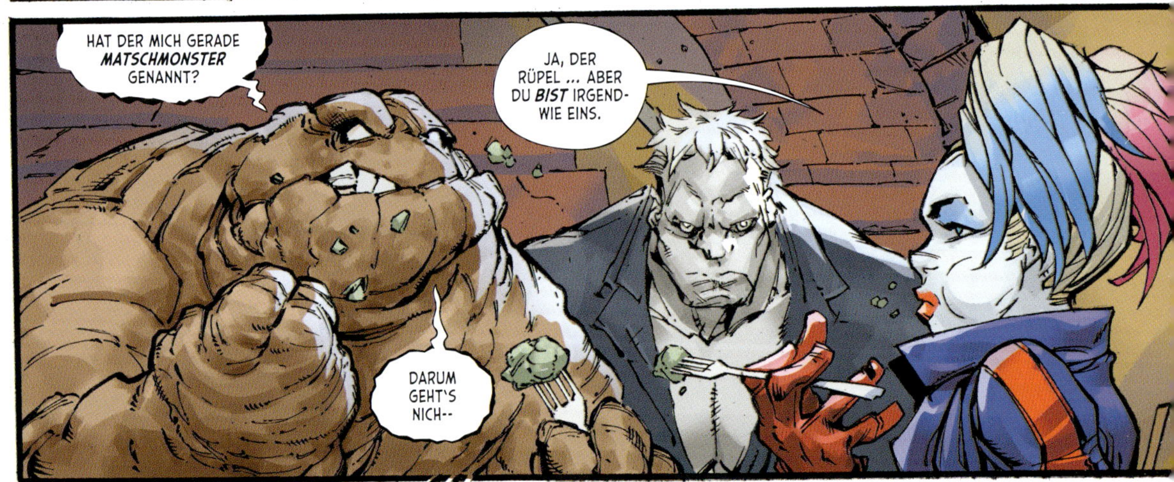

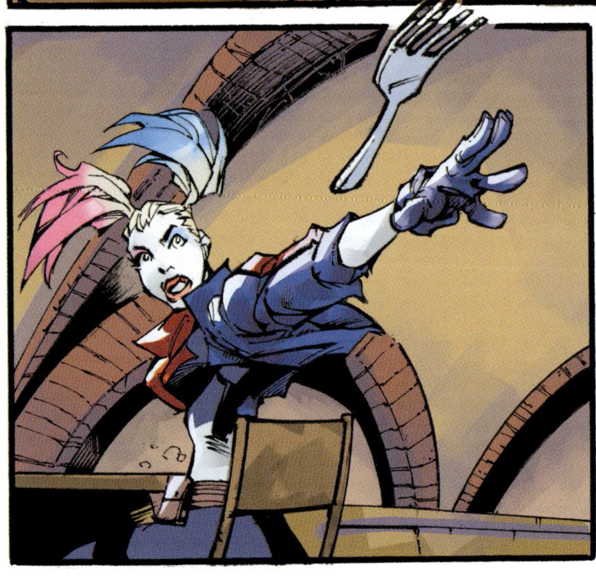

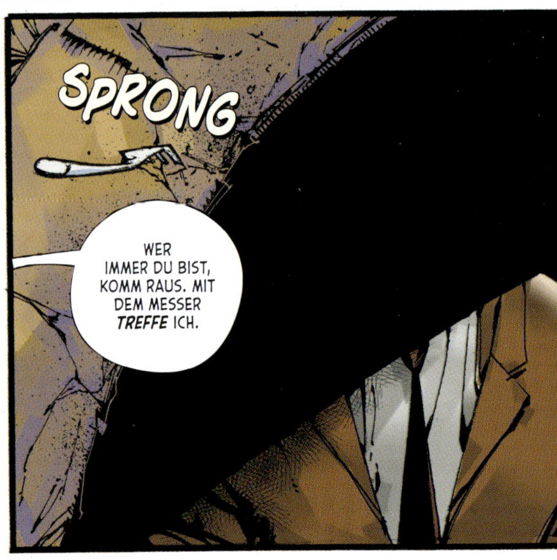

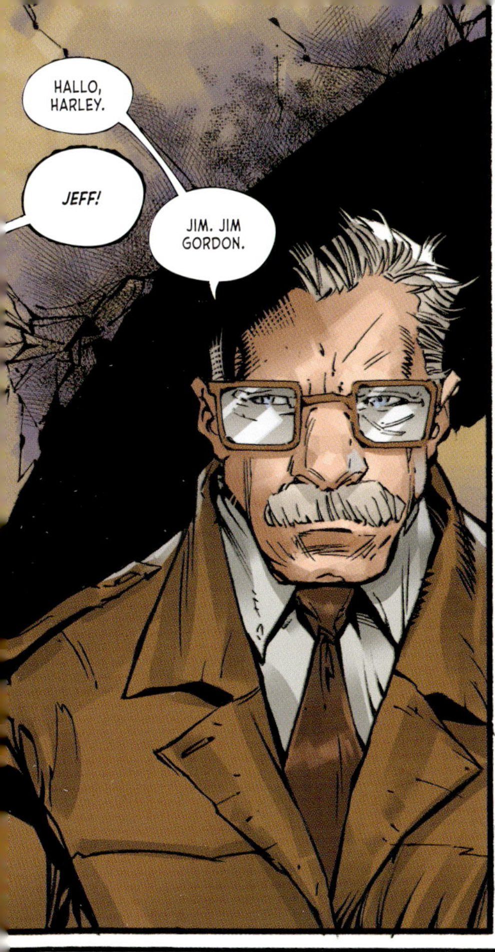
HALLO, HARLEY.
JEFF!
JIM. JIM GORDON.

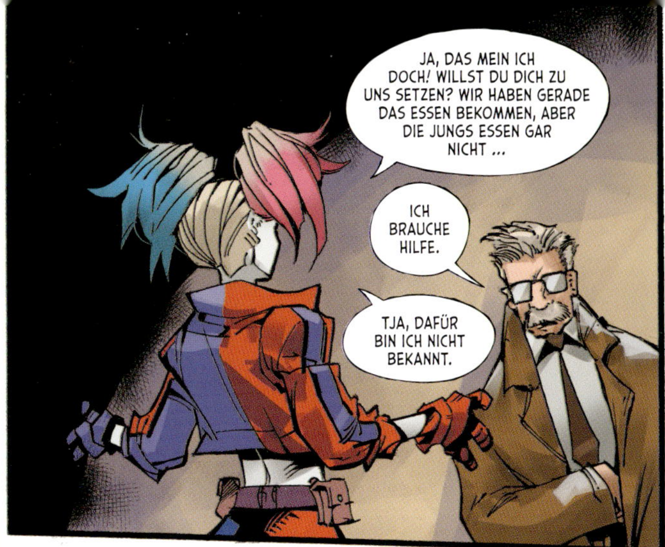
JA, DAS MEIN ICH DOCH! WILLST DU DICH ZU UNS SETZEN? WIR HABEN GERADE DAS ESSEN BEKOMMEN, ABER DIE JUNGS ESSEN GAR NICHT ...
ICH BRAUCHE HILFE.
TJA, DAFÜR BIN ICH NICHT BEKANNT.

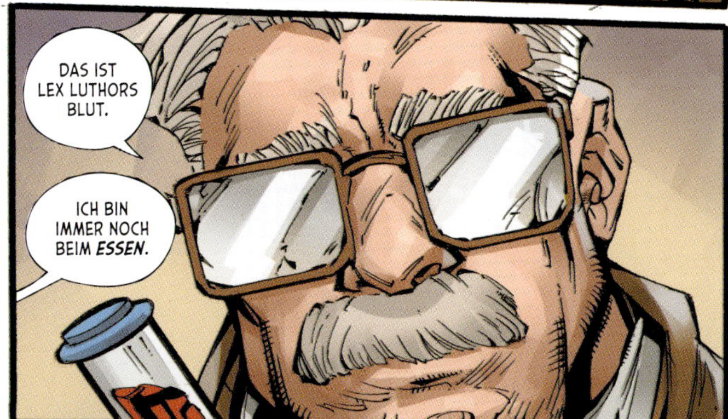
DAS IST LEX LUTHORS BLUT.
ICH BIN IMMER NOCH BEIM ESSEN.

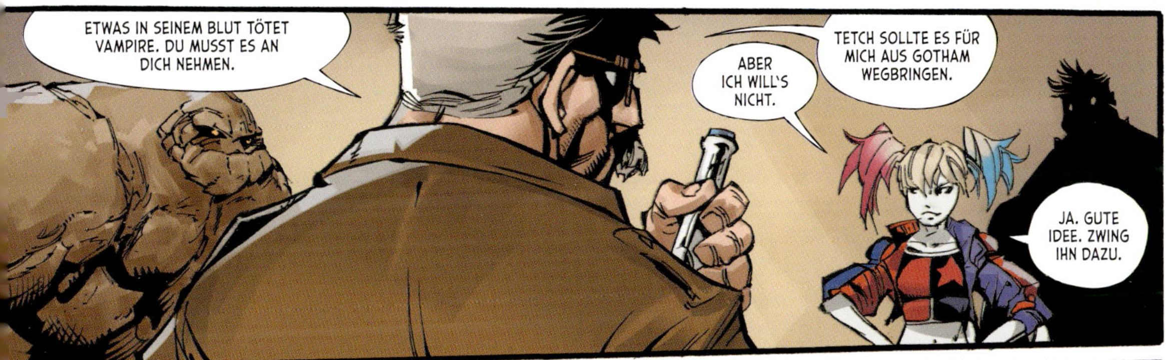
ETWAS IN SEINEM BLUT TÖTET VAMPIRE. DU MUSST ES AN DICH NEHMEN.
ABER ICH WILL'S NICHT.
TETCH SOLLTE ES FÜR MICH AUS GOTHAM WEGBRINGEN.
JA. GUTE IDEE. ZWING IHN DAZU.

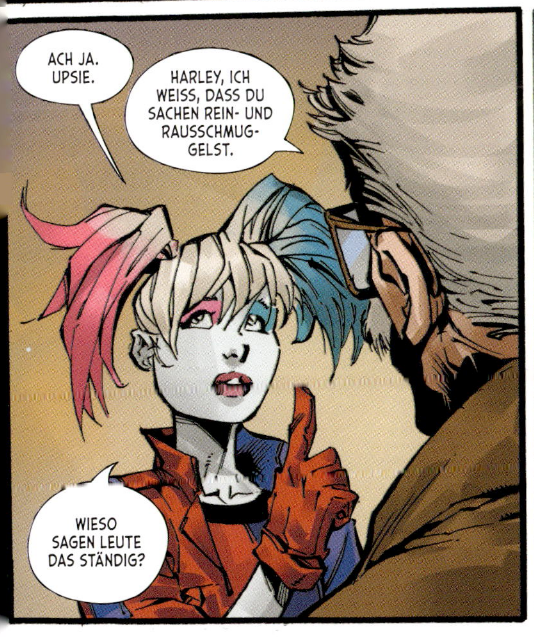
ACH JA. UPSIE.
HARLEY, ICH WEISS, DASS DU SACHEN REIN- UND RAUSSCHMUG-GELST.
WIESO SAGEN LEUTE DAS STÄNDIG?

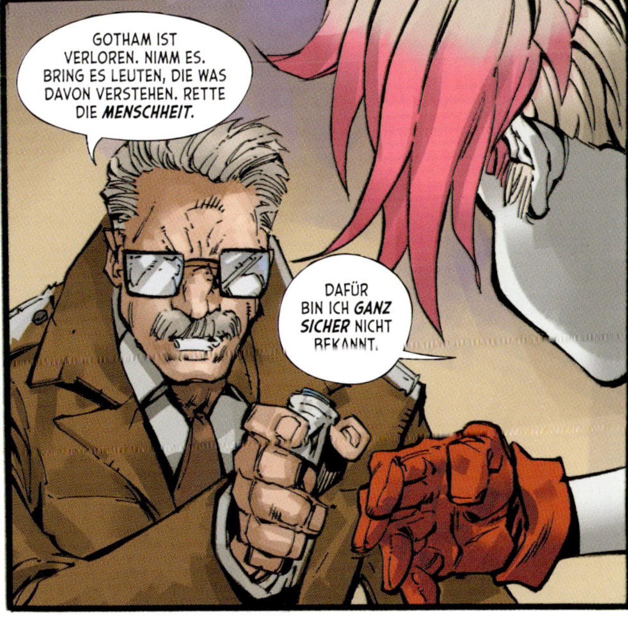
GOTHAM IST VERLOREN. NIMM ES. BRING ES LEUTEN, DIE WAS DAVON VERSTEHEN. RETTE DIE MENSCHHEIT.
DAFÜR BIN ICH GANZ SICHER NICHT BEKANNT.

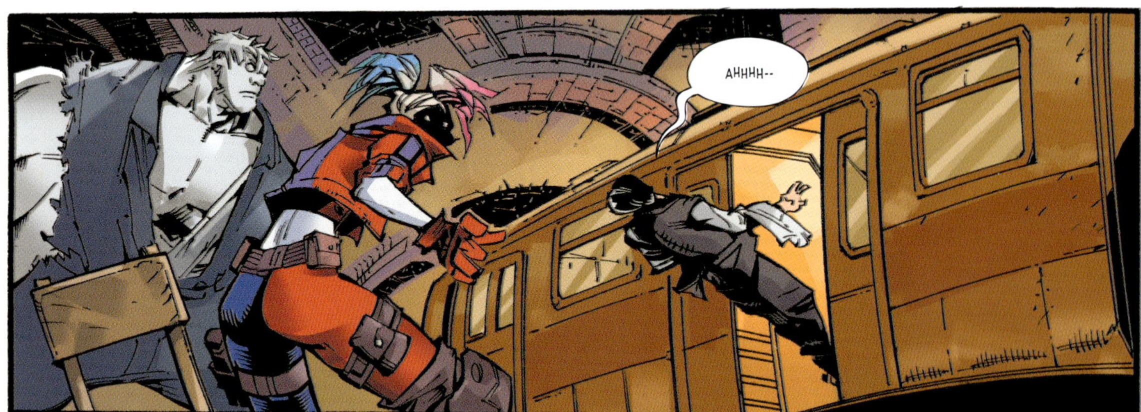
AHHHH--

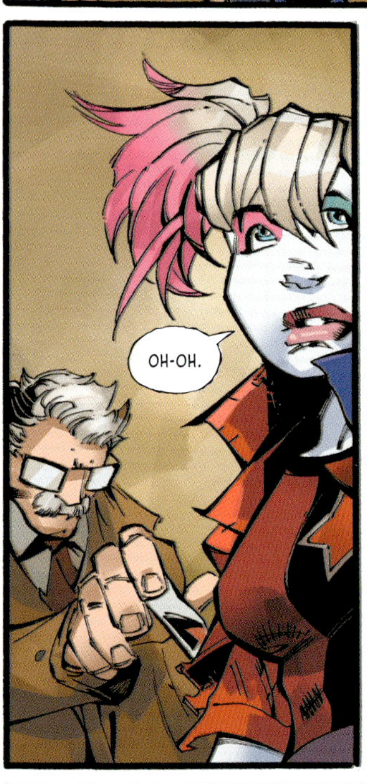
OH-OH.

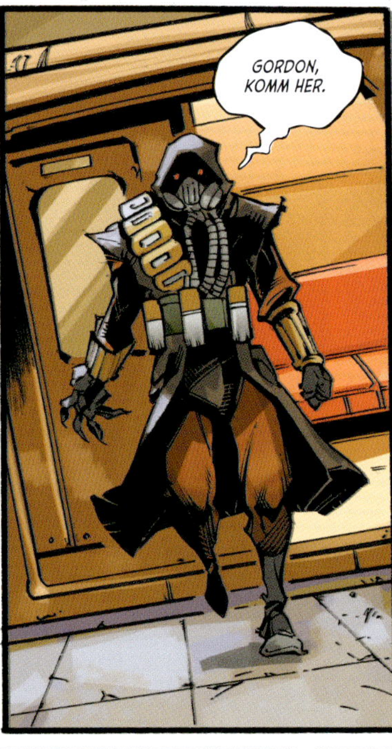
GORDON, KOMM HER.

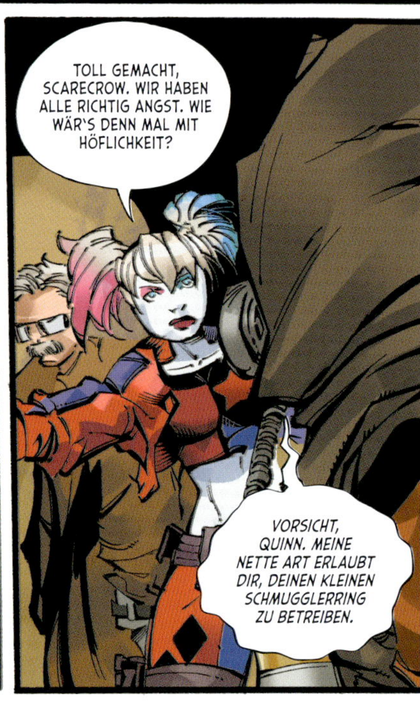
TOLL GEMACHT, SCARECROW. WIR HABEN ALLE RICHTIG ANGST. WIE WÄR'S DENN MAL MIT HÖFLICHKEIT?
VORSICHT, QUINN. MEINE NETTE ART ERLAUBT DIR, DEINEN KLEINEN SCHMUGGLERRING ZU BETREIBEN.

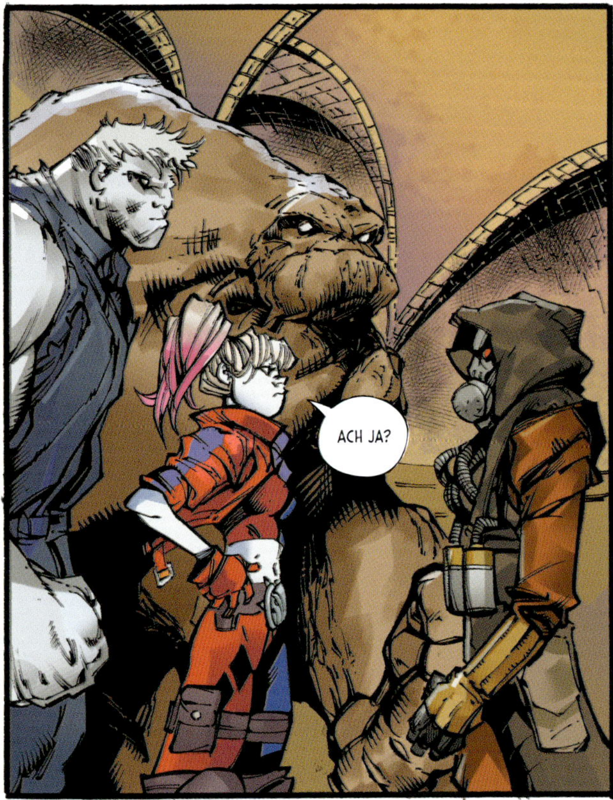
ACH JA?

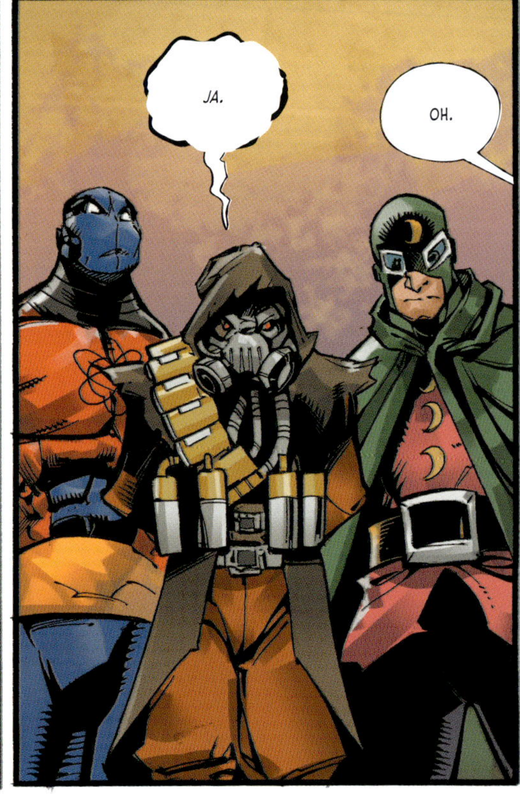
JA.
OH.

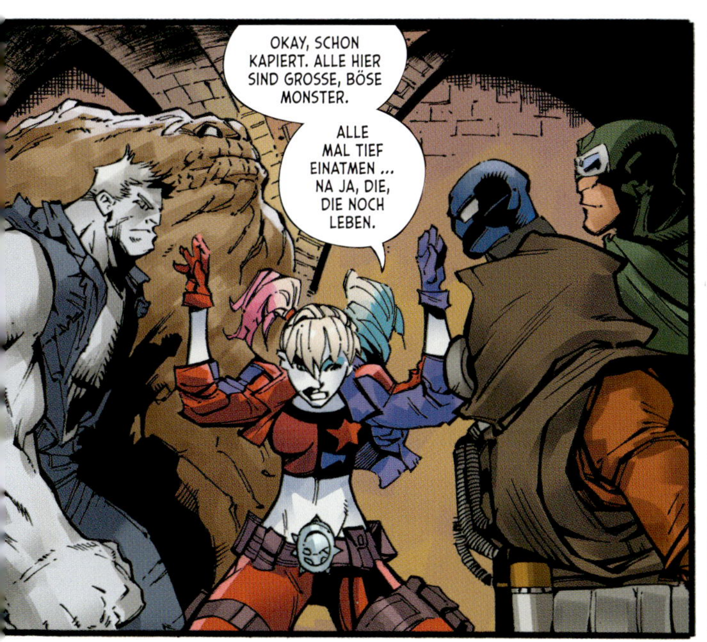
OKAY, SCHON KAPIERT. ALLE HIER SIND GROSSE, BÖSE MONSTER.
ALLE MAL TIEF EINATMEN ... NA JA, DIE, DIE NOCH LEBEN.

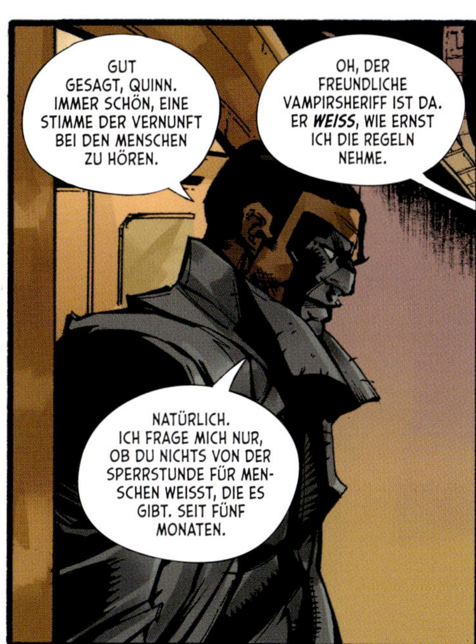
GUT GESAGT, QUINN. IMMER SCHÖN, EINE STIMME DER VERNUNFT BEI DEN MENSCHEN ZU HÖREN.
OH, DER FREUNDLICHE VAMPIRSHERIFF IST DA. ER *WEISS*, WIE ERNST ICH DIE REGELN NEHME.
NATÜRLICH. ICH FRAGE MICH NUR, OB DU NICHTS VON DER SPERRSTUNDE FÜR MENSCHEN WEISST, DIE ES GIBT. SEIT FÜNF MONATEN.

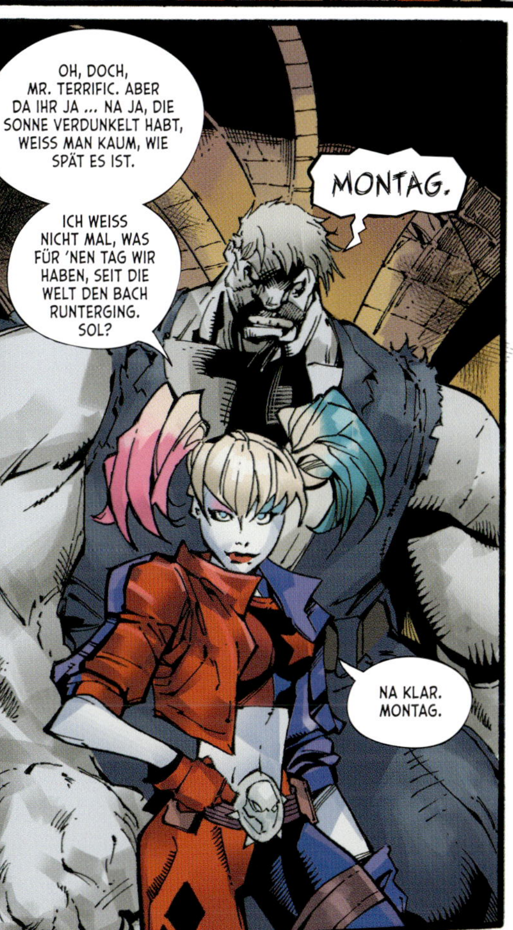
OH, DOCH, MR. TERRIFIC. ABER DA IHR JA ... NA JA, DIE SONNE VERDUNKELT HABT, WEISS MAN KAUM, WIE SPÄT ES IST.
MONTAG.
ICH WEISS NICHT MAL, WAS FÜR 'NEN TAG WIR HABEN, SEIT DIE WELT DEN BACH RUNTERGING. SOL?
NA KLAR. MONTAG.

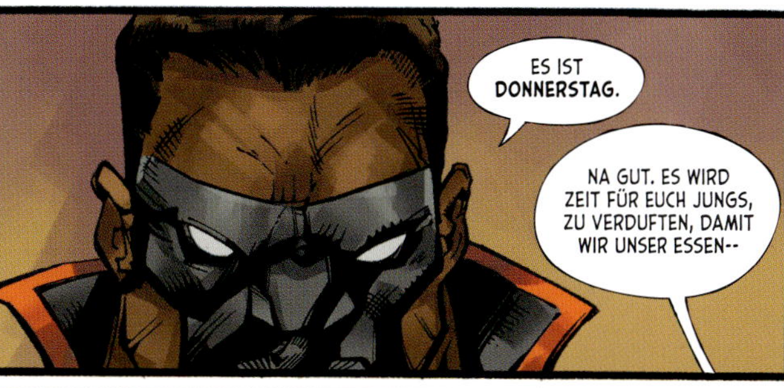
ES IST **DONNERSTAG.**
NA GUT. ES WIRD ZEIT FÜR EUCH JUNGS, ZU VERDUFTEN, DAMIT WIR UNSER ESSEN--

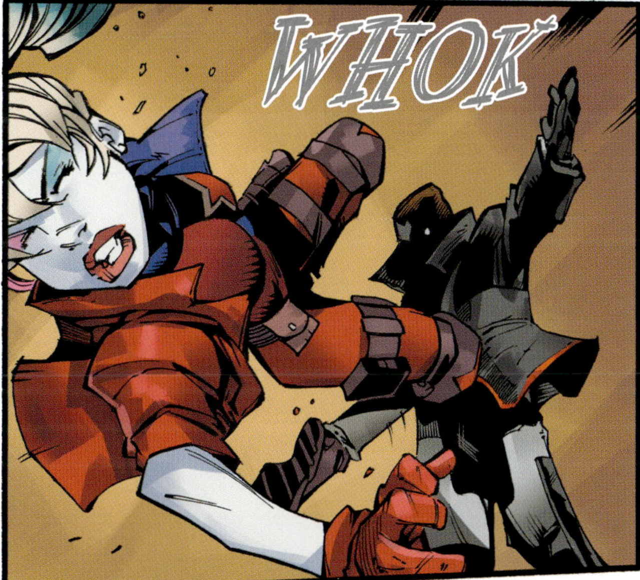
WHOK

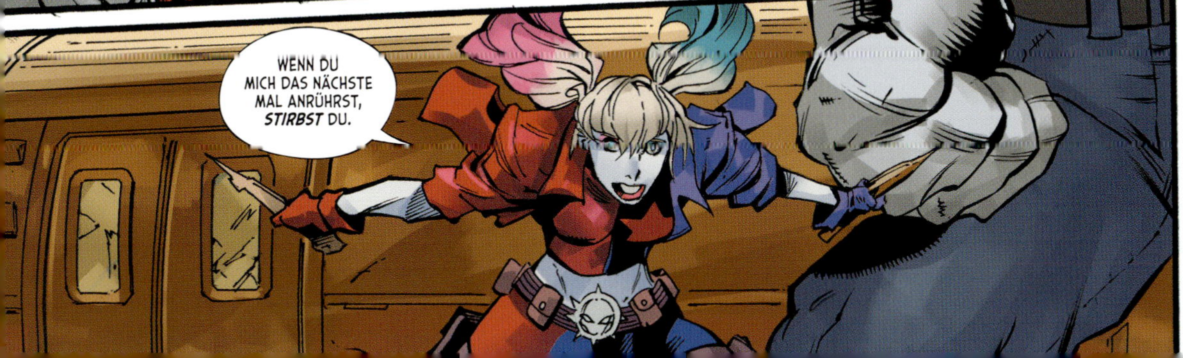
WENN DU MICH DAS NÄCHSTE MAL ANRÜHRST, ***STIRBST*** DU.

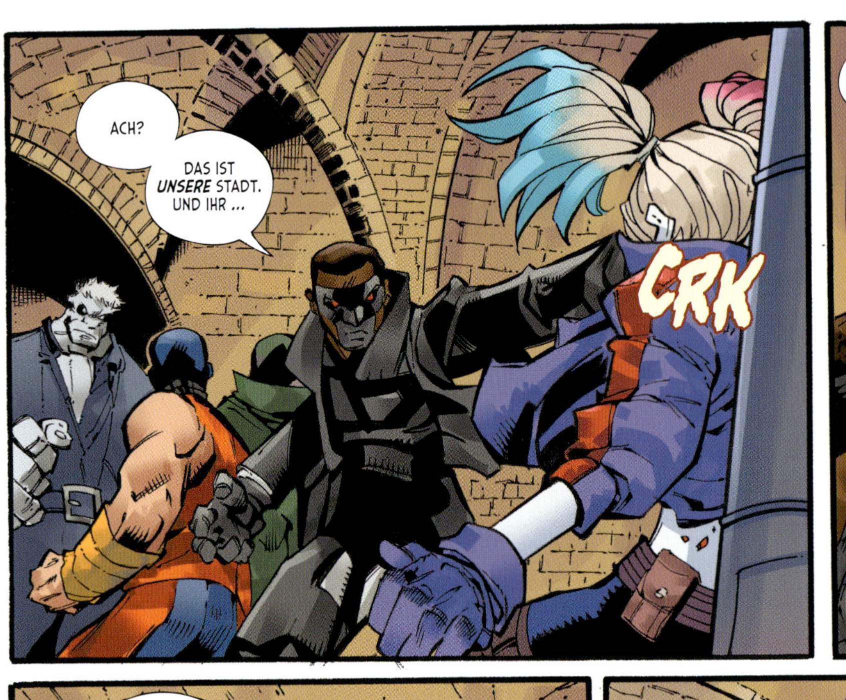
ACH?
DAS IST UNSERE STADT. UND IHR ...
CRK

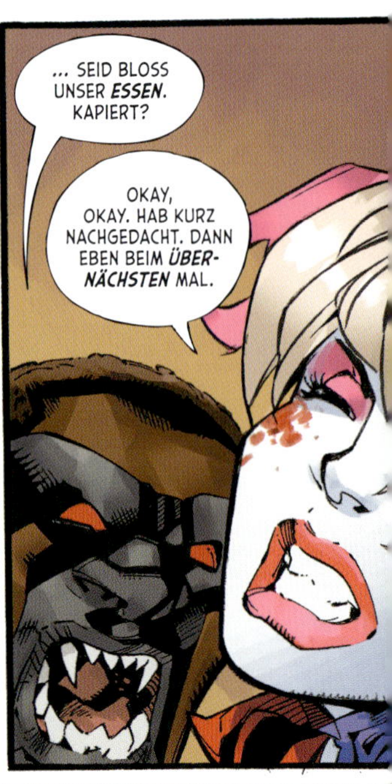
... SEID BLOSS UNSER ESSEN. KAPIERT?
OKAY, OKAY. HAB KURZ NACHGEDACHT. DANN EBEN BEIM ÜBERNÄCHSTEN MAL.

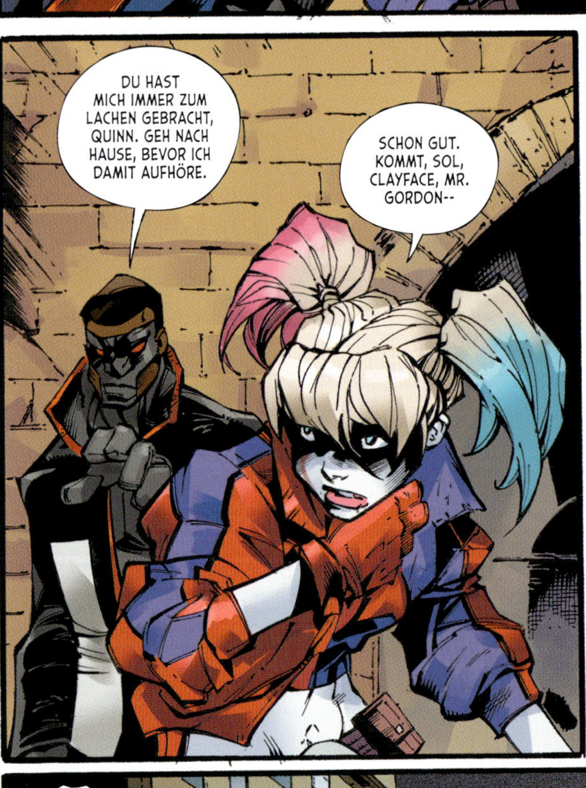
DU HAST MICH IMMER ZUM LACHEN GEBRACHT, QUINN. GEH NACH HAUSE, BEVOR ICH DAMIT AUFHÖRE.
SCHON GUT. KOMMT, SOL, CLAYFACE, MR. GORDON--

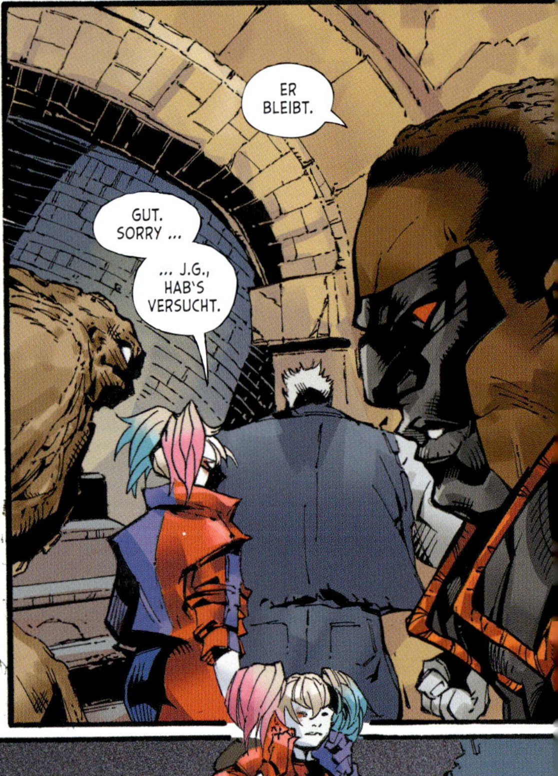
ER BLEIBT.
GUT. SORRY ...
... J.G., HAB'S VERSUCHT.

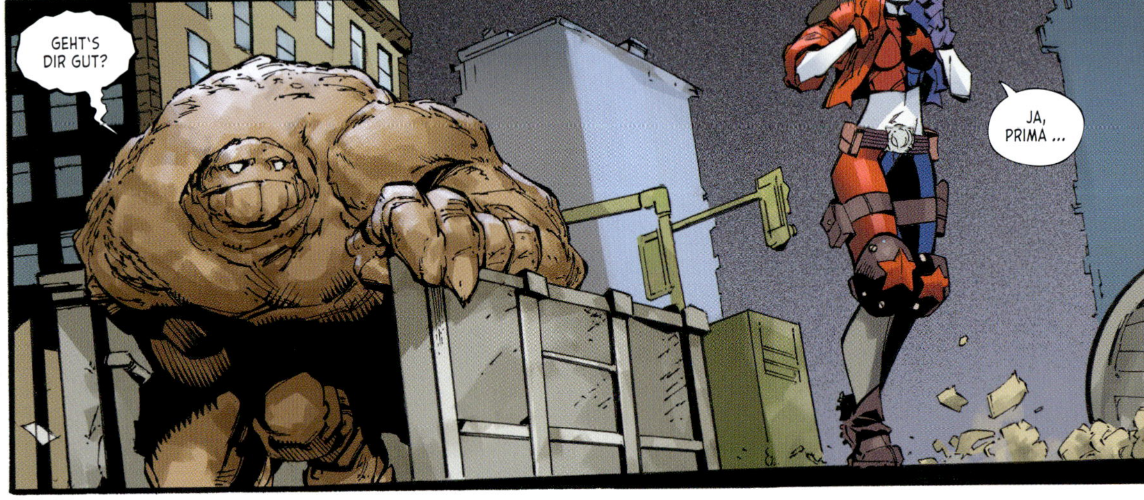
GEHT'S DIR GUT?
JA, PRIMA ...

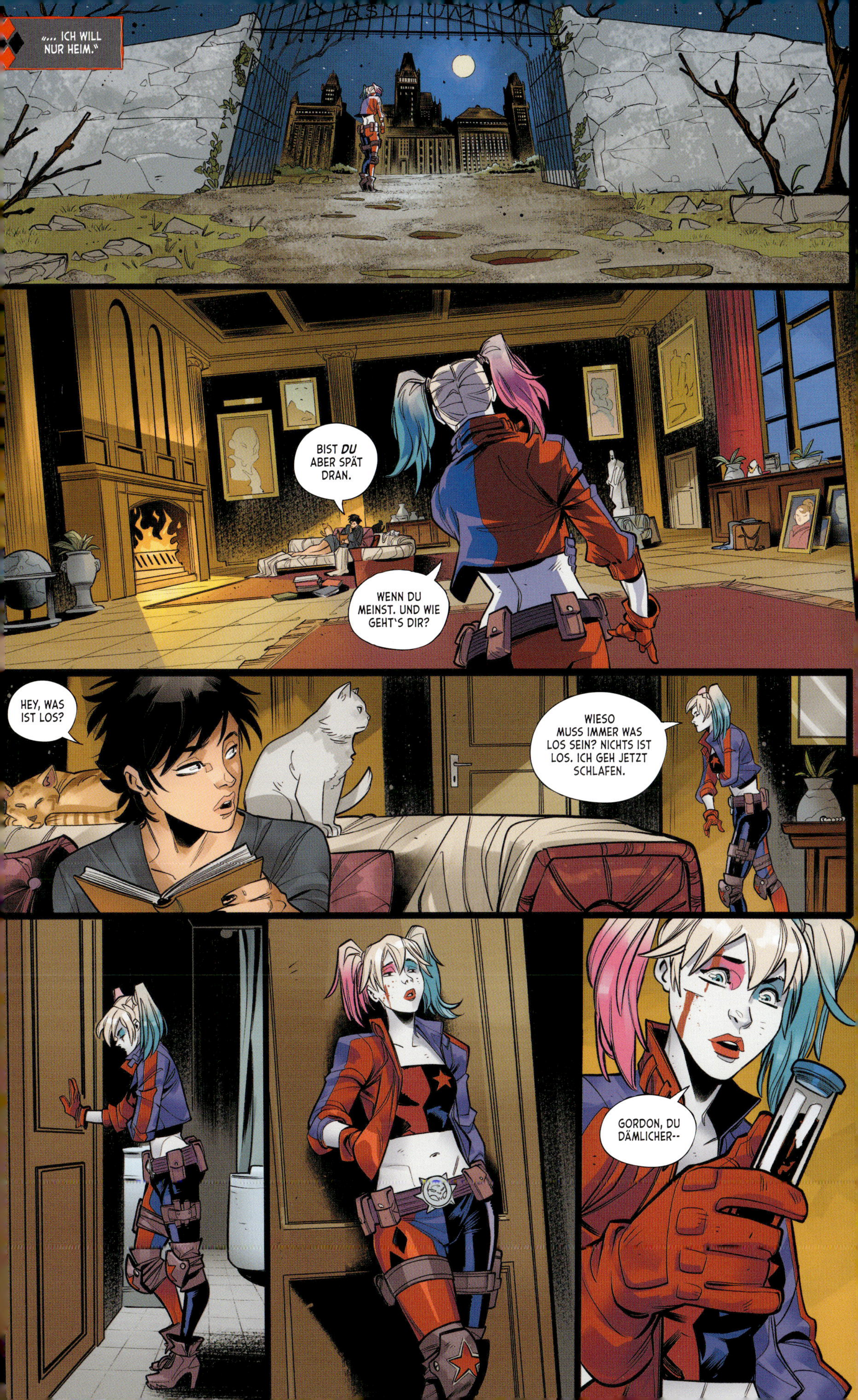
„... ICH WILL NUR HEIM."
BIST *DU* ABER SPÄT DRAN.
WENN DU MEINST. UND WIE GEHT'S DIR?
HEY, WAS IST LOS?
WIESO MUSS IMMER WAS LOS SEIN? NICHTS IST LOS. ICH GEH JETZT SCHLAFEN.
GORDON, DU DÄMLICHER--

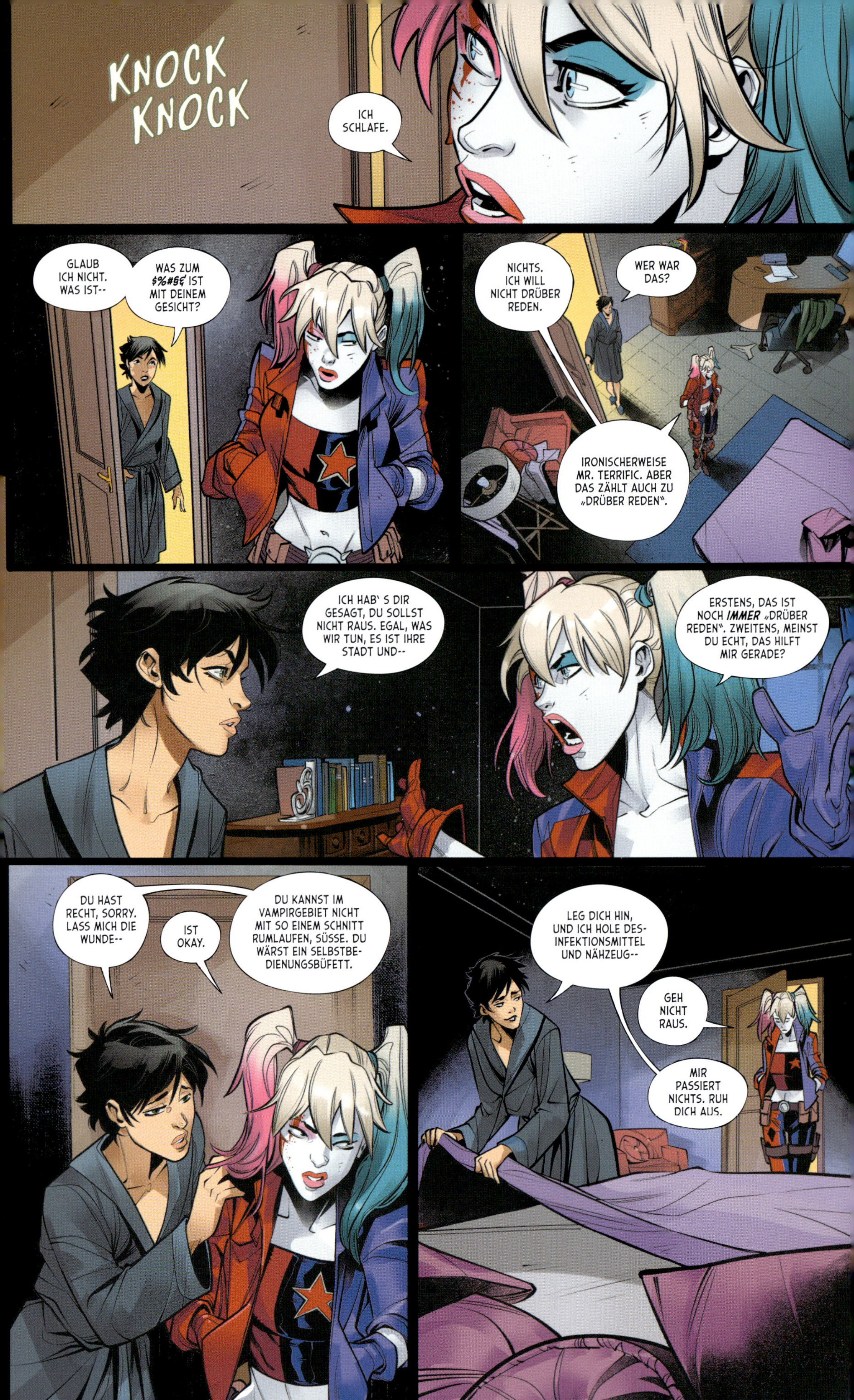
KNOCK KNOCK
ICH SCHLAFE.
GLAUB ICH NICHT. WAS IST--
WAS ZUM $%#&¢ IST MIT DEINEM GESICHT?
WER WAR DAS?
NICHTS. ICH WILL NICHT DRÜBER REDEN.
IRONISCHERWEISE MR. TERRIFIC. ABER DAS ZÄHLT AUCH ZU „DRÜBER REDEN".
ICH HAB' S DIR GESAGT, DU SOLLST NICHT RAUS. EGAL, WAS WIR TUN, ES IST IHRE STADT UND--
ERSTENS, DAS IST NOCH **IMMER** „DRÜBER REDEN". ZWEITENS, MEINST DU ECHT, DAS HILFT MIR GERADE?
DU KANNST IM VAMPIRGEBIET NICHT MIT SO EINEM SCHNITT RUMLAUFEN, SÜSSE. DU WÄRST EIN SELBSTBEDIENUNGSBÜFETT.
DU HAST RECHT, SORRY. LASS MICH DIE WUNDE--
IST OKAY.
LEG DICH HIN, UND ICH HOLE DESINFEKTIONSMITTEL UND NÄHZEUG--
GEH NICHT RAUS.
MIR PASSIERT NICHTS. RUH DICH AUS.

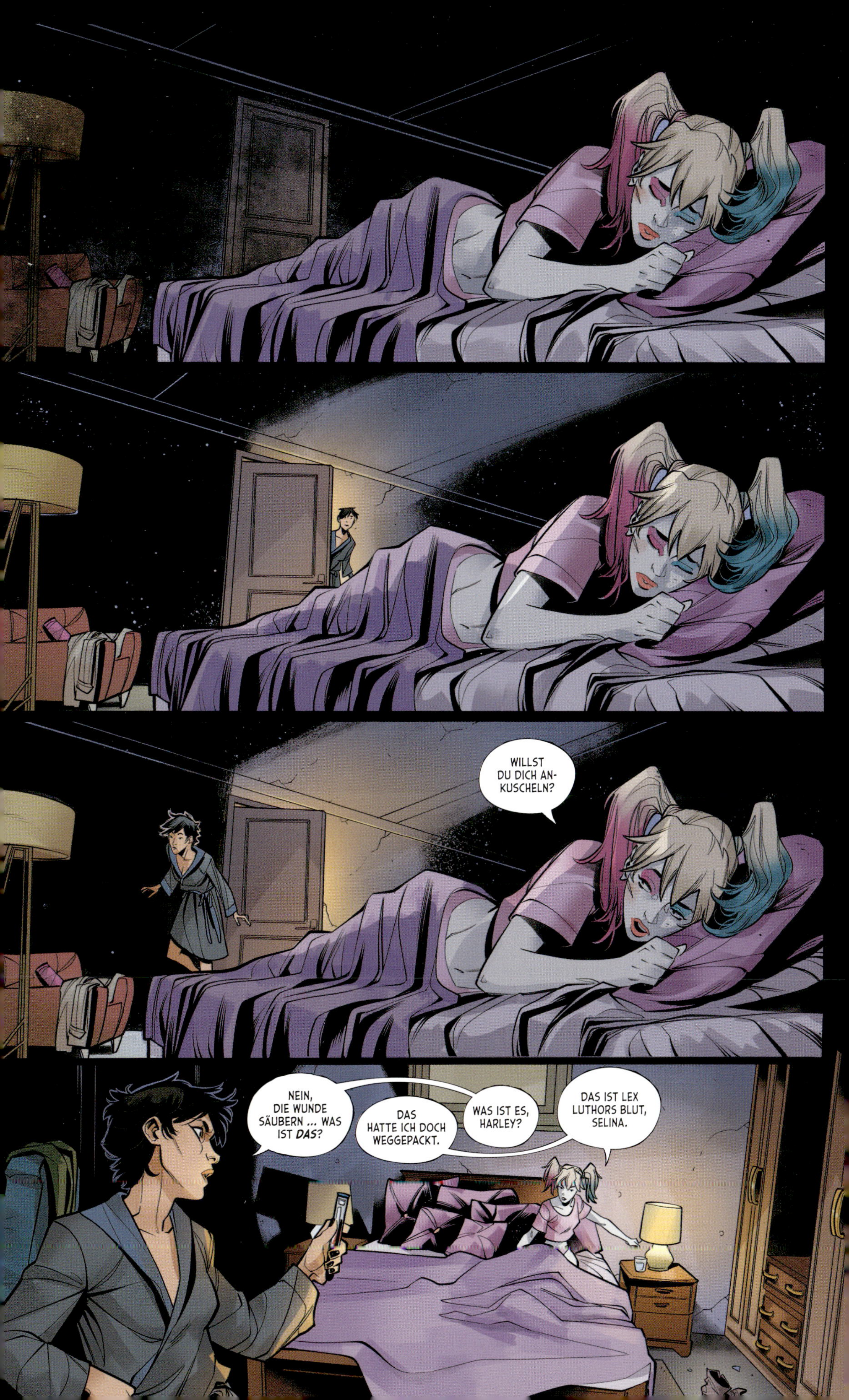
WILLST DU DICH AN-KUSCHELN?
NEIN, DIE WUNDE SÄUBERN ... WAS IST DAS?
DAS HATTE ICH DOCH WEGGEPACKT.
WAS IST ES, HARLEY?
DAS IST LEX LUTHORS BLUT, SELINA.

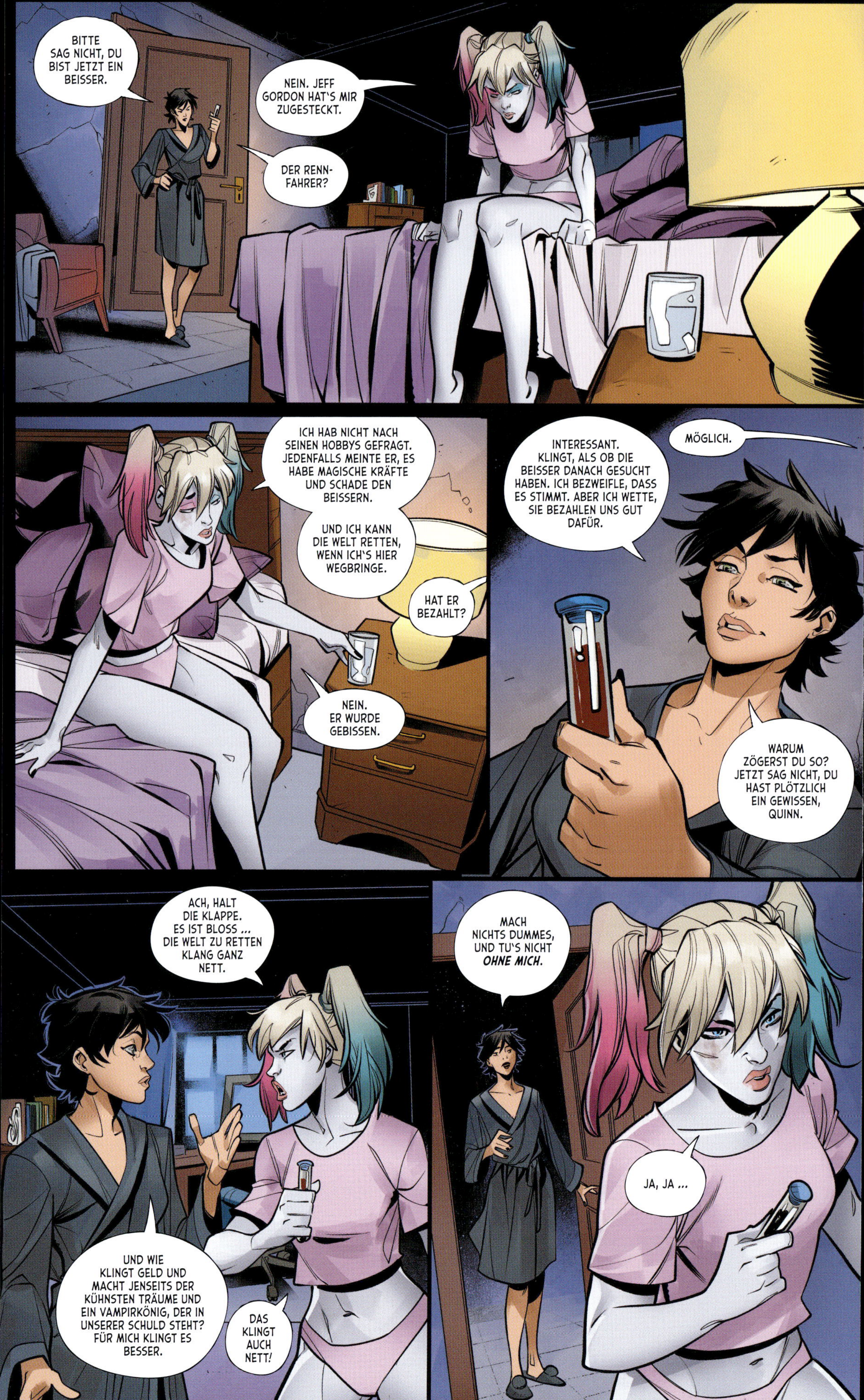
BITTE SAG NICHT, DU BIST JETZT EIN BEISSER.
NEIN. JEFF GORDON HAT'S MIR ZUGESTECKT.
DER RENN-FAHRER?
ICH HAB NICHT NACH SEINEN HOBBYS GEFRAGT. JEDENFALLS MEINTE ER, ES HABE MAGISCHE KRÄFTE UND SCHADE DEN BEISSERN.
UND ICH KANN DIE WELT RETTEN, WENN ICH'S HIER WEGBRINGE.
HAT ER BEZAHLT?
NEIN. ER WURDE GEBISSEN.
INTERESSANT. KLINGT, ALS OB DIE BEISSER DANACH GESUCHT HABEN. ICH BEZWEIFLE, DASS ES STIMMT. ABER ICH WETTE, SIE BEZAHLEN UNS GUT DAFÜR.
MÖGLICH.
WARUM ZÖGERST DU SO? JETZT SAG NICHT, DU HAST PLÖTZLICH EIN GEWISSEN, QUINN.
ACH, HALT DIE KLAPPE. ES IST BLOSS ... DIE WELT ZU RETTEN KLANG GANZ NETT.
UND WIE KLINGT GELD UND MACHT JENSEITS DER KÜHNSTEN TRÄUME UND EIN VAMPIRKÖNIG, DER IN UNSERER SCHULD STEHT? FÜR MICH KLINGT ES BESSER.
DAS KLINGT AUCH NETT!
MACH NICHTS DUMMES, UND TU'S NICHT *OHNE MICH.*
JA, JA ...

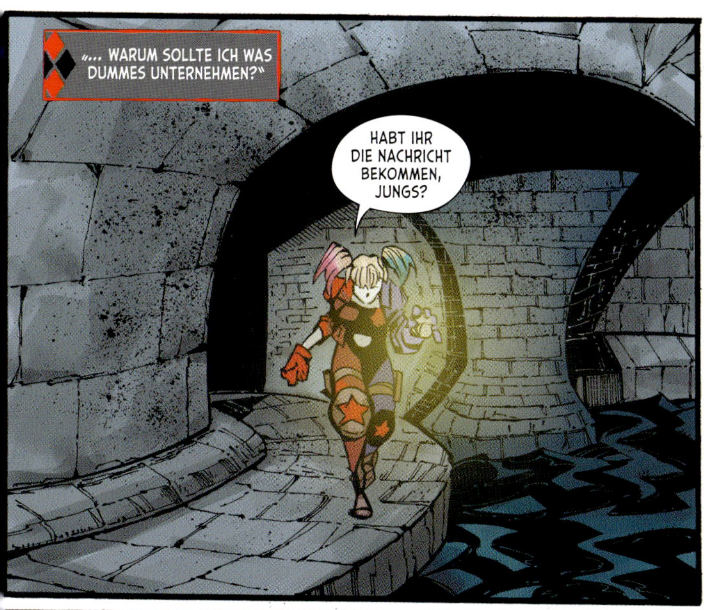
„... WARUM SOLLTE ICH WAS DUMMES UNTERNEHMEN?"
HABT IHR DIE NACHRICHT BEKOMMEN, JUNGS?

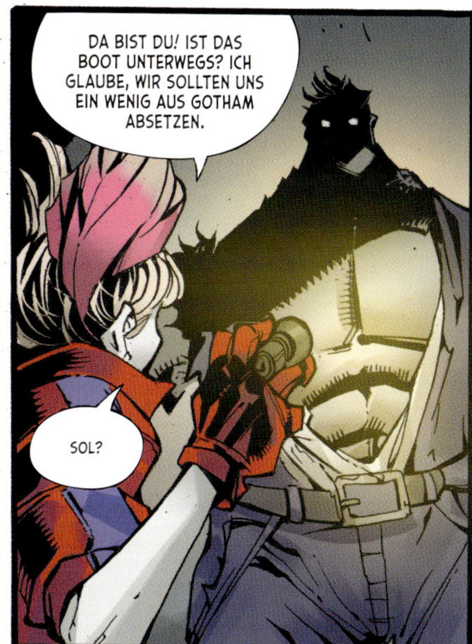
DA BIST DU! IST DAS BOOT UNTERWEGS? ICH GLAUBE, WIR SOLLTEN UNS EIN WENIG AUS GOTHAM ABSETZEN.
SOL?

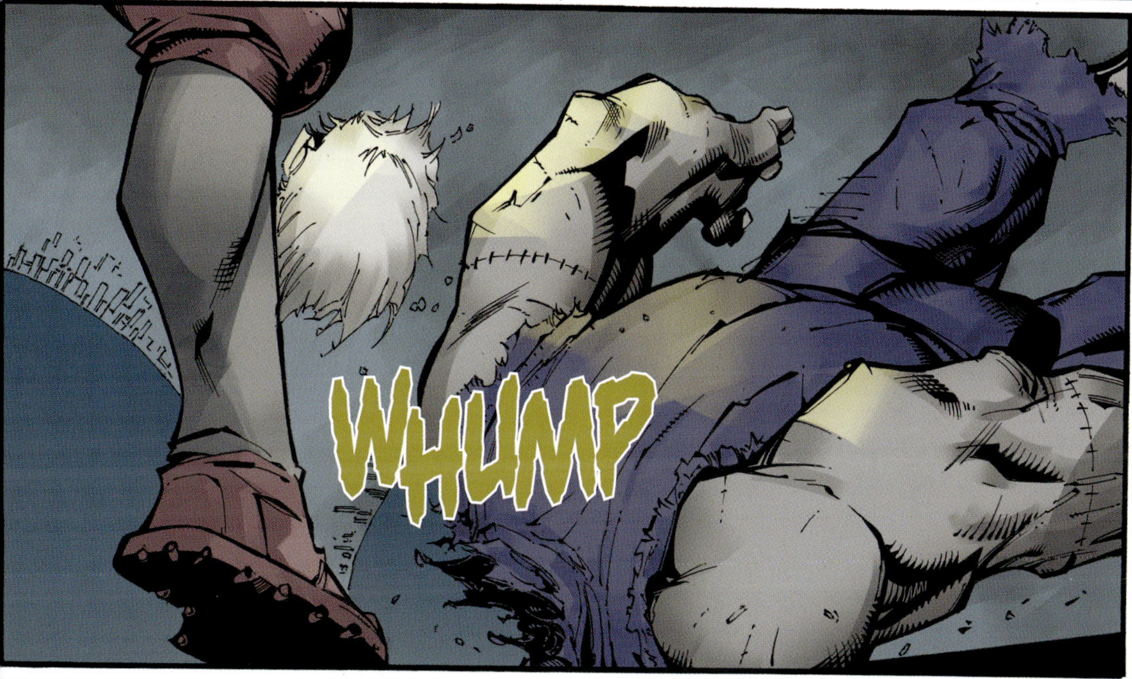
WHUMP

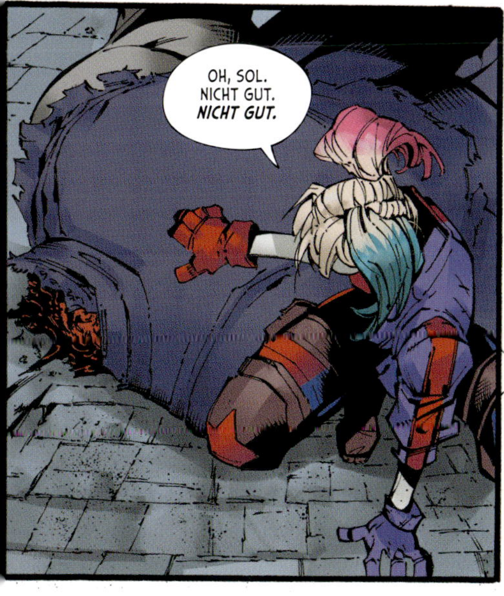
OH, SOL. NICHT GUT. *NICHT GUT.*

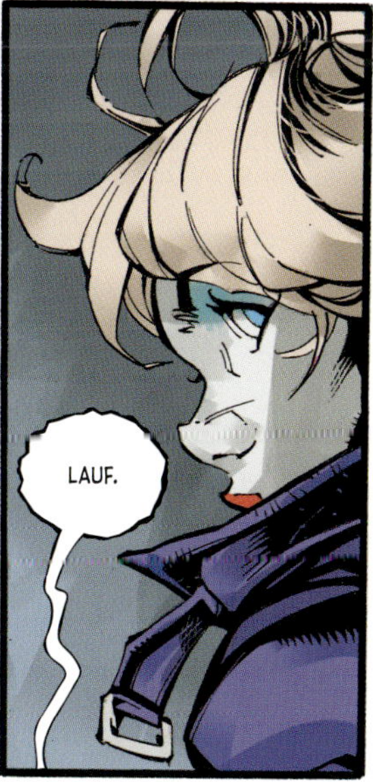
LAUF.

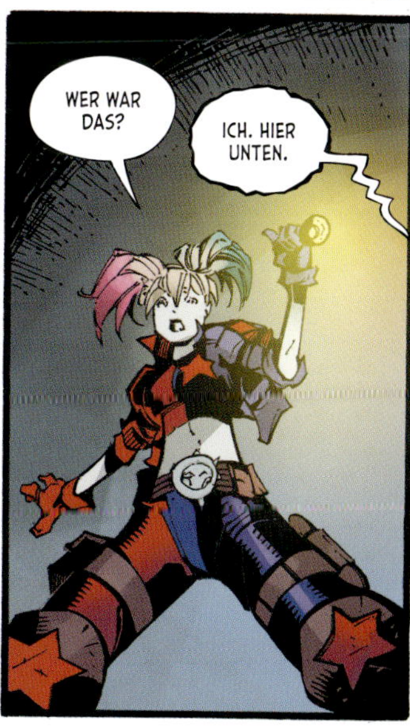
WER WAR DAS?
ICH. HIER UNTEN.

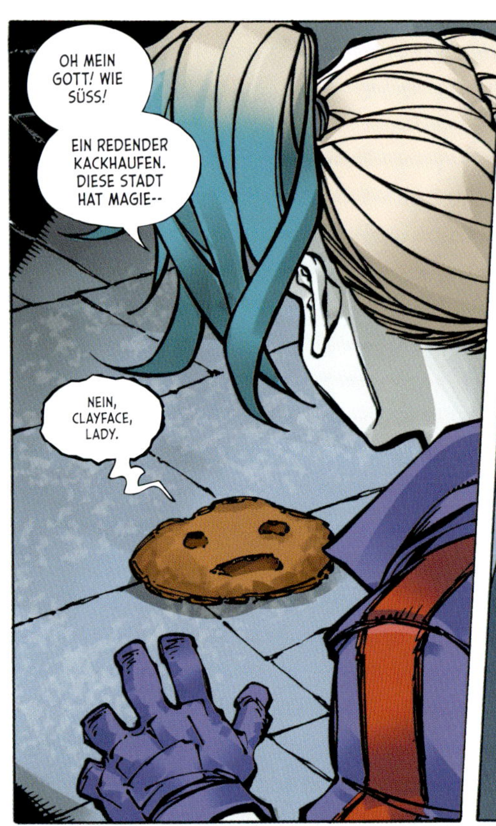
OH MEIN GOTT! WIE SÜSS!
EIN REDENDER KACKHAUFEN. DIESE STADT HAT MAGIE--
NEIN, CLAYFACE, LADY.

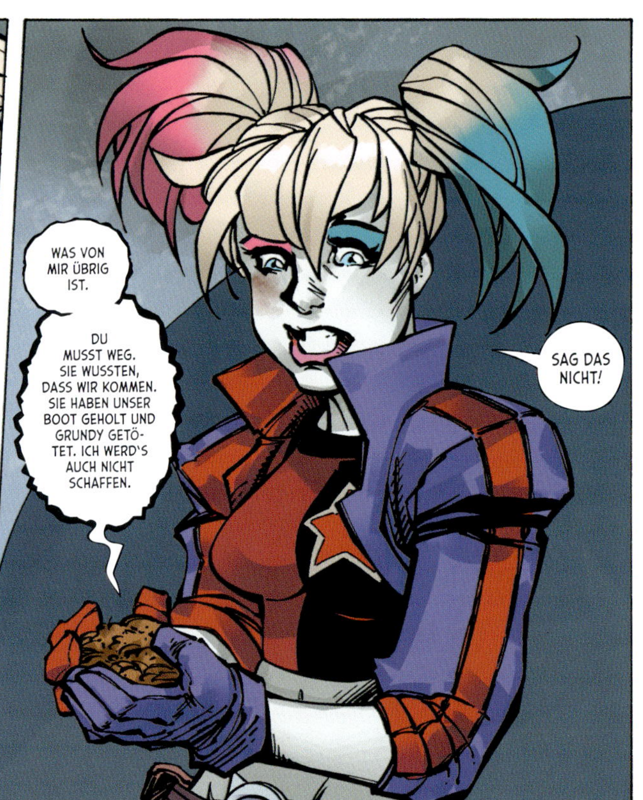
WAS VON MIR ÜBRIG IST.
DU MUSST WEG. SIE WUSSTEN, DASS WIR KOMMEN. SIE HABEN UNSER BOOT GEHOLT UND GRUNDY GETÖTET. ICH WERD'S AUCH NICHT SCHAFFEN.
SAG DAS NICHT!

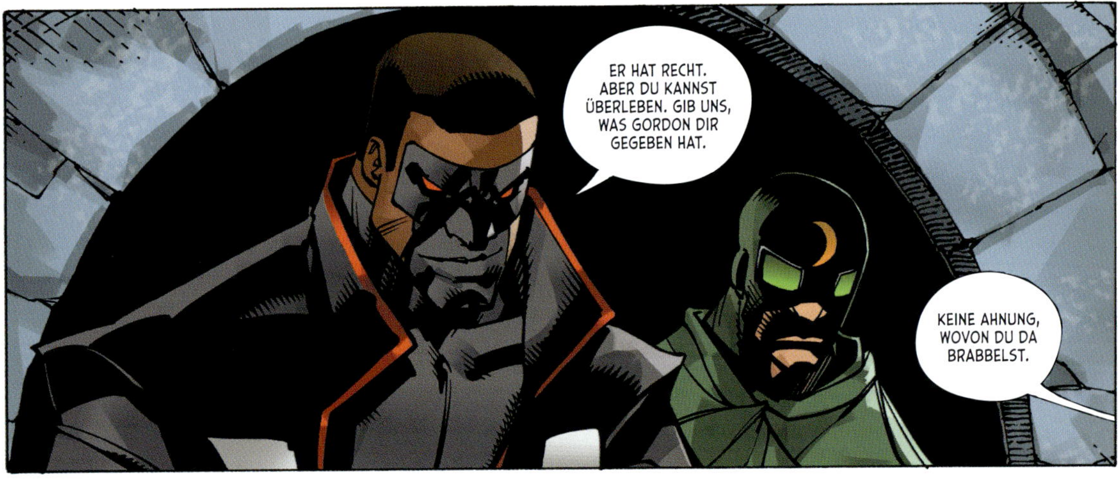
ER HAT RECHT. ABER DU KANNST ÜBERLEBEN. GIB UNS, WAS GORDON DIR GEGEBEN HAT.
KEINE AHNUNG, WOVON DU DA BRABBELST.

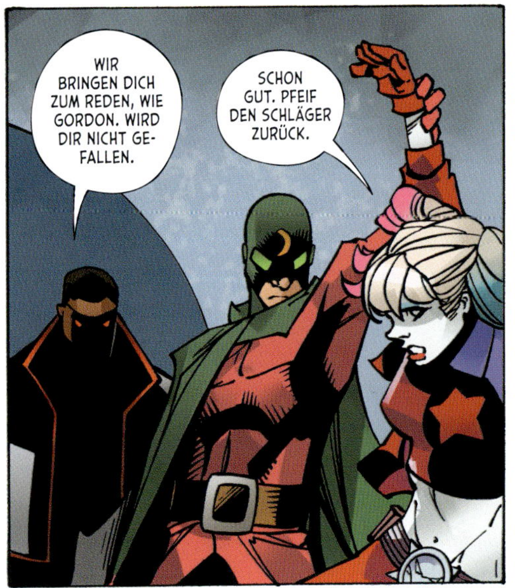
WIR BRINGEN DICH ZUM REDEN, WIE GORDON. WIRD DIR NICHT GEFALLEN.
SCHON GUT. PFEIF DEN SCHLÄGER ZURÜCK.

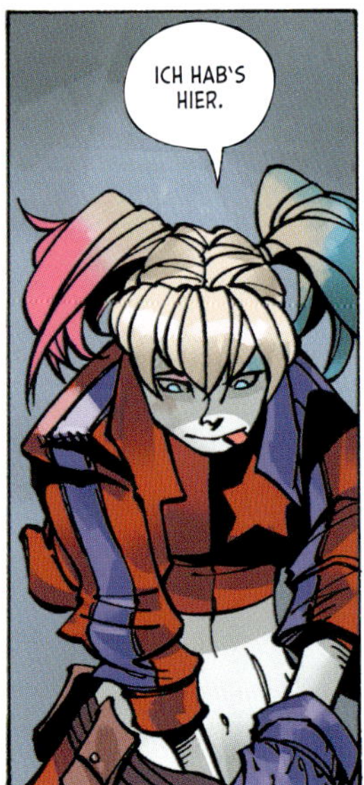
ICH HAB'S HIER.

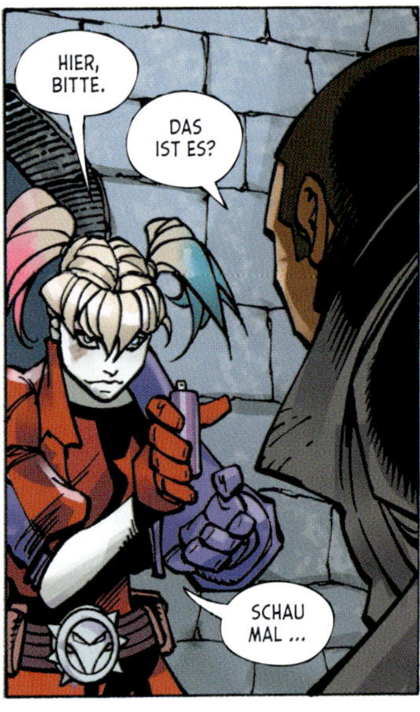
HIER, BITTE.
DAS IST ES?
SCHAU MAL ...

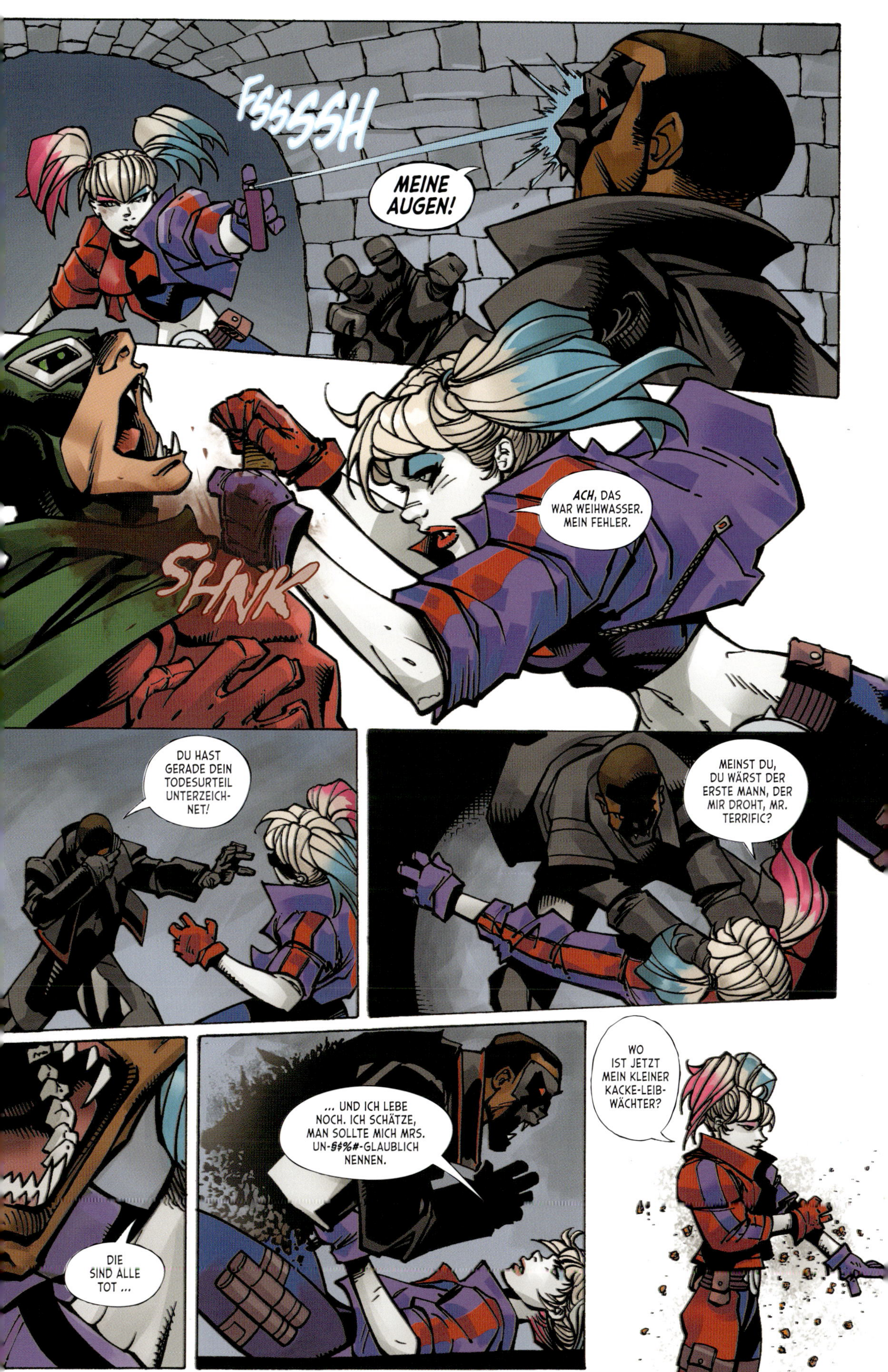
FSSSSSH
MEINE AUGEN!
SHNK
ACH, DAS WAR WEIHWASSER. MEIN FEHLER.
DU HAST GERADE DEIN TODESURTEIL UNTERZEICHNET!
MEINST DU, DU WÄRST DER ERSTE MANN, DER MIR DROHT, MR. TERRIFIC?
DIE SIND ALLE TOT ...
... UND ICH LEBE NOCH. ICH SCHÄTZE, MAN SOLLTE MICH MRS. UN-§$%#-GLAUBLICH NENNEN.
WO IST JETZT MEIN KLEINER KACKE-LEIB-WÄCHTER?

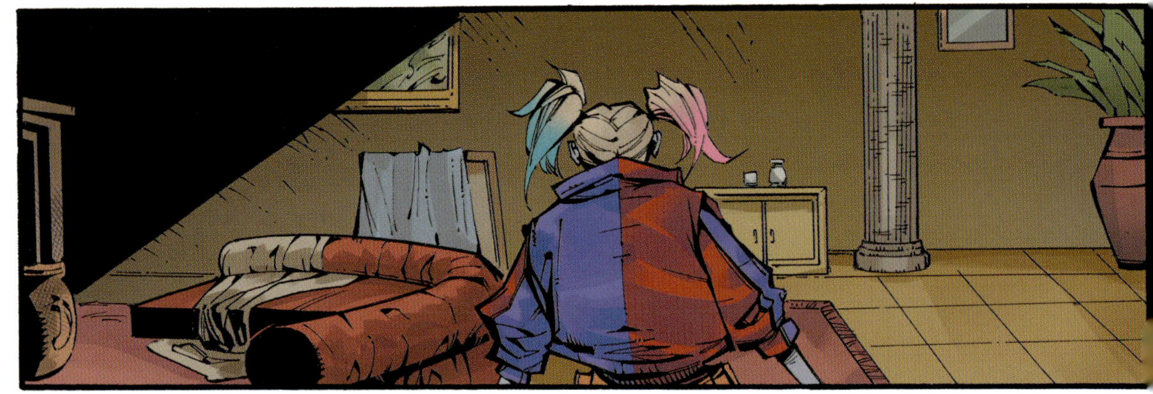

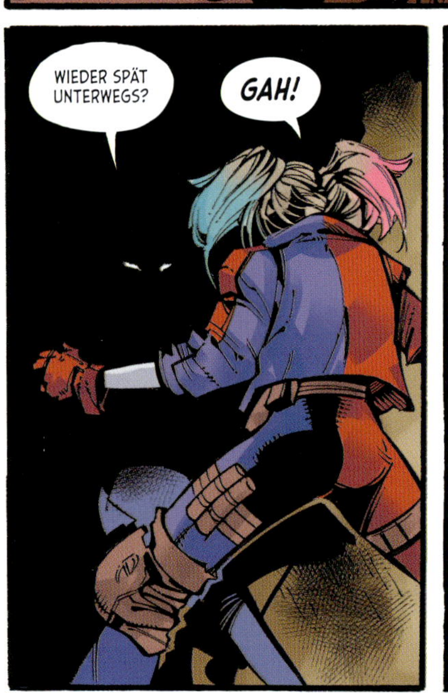
WIEDER SPÄT UNTERWEGS?
GAH!

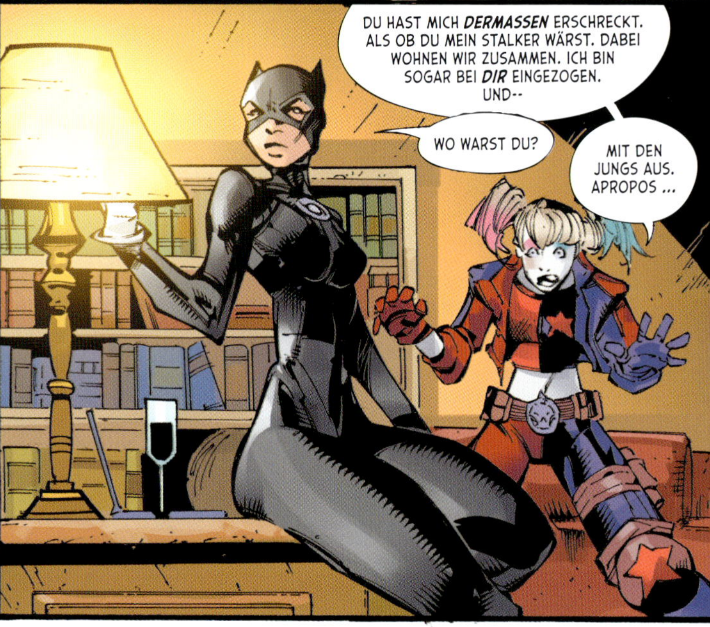
DU HAST MICH DERMASSEN ERSCHRECKT. ALS OB DU MEIN STALKER WÄRST. DABEI WOHNEN WIR ZUSAMMEN. ICH BIN SOGAR BEI DIR EINGEZOGEN. UND--
WO WARST DU?
MIT DEN JUNGS AUS. APROPOS ...

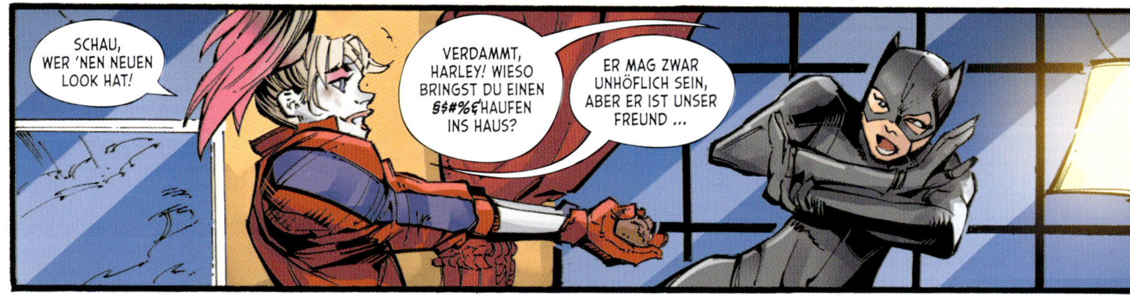
SCHAU, WER 'NEN NEUEN LOOK HAT!
VERDAMMT, HARLEY! WIESO BRINGST DU EINEN §$#%€HAUFEN INS HAUS?
ER MAG ZWAR UNHÖFLICH SEIN, ABER ER IST UNSER FREUND ...

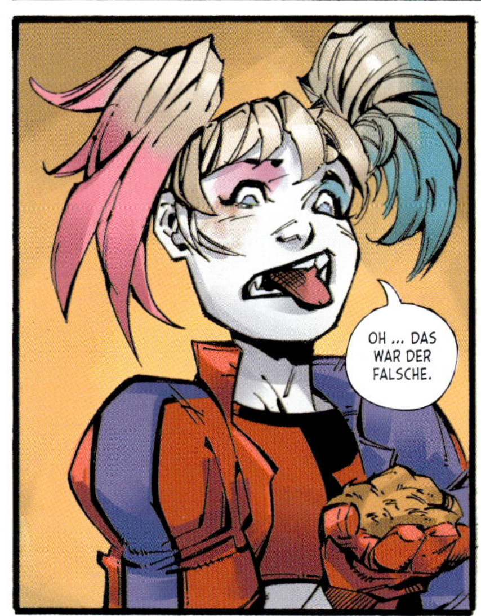
OH ... DAS WAR DER FALSCHE.

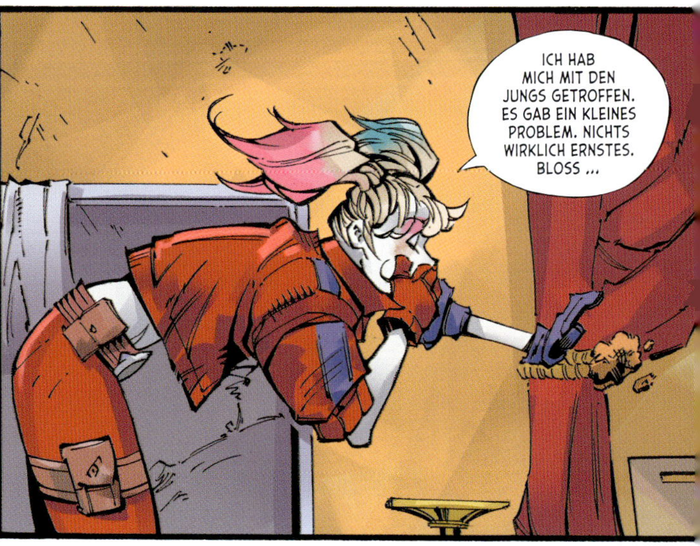
ICH HAB MICH MIT DEN JUNGS GETROFFEN. ES GAB EIN KLEINES PROBLEM. NICHTS WIRKLICH ERNSTES. BLOSS ...

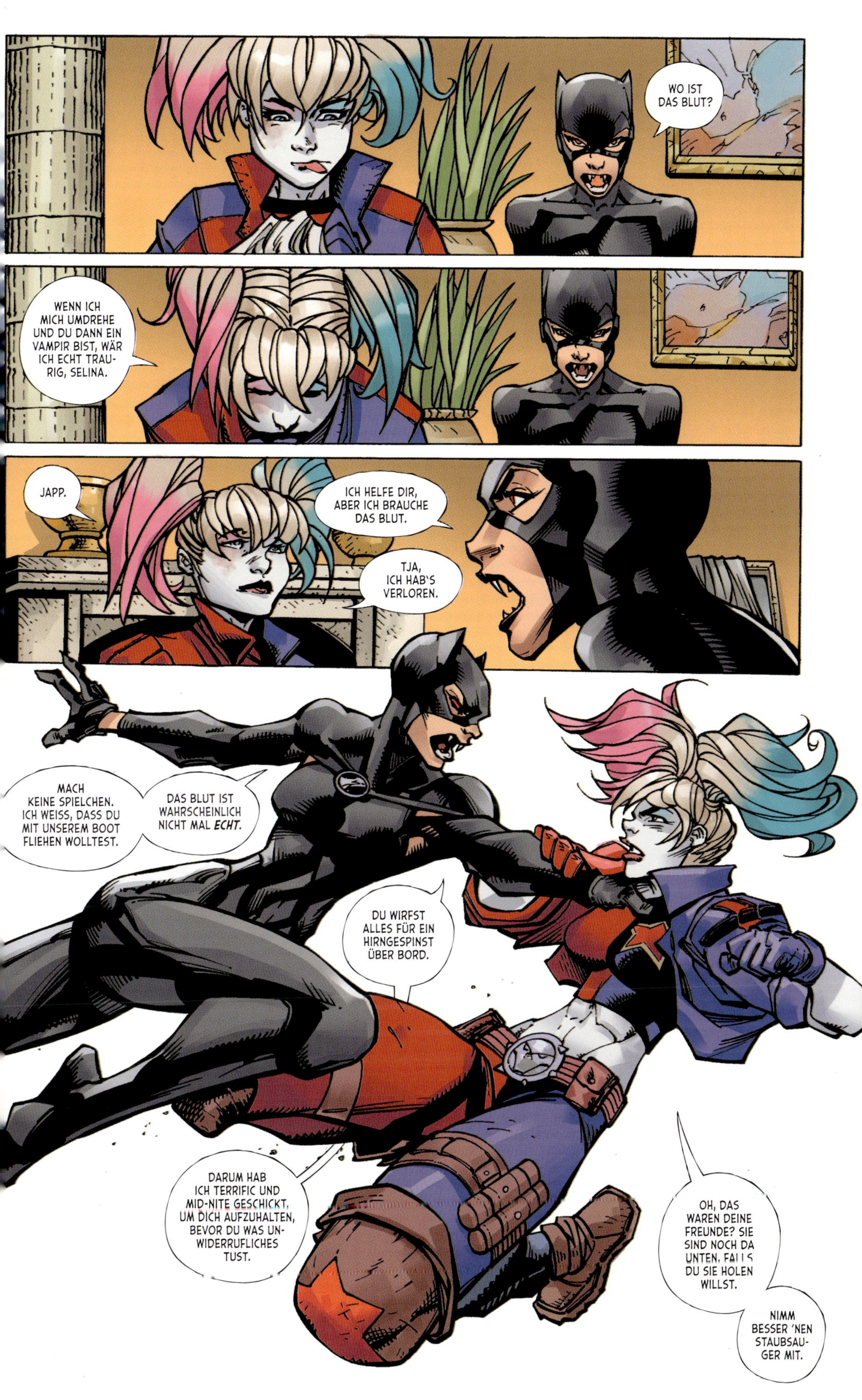
WO IST DAS BLUT?
WENN ICH MICH UMDREHE UND DU DANN EIN VAMPIR BIST, WÄR ICH ECHT TRAURIG, SELINA.
JAPP.
ICH HELFE DIR, ABER ICH BRAUCHE DAS BLUT.
TJA, ICH HAB'S VERLOREN.
MACH KEINE SPIELCHEN. ICH WEISS, DASS DU MIT UNSEREM BOOT FLIEHEN WOLLTEST.
DAS BLUT IST WAHRSCHEINLICH NICHT MAL *ECHT*.
DU WIRFST ALLES FÜR EIN HIRNGESPINST ÜBER BORD.
DARUM HAB ICH TERRIFIC UND MID-NITE GESCHICKT, UM DICH AUFZUHALTEN, BEVOR DU WAS UNWIDERRUFLICHES TUST.
OH, DAS WAREN DEINE FREUNDE? SIE SIND NOCH DA UNTEN, FALLS DU SIE HOLEN WILLST.
NIMM BESSER 'NEN STAUBSAUGER MIT.

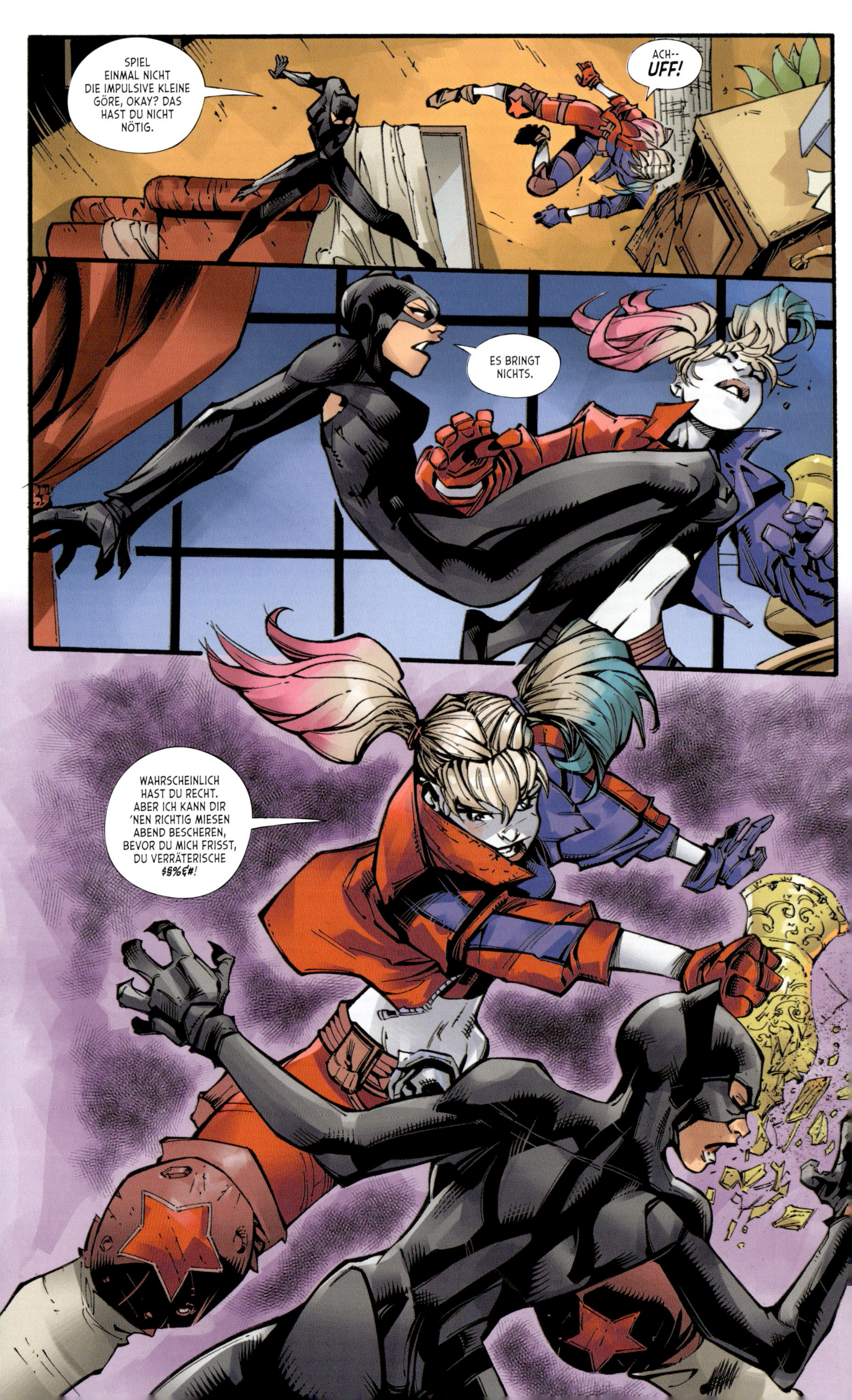
SPIEL
EINMAL NICHT
DIE IMPULSIVE KLEINE
GÖRE, OKAY? DAS
HAST DU NICHT
NÖTIG.
ACH--
UFF!
ES BRINGT
NICHTS.
WAHRSCHEINLICH
HAST DU RECHT.
ABER ICH KANN DIR
'NEN RICHTIG MIESEN
ABEND BESCHEREN,
BEVOR DU MICH FRISST,
DU VERRÄTERISCHE
$§%€#!

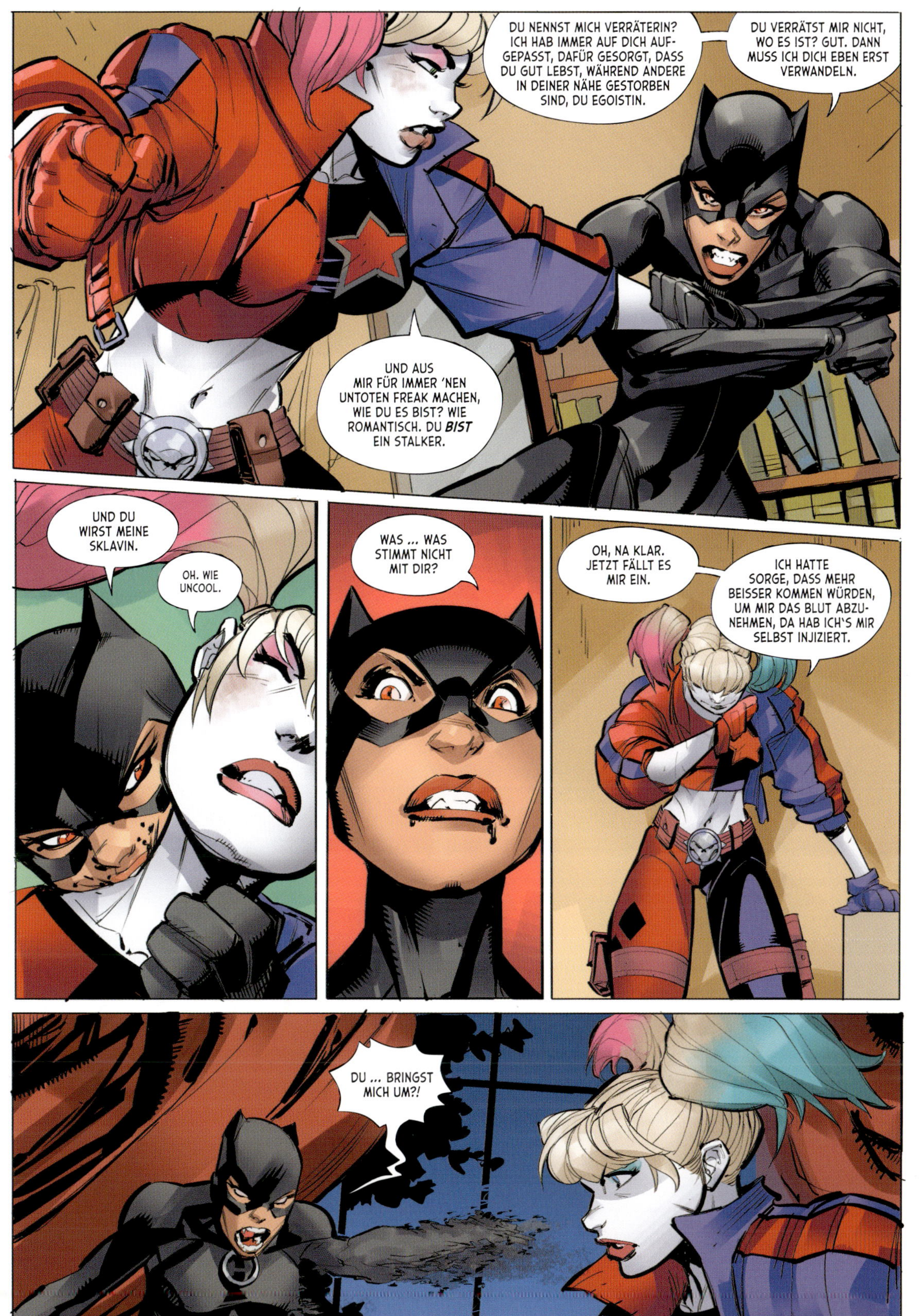
DU NENNST MICH VERRÄTERIN? ICH HAB IMMER AUF DICH AUFGEPASST, DAFÜR GESORGT, DASS DU GUT LEBST, WÄHREND ANDERE IN DEINER NÄHE GESTORBEN SIND, DU EGOISTIN.
DU VERRÄTST MIR NICHT, WO ES IST? GUT. DANN MUSS ICH DICH EBEN ERST VERWANDELN.
UND AUS MIR FÜR IMMER 'NEN UNTOTEN FREAK MACHEN, WIE DU ES BIST? WIE ROMANTISCH. DU *BIST* EIN STALKER.
UND DU WIRST MEINE SKLAVIN.
OH. WIE UNCOOL.
WAS ... WAS STIMMT NICHT MIT DIR?
OH, NA KLAR. JETZT FÄLLT ES MIR EIN.
ICH HATTE SORGE, DASS MEHR BEISSER KOMMEN WÜRDEN, UM MIR DAS BLUT ABZUNEHMEN, DA HAB ICH'S MIR SELBST INJIZIERT.
DU ... BRINGST MICH UM?!
JETZT *WISSEN* WIR, DASS ES STIMMT, WAS?

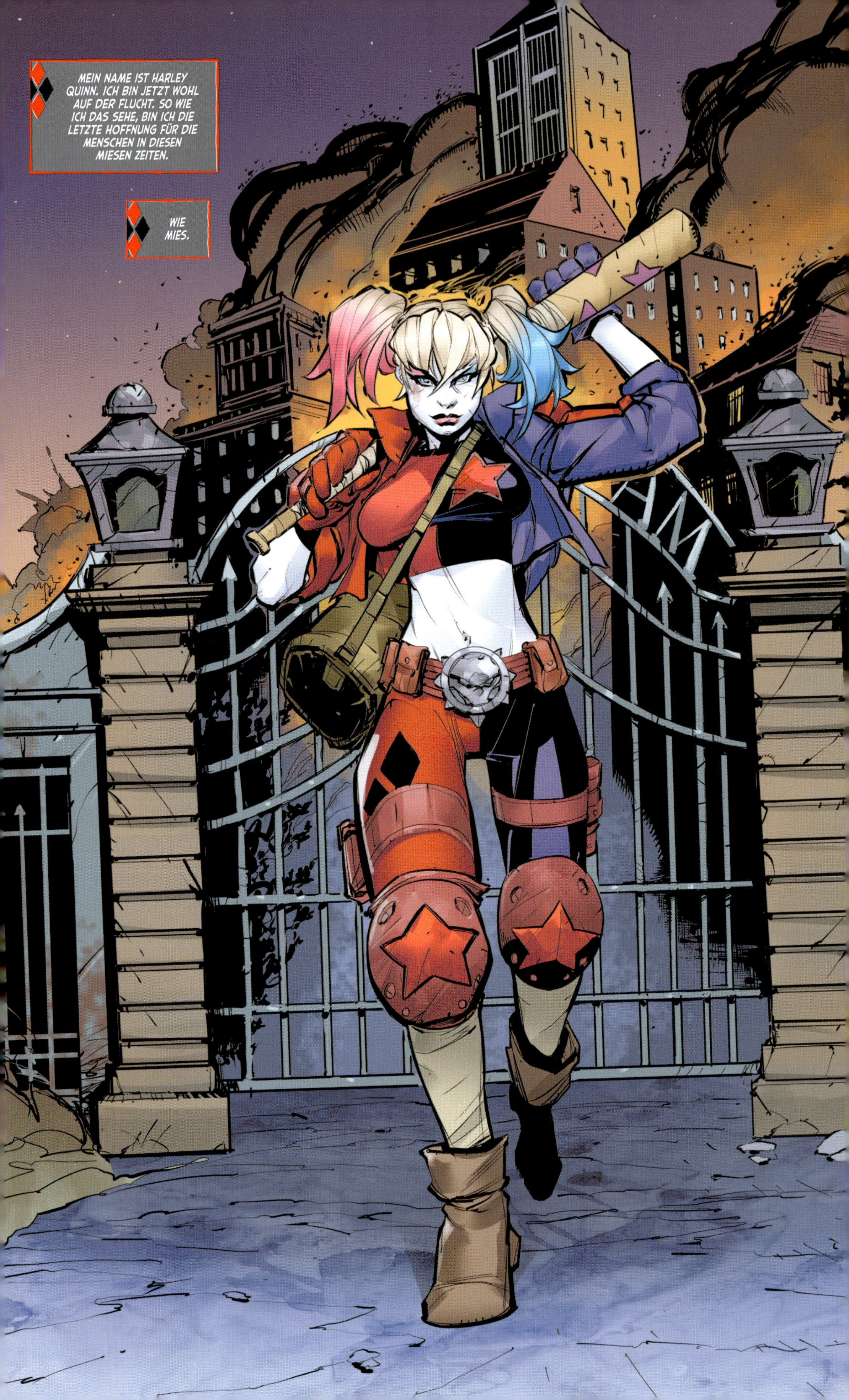
MEIN NAME IST HARLEY QUINN. ICH BIN JETZT WOHL AUF DER FLUCHT. SO WIE ICH DAS SEHE, BIN ICH DIE LETZTE HOFFNUNG FÜR DIE MENSCHEN IN DIESEN MIESEN ZEITEN.
WIE MIES.

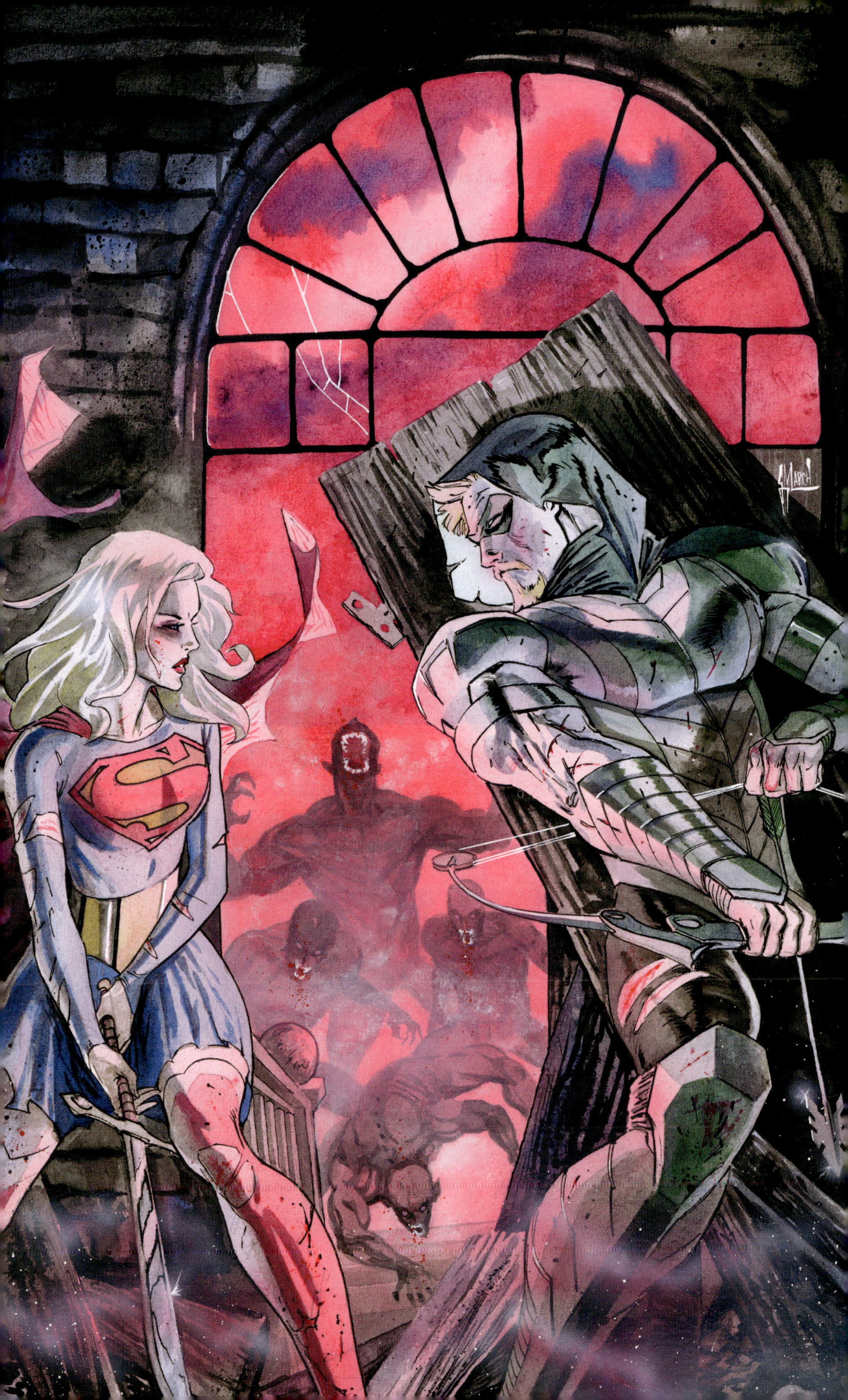

DC VS. VAMPIRES 7

VOR SONNENAUFGANG

JAMES TYNION IV
MATTHEW ROSENBERG
STORY

OTTO SCHMIDT
ZEICHNUNGEN, TUSCHE UND FARBEN

GUILLEM MARCH
ORIGINAL-COVER

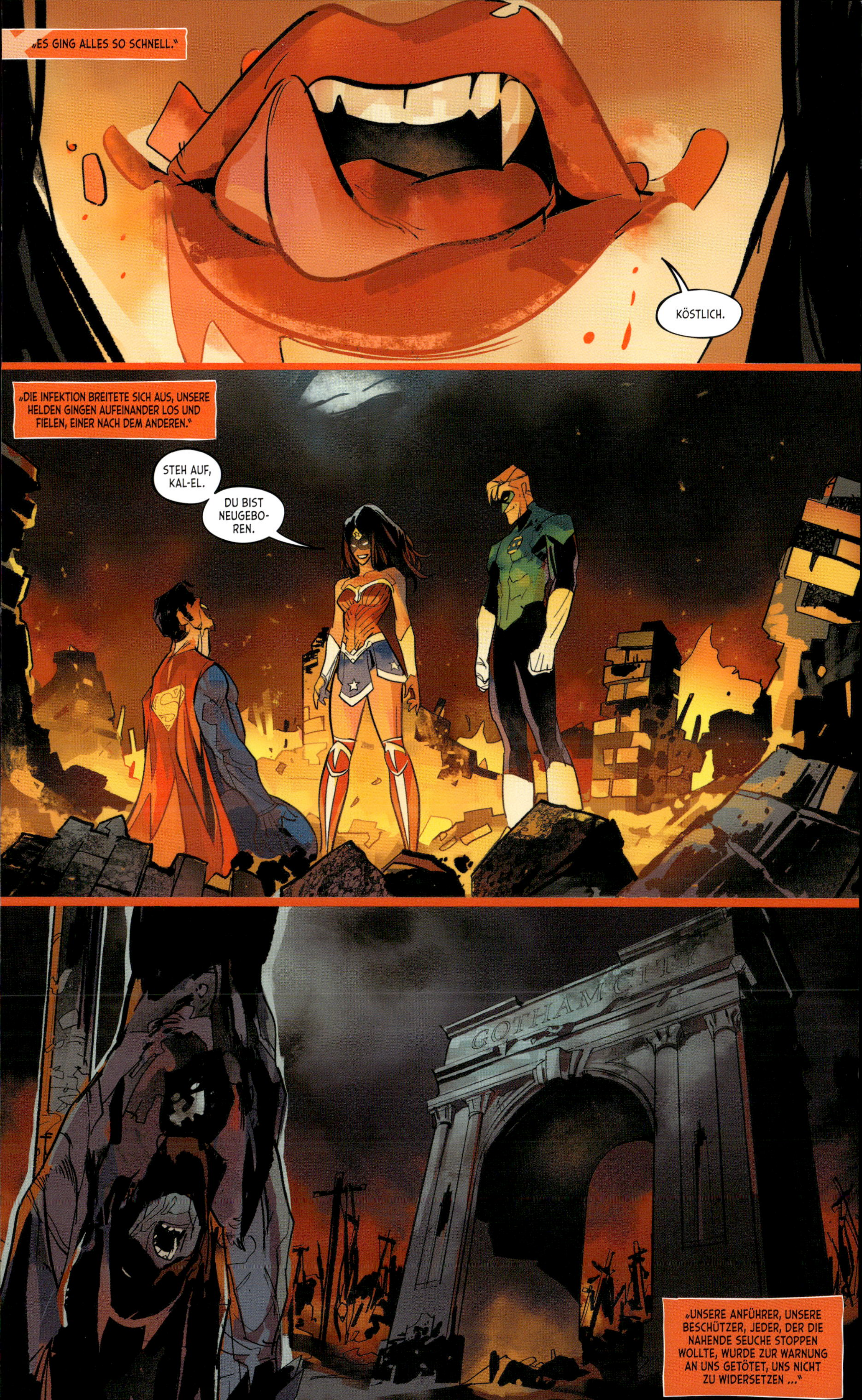

„ES GING ALLES SO SCHNELL."

KÖSTLICH.

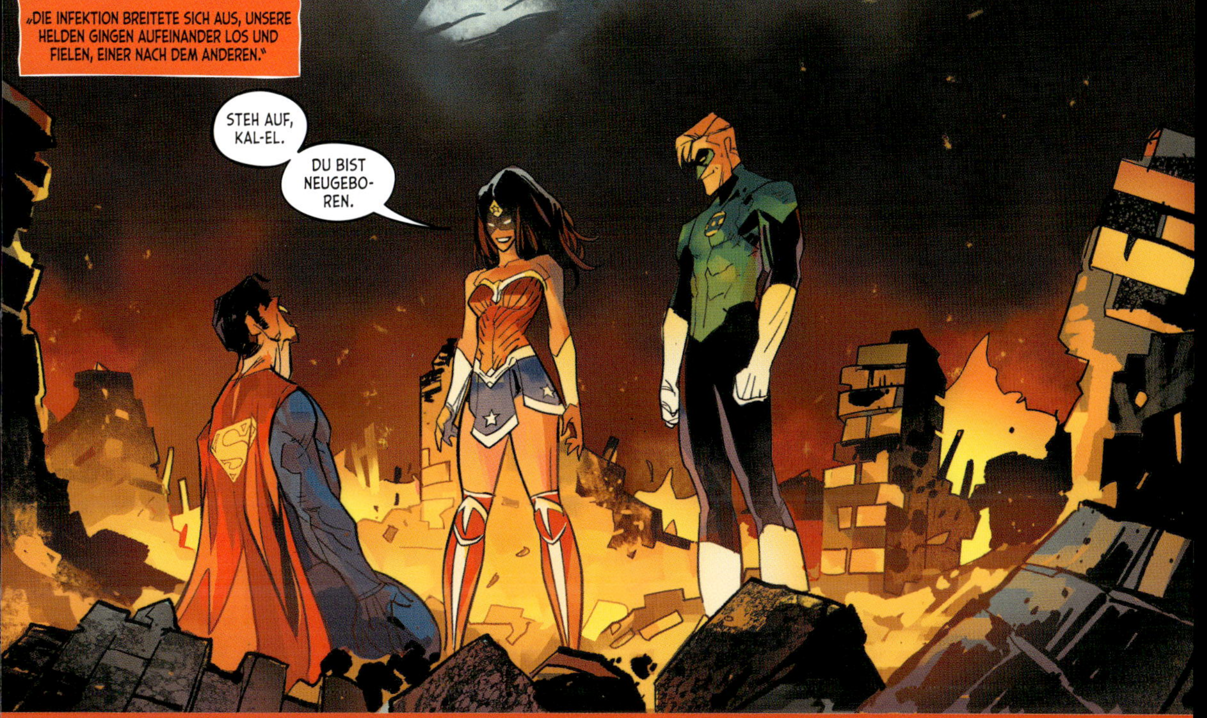

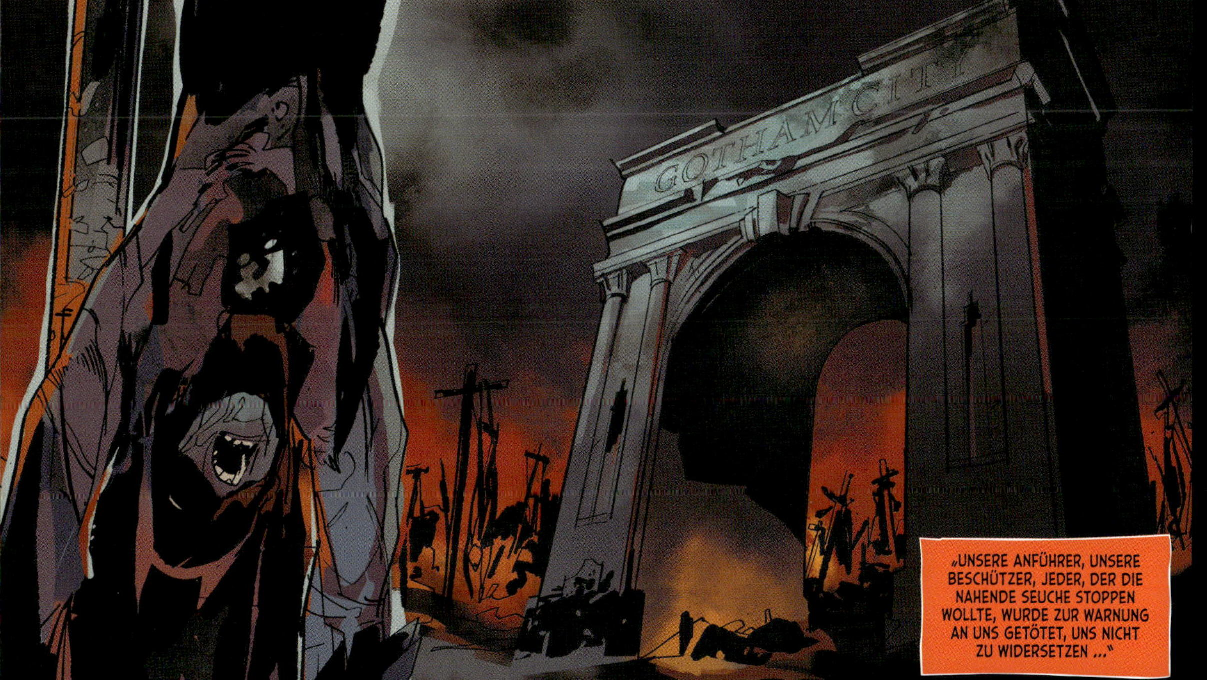

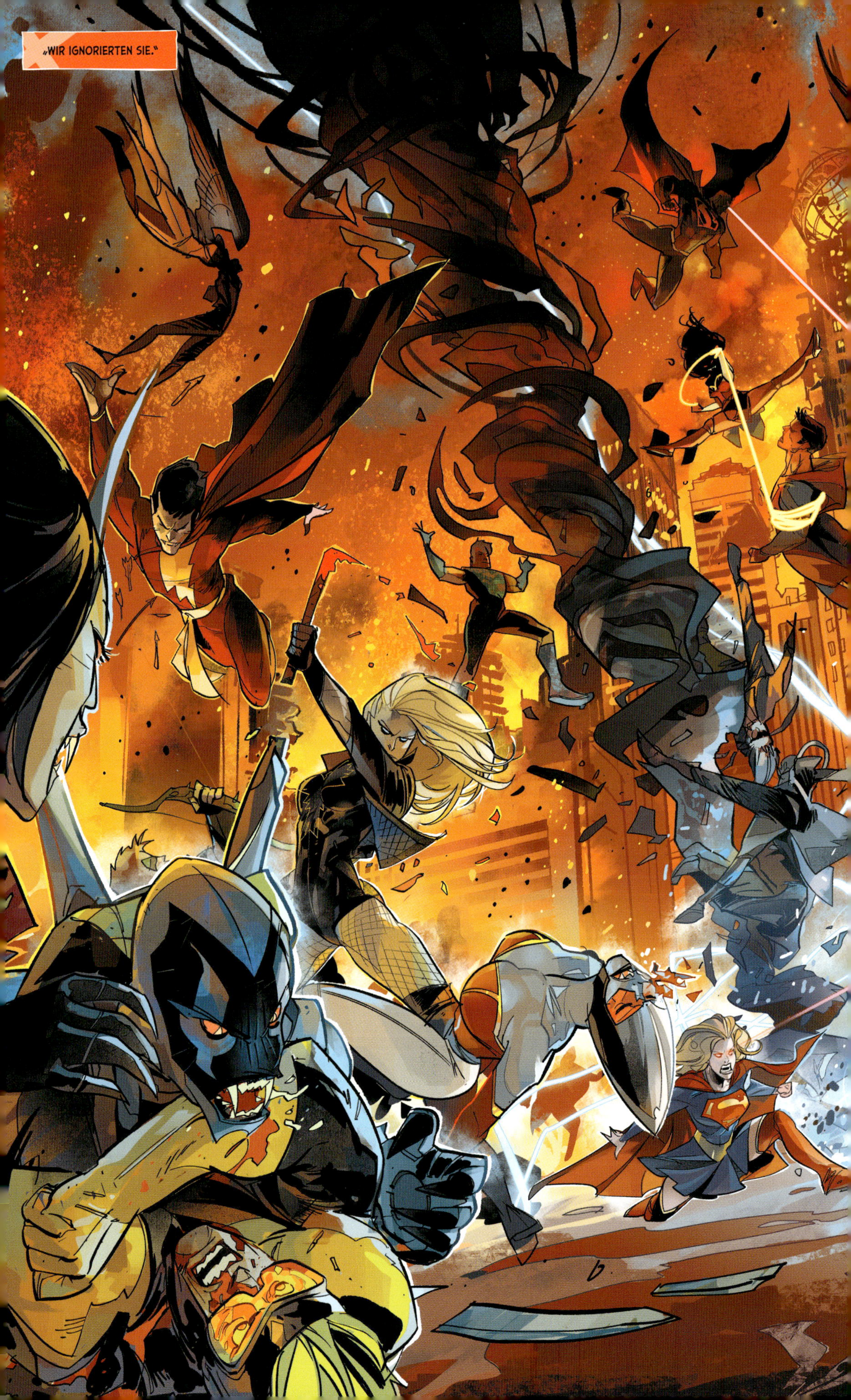
„WIR IGNORIERTEN SIE."

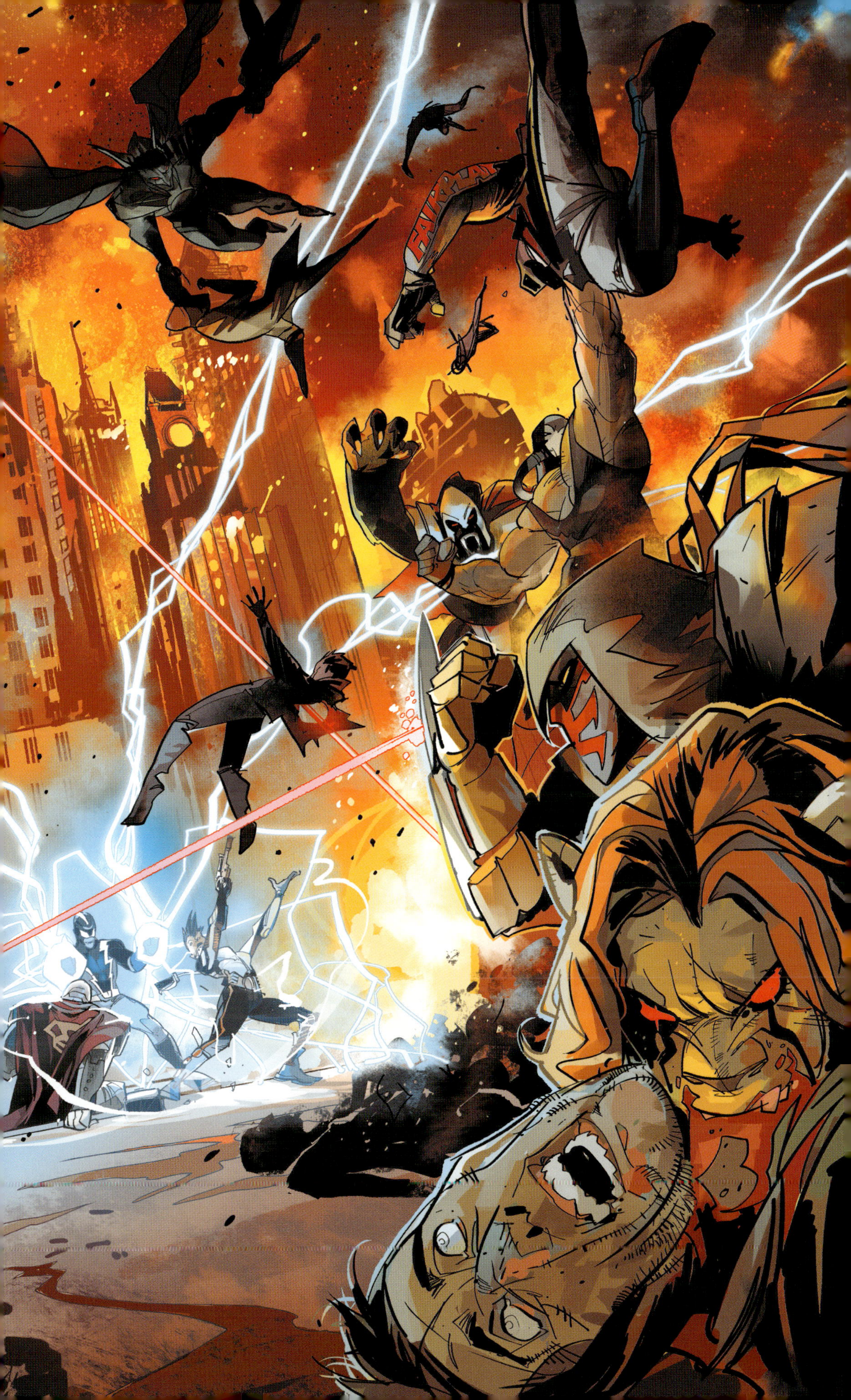

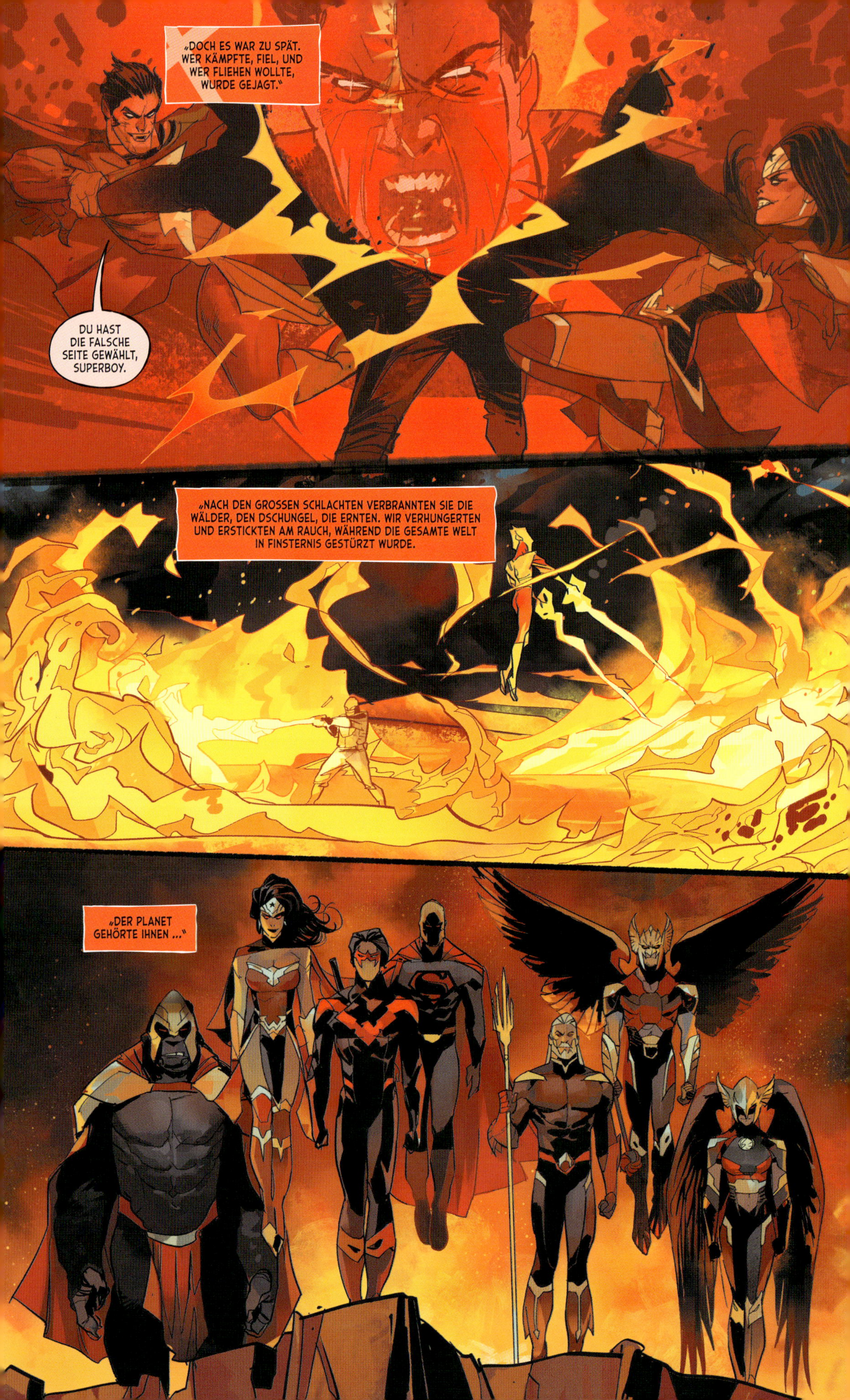
„DOCH ES WAR ZU SPÄT. WER KÄMPFTE, FIEL, UND WER FLIEHEN WOLLTE, WURDE GEJAGT."
DU HAST DIE FALSCHE SEITE GEWÄHLT, SUPERBOY.
„NACH DEN GROSSEN SCHLACHTEN VERBRANNTEN SIE DIE WÄLDER, DEN DSCHUNGEL, DIE ERNTEN. WIR VERHUNGERTEN UND ERSTICKTEN AM RAUCH, WÄHREND DIE GESAMTE WELT IN FINSTERNIS GESTÜRZT WURDE.
„DER PLANET GEHÖRTE IHNEN ..."

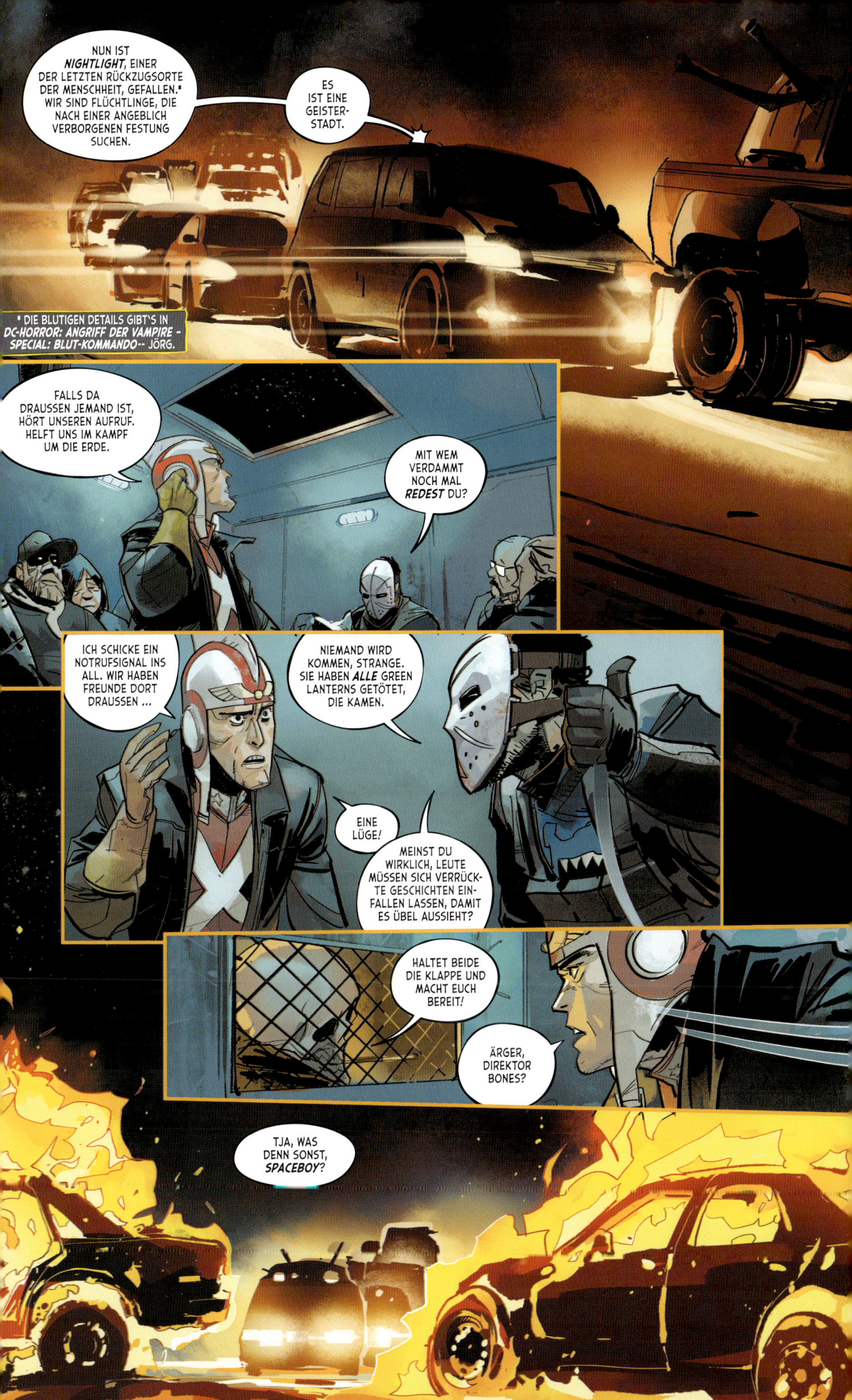
NUN IST NIGHTLIGHT, EINER DER LETZTEN RÜCKZUGSORTE DER MENSCHHEIT, GEFALLEN.* WIR SIND FLÜCHTLINGE, DIE NACH EINER ANGEBLICH VERBORGENEN FESTUNG SUCHEN.
ES IST EINE GEISTERSTADT.
* DIE BLUTIGEN DETAILS GIBT'S IN DC-HORROR: ANGRIFF DER VAMPIRE – SPECIAL: BLUT-KOMMANDO-- JÖRG.
FALLS DA DRAUSSEN JEMAND IST, HÖRT UNSEREN AUFRUF. HELFT UNS IM KAMPF UM DIE ERDE.
MIT WEM VERDAMMT NOCH MAL REDEST DU?
ICH SCHICKE EIN NOTRUFSIGNAL INS ALL. WIR HABEN FREUNDE DORT DRAUSSEN ...
NIEMAND WIRD KOMMEN, STRANGE. SIE HABEN ALLE GREEN LANTERNS GETÖTET, DIE KAMEN.
EINE LÜGE!
MEINST DU WIRKLICH, LEUTE MÜSSEN SICH VERRÜCKTE GESCHICHTEN EINFALLEN LASSEN, DAMIT ES ÜBEL AUSSIEHT?
HALTET BEIDE DIE KLAPPE UND MACHT EUCH BEREIT!
ÄRGER, DIREKTOR BONES?
TJA, WAS DENN SONST, SPACEBOY?

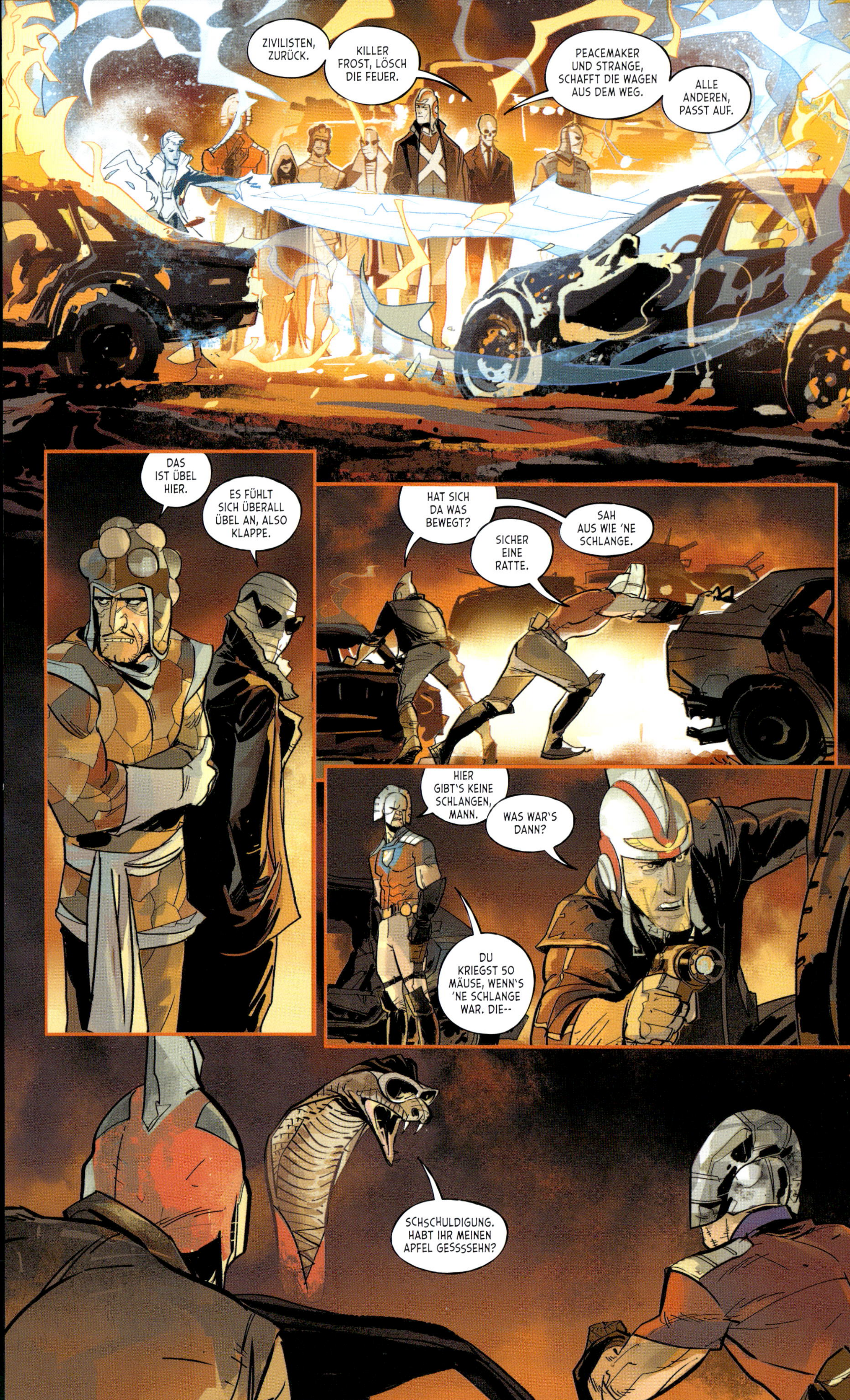
ZIVILISTEN, ZURÜCK.
KILLER FROST, LÖSCH DIE FEUER.
PEACEMAKER UND STRANGE, SCHAFFT DIE WAGEN AUS DEM WEG.
ALLE ANDEREN, PASST AUF.
DAS IST ÜBEL HIER.
ES FÜHLT SICH ÜBERALL ÜBEL AN, ALSO KLAPPE.
HAT SICH DA WAS BEWEGT?
SAH AUS WIE 'NE SCHLANGE.
SICHER EINE RATTE.
HIER GIBT'S KEINE SCHLANGEN, MANN.
WAS WAR'S DANN?
DU KRIEGST 50 MÄUSE, WENN'S 'NE SCHLANGE WAR. DIE--
SCHSCHULDIGUNG. HABT IHR MEINEN APFEL GESSSSEHN?

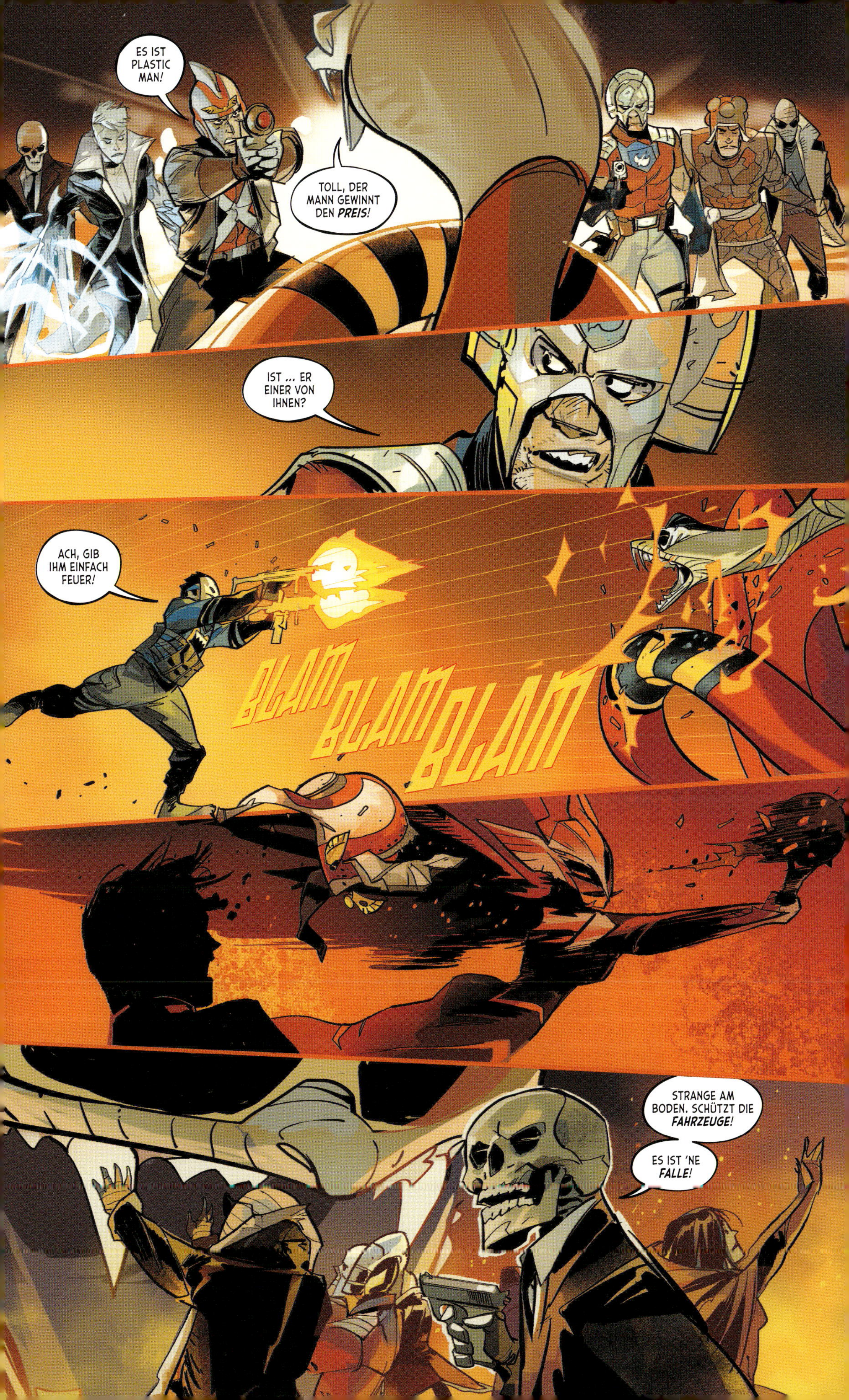
ES IST PLASTIC MAN!
TOLL, DER MANN GEWINNT DEN *PREIS!*
IST ... ER EINER VON IHNEN?
ACH, GIB IHM EINFACH FEUER!
BLAM BLAM BLAM
STRANGE AM BODEN. SCHÜTZT DIE *FAHRZEUGE!*
ES IST 'NE *FALLE!*

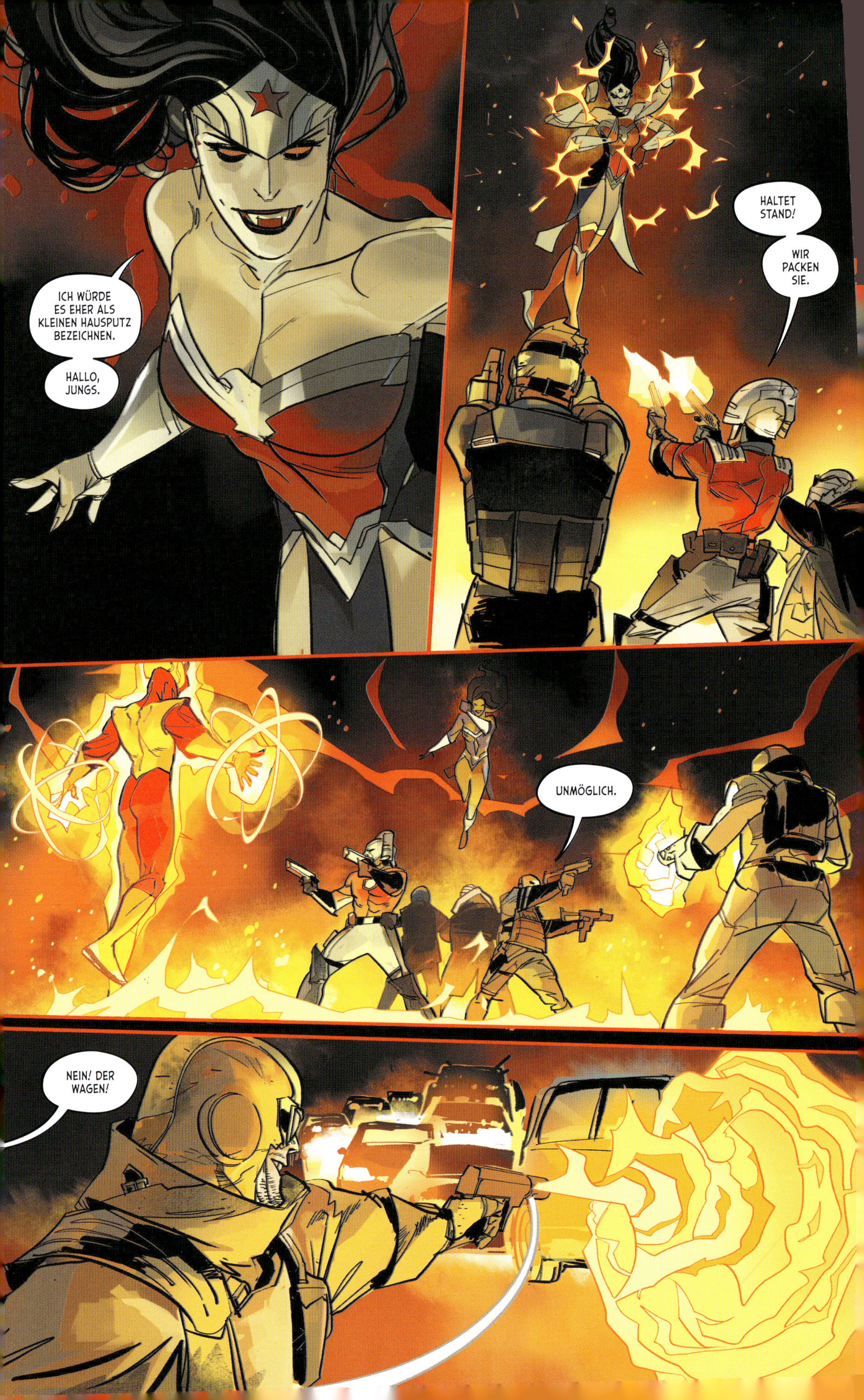
ICH WÜRDE ES EHER ALS KLEINEN HAUSPUTZ BEZEICHNEN.
HALLO, JUNGS.
HALTET STAND!
WIR PACKEN SIE.
UNMÖGLICH.
NEIN! DER WAGEN!

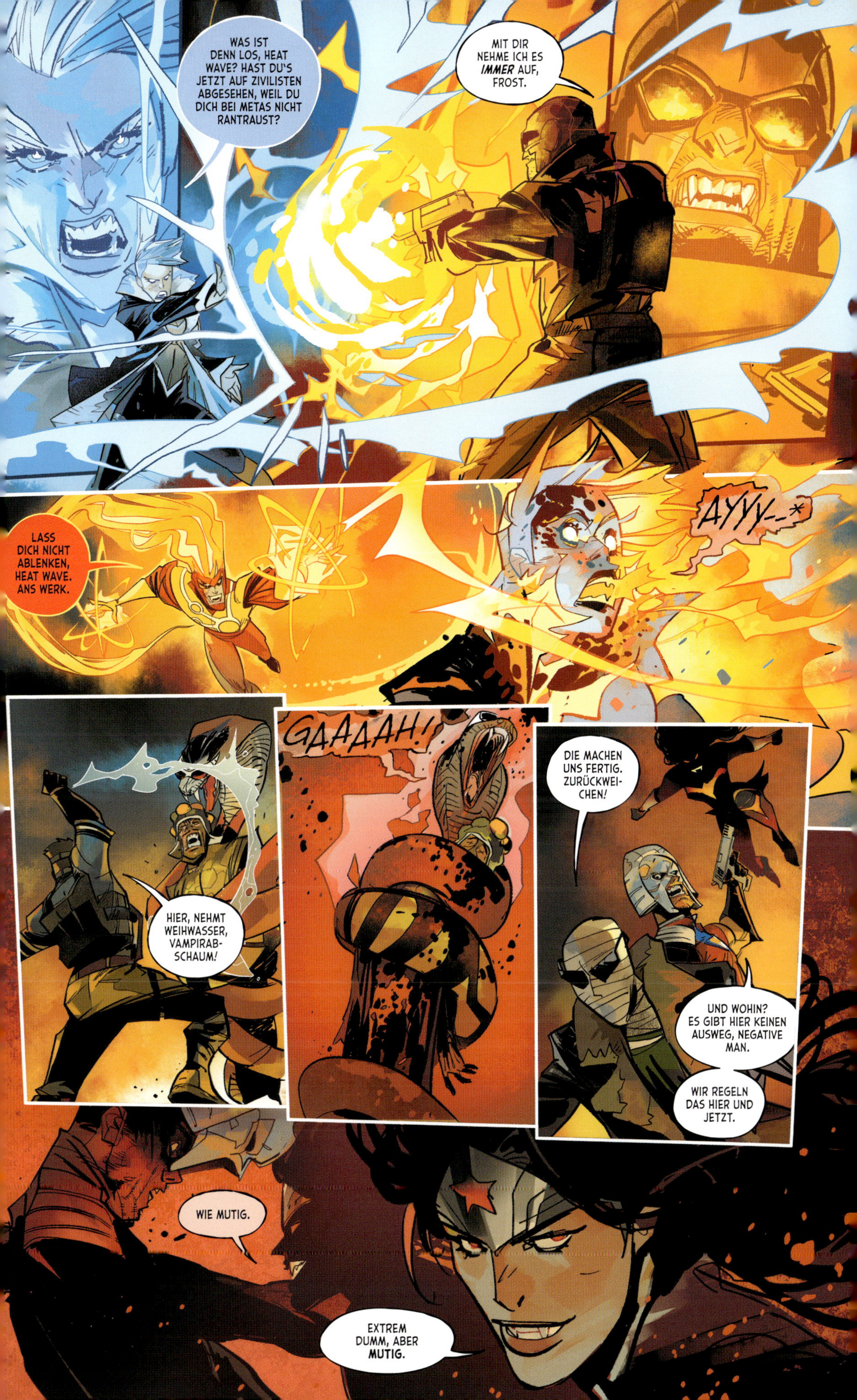
WAS IST DENN LOS, HEAT WAVE? HAST DU'S JETZT AUF ZIVILISTEN ABGESEHEN, WEIL DU DICH BEI METAS NICHT RANTRAUST?
MIT DIR NEHME ICH ES IMMER AUF, FROST.
LASS DICH NICHT ABLENKEN, HEAT WAVE. ANS WERK.
AYYY--*
HIER, NEHMT WEIHWASSER, VAMPIRAB-SCHAUM!
GAAAAH!
DIE MACHEN UNS FERTIG. ZURÜCKWEI-CHEN!
UND WOHIN? ES GIBT HIER KEINEN AUSWEG, NEGATIVE MAN.
WIR REGELN DAS HIER UND JETZT.
WIE MUTIG.
EXTREM DUMM, ABER MUTIG.

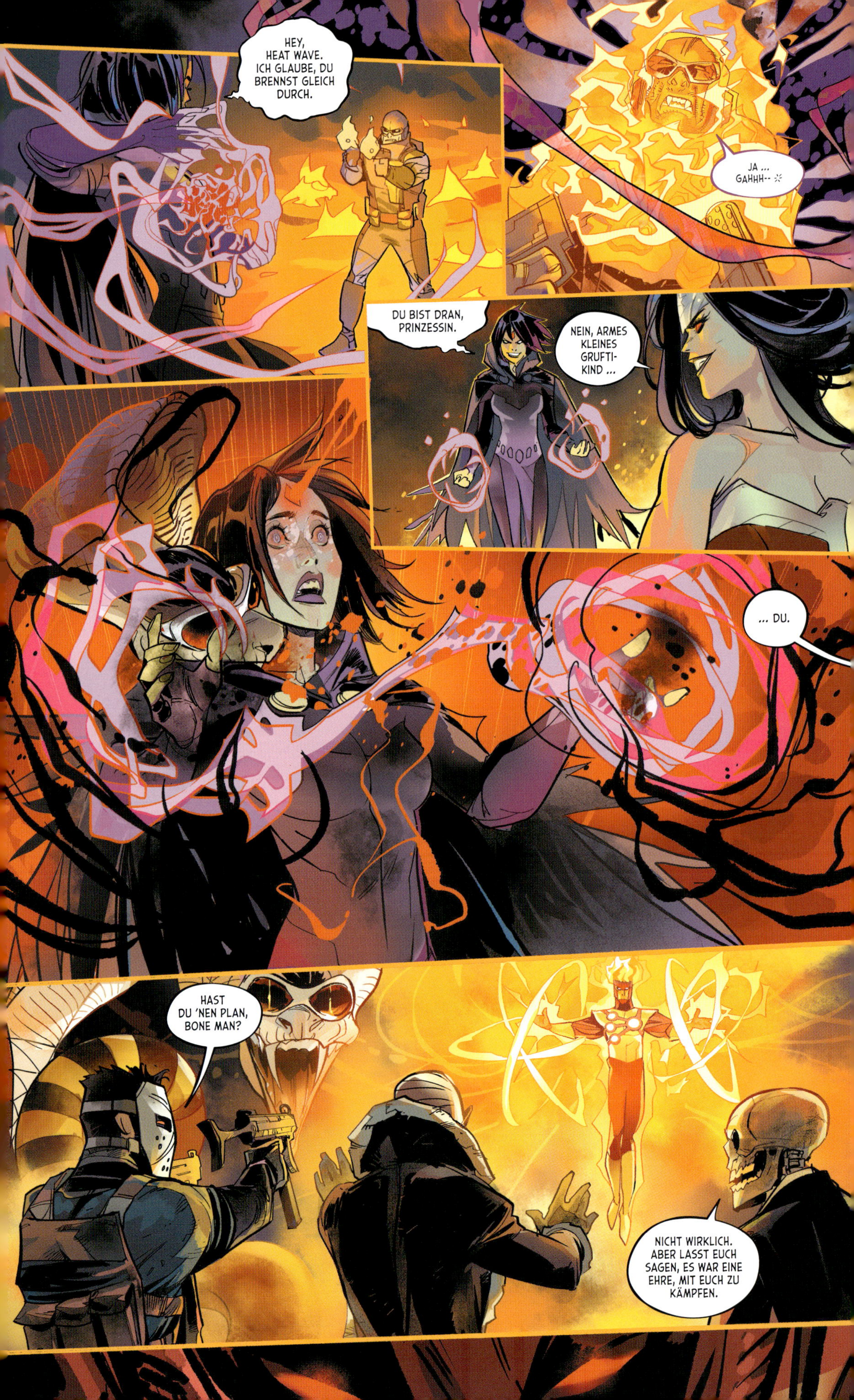

HEY, HEAT WAVE. ICH GLAUBE, DU BRENNST GLEICH DURCH.
JA ... GAHHH--
DU BIST DRAN, PRINZESSIN.
NEIN, ARMES KLEINES GRUFTI-KIND ...
... DU.
HAST DU 'NEN PLAN, BONE MAN?
NICHT WIRKLICH. ABER LASST EUCH SAGEN, ES WAR EINE EHRE, MIT EUCH ZU KÄMPFEN.

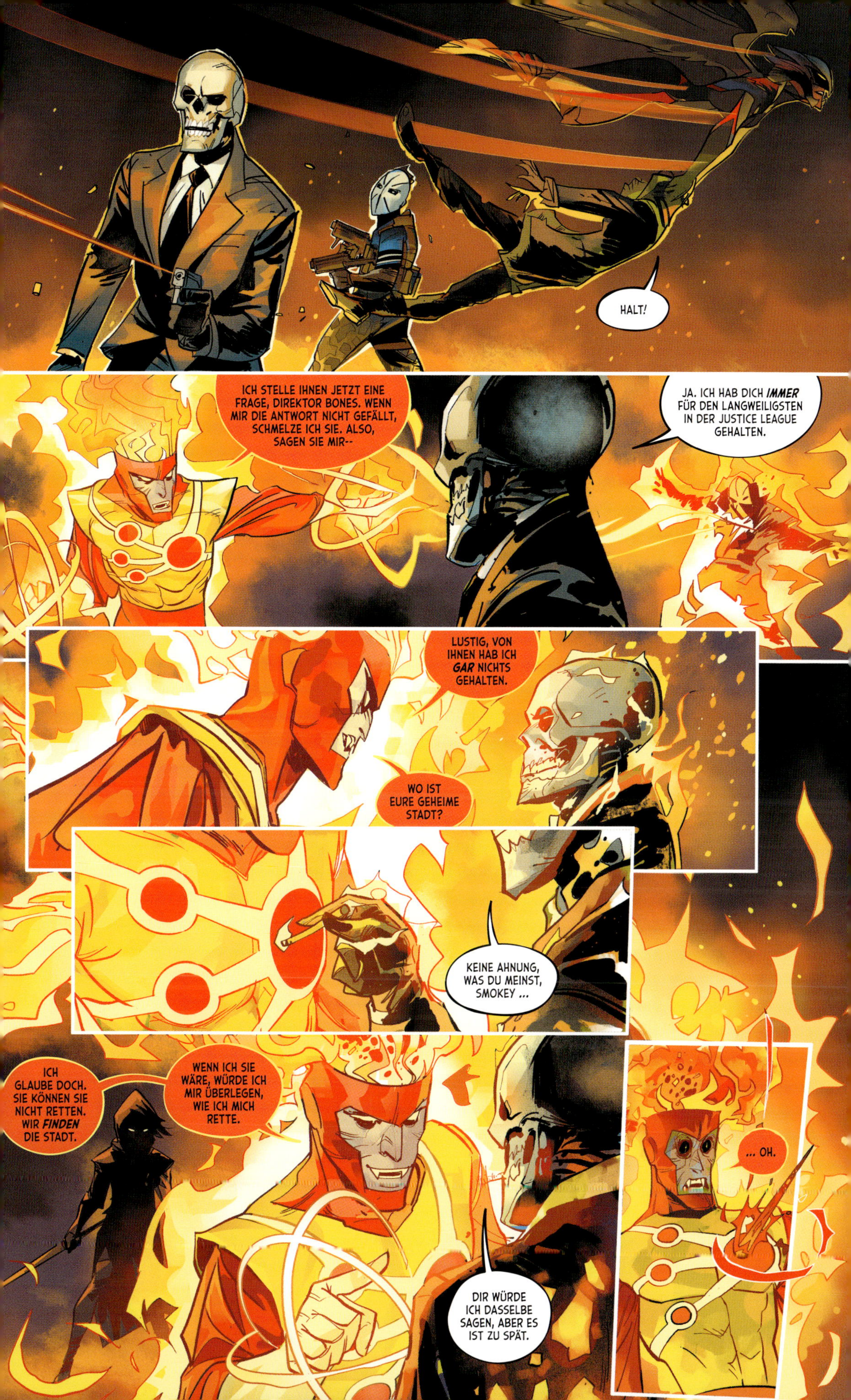
HALT!
ICH STELLE IHNEN JETZT EINE FRAGE, DIREKTOR BONES. WENN MIR DIE ANTWORT NICHT GEFÄLLT, SCHMELZE ICH SIE. ALSO, SAGEN SIE MIR--
JA. ICH HAB DICH *IMMER* FÜR DEN LANGWEILIGSTEN IN DER JUSTICE LEAGUE GEHALTEN.
LUSTIG, VON IHNEN HAB ICH *GAR* NICHTS GEHALTEN.
WO IST EURE GEHEIME STADT?
KEINE AHNUNG, WAS DU MEINST, SMOKEY ...
WENN ICH SIE WÄRE, WÜRDE ICH MIR ÜBERLEGEN, WIE ICH MICH RETTE.
DIR WÜRDE ICH DASSELBE SAGEN, ABER ES IST ZU SPÄT.
ICH GLAUBE DOCH. SIE KÖNNEN SIE NICHT RETTEN. WIR *FINDEN* DIE STADT.
... OH.

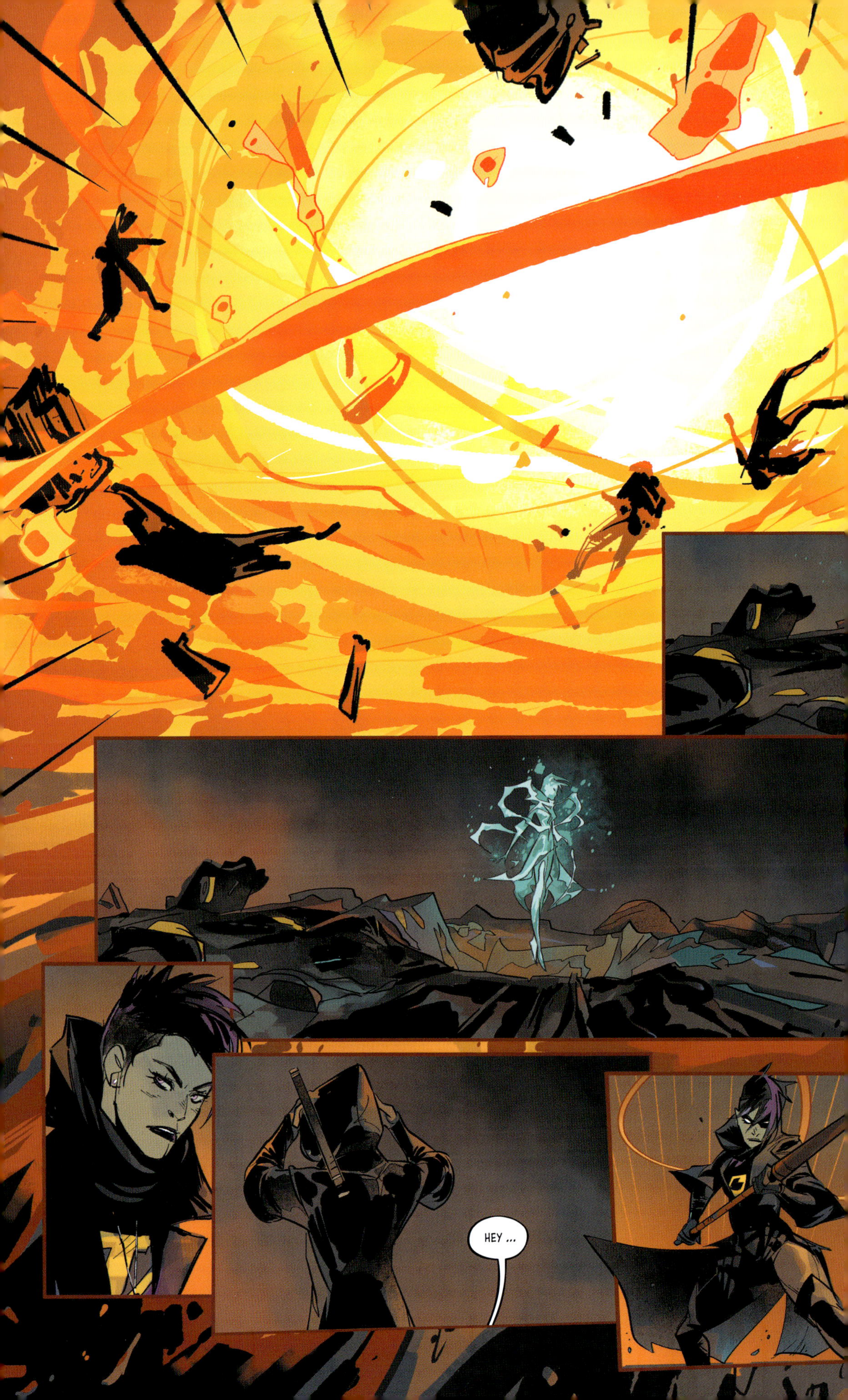
HEY ...

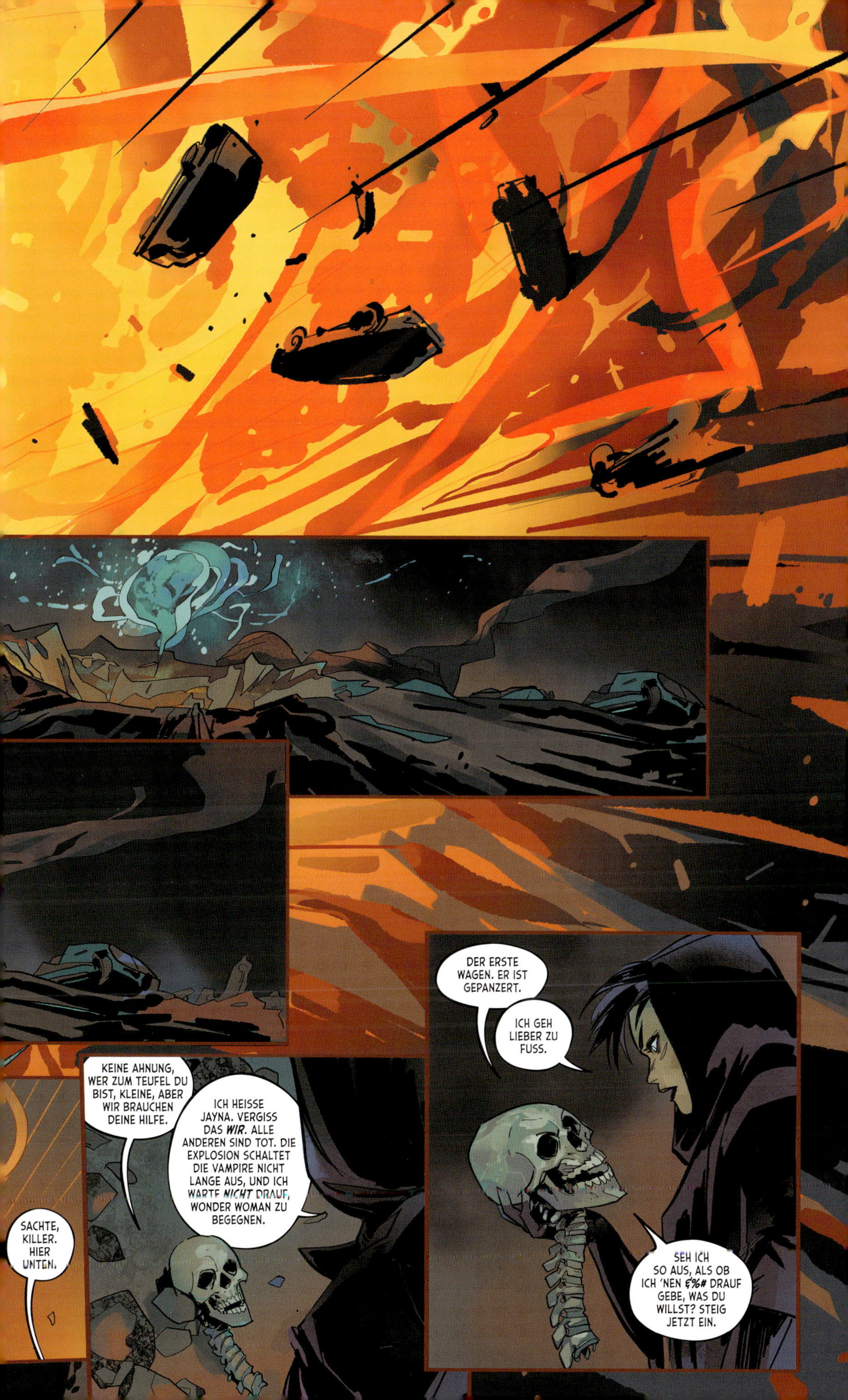

SACHTE, KILLER. HIER UNTEN.
KEINE AHNUNG, WER ZUM TEUFEL DU BIST, KLEINE, ABER WIR BRAUCHEN DEINE HILFE.
ICH HEISSE JAYNA. VERGISS DAS *WIR*. ALLE ANDEREN SIND TOT. DIE EXPLOSION SCHALTET DIE VAMPIRE NICHT LANGE AUS, UND ICH WARTE *NICHT* DRAUF, WONDER WOMAN ZU BEGEGNEN.
DER ERSTE WAGEN. ER IST GEPANZERT.
ICH GEH LIEBER ZU FUSS.
SEH ICH SO AUS, ALS OB ICH 'NEN €%# DRAUF GEBE, WAS DU WILLST? STEIG JETZT EIN.

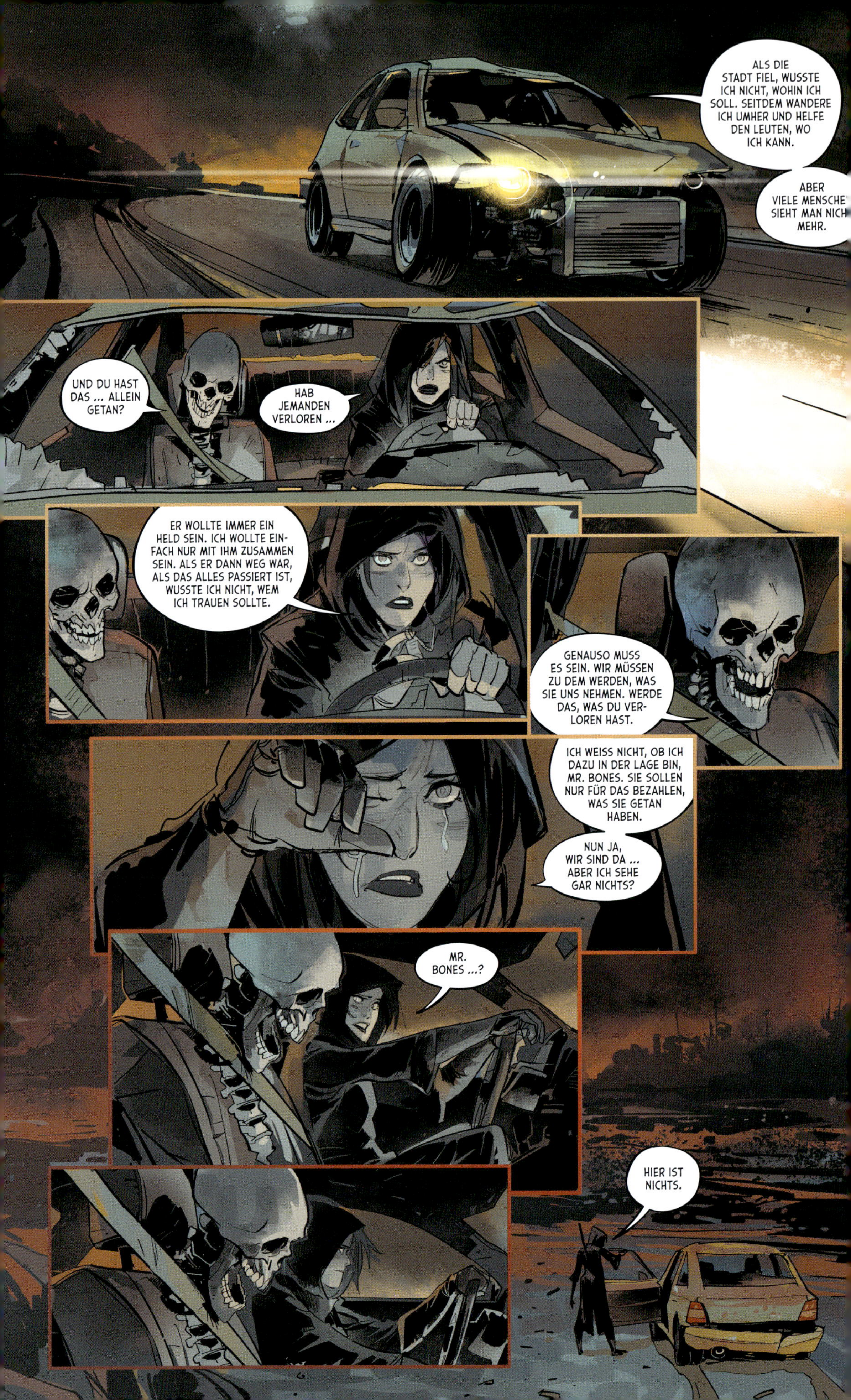
ALS DIE STADT FIEL, WUSSTE ICH NICHT, WOHIN ICH SOLL. SEITDEM WANDERE ICH UMHER UND HELFE DEN LEUTEN, WO ICH KANN.
ABER VIELE MENSCHE SIEHT MAN NICH MEHR.
UND DU HAST DAS ... ALLEIN GETAN?
HAB JEMANDEN VERLOREN ...
ER WOLLTE IMMER EIN HELD SEIN. ICH WOLLTE EINFACH NUR MIT IHM ZUSAMMEN SEIN. ALS ER DANN WEG WAR, ALS DAS ALLES PASSIERT IST, WUSSTE ICH NICHT, WEM ICH TRAUEN SOLLTE.
GENAUSO MUSS ES SEIN. WIR MÜSSEN ZU DEM WERDEN, WAS SIE UNS NEHMEN. WERDE DAS, WAS DU VERLOREN HAST.
ICH WEISS NICHT, OB ICH DAZU IN DER LAGE BIN, MR. BONES. SIE SOLLEN NUR FÜR DAS BEZAHLEN, WAS SIE GETAN HABEN.
NUN JA, WIR SIND DA ... ABER ICH SEHE GAR NICHTS?
MR. BONES ...?
HIER IST NICHTS.

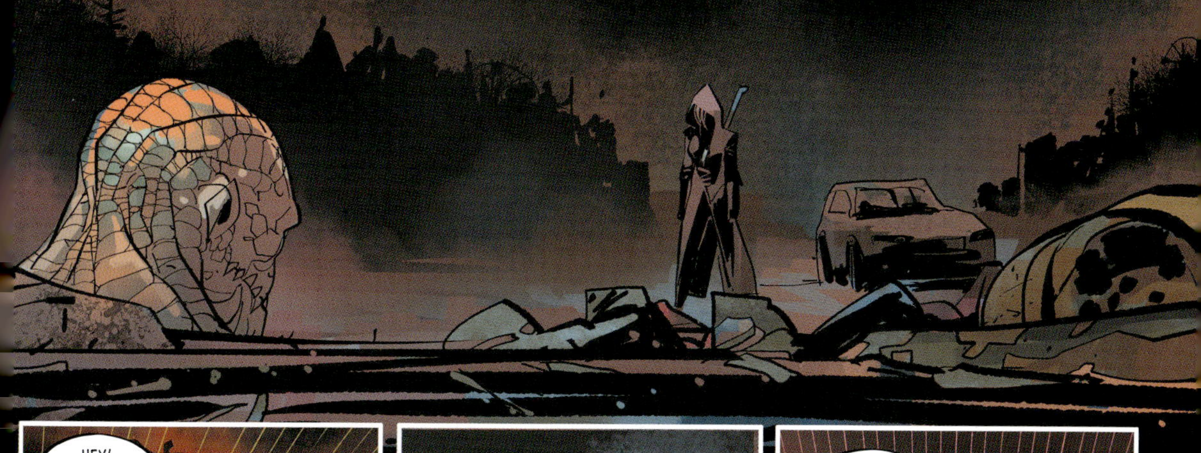

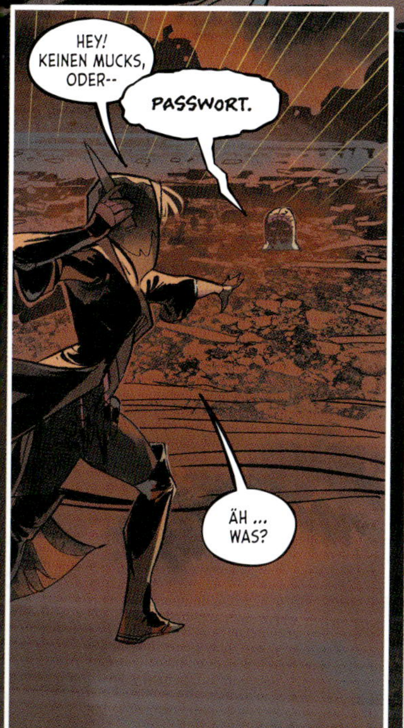

HEY! KEINEN MUCKS, ODER--
PASSWORT.
ÄH ... WAS?

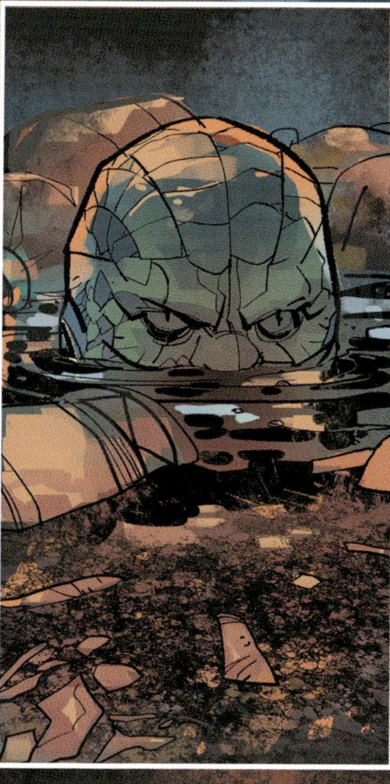

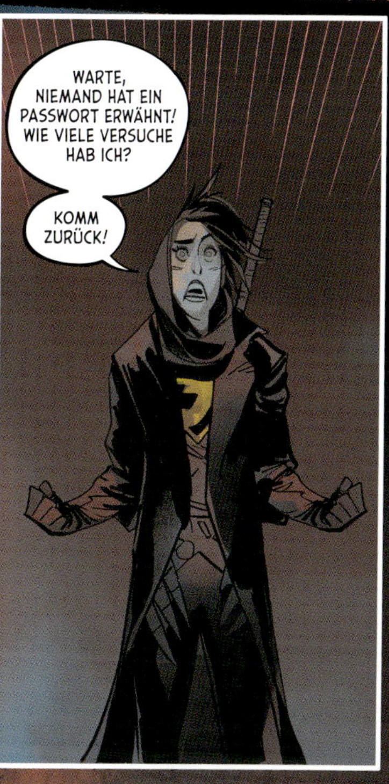

WARTE, NIEMAND HAT EIN PASSWORT ERWÄHNT! WIE VIELE VERSUCHE HAB ICH?
KOMM ZURÜCK!

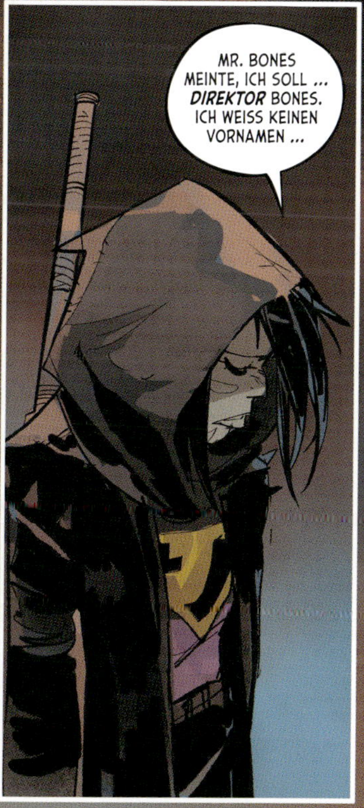

MR. BONES MEINTE, ICH SOLL ... *DIREKTOR* BONES. ICH WEISS KEINEN VORNAMEN ...

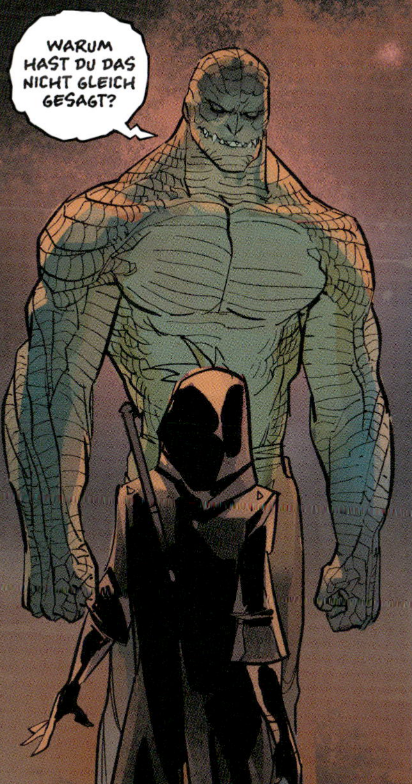

WARUM HAST DU DAS NICHT GLEICH GESAGT?

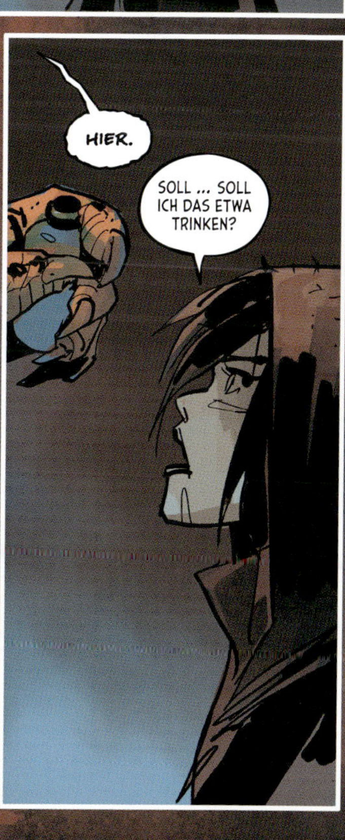

HIER.
SOLL ... SOLL ICH DAS ETWA TRINKEN?

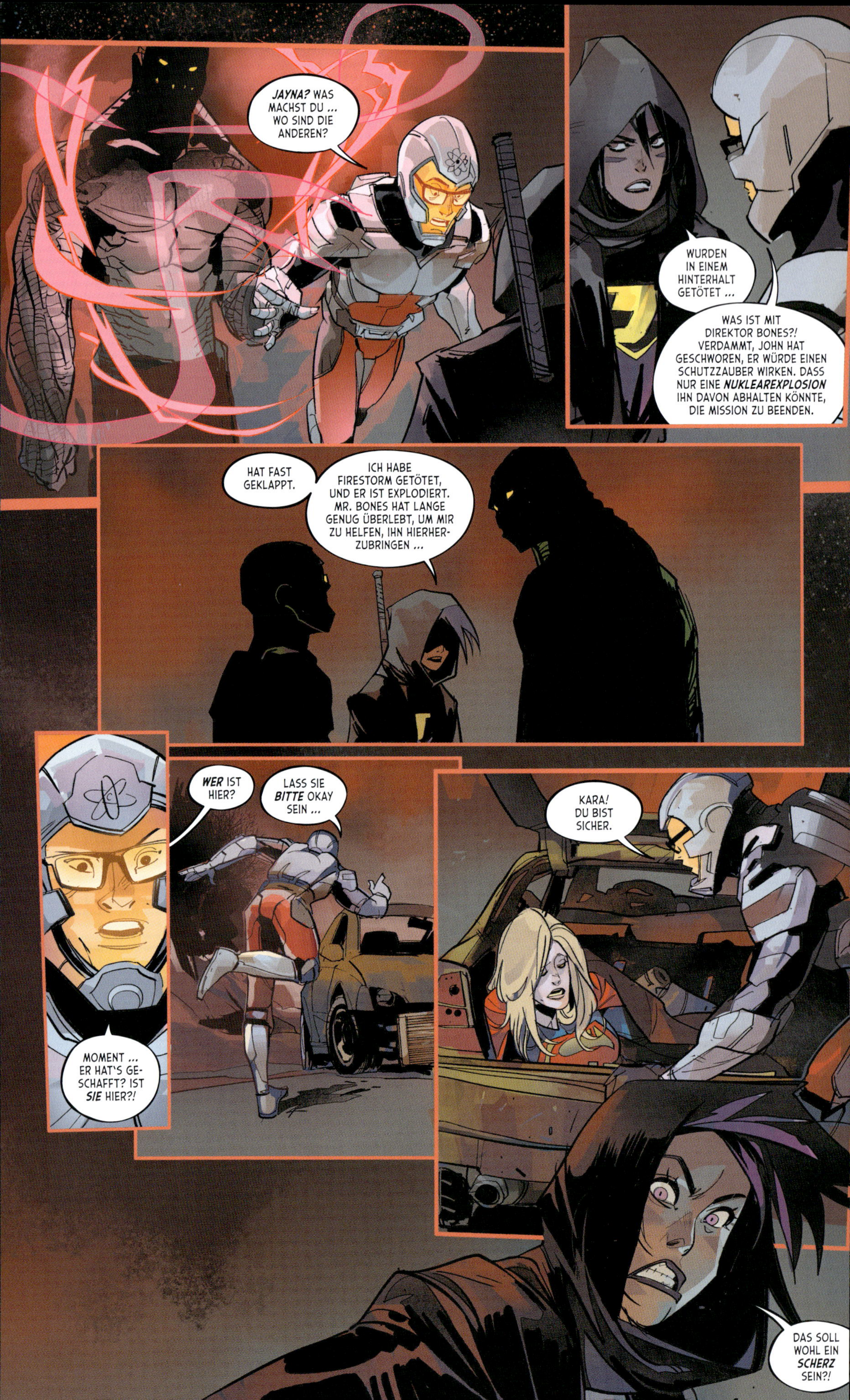
JAYNA? WAS MACHST DU ... WO SIND DIE ANDEREN?
WURDEN IN EINEM HINTERHALT GETÖTET ...
WAS IST MIT DIREKTOR BONES?! VERDAMMT, JOHN HAT GESCHWOREN, ER WÜRDE EINEN SCHUTZZAUBER WIRKEN. DASS NUR EINE NUKLEAREXPLOSION IHN DAVON ABHALTEN KÖNNTE, DIE MISSION ZU BEENDEN.
HAT FAST GEKLAPPT.
ICH HABE FIRESTORM GETÖTET, UND ER IST EXPLODIERT. MR. BONES HAT LANGE GENUG ÜBERLEBT, UM MIR ZU HELFEN, IHN HIERHER-ZUBRINGEN ...
MOMENT ... ER HAT'S GE-SCHAFFT? IST SIE HIER?!
WER IST HIER?
LASS SIE BITTE OKAY SEIN ...
KARA! DU BIST SICHER.
DAS SOLL WOHL EIN SCHERZ SEIN?!

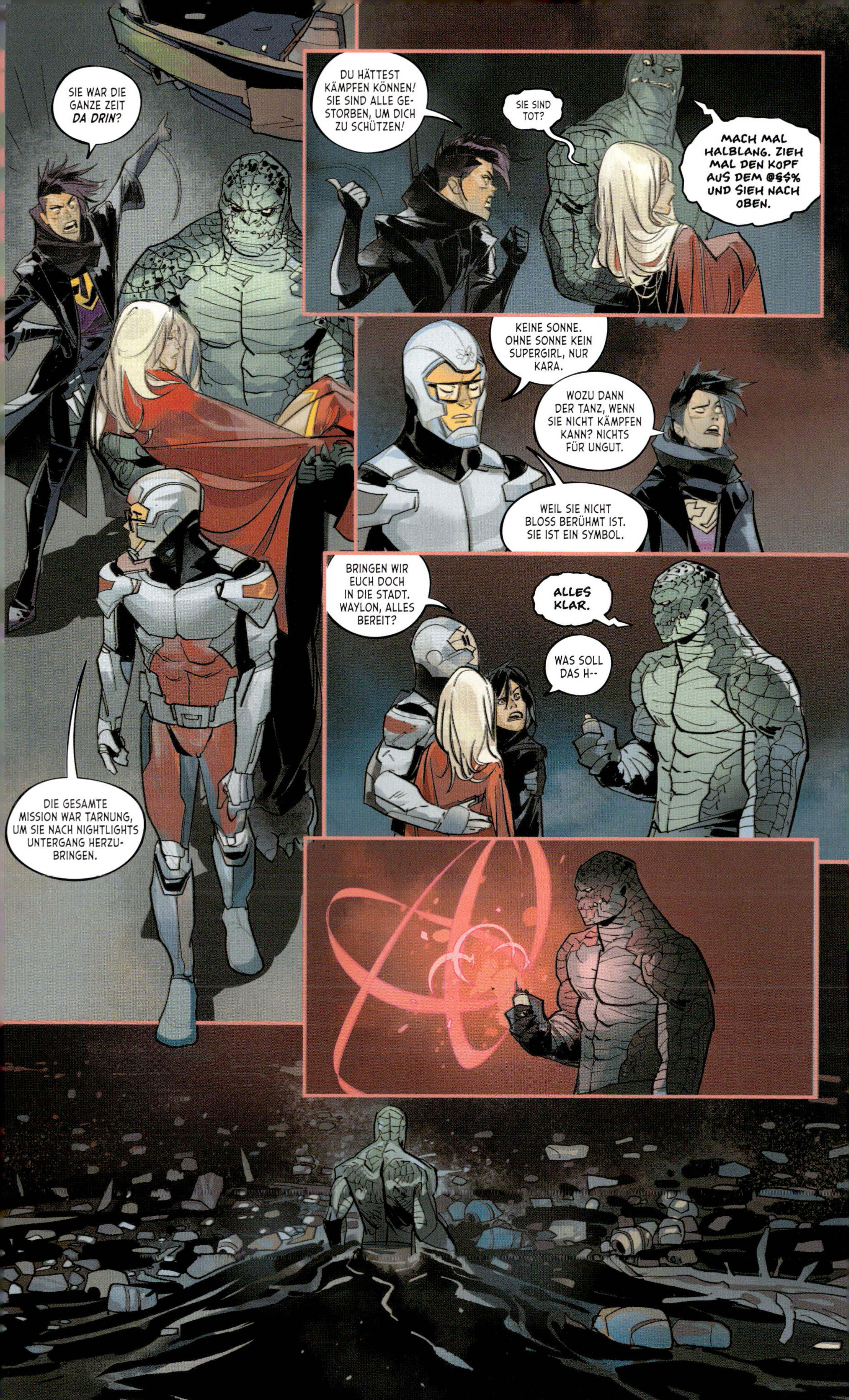
SIE WAR DIE GANZE ZEIT *DA DRIN*?
DIE GESAMTE MISSION WAR TARNUNG, UM SIE NACH NIGHTLIGHTS UNTERGANG HERZU-BRINGEN.
DU HÄTTEST KÄMPFEN KÖNNEN! SIE SIND ALLE GE-STORBEN, UM DICH ZU SCHÜTZEN!
SIE SIND TOT?
MACH MAL HALBLANG. ZIEH MAL DEN KOPF AUS DEM @$$% UND SIEH NACH OBEN.
KEINE SONNE. OHNE SONNE KEIN SUPERGIRL, NUR KARA.
WOZU DANN DER TANZ, WENN SIE NICHT KÄMPFEN KANN? NICHTS FÜR UNGUT.
WEIL SIE NICHT BLOSS BERÜHMT IST. SIE IST EIN SYMBOL.
BRINGEN WIR EUCH DOCH IN DIE STADT. WAYLON, ALLES BEREIT?
ALLES KLAR.
WAS SOLL DAS H--

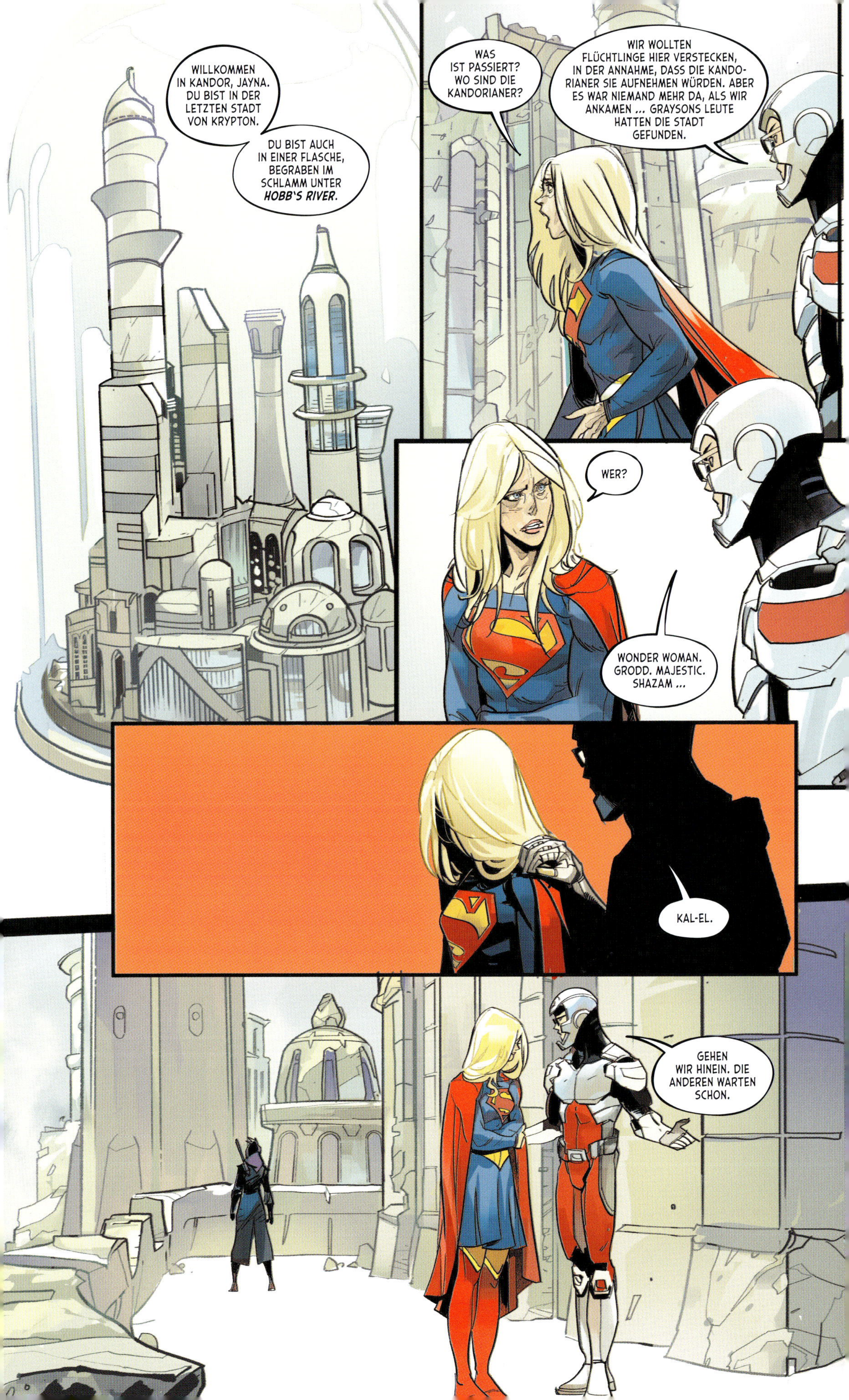
WILLKOMMEN IN KANDOR, JAYNA. DU BIST IN DER LETZTEN STADT VON KRYPTON.
DU BIST AUCH IN EINER FLASCHE, BEGRABEN IM SCHLAMM UNTER *HOBB'S RIVER*.
WAS IST PASSIERT? WO SIND DIE KANDORIANER?
WIR WOLLTEN FLÜCHTLINGE HIER VERSTECKEN, IN DER ANNAHME, DASS DIE KANDORIANER SIE AUFNEHMEN WÜRDEN. ABER ES WAR NIEMAND MEHR DA, ALS WIR ANKAMEN ... GRAYSONS LEUTE HATTEN DIE STADT GEFUNDEN.
WER?
WONDER WOMAN. GRODD. MAJESTIC. SHAZAM ...
KAL-EL.
GEHEN WIR HINEIN. DIE ANDEREN WARTEN SCHON.

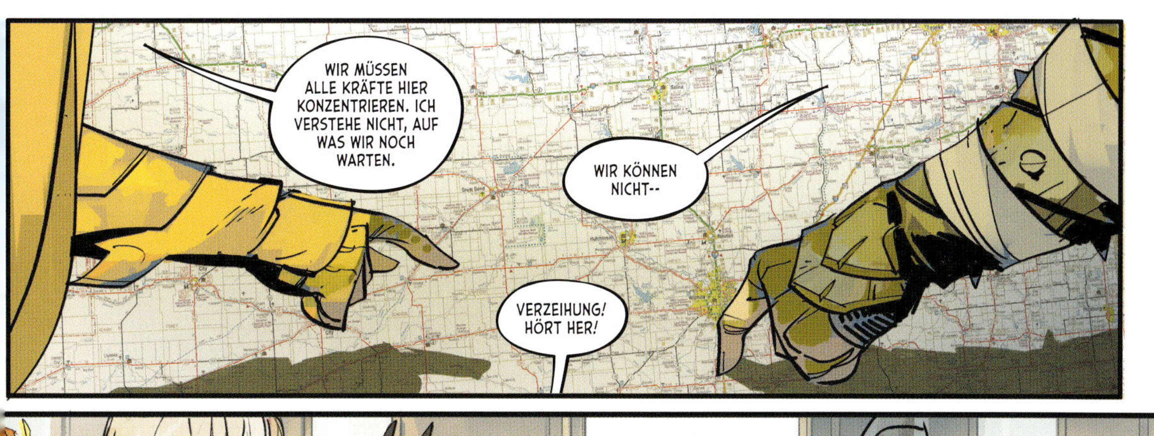
WIR MÜSSEN ALLE KRÄFTE HIER KONZENTRIEREN. ICH VERSTEHE NICHT, AUF WAS WIR NOCH WARTEN.
WIR KÖNNEN NICHT--
VERZEIHUNG! HÖRT HER!

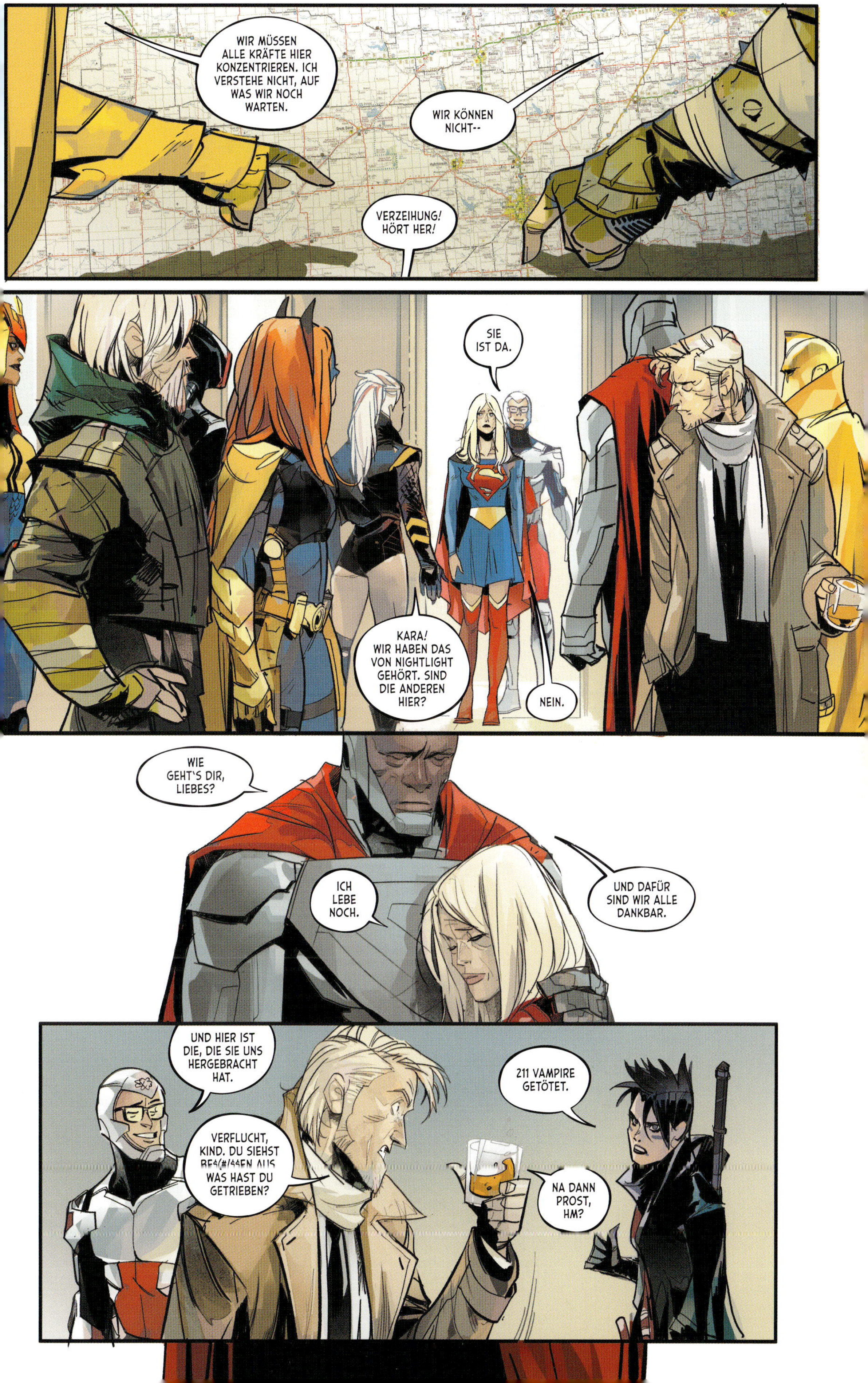

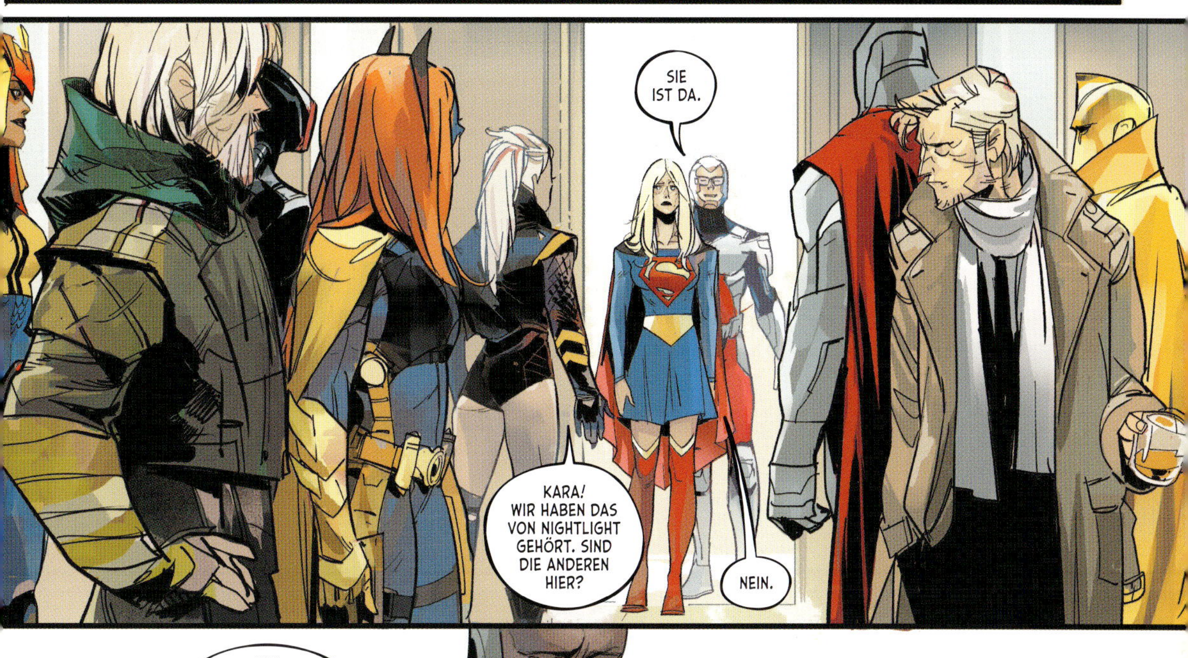
SIE IST DA.
KARA! WIR HABEN DAS VON NIGHTLIGHT GEHÖRT. SIND DIE ANDEREN HIER?
NEIN.
WIE GEHT'S DIR, LIEBES?
ICH LEBE NOCH.
UND DAFÜR SIND WIR ALLE DANKBAR.
UND HIER IST DIE, DIE SIE UNS HERGEBRACHT HAT.
211 VAMPIRE GETÖTET.
VERFLUCHT, KIND. DU SIEHST BE$(#/$$EN AUS. WAS HAST DU GETRIEBEN?
NA DANN PROST, HM?

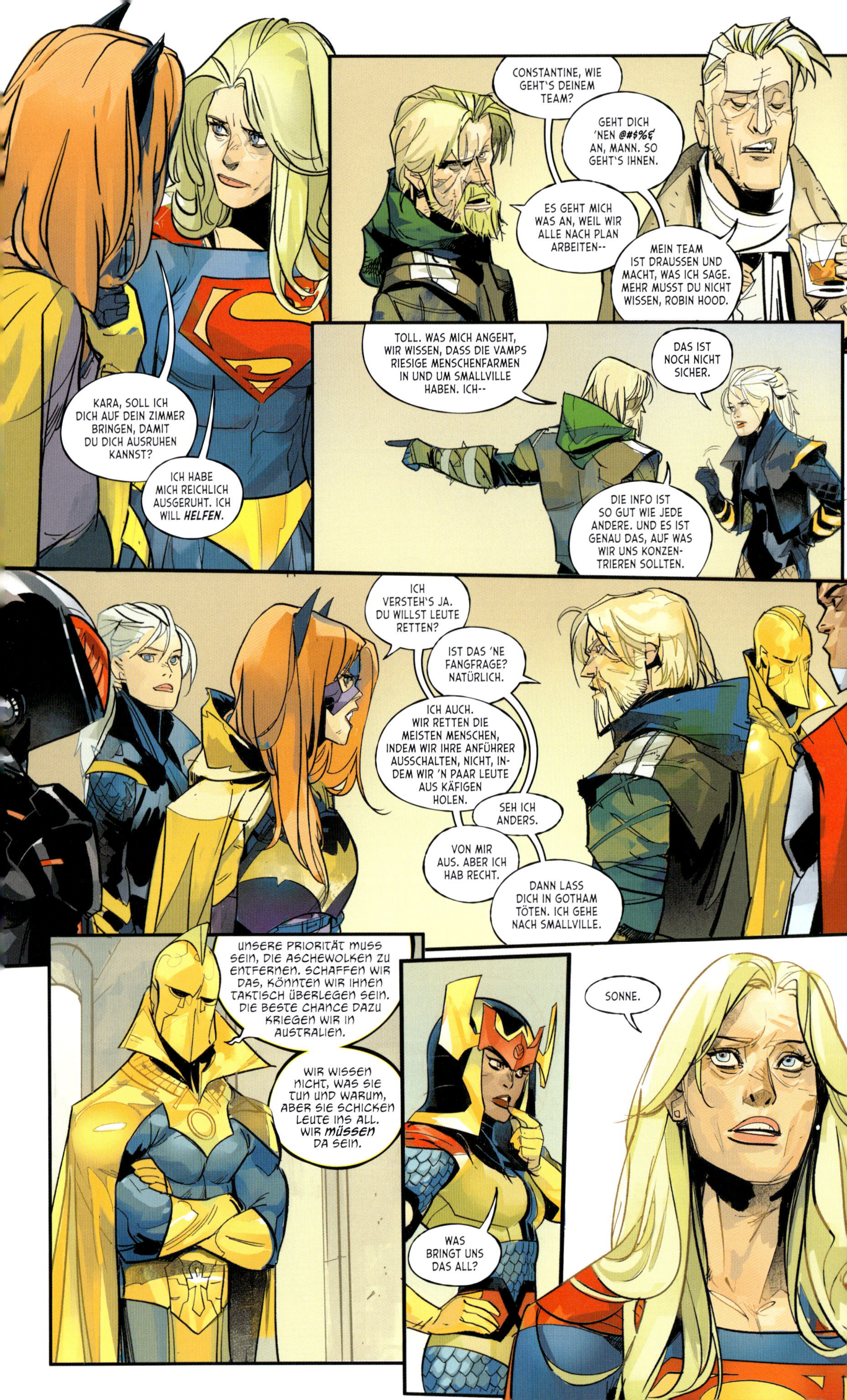
CONSTANTINE, WIE GEHT'S DEINEM TEAM?
GEHT DICH 'NEN @#$%& AN, MANN. SO GEHT'S IHNEN.
ES GEHT MICH WAS AN, WEIL WIR ALLE NACH PLAN ARBEITEN--
MEIN TEAM IST DRAUSSEN UND MACHT, WAS ICH SAGE. MEHR MUSST DU NICHT WISSEN, ROBIN HOOD.
KARA, SOLL ICH DICH AUF DEIN ZIMMER BRINGEN, DAMIT DU DICH AUSRUHEN KANNST?
ICH HABE MICH REICHLICH AUSGERUHT. ICH WILL HELFEN.
TOLL. WAS MICH ANGEHT, WIR WISSEN, DASS DIE VAMPS RIESIGE MENSCHENFARMEN IN UND UM SMALLVILLE HABEN. ICH--
DAS IST NOCH NICHT SICHER.
DIE INFO IST SO GUT WIE JEDE ANDERE. UND ES IST GENAU DAS, AUF WAS WIR UNS KONZENTRIEREN SOLLTEN.
ICH VERSTEH'S JA. DU WILLST LEUTE RETTEN?
IST DAS 'NE FANGFRAGE? NATÜRLICH.
ICH AUCH. WIR RETTEN DIE MEISTEN MENSCHEN, INDEM WIR IHRE ANFÜHRER AUSSCHALTEN, NICHT, INDEM WIR 'N PAAR LEUTE AUS KÄFIGEN HOLEN.
SEH ICH ANDERS.
VON MIR AUS. ABER ICH HAB RECHT.
DANN LASS DICH IN GOTHAM TÖTEN. ICH GEHE NACH SMALLVILLE.
UNSERE PRIORITÄT MUSS SEIN, DIE ASCHEWOLKEN ZU ENTFERNEN. SCHAFFEN WIR DAS, KÖNNTEN WIR IHNEN TAKTISCH ÜBERLEGEN SEIN. DIE BESTE CHANCE DAZU KRIEGEN WIR IN AUSTRALIEN.
WIR WISSEN NICHT, WAS SIE TUN UND WARUM, ABER SIE SCHICKEN LEUTE INS ALL. WIR MÜSSEN DA SEIN.
WAS BRINGT UNS DAS ALL?
SONNE.

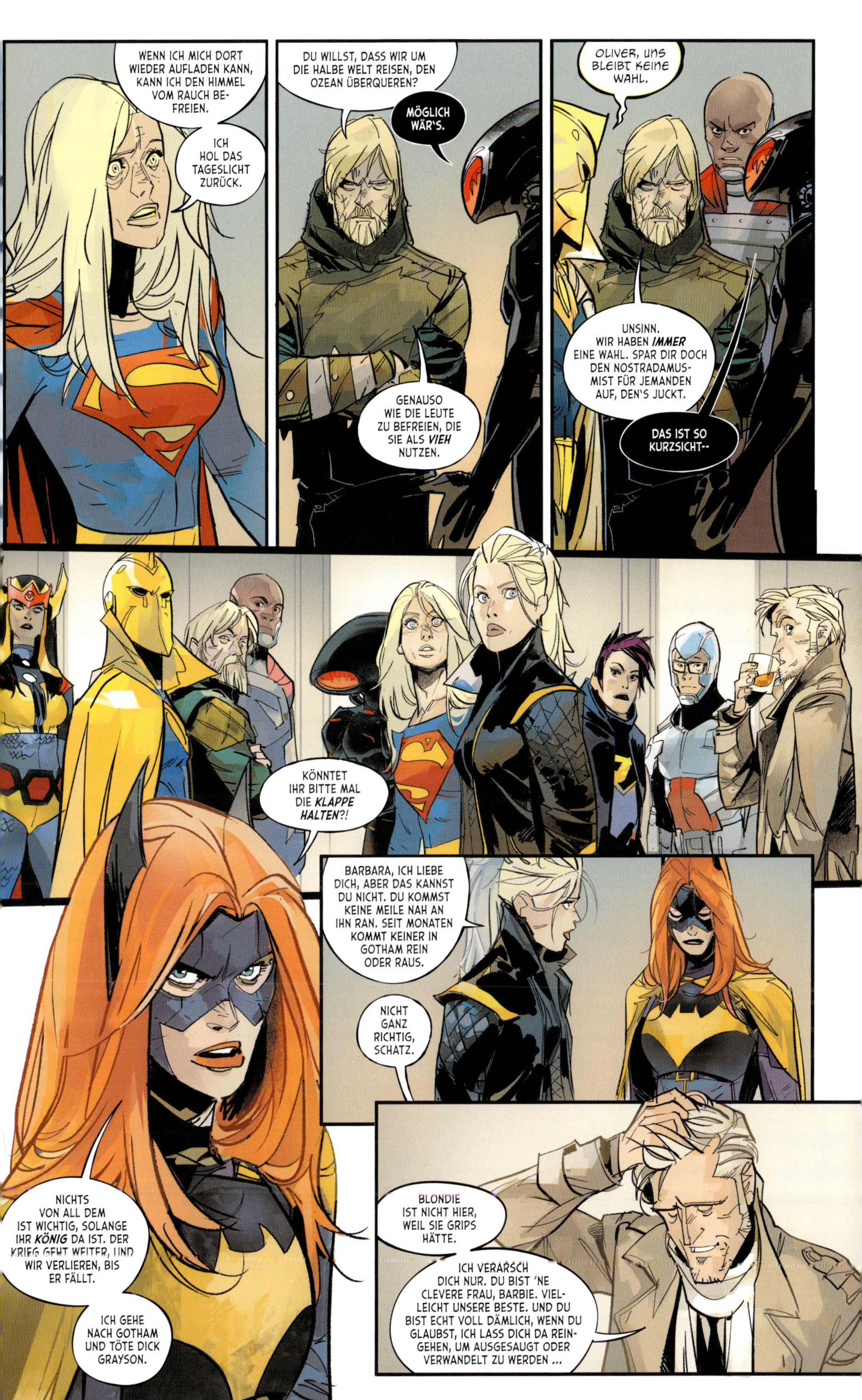
WENN ICH MICH DORT WIEDER AUFLADEN KANN, KANN ICH DEN HIMMEL VOM RAUCH BE-FREIEN.
ICH HOL DAS TAGESLICHT ZURÜCK.
DU WILLST, DASS WIR UM DIE HALBE WELT REISEN, DEN OZEAN ÜBERQUEREN?
MÖGLICH WÄR'S.
GENAUSO WIE DIE LEUTE ZU BEFREIEN, DIE SIE ALS VIEH NUTZEN.
OLIVER, UNS BLEIBT KEINE WAHL.
UNSINN. WIR HABEN IMMER EINE WAHL. SPAR DIR DOCH DEN NOSTRADAMUS-MIST FÜR JEMANDEN AUF, DEN'S JUCKT.
DAS IST SO KURZSICHT--
KÖNNTET IHR BITTE MAL DIE KLAPPE HALTEN?!
BARBARA, ICH LIEBE DICH, ABER DAS KANNST DU NICHT. DU KOMMST KEINE MEILE NAH AN IHN RAN. SEIT MONATEN KOMMT KEINER IN GOTHAM REIN ODER RAUS.
NICHT GANZ RICHTIG, SCHATZ.
NICHTS VON ALL DEM IST WICHTIG, SOLANGE IHR KÖNIG DA IST. DER KRIEG GEHT WEITER, UND WIR VERLIEREN, BIS ER FÄLLT.
ICH GEHE NACH GOTHAM UND TÖTE DICK GRAYSON.
BLONDIE IST NICHT HIER, WEIL SIE GRIPS HÄTTE.
ICH VERARSCH DICH NUR. DU BIST 'NE CLEVERE FRAU, BARBIE. VIEL-LEICHT UNSERE BESTE. UND DU BIST ECHT VOLL DÄMLICH, WENN DU GLAUBST, ICH LASS DICH DA REIN-GEHEN, UM AUSGESAUGT ODER VERWANDELT ZU WERDEN ...

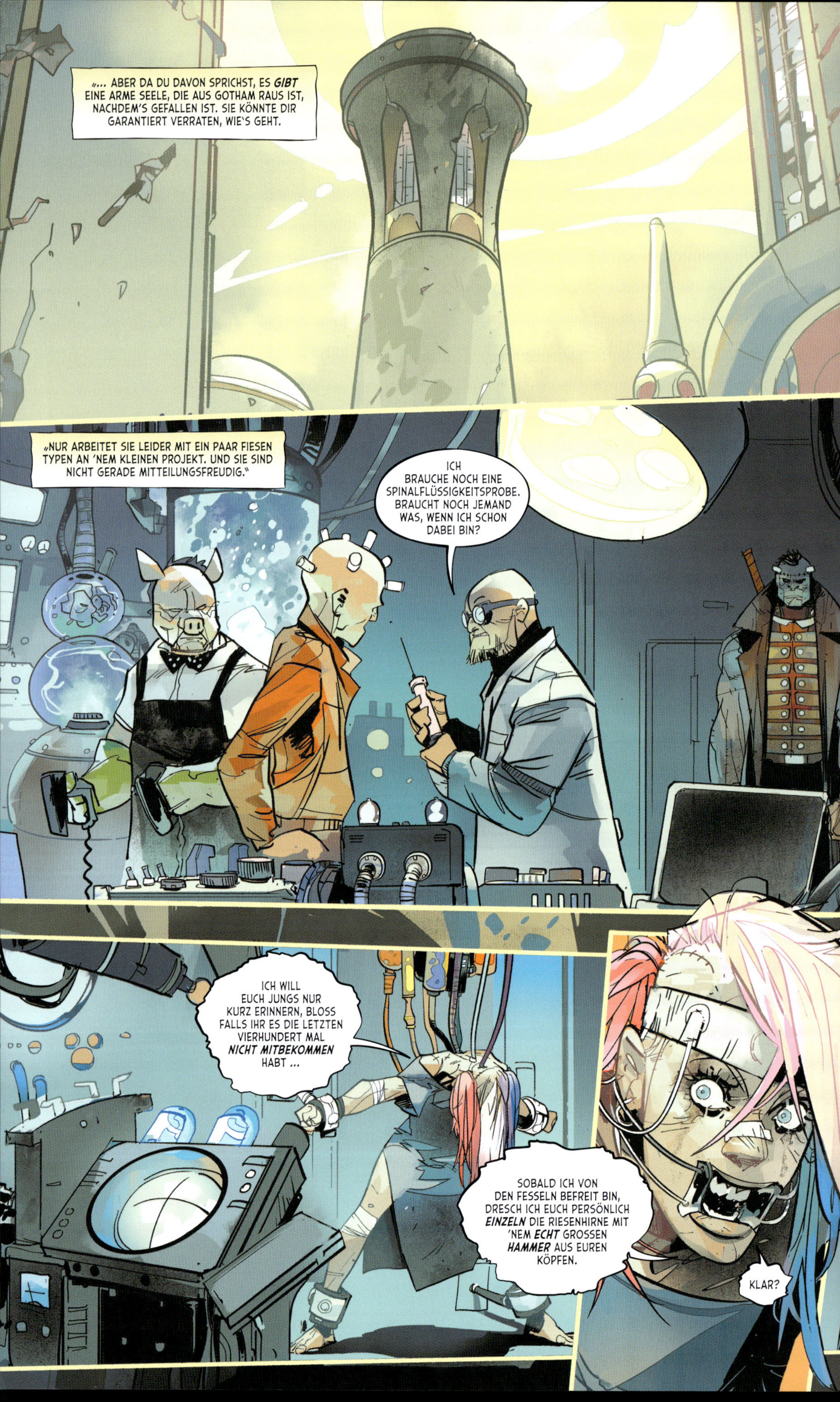
„... ABER DA DU DAVON SPRICHST, ES GIBT EINE ARME SEELE, DIE AUS GOTHAM RAUS IST, NACHDEM'S GEFALLEN IST. SIE KÖNNTE DIR GARANTIERT VERRATEN, WIE'S GEHT.
„NUR ARBEITET SIE LEIDER MIT EIN PAAR FIESEN TYPEN AN 'NEM KLEINEN PROJEKT. UND SIE SIND NICHT GERADE MITTEILUNGSFREUDIG."
ICH BRAUCHE NOCH EINE SPINALFLÜSSIGKEITSPROBE. BRAUCHT NOCH JEMAND WAS, WENN ICH SCHON DABEI BIN?
ICH WILL EUCH JUNGS NUR KURZ ERINNERN, BLOSS FALLS IHR ES DIE LETZTEN VIERHUNDERT MAL NICHT MITBEKOMMEN HABT ...
SOBALD ICH VON DEN FESSELN BEFREIT BIN, DRESCH ICH EUCH PERSÖNLICH EINZELN DIE RIESENHIRNE MIT 'NEM ECHT GROSSEN HAMMER AUS EUREN KÖPFEN.
KLAR?

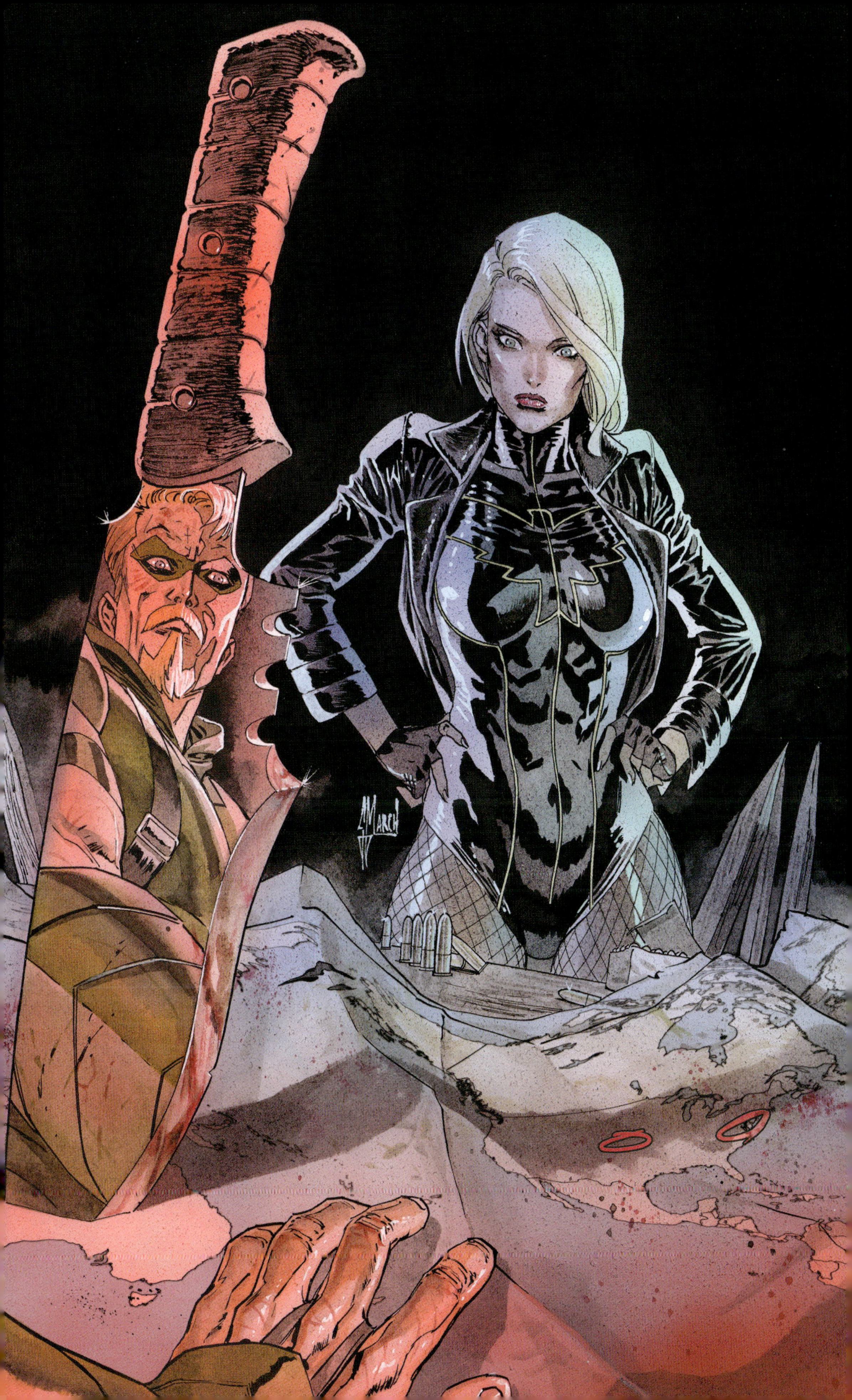

DC VS. VAMPIRES 8

EINES LANGEN TAGES REISE

JAMES TYNION IV
MATTHEW ROSENBERG
STORY

OTTO SCHMIDT
DANIELE DI NICUOLO
ZEICHNUNGEN UND TUSCHE

OTTO SCHMIDT
PIERLUIGI CASOLINO
FARBEN

GUILLEM MARCH
ORIGINAL-COVER

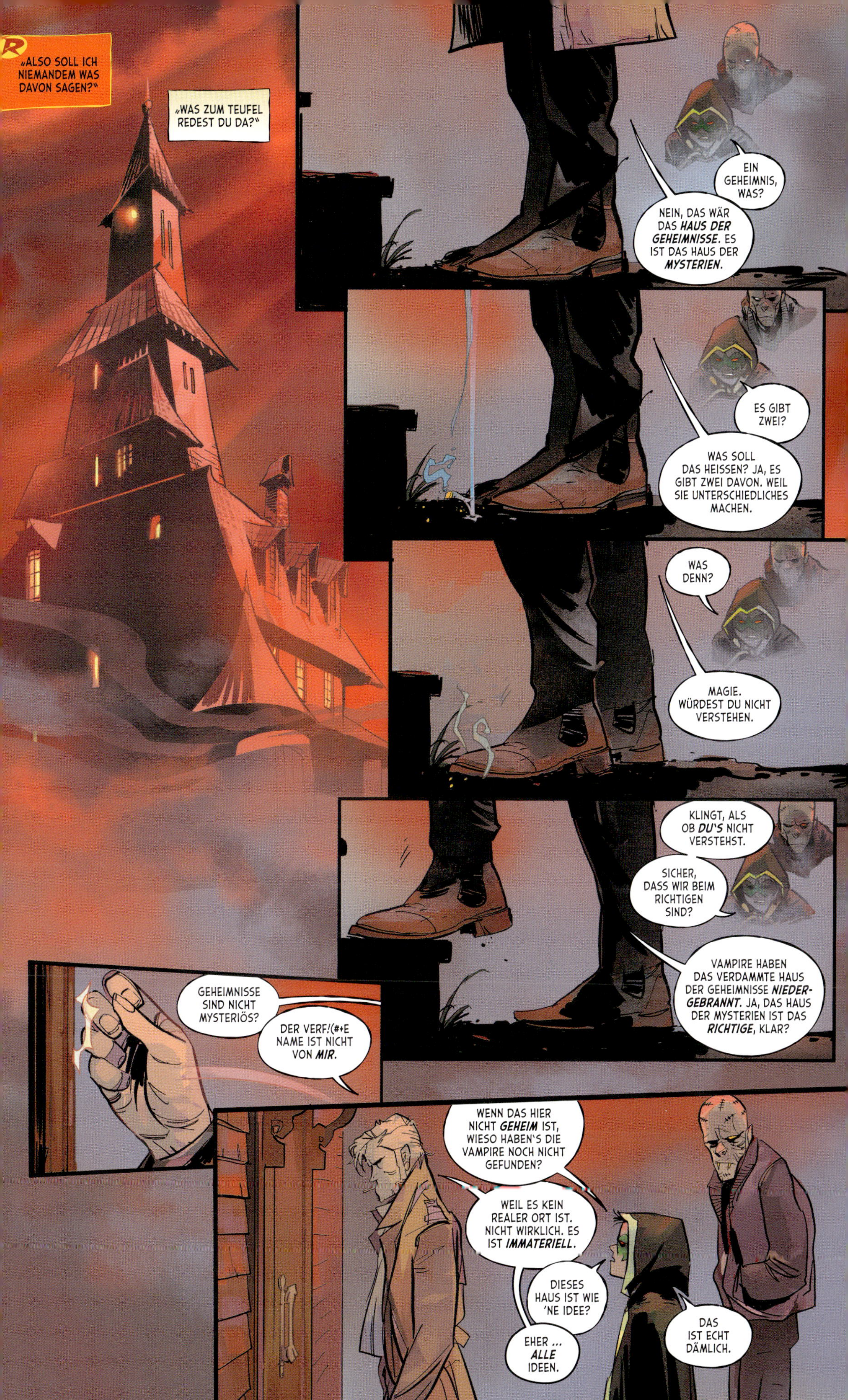

„ALSO SOLL ICH NIEMANDEM WAS DAVON SAGEN?"
„WAS ZUM TEUFEL REDEST DU DA?"
EIN GEHEIMNIS, WAS?
NEIN, DAS WÄR DAS *HAUS DER GEHEIMNISSE*. ES IST DAS HAUS DER *MYSTERIEN*.
ES GIBT ZWEI?
WAS SOLL DAS HEISSEN? JA, ES GIBT ZWEI DAVON. WEIL SIE UNTERSCHIEDLICHES MACHEN.
WAS DENN?
MAGIE. WÜRDEST DU NICHT VERSTEHEN.
KLINGT, ALS OB *DU'S* NICHT VERSTEHST.
SICHER, DASS WIR BEIM RICHTIGEN SIND?
VAMPIRE HABEN DAS VERDAMMTE HAUS DER GEHEIMNISSE *NIEDERGEBRANNT*. JA, DAS HAUS DER MYSTERIEN IST DAS *RICHTIGE*, KLAR?
GEHEIMNISSE SIND NICHT MYSTERIÖS?
DER VERF!(#+E NAME IST NICHT VON *MIR*.
WENN DAS HIER NICHT *GEHEIM* IST, WIESO HABEN'S DIE VAMPIRE NOCH NICHT GEFUNDEN?
WEIL ES KEIN REALER ORT IST. NICHT WIRKLICH. ES IST *IMMATERIELL*.
DIESES HAUS IST WIE 'NE IDEE?
EHER ... *ALLE* IDEEN.
DAS IST ECHT DÄMLICH.

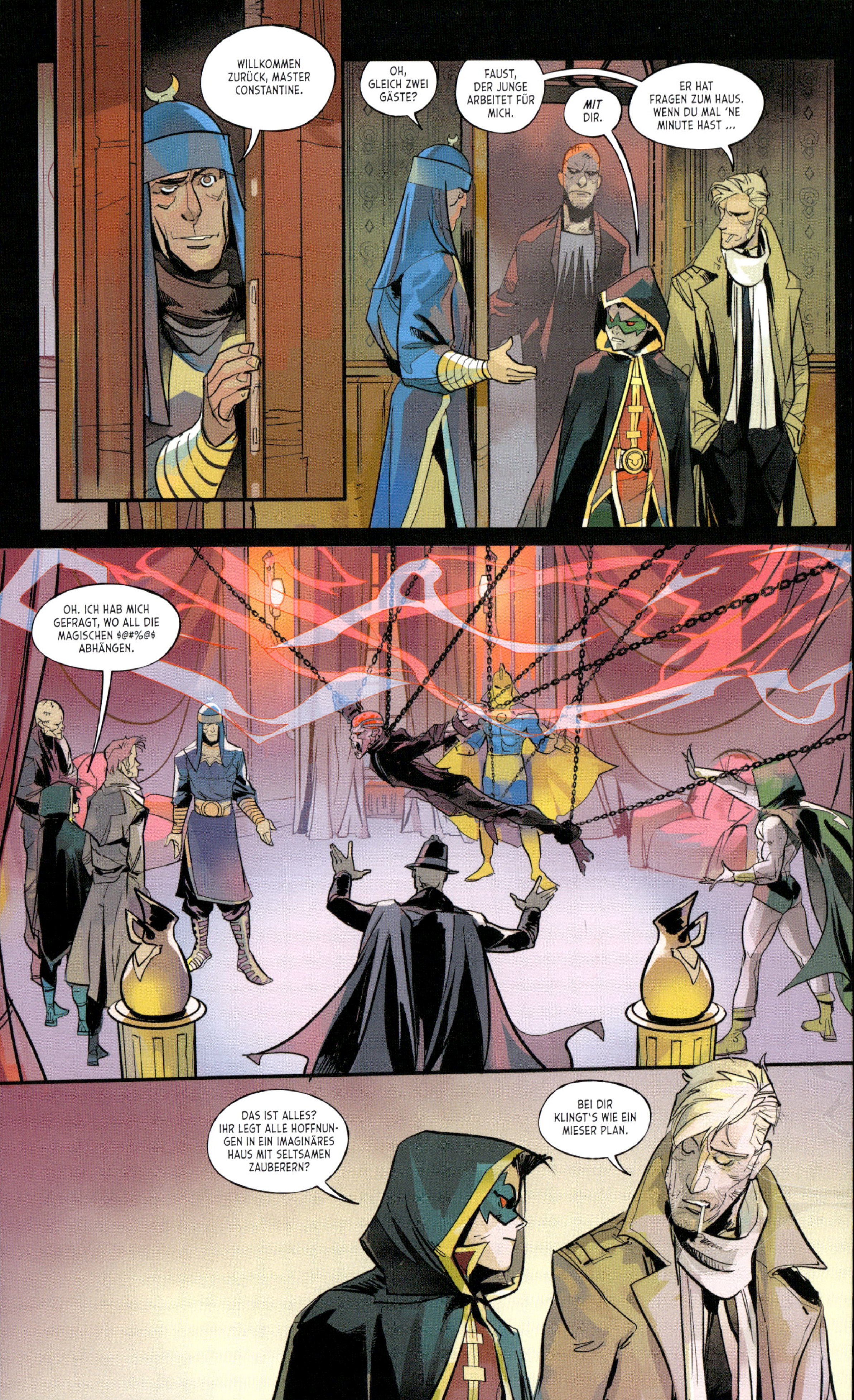
WILLKOMMEN ZURÜCK, MASTER CONSTANTINE.
OH, GLEICH ZWEI GÄSTE?
FAUST, DER JUNGE ARBEITET FÜR MICH.
MIT DIR.
ER HAT FRAGEN ZUM HAUS. WENN DU MAL 'NE MINUTE HAST ...
OH. ICH HAB MICH GEFRAGT, WO ALL DIE MAGISCHEN $@#%@$ ABHÄNGEN.
DAS IST ALLES? IHR LEGT ALLE HOFFNUN-GEN IN EIN IMAGINÄRES HAUS MIT SELTSAMEN ZAUBERERN?
BEI DIR KLINGT'S WIE EIN MIESER PLAN.

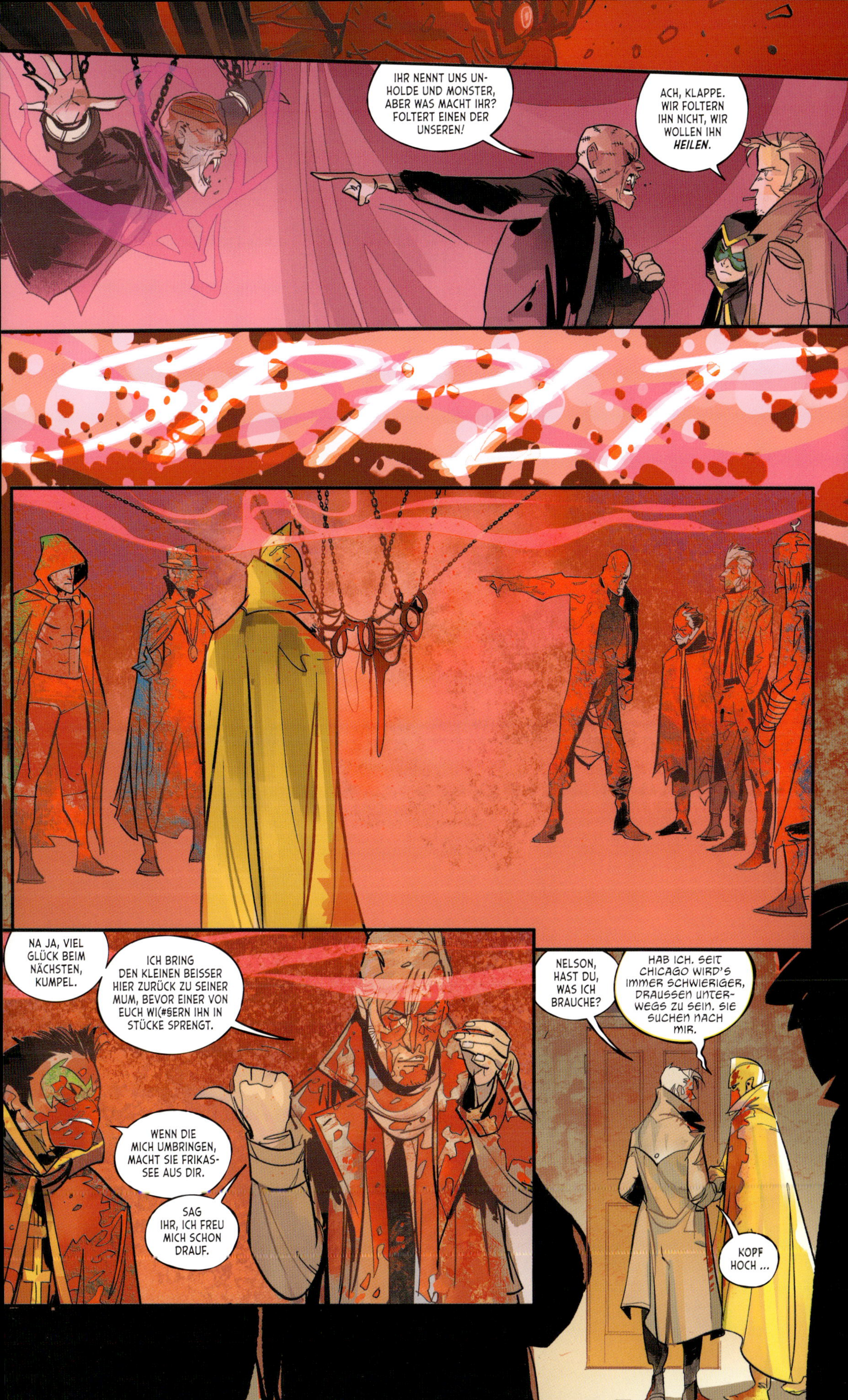

IHR NENNT UNS UNHOLDE UND MONSTER, ABER WAS MACHT IHR? FOLTERT EINEN DER UNSEREN!
ACH, KLAPPE. WIR FOLTERN IHN NICHT, WIR WOLLEN IHN **HEILEN**.
NA JA, VIEL GLÜCK BEIM NÄCHSTEN, KUMPEL.
ICH BRING DEN KLEINEN BEISSER HIER ZURÜCK ZU SEINER MUM, BEVOR EINER VON EUCH WI(#§ERN IHN IN STÜCKE SPRENGT.
WENN DIE MICH UMBRINGEN, MACHT SIE FRIKASSEE AUS DIR.
SAG IHR, ICH FREU MICH SCHON DRAUF.
NELSON, HAST DU, WAS ICH BRAUCHE?
HAB ICH. SEIT CHICAGO WIRD'S IMMER SCHWIERIGER, DRAUSSEN UNTERWEGS ZU SEIN. SIE SUCHEN NACH MIR.
KOPF HOCH ...

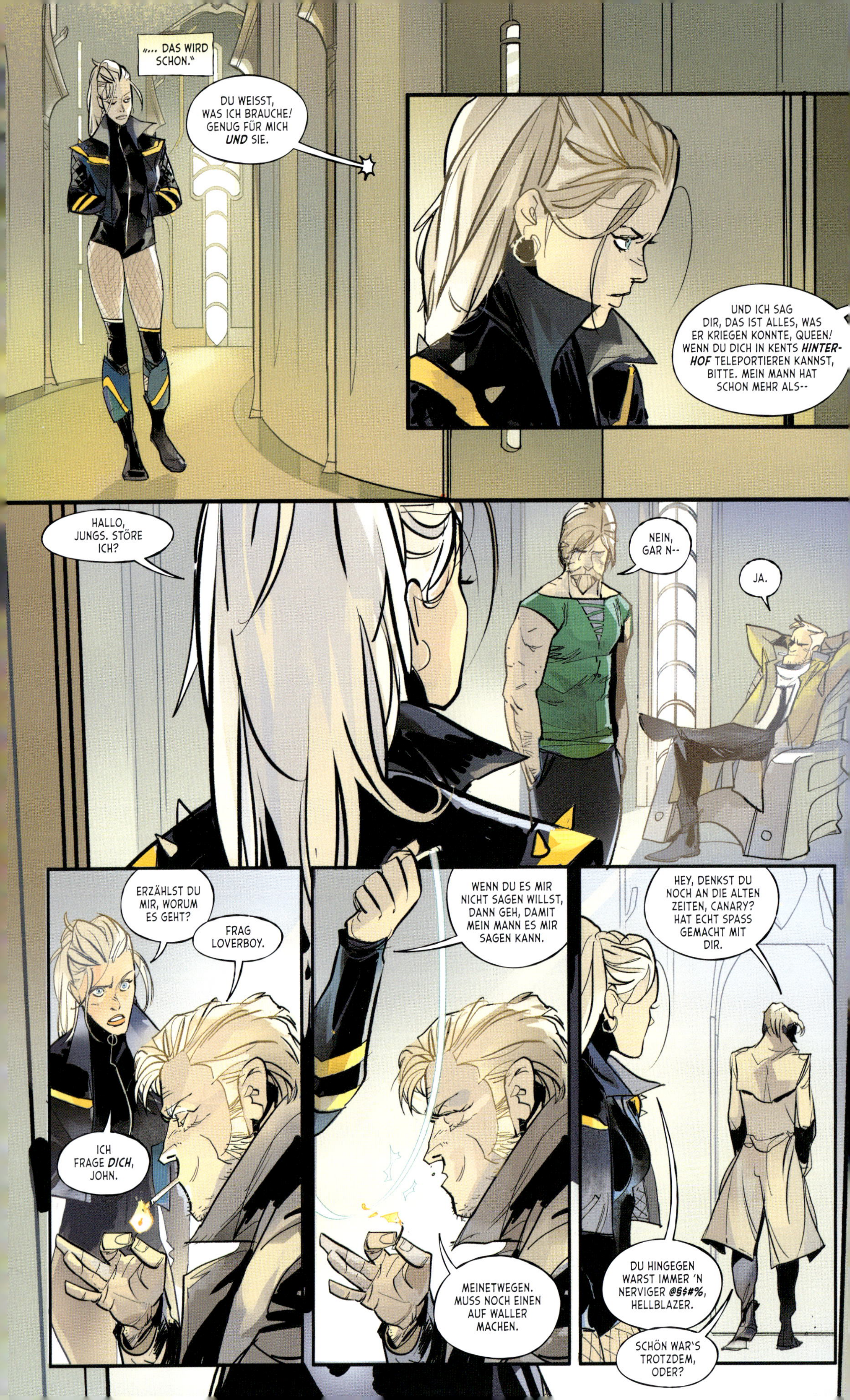
"... DAS WIRD SCHON."
DU WEISST, WAS ICH BRAUCHE! GENUG FÜR MICH UND SIE.
UND ICH SAG DIR, DAS IST ALLES, WAS ER KRIEGEN KONNTE, QUEEN! WENN DU DICH IN KENTS HINTERHOF TELEPORTIEREN KANNST, BITTE. MEIN MANN HAT SCHON MEHR ALS--
HALLO, JUNGS. STÖRE ICH?
NEIN, GAR N--
JA.
ERZÄHLST DU MIR, WORUM ES GEHT?
FRAG LOVERBOY.
ICH FRAGE DICH, JOHN.
WENN DU ES MIR NICHT SAGEN WILLST, DANN GEH, DAMIT MEIN MANN ES MIR SAGEN KANN.
MEINETWEGEN. MUSS NOCH EINEN AUF WALLER MACHEN.
HEY, DENKST DU NOCH AN DIE ALTEN ZEITEN, CANARY? HAT ECHT SPASS GEMACHT MIT DIR.
DU HINGEGEN WARST IMMER 'N NERVIGER @§$#%, HELLBLAZER.
SCHÖN WAR'S TROTZDEM, ODER?

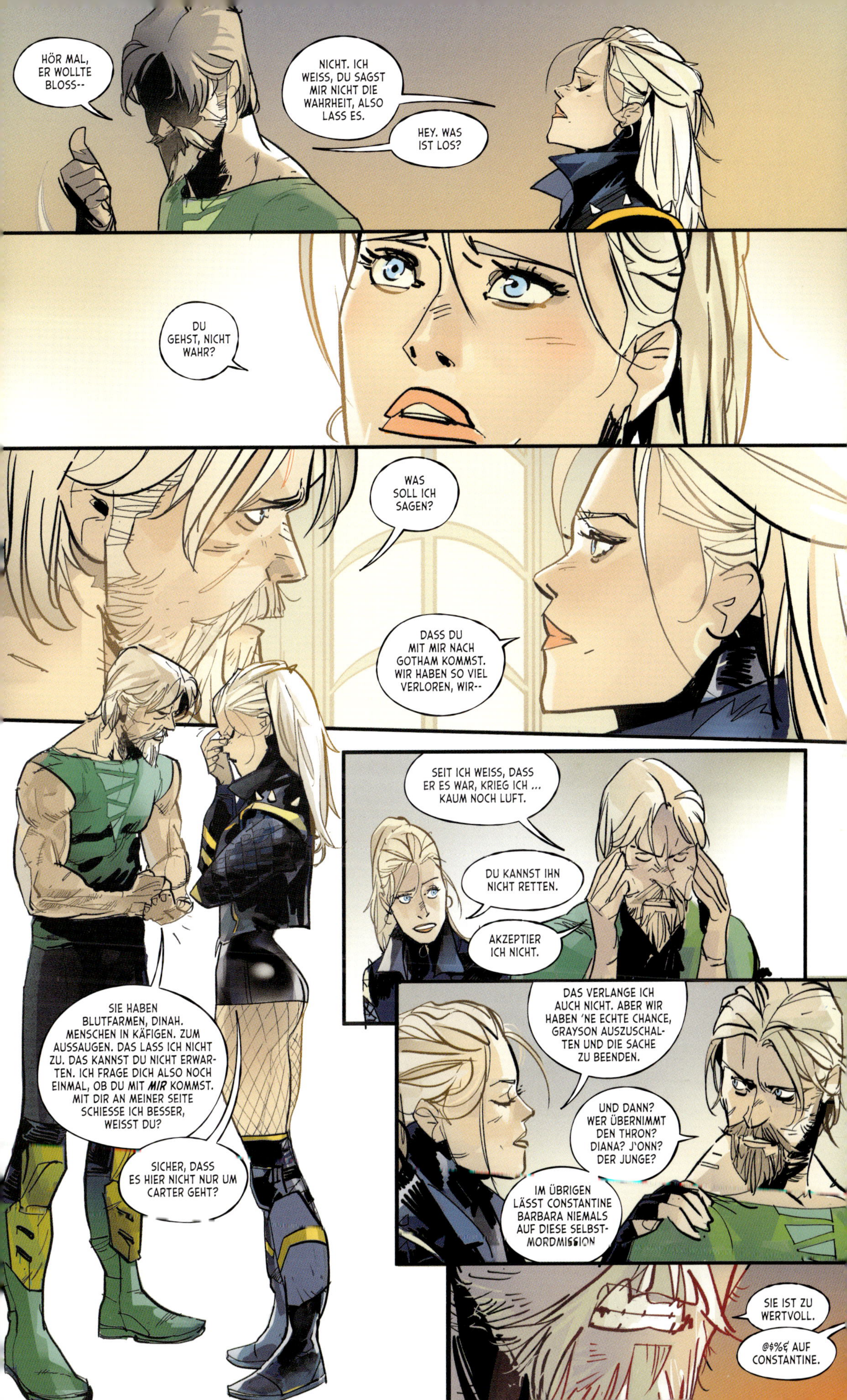
HÖR MAL, ER WOLLTE BLOSS--
NICHT. ICH WEISS, DU SAGST MIR NICHT DIE WAHRHEIT, ALSO LASS ES.
HEY. WAS IST LOS?
DU GEHST, NICHT WAHR?
WAS SOLL ICH SAGEN?
DASS DU MIT MIR NACH GOTHAM KOMMST. WIR HABEN SO VIEL VERLOREN, WIR--
SIE HABEN BLUTFARMEN, DINAH. MENSCHEN IN KÄFIGEN. ZUM AUSSAUGEN. DAS LASS ICH NICHT ZU. DAS KANNST DU NICHT ERWARTEN. ICH FRAGE DICH ALSO NOCH EINMAL, OB DU MIT *MIR* KOMMST. MIT DIR AN MEINER SEITE SCHIESSE ICH BESSER, WEISST DU?
SICHER, DASS ES HIER NICHT NUR UM CARTER GEHT?
SEIT ICH WEISS, DASS ER ES WAR, KRIEG ICH ... KAUM NOCH LUFT.
DU KANNST IHN NICHT RETTEN.
AKZEPTIER ICH NICHT.
DAS VERLANGE ICH AUCH NICHT. ABER WIR HABEN 'NE ECHTE CHANCE, GRAYSON AUSZUSCHALTEN UND DIE SACHE ZU BEENDEN.
UND DANN? WER ÜBERNIMMT DEN THRON? DIANA? J'ONN? DER JUNGE?
IM ÜBRIGEN LÄSST CONSTANTINE BARBARA NIEMALS AUF DIESE SELBSTMORDMISSION
SIE IST ZU WERTVOLL.
@$%& AUF CONSTANTINE.

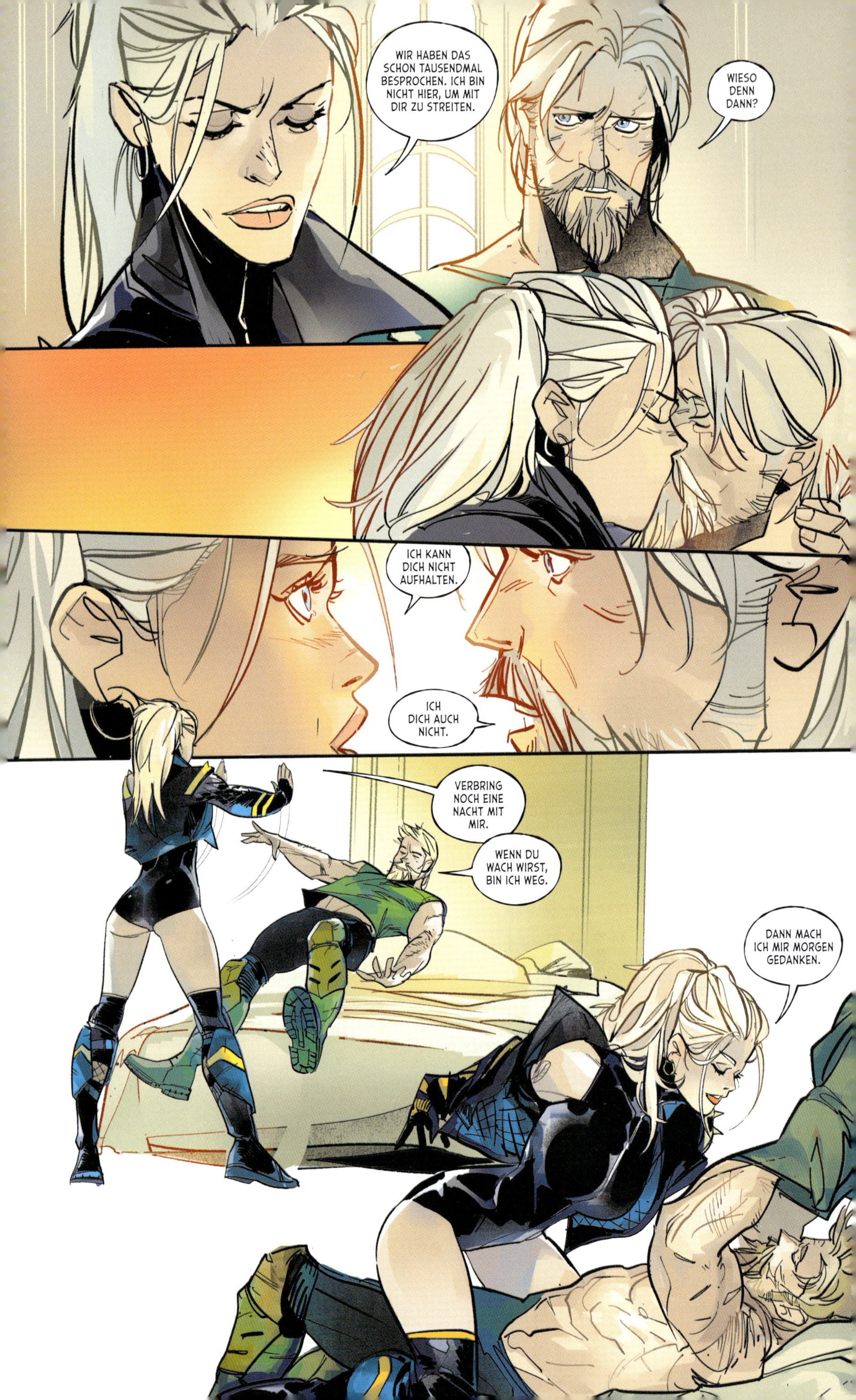
WIR HABEN DAS SCHON TAUSENDMAL BESPROCHEN. ICH BIN NICHT HIER, UM MIT DIR ZU STREITEN.
WIESO DENN DANN?
ICH KANN DICH NICHT AUFHALTEN.
ICH DICH AUCH NICHT.
VERBRING NOCH EINE NACHT MIT MIR.
WENN DU WACH WIRST, BIN ICH WEG.
DANN MACH ICH MIR MORGEN GEDANKEN.

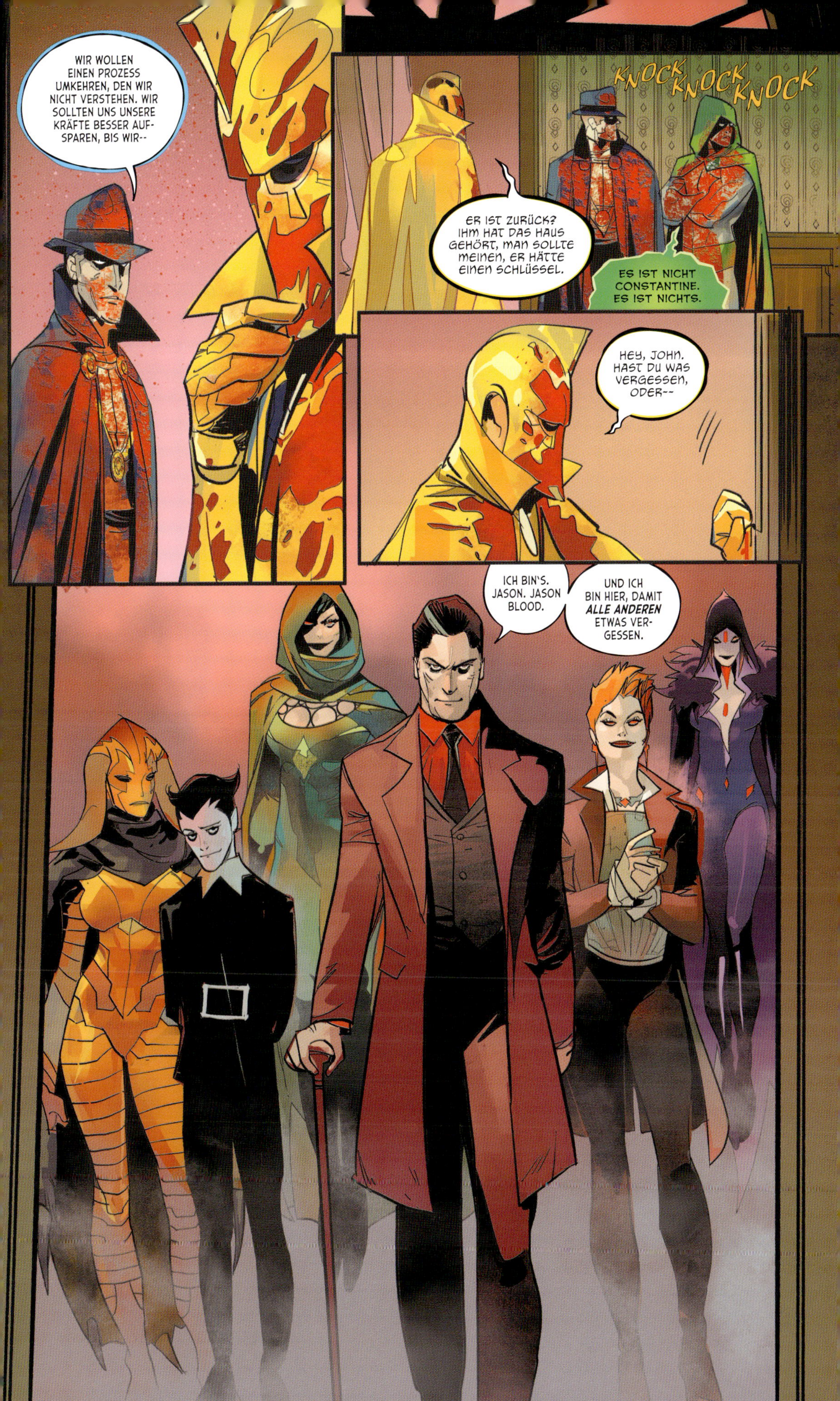
WIR WOLLEN EINEN PROZESS UMKEHREN, DEN WIR NICHT VERSTEHEN. WIR SOLLTEN UNS UNSERE KRÄFTE BESSER AUFSPAREN, BIS WIR--
KNOCK KNOCK KNOCK
ER IST ZURÜCK? IHM HAT DAS HAUS GEHÖRT, MAN SOLLTE MEINEN, ER HÄTTE EINEN SCHLÜSSEL.
ES IST NICHT CONSTANTINE. ES IST NICHTS.
HEY, JOHN. HAST DU WAS VERGESSEN, ODER--
ICH BIN'S. JASON. JASON BLOOD.
UND ICH BIN HIER, DAMIT ALLE ANDEREN ETWAS VERGESSEN.

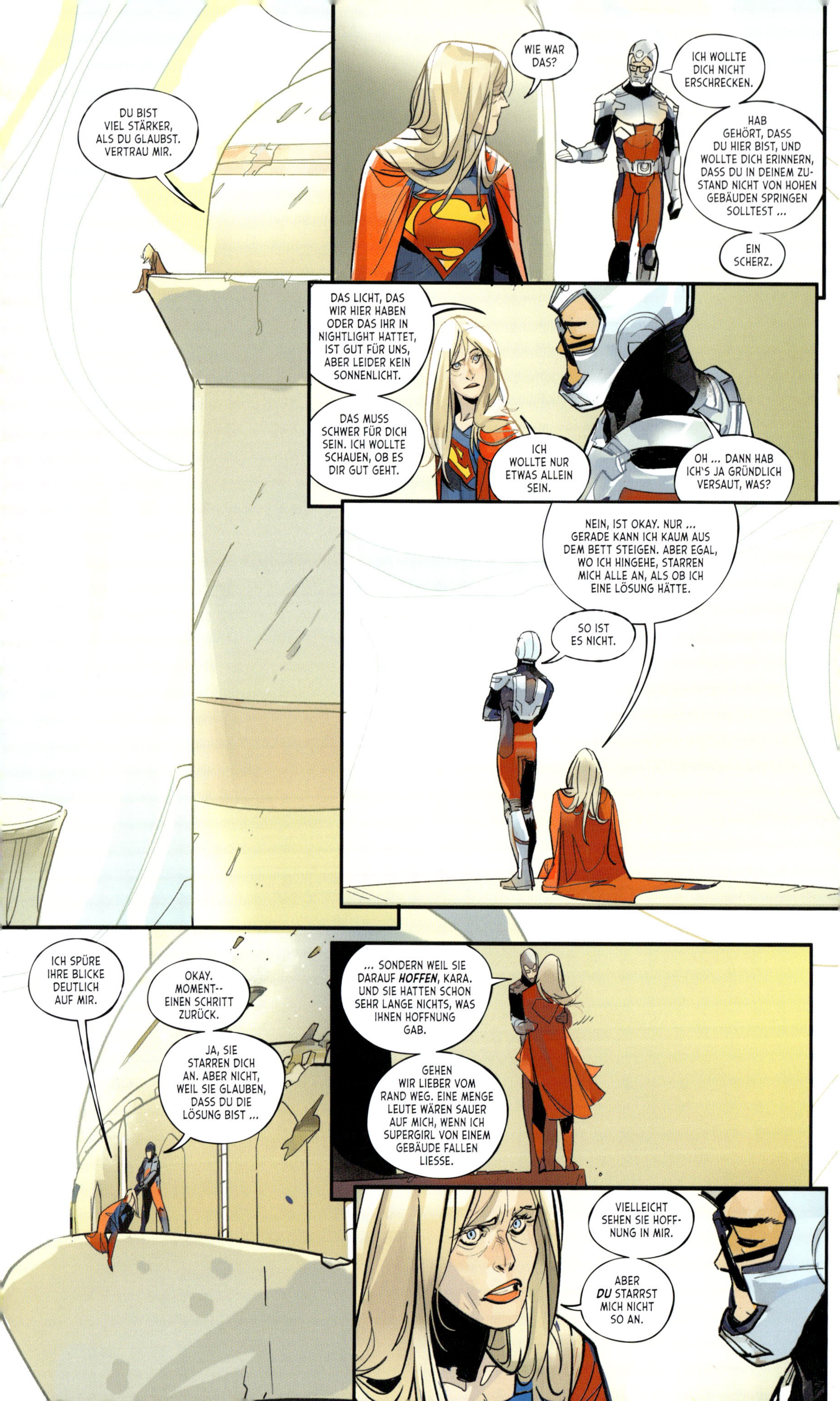
DU BIST VIEL STÄRKER, ALS DU GLAUBST. VERTRAU MIR.
WIE WAR DAS?
ICH WOLLTE DICH NICHT ERSCHRECKEN.
HAB GEHÖRT, DASS DU HIER BIST, UND WOLLTE DICH ERINNERN, DASS DU IN DEINEM ZUSTAND NICHT VON HOHEN GEBÄUDEN SPRINGEN SOLLTEST ...
EIN SCHERZ.
DAS LICHT, DAS WIR HIER HABEN ODER DAS IHR IN NIGHTLIGHT HATTET, IST GUT FÜR UNS, ABER LEIDER KEIN SONNENLICHT.
DAS MUSS SCHWER FÜR DICH SEIN. ICH WOLLTE SCHAUEN, OB ES DIR GUT GEHT.
ICH WOLLTE NUR ETWAS ALLEIN SEIN.
OH ... DANN HAB ICH'S JA GRÜNDLICH VERSAUT, WAS?
NEIN, IST OKAY. NUR ... GERADE KANN ICH KAUM AUS DEM BETT STEIGEN. ABER EGAL, WO ICH HINGEHE, STARREN MICH ALLE AN, ALS OB ICH EINE LÖSUNG HÄTTE.
SO IST ES NICHT.
ICH SPÜRE IHRE BLICKE DEUTLICH AUF MIR.
OKAY. MOMENT-- EINEN SCHRITT ZURÜCK.
JA, SIE STARREN DICH AN. ABER NICHT, WEIL SIE GLAUBEN, DASS DU DIE LÖSUNG BIST ...
... SONDERN WEIL SIE DARAUF **HOFFEN**, KARA. UND SIE HATTEN SCHON SEHR LANGE NICHTS, WAS IHNEN HOFFNUNG GAB.
GEHEN WIR LIEBER VOM RAND WEG. EINE MENGE LEUTE WÄREN SAUER AUF MICH, WENN ICH SUPERGIRL VON EINEM GEBÄUDE FALLEN LIESSE.
VIELLEICHT SEHEN SIE HOFFNUNG IN MIR.
ABER **DU** STARRST MICH NICHT SO AN.

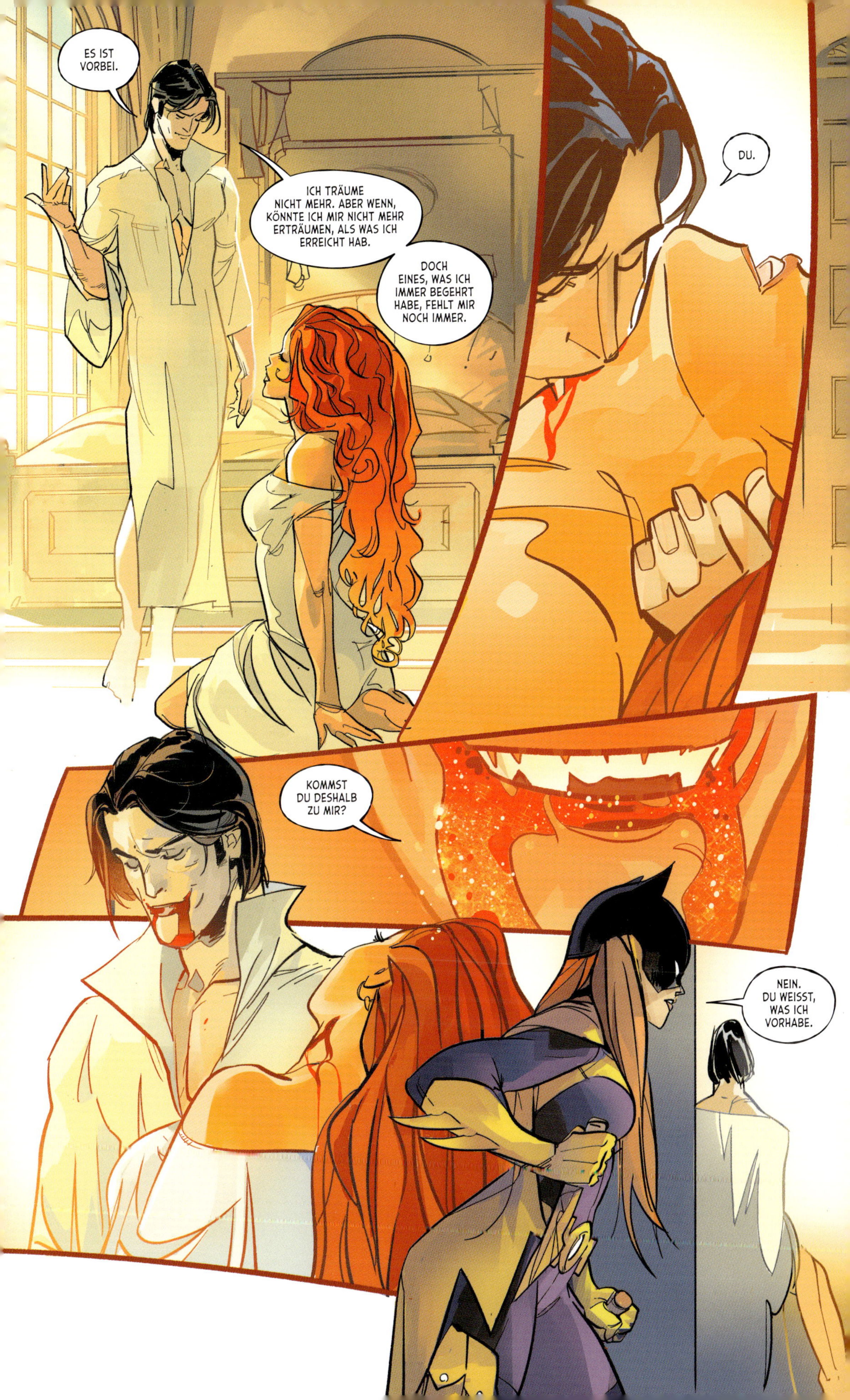
ES IST VORBEI.
ICH TRÄUME NICHT MEHR. ABER WENN, KÖNNTE ICH MIR NICHT MEHR ERTRÄUMEN, ALS WAS ICH ERREICHT HAB.
DOCH EINES, WAS ICH IMMER BEGEHRT HABE, FEHLT MIR NOCH IMMER.
DU.
KOMMST DU DESHALB ZU MIR?
NEIN. DU WEISST, WAS ICH VORHABE.

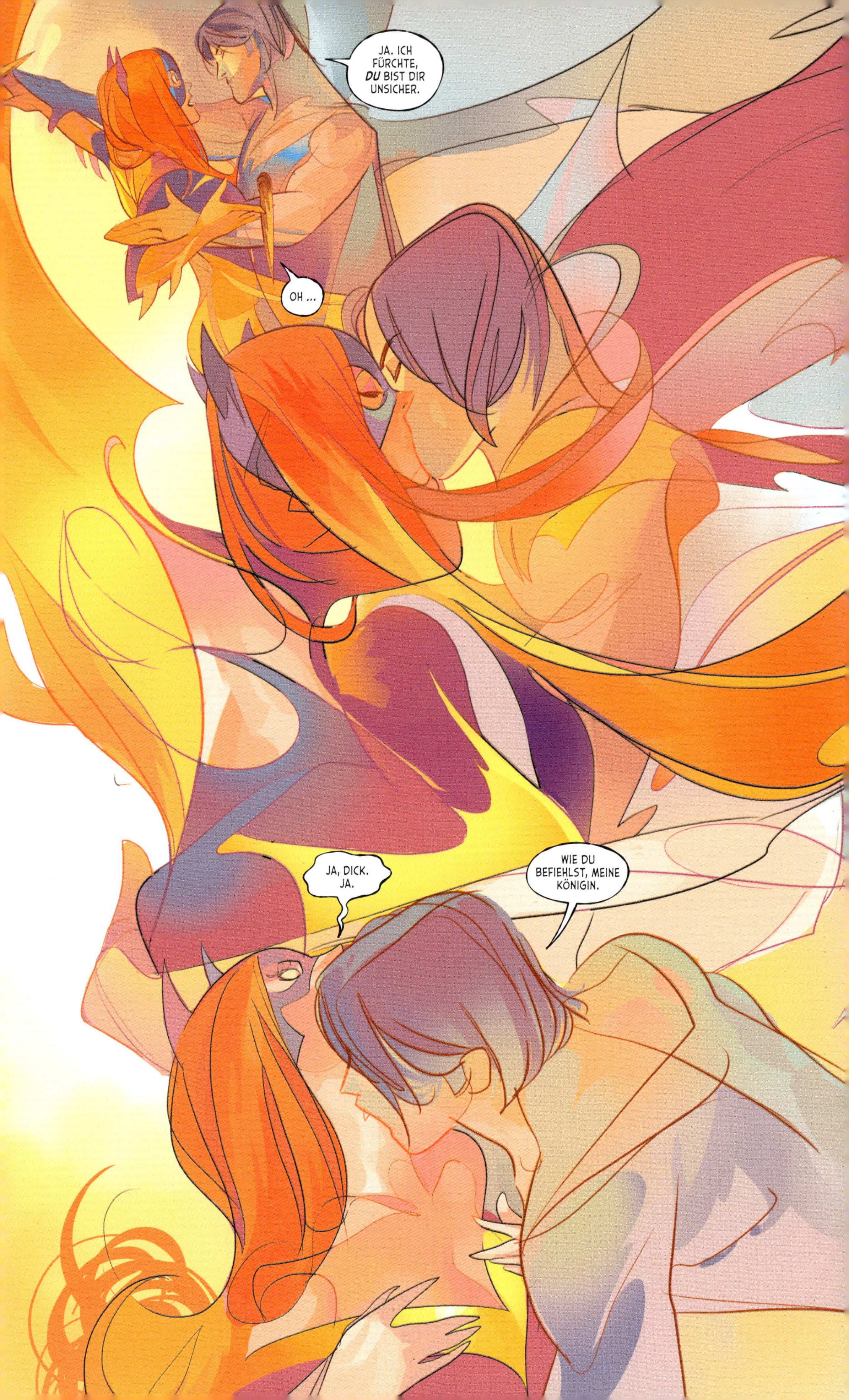
JA. ICH FÜRCHTE, *DU* BIST DIR UNSICHER.
OH ...
JA, DICK. JA.
WIE DU BEFIEHLST, MEINE KÖNIGIN.

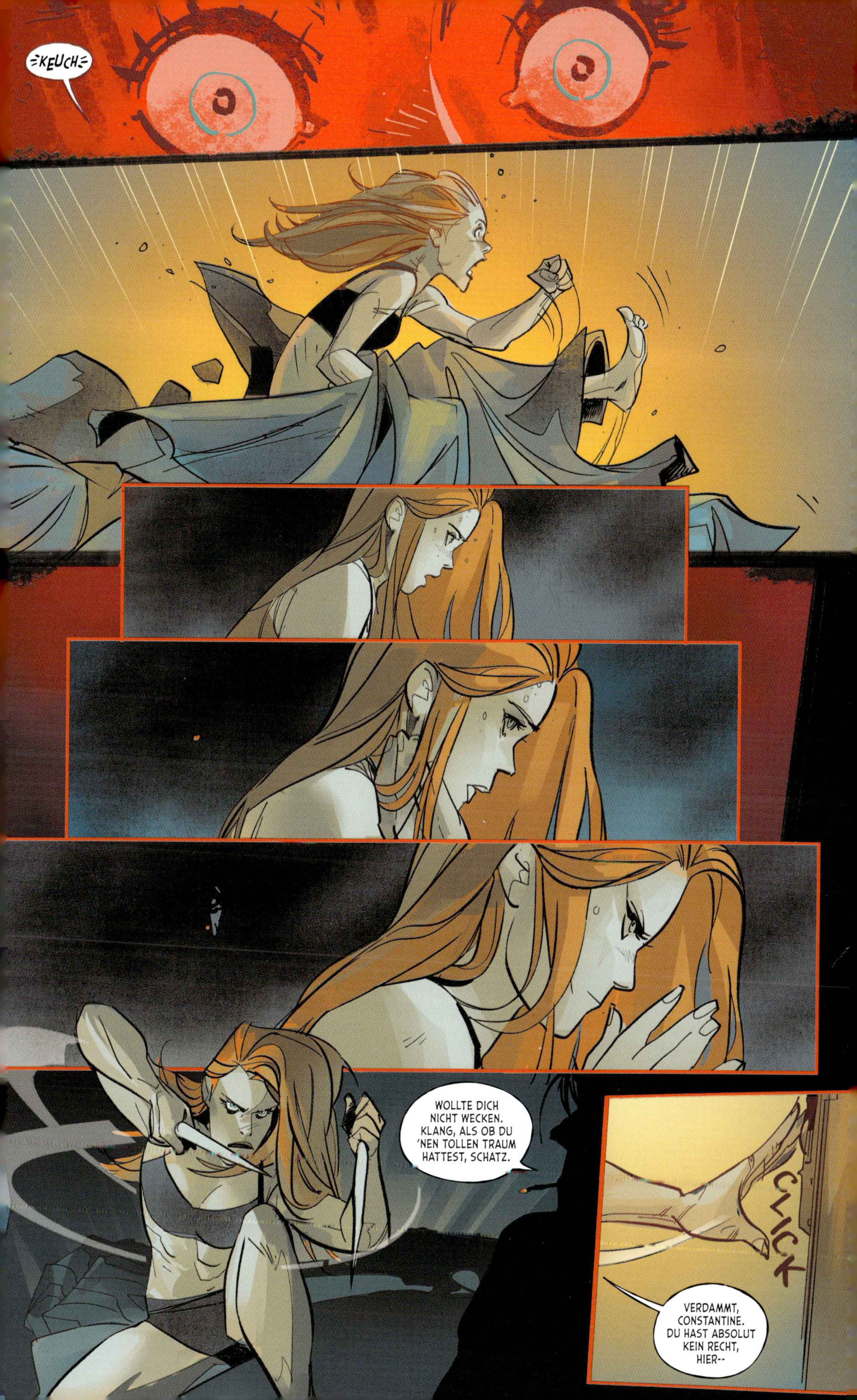
KEUCH
WOLLTE DICH NICHT WECKEN. KLANG, ALS OB DU 'NEN TOLLEN TRAUM HATTEST, SCHATZ.
CLICK
VERDAMMT, CONSTANTINE. DU HAST ABSOLUT KEIN RECHT, HIER--

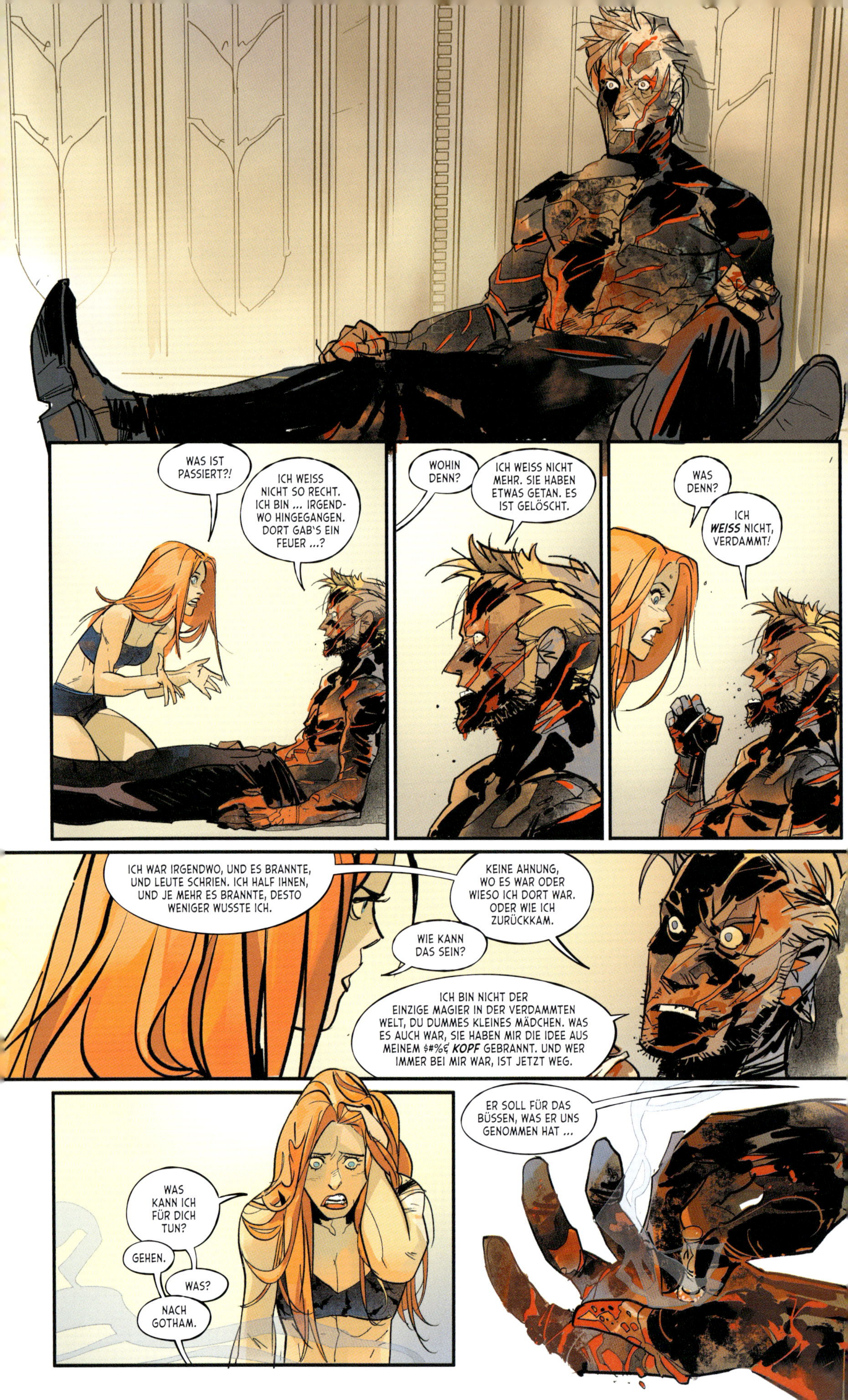
WAS IST PASSIERT?!
ICH WEISS NICHT SO RECHT. ICH BIN ... IRGENDWO HINGEGANGEN. DORT GAB'S EIN FEUER ...?
WOHIN DENN?
ICH WEISS NICHT MEHR. SIE HABEN ETWAS GETAN. ES IST GELÖSCHT.
WAS DENN?
ICH **WEISS** NICHT, VERDAMMT!
ICH WAR IRGENDWO, UND ES BRANNTE, UND LEUTE SCHRIEN. ICH HALF IHNEN, UND JE MEHR ES BRANNTE, DESTO WENIGER WUSSTE ICH.
KEINE AHNUNG, WO ES WAR ODER WIESO ICH DORT WAR. ODER WIE ICH ZURÜCKKAM.
WIE KANN DAS SEIN?
ICH BIN NICHT DER EINZIGE MAGIER IN DER VERDAMMTEN WELT, DU DUMMES KLEINES MÄDCHEN. WAS ES AUCH WAR, SIE HABEN MIR DIE IDEE AUS MEINEM $#%& **KOPF** GEBRANNT. UND WER IMMER BEI MIR WAR, IST JETZT WEG.
WAS KANN ICH FÜR DICH TUN?
GEHEN.
WAS?
NACH GOTHAM.
ER SOLL FÜR DAS BÜSSEN, WAS ER UNS GENOMMEN HAT ...

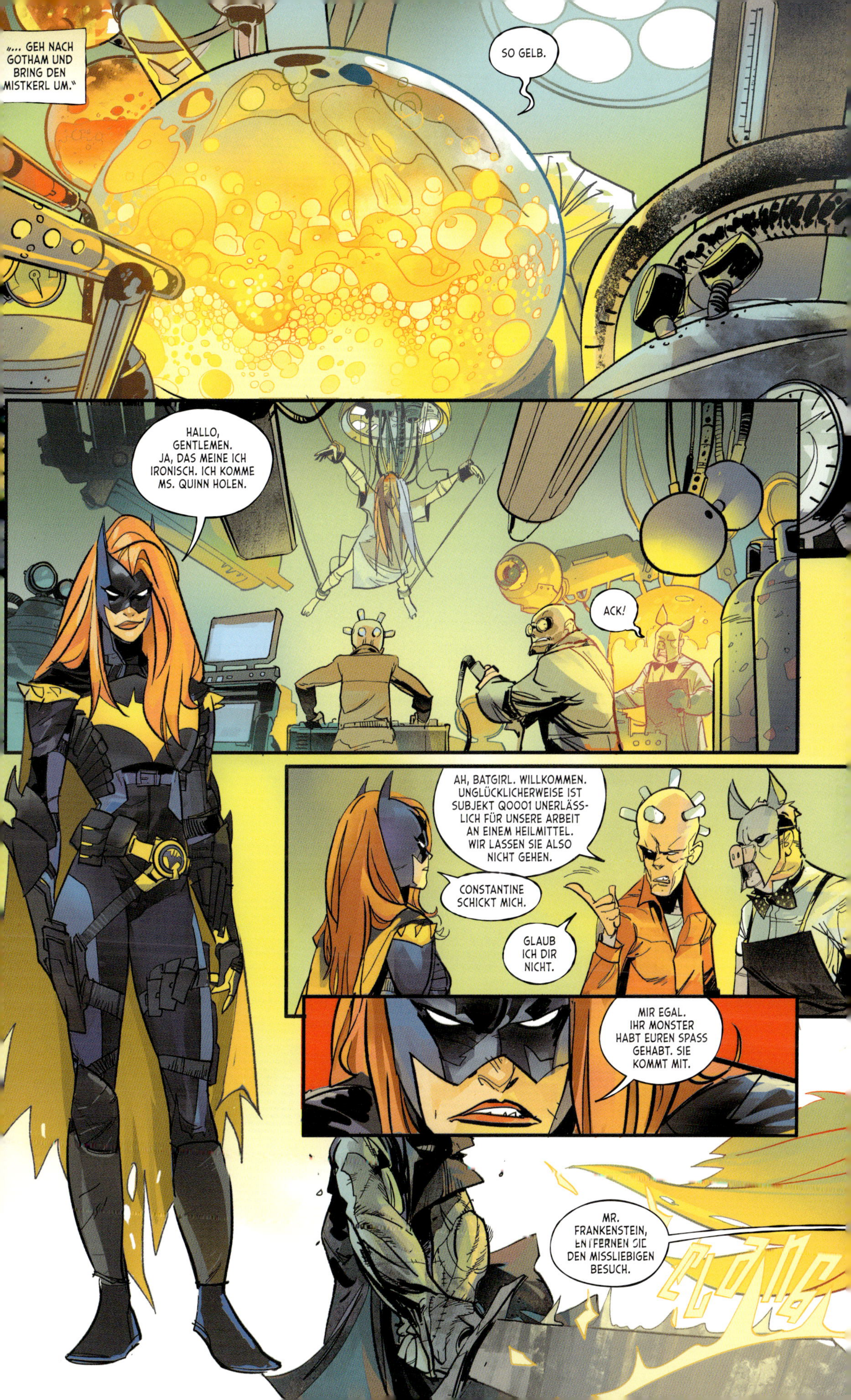
"... GEH NACH GOTHAM UND BRING DEN MISTKERL UM."
SO GELB.
HALLO, GENTLEMEN. JA, DAS MEINE ICH IRONISCH. ICH KOMME MS. QUINN HOLEN.
ACK!
AH, BATGIRL. WILLKOMMEN. UNGLÜCKLICHERWEISE IST SUBJEKT Q0001 UNERLÄSSLICH FÜR UNSERE ARBEIT AN EINEM HEILMITTEL. WIR LASSEN SIE ALSO NICHT GEHEN.
CONSTANTINE SCHICKT MICH.
GLAUB ICH DIR NICHT.
MIR EGAL. IHR MONSTER HABT EUREN SPASS GEHABT. SIE KOMMT MIT.
MR. FRANKENSTEIN, ENTFERNEN SIE DEN MISSLIEBIGEN BESUCH.
CLANG

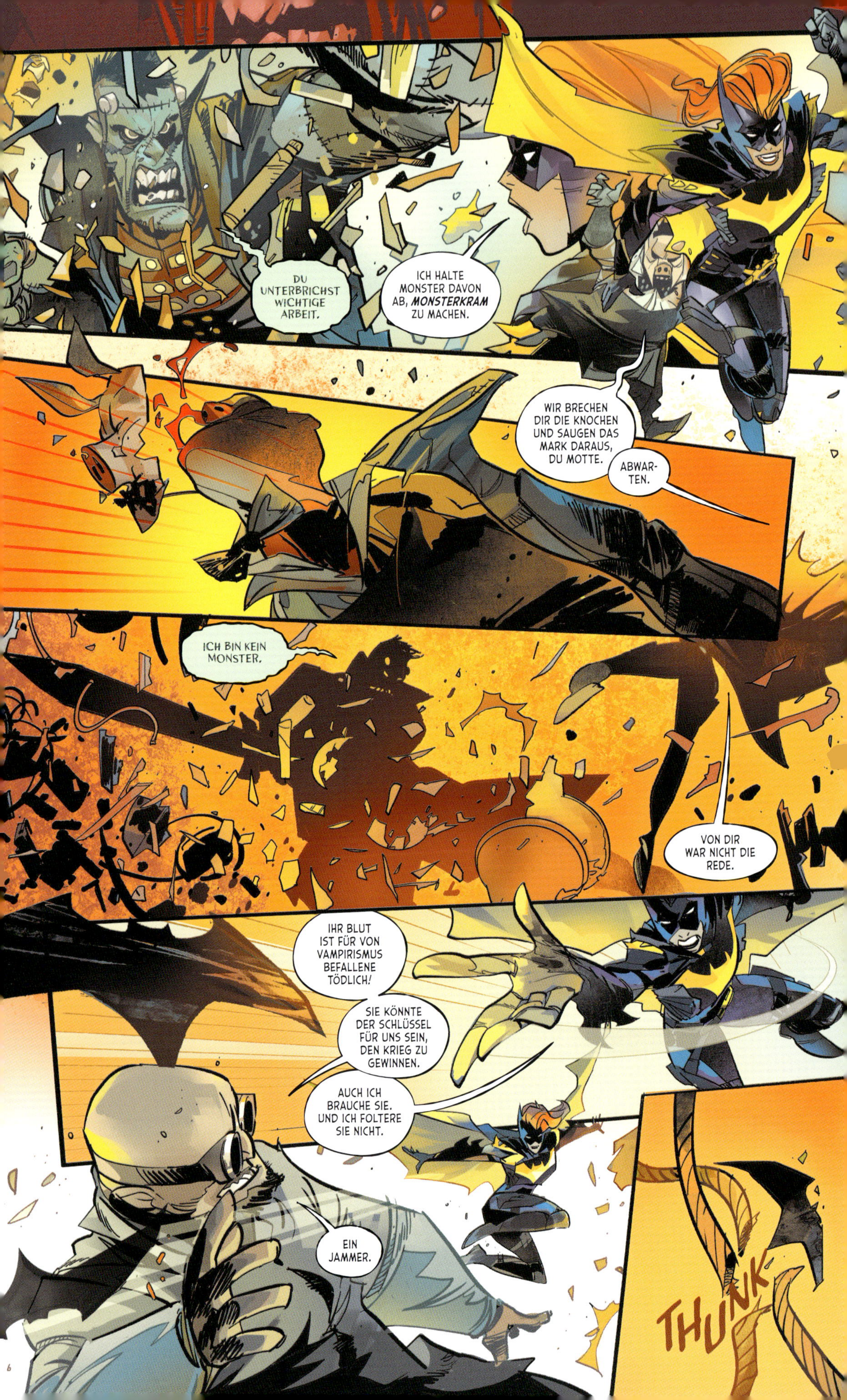
DU UNTERBRICHST WICHTIGE ARBEIT.
ICH HALTE MONSTER DAVON AB, **MONSTERKRAM** ZU MACHEN.
WIR BRECHEN DIR DIE KNOCHEN UND SAUGEN DAS MARK DARAUS, DU MOTTE.
ABWAR-TEN.
ICH BIN KEIN MONSTER.
VON DIR WAR NICHT DIE REDE.
IHR BLUT IST FÜR VON VAMPIRISMUS BEFALLENE TÖDLICH!
SIE KÖNNTE DER SCHLÜSSEL FÜR UNS SEIN, DEN KRIEG ZU GEWINNEN.
AUCH ICH BRAUCHE SIE. UND ICH FOLTERE SIE NICHT.
EIN JAMMER.
THUNK

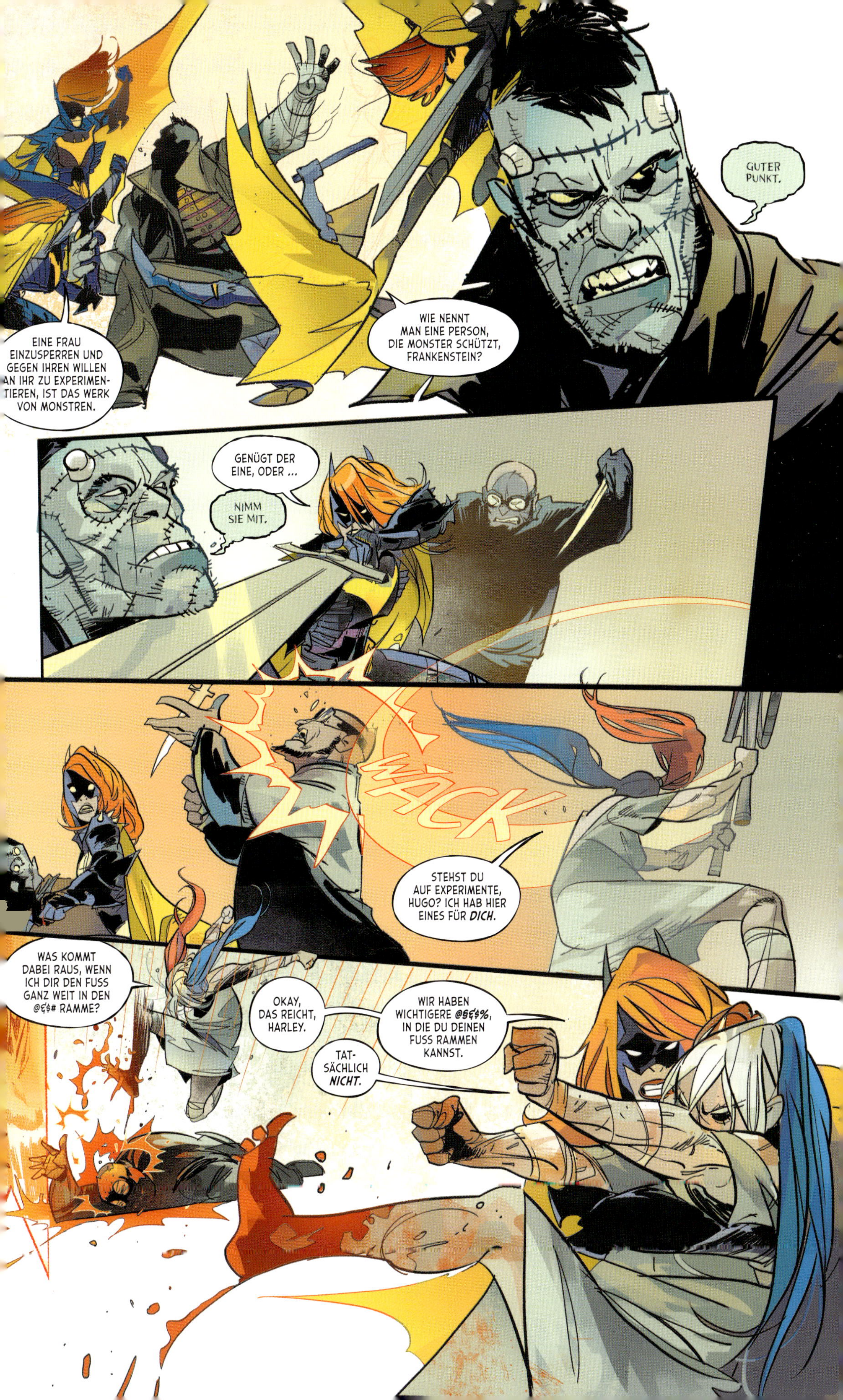
GUTER PUNKT.
WIE NENNT MAN EINE PERSON, DIE MONSTER SCHÜTZT, FRANKENSTEIN?
EINE FRAU EINZUSPERREN UND GEGEN IHREN WILLEN AN IHR ZU EXPERIMENTIEREN, IST DAS WERK VON MONSTREN.
GENÜGT DER EINE, ODER ...
NIMM SIE MIT.
WÄCK
STEHST DU AUF EXPERIMENTE, HUGO? ICH HAB HIER EINES FÜR DICH.
WAS KOMMT DABEI RAUS, WENN ICH DIR DEN FUSS GANZ WEIT IN DEN @€$# RAMME?
OKAY, DAS REICHT, HARLEY.
WIR HABEN WICHTIGERE @§€$%, IN DIE DU DEINEN FUSS RAMMEN KANNST.
TATSÄCHLICH NICHT.

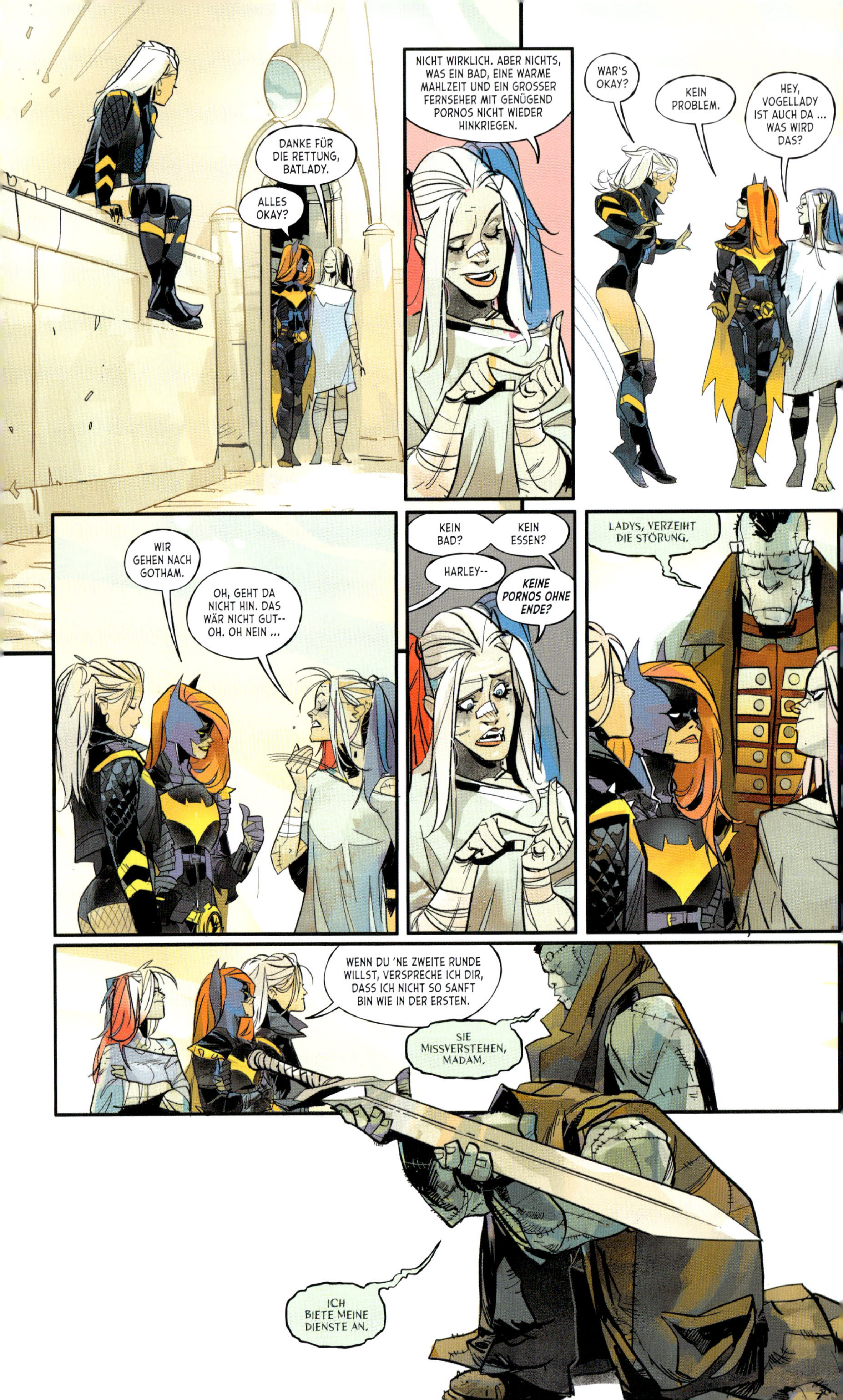
ALLES OKAY?
DANKE FÜR DIE RETTUNG, BATLADY.
NICHT WIRKLICH. ABER NICHTS, WAS EIN BAD, EINE WARME MAHLZEIT UND EIN GROSSER FERNSEHER MIT GENÜGEND PORNOS NICHT WIEDER HINKRIEGEN.
WAR'S OKAY?
KEIN PROBLEM.
HEY, VOGELLADY IST AUCH DA ... WAS WIRD DAS?
WIR GEHEN NACH GOTHAM.
OH, GEHT DA NICHT HIN. DAS WÄR NICHT GUT-- OH. OH NEIN ...
KEIN BAD?
KEIN ESSEN?
HARLEY--
KEINE PORNOS OHNE ENDE?
LADYS, VERZEIHT DIE STÖRUNG.
WENN DU 'NE ZWEITE RUNDE WILLST, VERSPRECHE ICH DIR, DASS ICH NICHT SO SANFT BIN WIE IN DER ERSTEN.
SIE MISSVERSTEHEN, MADAM.
ICH BIETE MEINE DIENSTE AN.

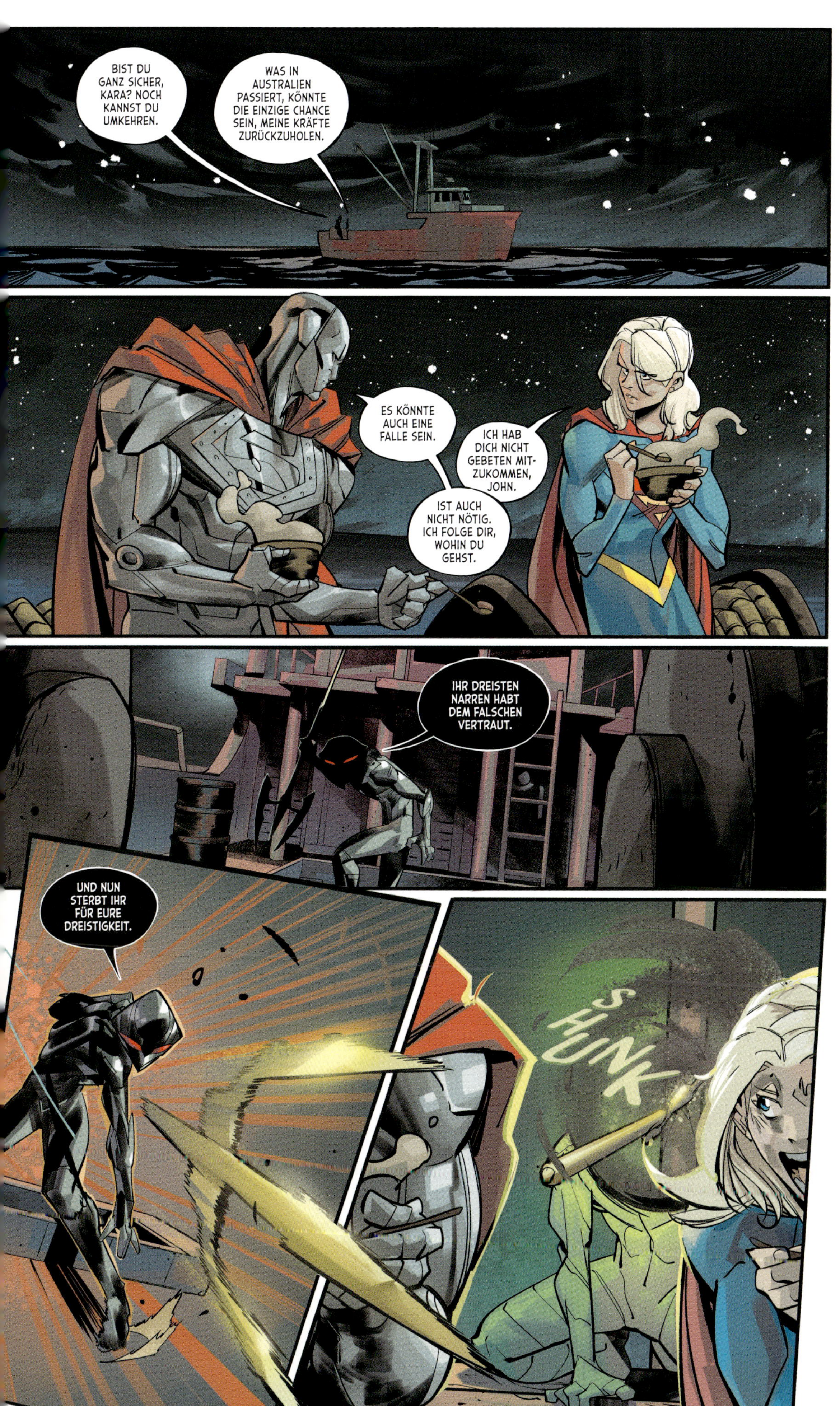
BIST DU GANZ SICHER, KARA? NOCH KANNST DU UMKEHREN.
WAS IN AUSTRALIEN PASSIERT, KÖNNTE DIE EINZIGE CHANCE SEIN, MEINE KRÄFTE ZURÜCKZUHOLEN.
ES KÖNNTE AUCH EINE FALLE SEIN.
ICH HAB DICH NICHT GEBETEN MIT-ZUKOMMEN, JOHN.
IST AUCH NICHT NÖTIG. ICH FOLGE DIR, WOHIN DU GEHST.
IHR DREISTEN NARREN HABT DEM FALSCHEN VERTRAUT.
UND NUN STERBT IHR FÜR EURE DREISTIGKEIT.
SHUNK

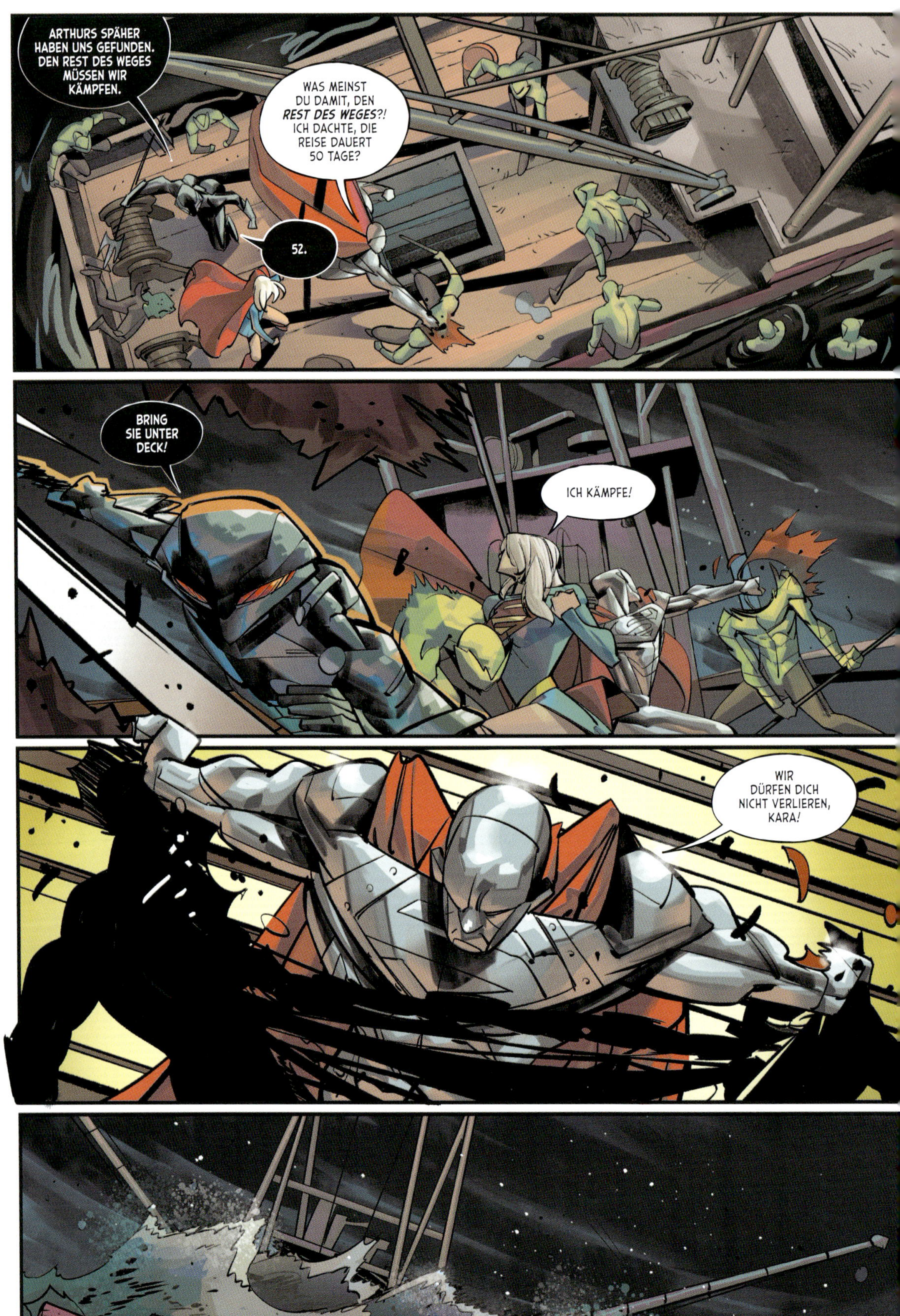
ARTHURS SPÄHER HABEN UNS GEFUNDEN. DEN REST DES WEGES MÜSSEN WIR KÄMPFEN.
WAS MEINST DU DAMIT, DEN *REST DES WEGES*?! ICH DACHTE, DIE REISE DAUERT 50 TAGE?
52.
BRING SIE UNTER DECK!
ICH KÄMPFE!
WIR DÜRFEN DICH NICHT VERLIEREN, KARA!
AHH!

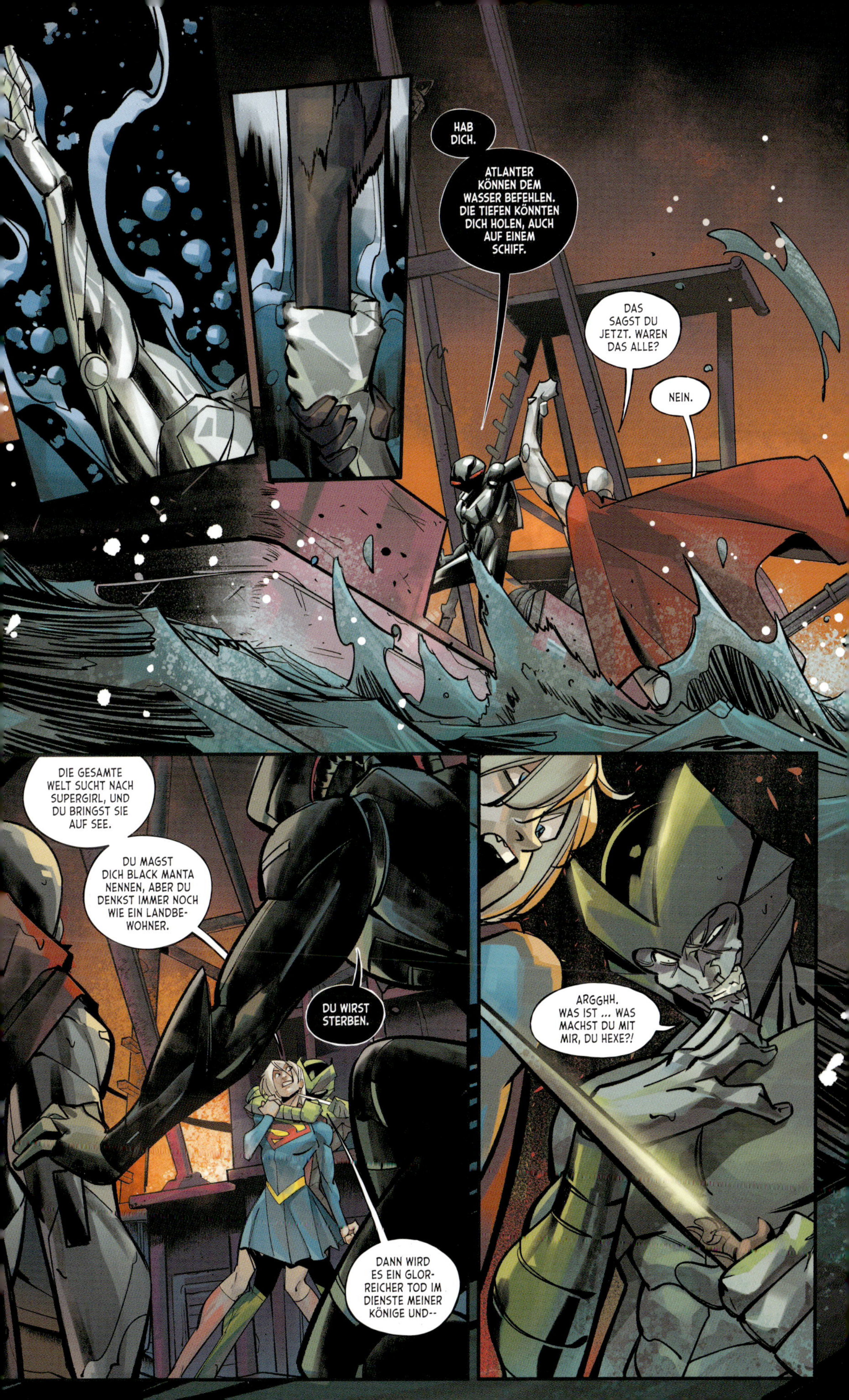
HAB DICH.
ATLANTER KÖNNEN DEM WASSER BEFEHLEN. DIE TIEFEN KÖNNTEN DICH HOLEN, AUCH AUF EINEM SCHIFF.
DAS SAGST DU JETZT. WAREN DAS ALLE?
NEIN.
DIE GESAMTE WELT SUCHT NACH SUPERGIRL, UND DU BRINGST SIE AUF SEE.
DU MAGST DICH BLACK MANTA NENNEN, ABER DU DENKST IMMER NOCH WIE EIN LANDBE-WOHNER.
DU WIRST STERBEN.
DANN WIRD ES EIN GLOR-REICHER TOD IM DIENSTE MEINER KÖNIGE UND--
ARGGHH. WAS IST ... WAS MACHST DU MIT MIR, DU HEXE?!

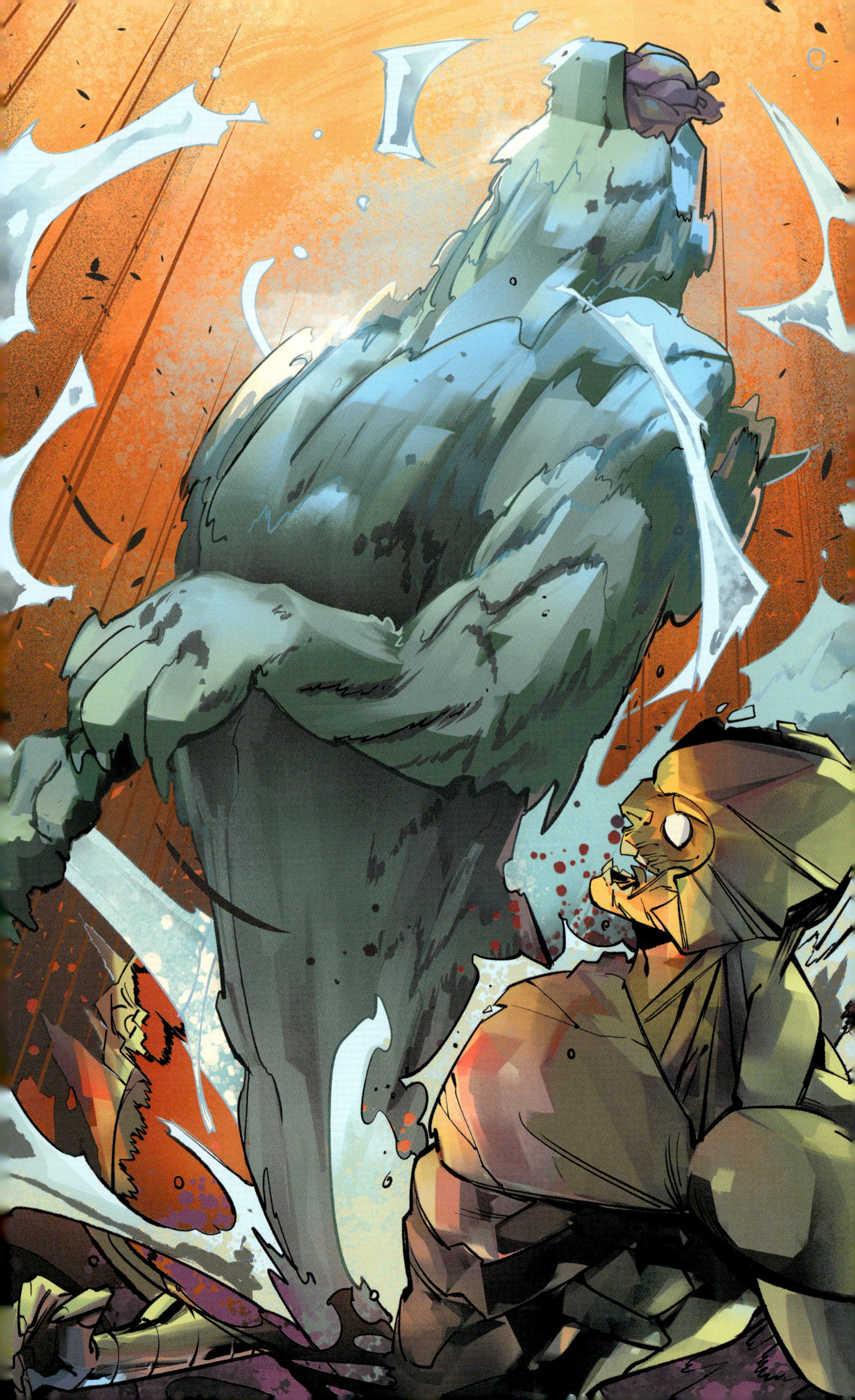

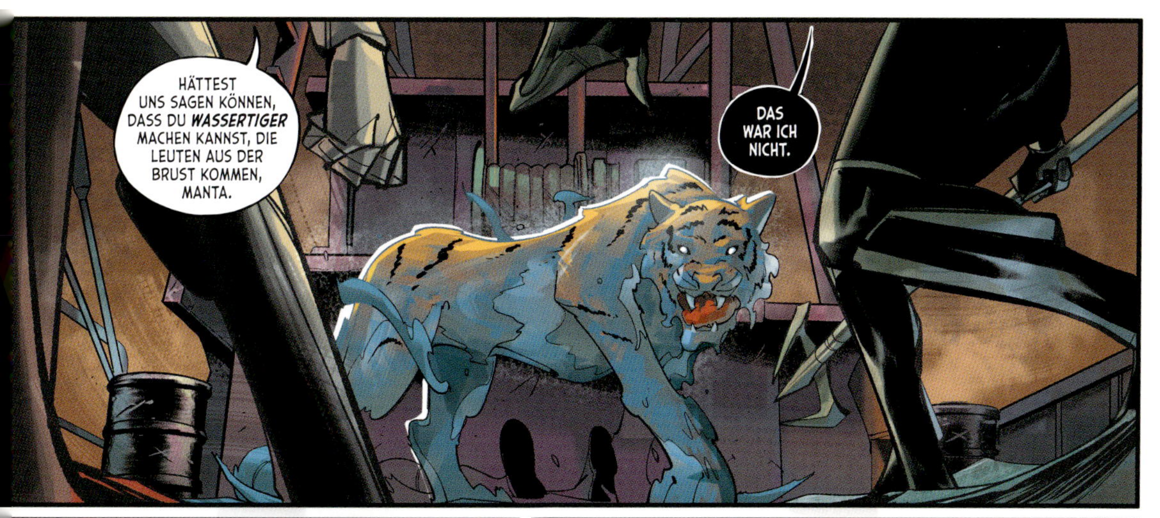
HÄTTEST UNS SAGEN KÖNNEN, DASS DU WASSERTIGER MACHEN KANNST, DIE LEUTEN AUS DER BRUST KOMMEN, MANTA.
DAS WAR ICH NICHT.

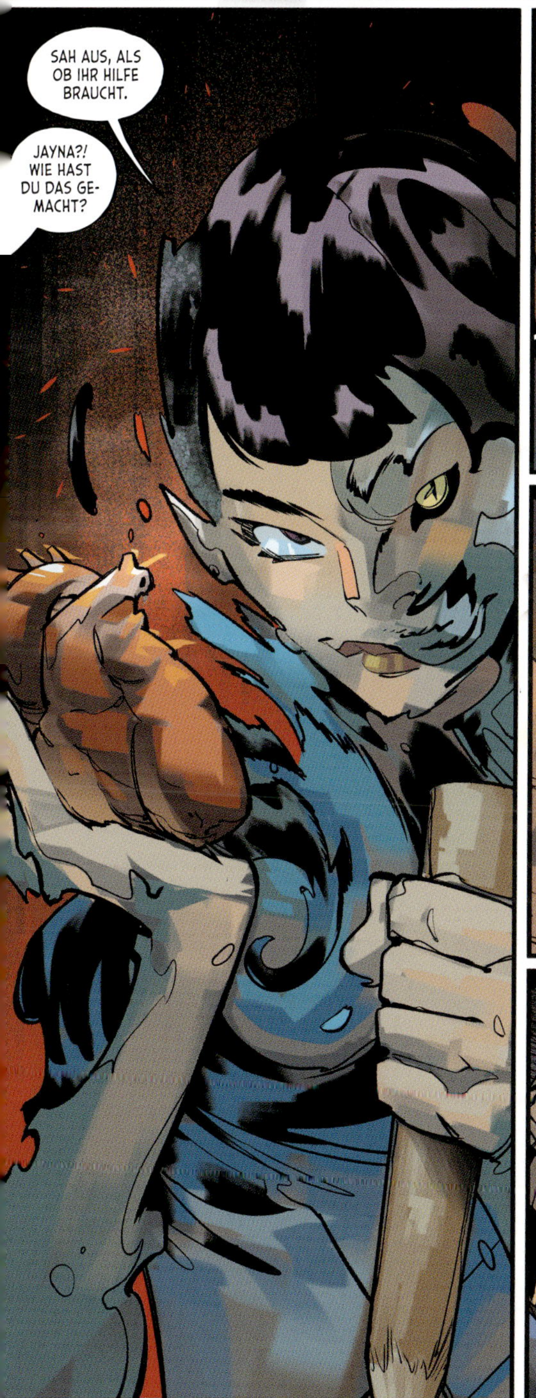
SAH AUS, ALS OB IHR HILFE BRAUCHT.
JAYNA?! WIE HAST DU DAS GEMACHT?

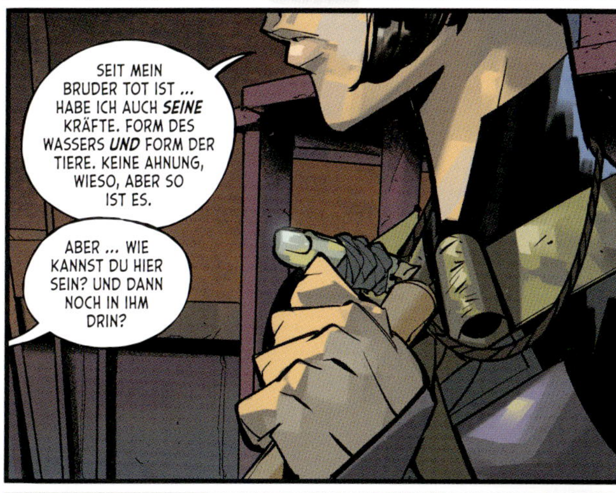
SEIT MEIN BRUDER TOT IST ... HABE ICH AUCH SEINE KRÄFTE. FORM DES WASSERS UND FORM DER TIERE. KEINE AHNUNG, WIESO, ABER SO IST ES.
ABER ... WIE KANNST DU HIER SEIN? UND DANN NOCH IN IHM DRIN?

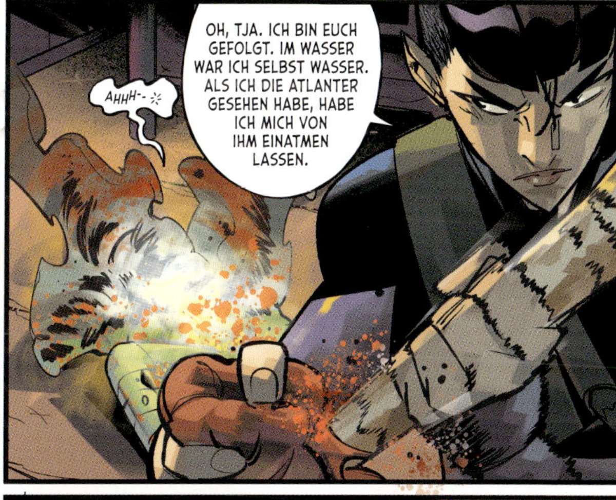
AHHH--
OH, TJA. ICH BIN EUCH GEFOLGT. IM WASSER WAR ICH SELBST WASSER. ALS ICH DIE ATLANTER GESEHEN HABE, HABE ICH MICH VON IHM EINATMEN LASSEN.

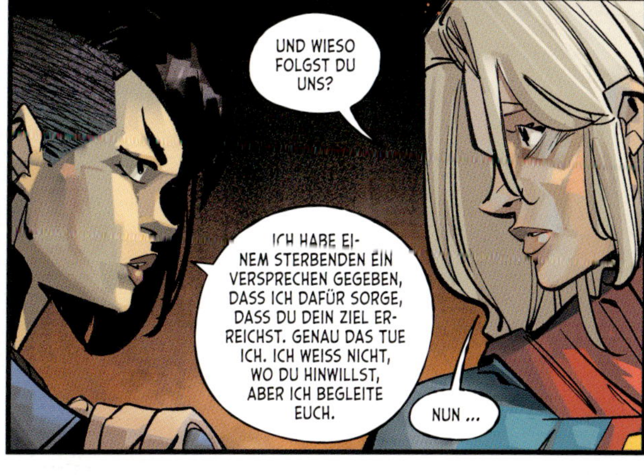
UND WIESO FOLGST DU UNS?
ICH HABE EINEM STERBENDEN EIN VERSPRECHEN GEGEBEN, DASS ICH DAFÜR SORGE, DASS DU DEIN ZIEL ERREICHST. GENAU DAS TUE ICH. ICH WEISS NICHT, WO DU HINWILLST, ABER ICH BEGLEITE EUCH.
NUN ...

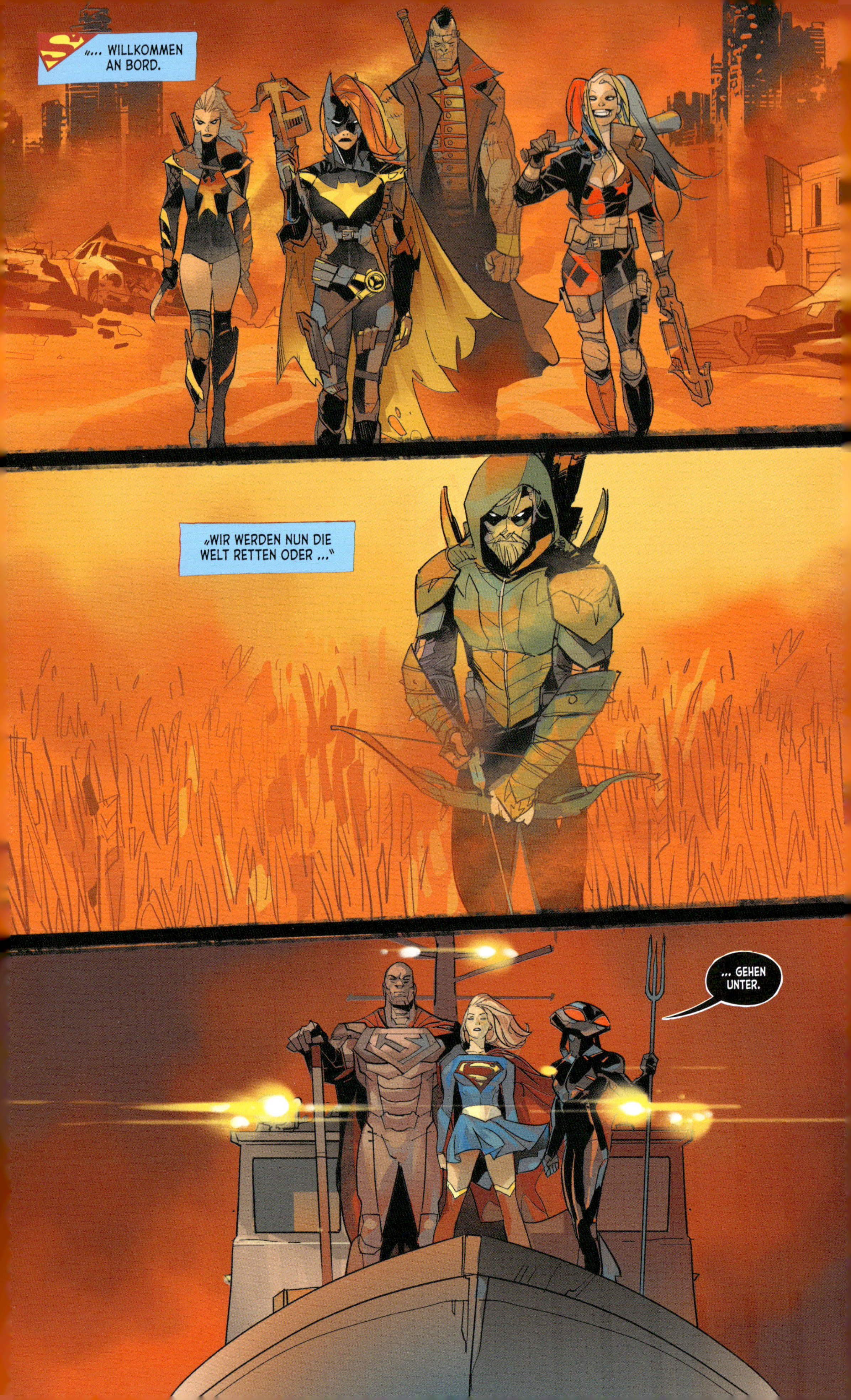
„... WILLKOMMEN AN BORD.
„WIR WERDEN NUN DIE WELT RETTEN ODER ..."
... GEHEN UNTER.

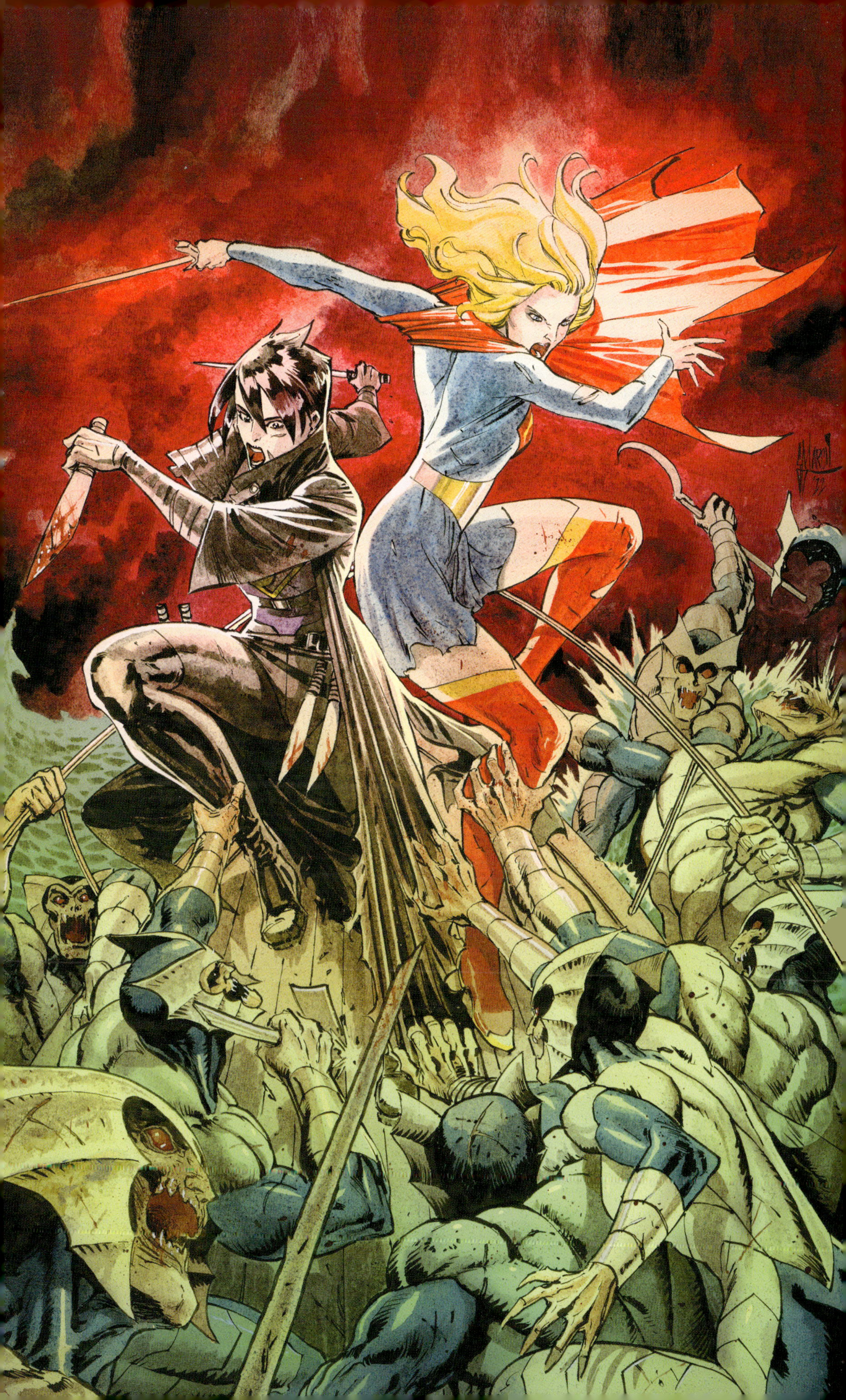

DC VS. VAMPIRES 9

DIE RUHE UND DER STURM

JAMES TYNION IV
MATTHEW ROSENBERG
STORY

OTTO SCHMIDT
ZEICHNUNGEN, TUSCHE UND FARBEN

GUILLEM MARCH
ORIGINAL-COVER

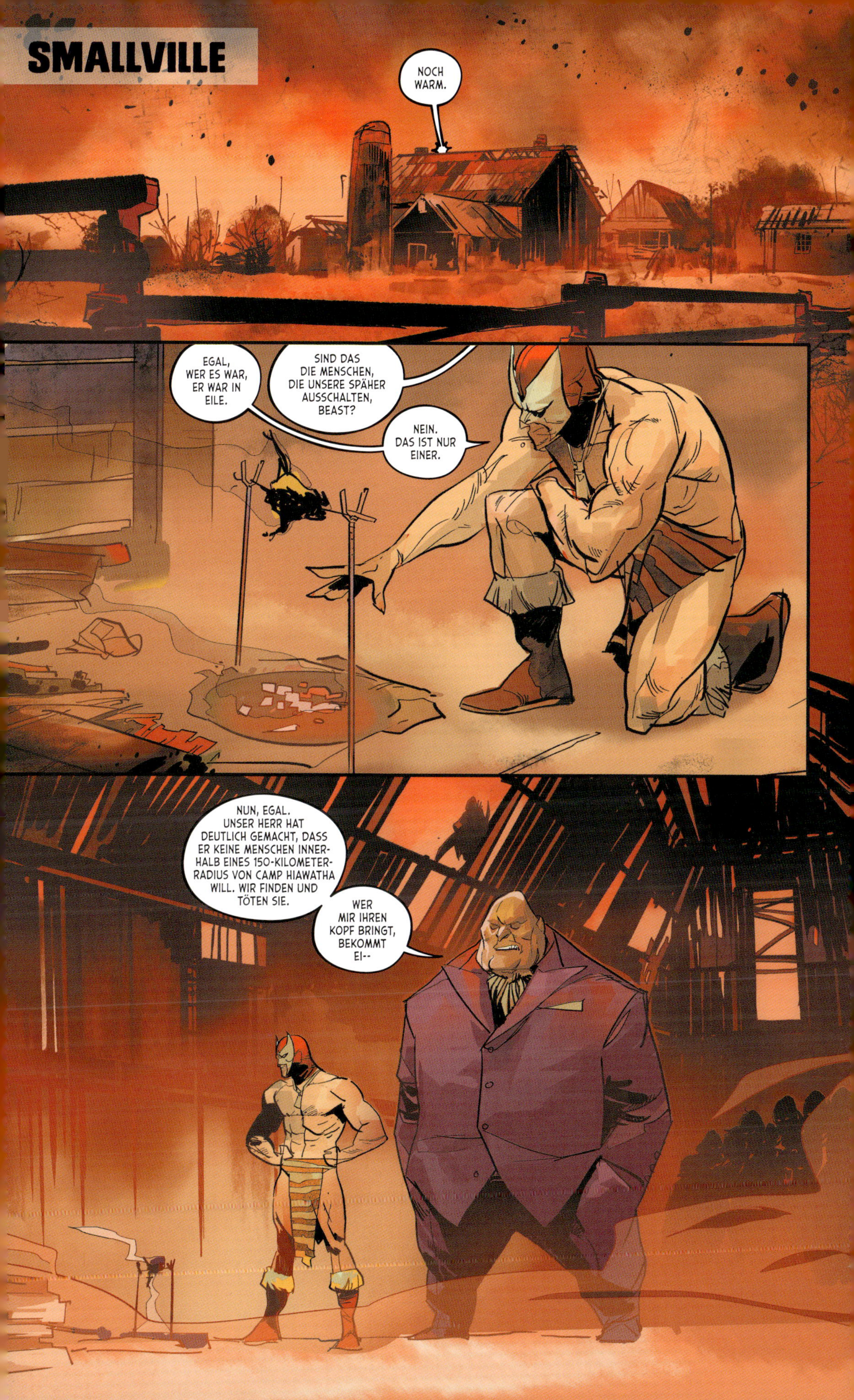
SMALLVILLE
NOCH WARM.
SIND DAS DIE MENSCHEN, DIE UNSERE SPÄHER AUSSCHALTEN, BEAST?
NEIN. DAS IST NUR EINER.
EGAL, WER ES WAR, ER WAR IN EILE.
NUN, EGAL. UNSER HERR HAT DEUTLICH GEMACHT, DASS ER KEINE MENSCHEN INNERHALB EINES 150-KILOMETER-RADIUS VON CAMP HIAWATHA WILL. WIR FINDEN UND TÖTEN SIE.
WER MIR IHREN KOPF BRINGT, BEKOMMT EI--

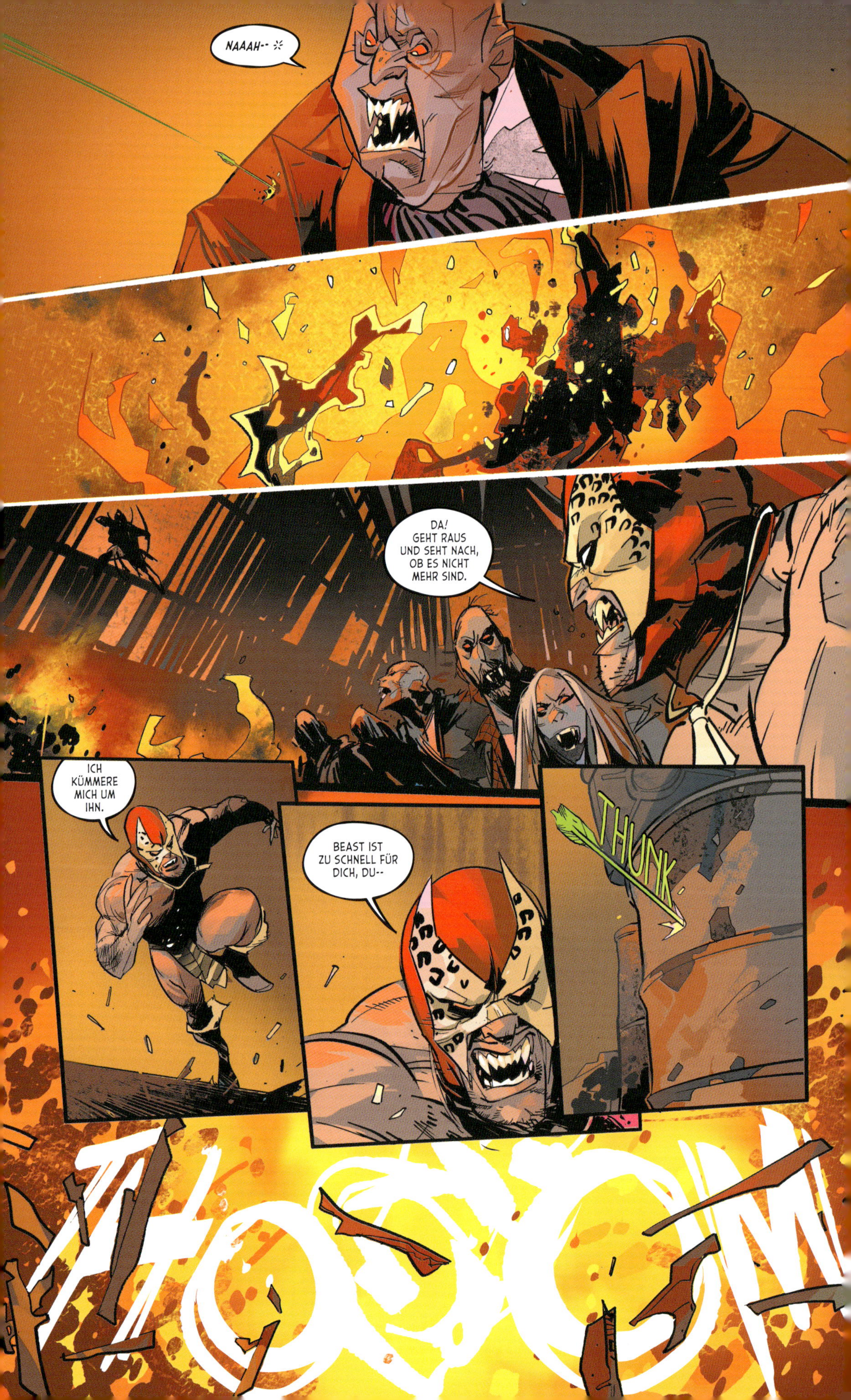
NAAAH--
DA! GEHT RAUS UND SEHT NACH, OB ES NICHT MEHR SIND.
ICH KÜMMERE MICH UM IHN.
BEAST IST ZU SCHNELL FÜR DICH, DU--
THUNK
FHOOOM

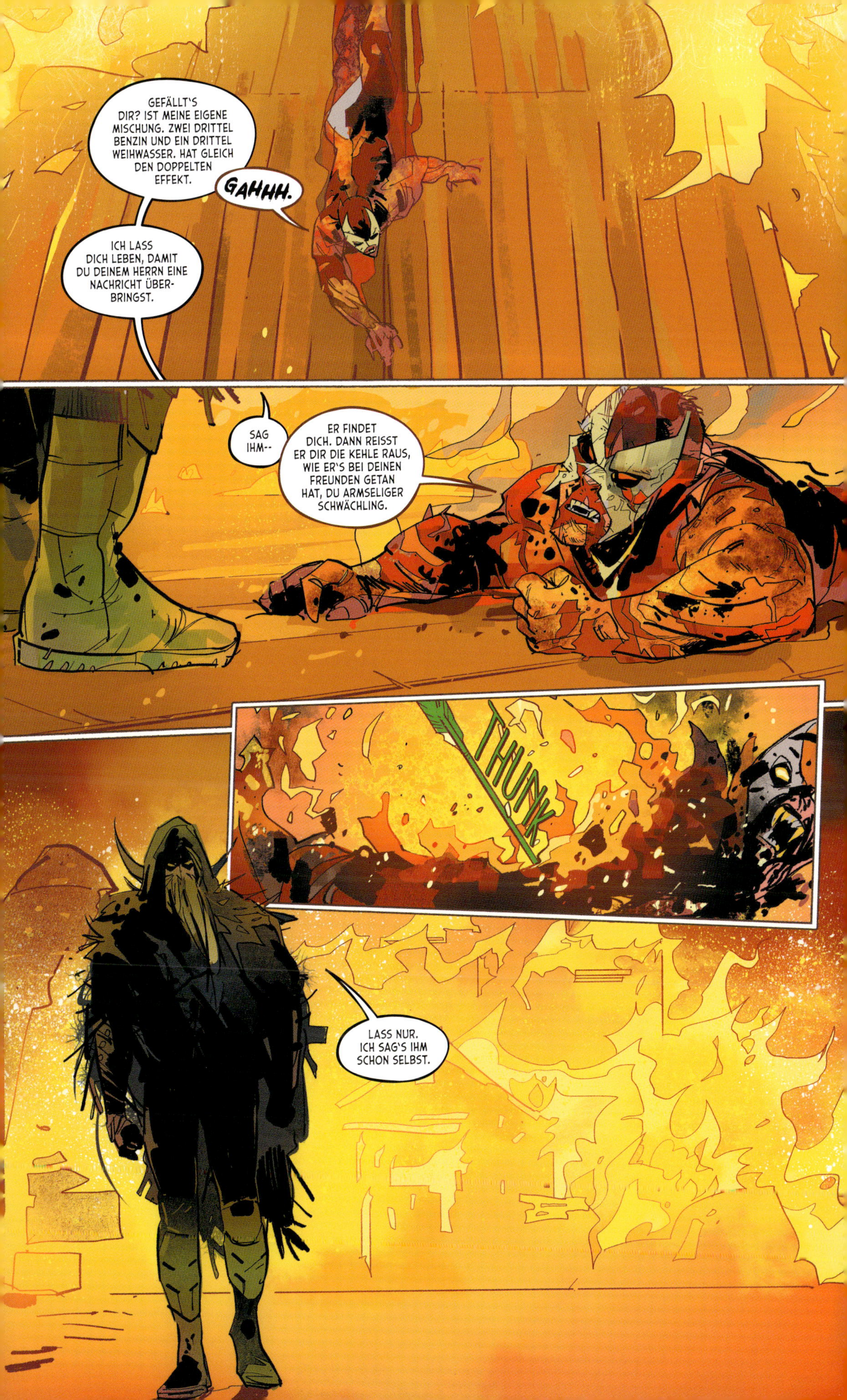
GEFÄLLT'S DIR? IST MEINE EIGENE MISCHUNG. ZWEI DRITTEL BENZIN UND EIN DRITTEL WEIHWASSER. HAT GLEICH DEN DOPPELTEN EFFEKT.
GAHHH.
ICH LASS DICH LEBEN, DAMIT DU DEINEM HERRN EINE NACHRICHT ÜBER-BRINGST.
SAG IHM--
ER FINDET DICH. DANN REISST ER DIR DIE KEHLE RAUS, WIE ER'S BEI DEINEN FREUNDEN GETAN HAT, DU ARMSELIGER SCHWÄCHLING.
THUNK
LASS NUR. ICH SAG'S IHM SCHON SELBST.

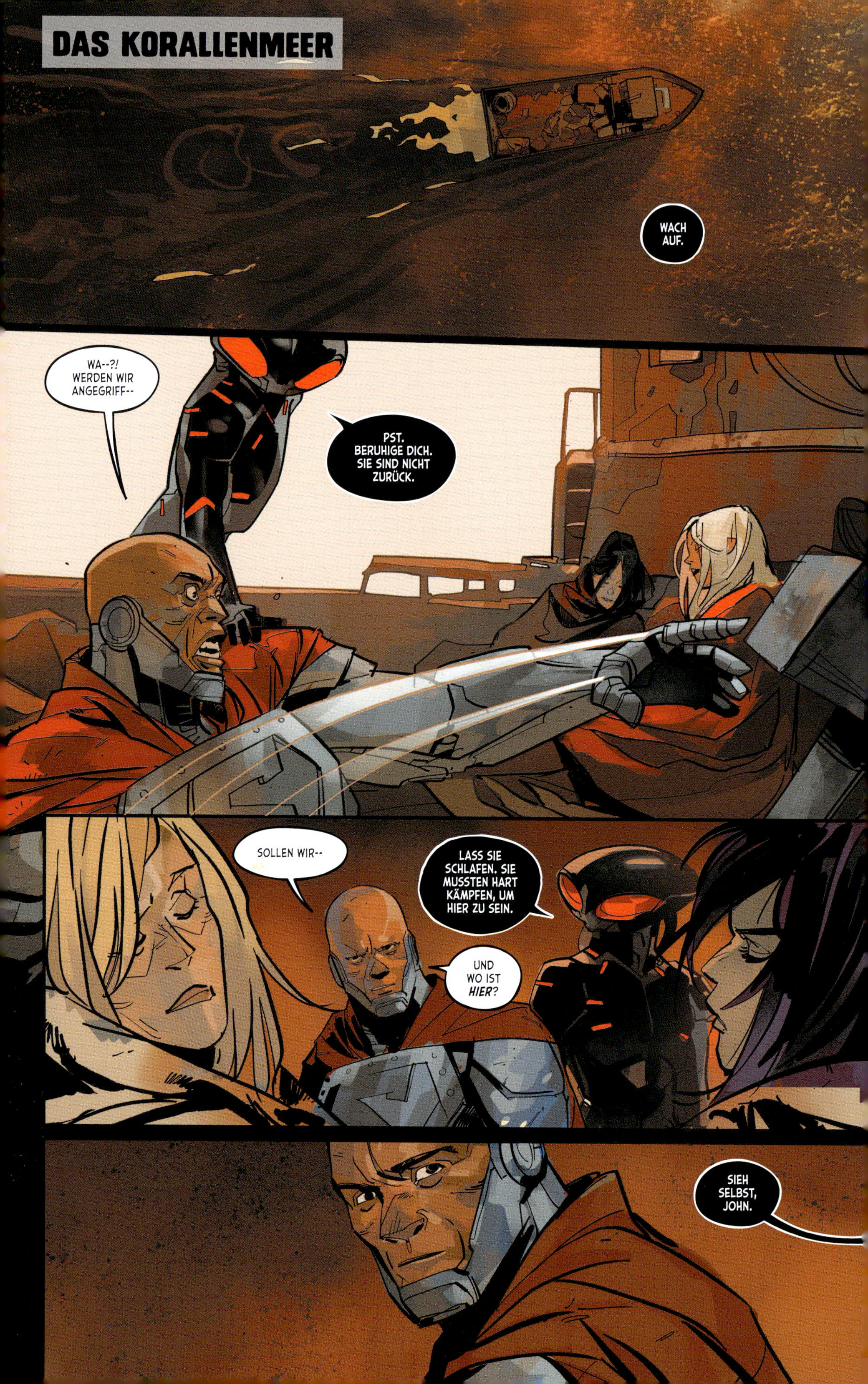
DAS KORALLENMEER
WACH AUF.
WA--?! WERDEN WIR ANGEGRIFF--
PST. BERUHIGE DICH. SIE SIND NICHT ZURÜCK.
SOLLEN WIR--
LASS SIE SCHLAFEN. SIE MUSSTEN HART KÄMPFEN, UM HIER ZU SEIN.
UND WO IST *HIER*?
SIEH SELBST, JOHN.

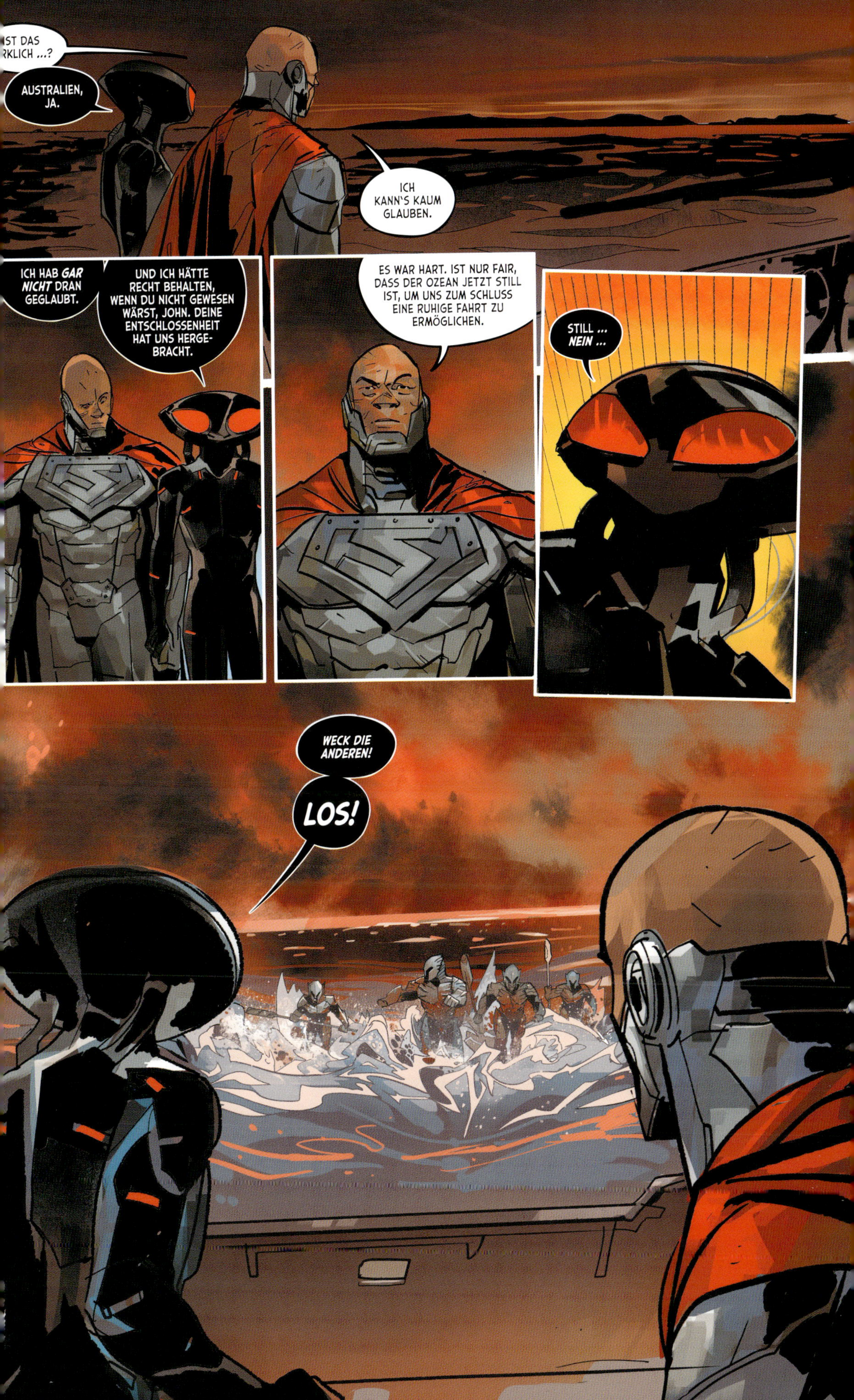

ST DAS RKLICH ...?
AUSTRALIEN, JA.
ICH KANN'S KAUM GLAUBEN.
ICH HAB *GAR NICHT* DRAN GEGLAUBT.
UND ICH HÄTTE RECHT BEHALTEN, WENN DU NICHT GEWESEN WÄRST, JOHN. DEINE ENTSCHLOSSENHEIT HAT UNS HERGE-BRACHT.
ES WAR HART. IST NUR FAIR, DASS DER OZEAN JETZT STILL IST, UM UNS ZUM SCHLUSS EINE RUHIGE FAHRT ZU ERMÖGLICHEN.
STILL ... *NEIN ...*
WECK DIE ANDEREN!
LOS!

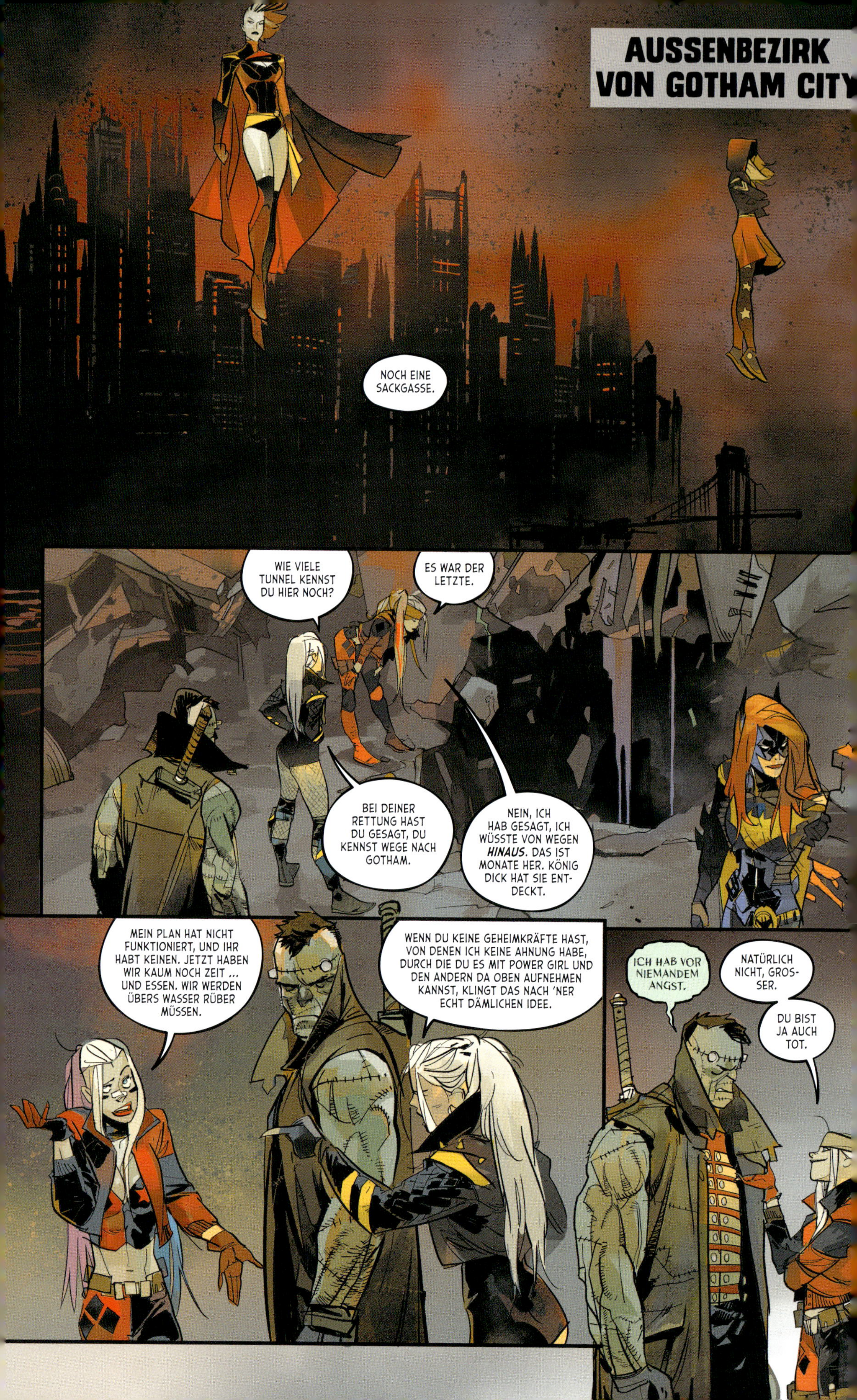
AUSSENBEZIRK VON GOTHAM CITY
NOCH EINE SACKGASSE.
WIE VIELE TUNNEL KENNST DU HIER NOCH?
ES WAR DER LETZTE.
BEI DEINER RETTUNG HAST DU GESAGT, DU KENNST WEGE NACH GOTHAM.
NEIN, ICH HAB GESAGT, ICH WÜSSTE VON WEGEN *HINAUS*. DAS IST MONATE HER. KÖNIG DICK HAT SIE ENTDECKT.
MEIN PLAN HAT NICHT FUNKTIONIERT, UND IHR HABT KEINEN. JETZT HABEN WIR KAUM NOCH ZEIT ... UND ESSEN. WIR WERDEN ÜBERS WASSER RÜBER MÜSSEN.
WENN DU KEINE GEHEIMKRÄFTE HAST, VON DENEN ICH KEINE AHNUNG HABE, DURCH DIE DU ES MIT POWER GIRL UND DEN ANDERN DA OBEN AUFNEHMEN KANNST, KLINGT DAS NACH 'NER ECHT DÄMLICHEN IDEE.
ICH HAB VOR NIEMANDEM ANGST.
NATÜRLICH NICHT, GROSSER.
DU BIST JA AUCH TOT.

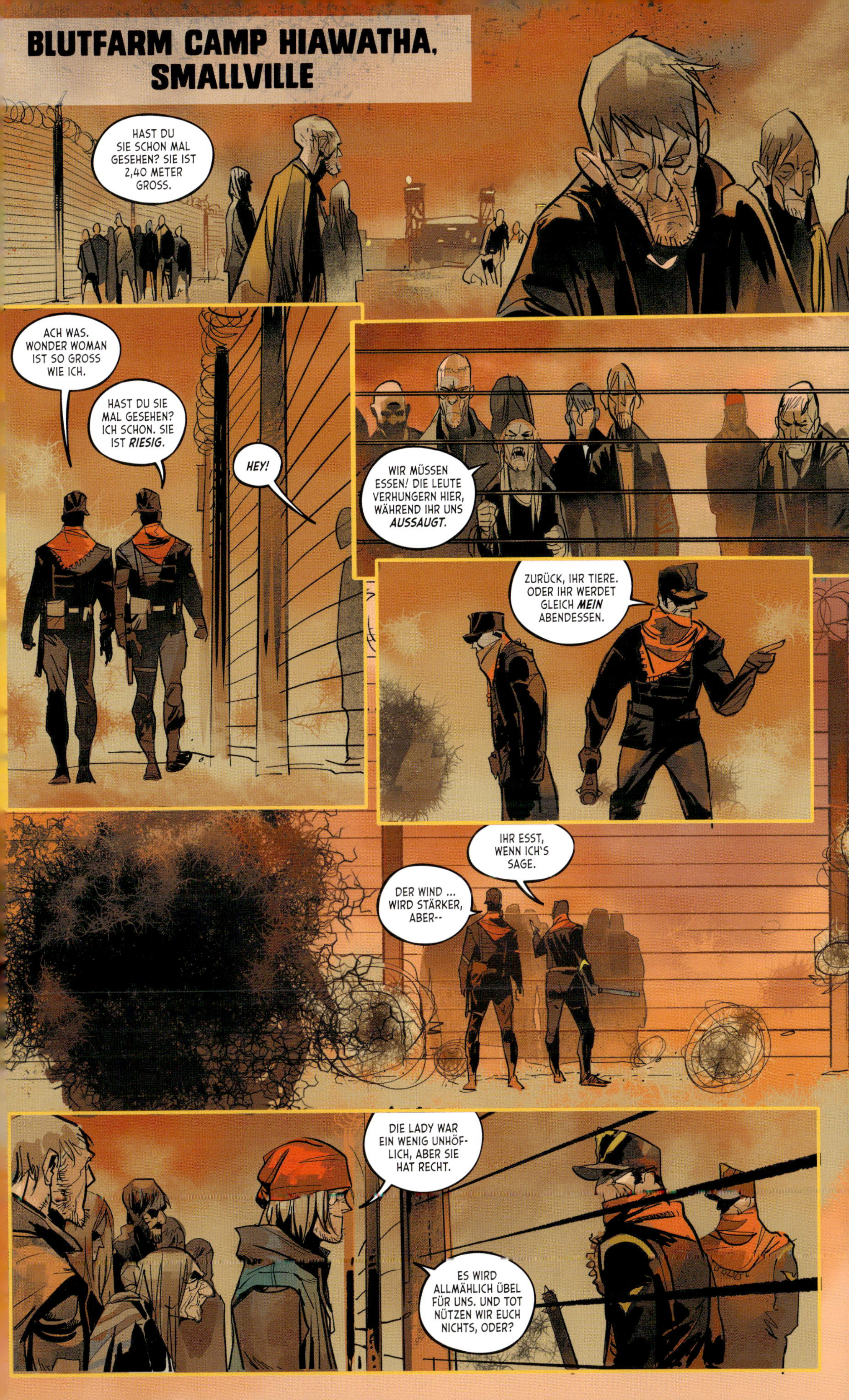
BLUTFARM CAMP HIAWATHA, SMALLVILLE
HAST DU SIE SCHON MAL GESEHEN? SIE IST 2,40 METER GROSS.
ACH WAS. WONDER WOMAN IST SO GROSS WIE ICH.
HAST DU SIE MAL GESEHEN? ICH SCHON. SIE IST *RIESIG*.
HEY!
WIR MÜSSEN ESSEN! DIE LEUTE VERHUNGERN HIER, WÄHREND IHR UNS *AUSSAUGT*.
ZURÜCK, IHR TIERE. ODER IHR WERDET GLEICH *MEIN* ABENDESSEN.
IHR ESST, WENN ICH'S SAGE.
DER WIND ... WIRD STÄRKER, ABER--
DIE LADY WAR EIN WENIG UNHÖFLICH, ABER SIE HAT RECHT.
ES WIRD ALLMÄHLICH ÜBEL FÜR UNS. UND TOT NÜTZEN WIR EUCH NICHTS, ODER?

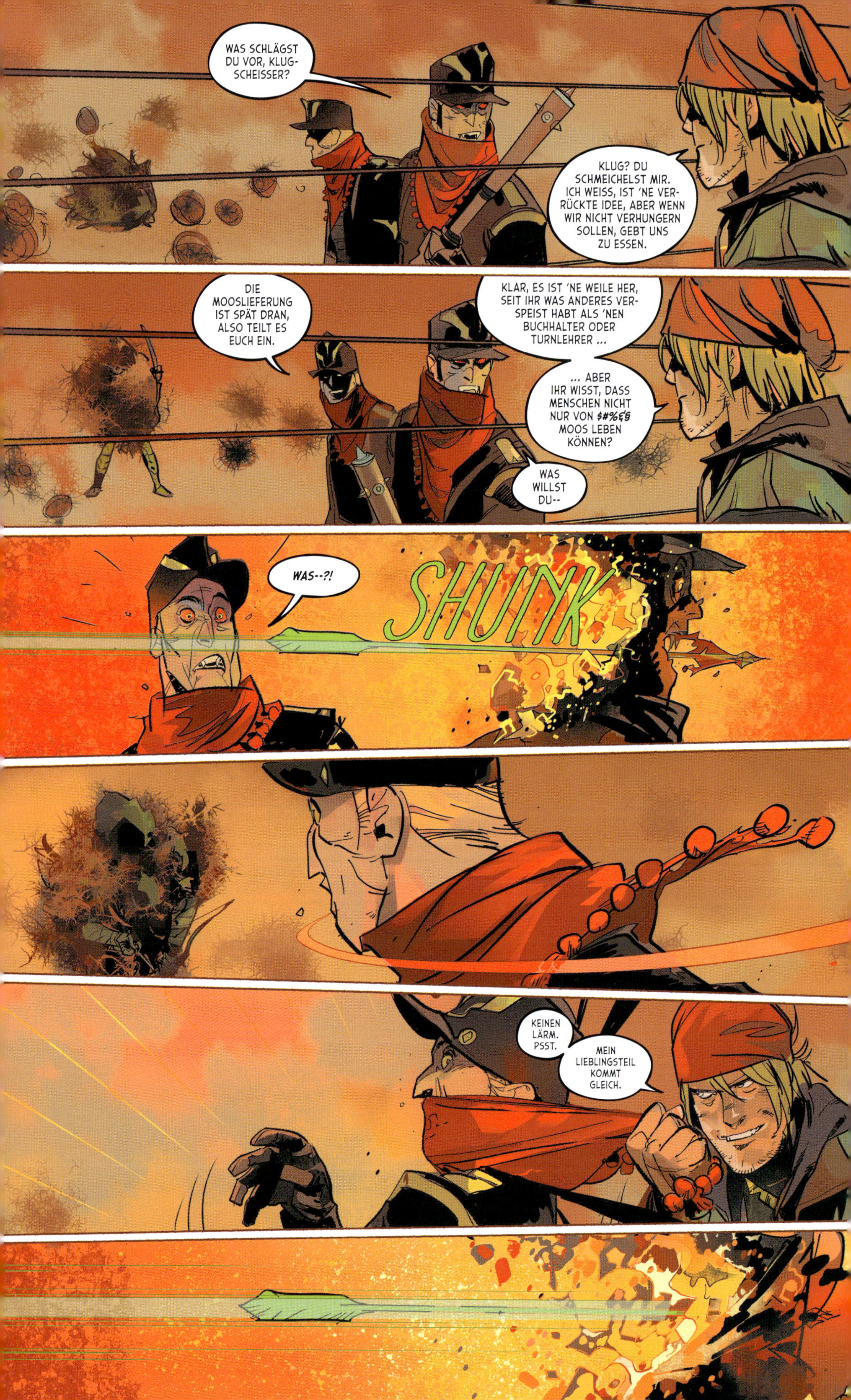
WAS SCHLÄGST DU VOR, KLUG-SCHEISSER?
KLUG? DU SCHMEICHELST MIR. ICH WEISS, IST 'NE VERRÜCKTE IDEE, ABER WENN WIR NICHT VERHUNGERN SOLLEN, GEBT UNS ZU ESSEN.
DIE MOOSLIEFERUNG IST SPÄT DRAN, ALSO TEILT ES EUCH EIN.
KLAR, ES IST 'NE WEILE HER, SEIT IHR WAS ANDERES VERSPEIST HABT ALS 'NEN BUCHHALTER ODER TURNLEHRER ...
... ABER IHR WISST, DASS MENSCHEN NICHT NUR VON $#%&§ MOOS LEBEN KÖNNEN?
WAS WILLST DU--
WAS--?!
SHUNK
KEINEN LÄRM. PSST.
MEIN LIEBLINGSTEIL KOMMT GLEICH.

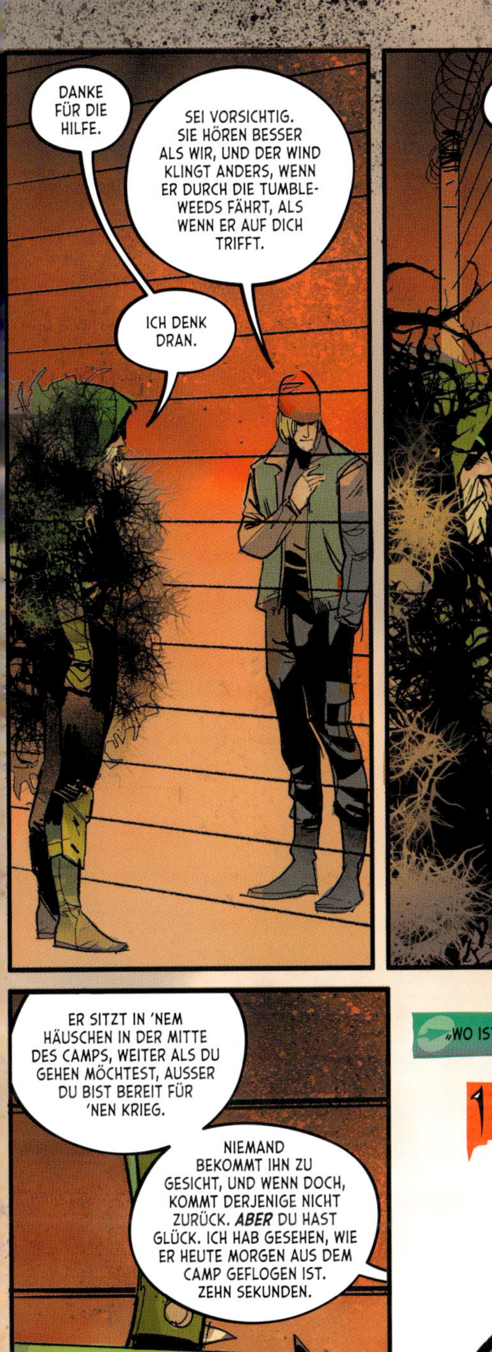
DANKE FÜR DIE HILFE.
SEI VORSICHTIG. SIE HÖREN BESSER ALS WIR, UND DER WIND KLINGT ANDERS, WENN ER DURCH DIE TUMBLE-WEEDS FÄHRT, ALS WENN ER AUF DICH TRIFFT.
ICH DENK DRAN.

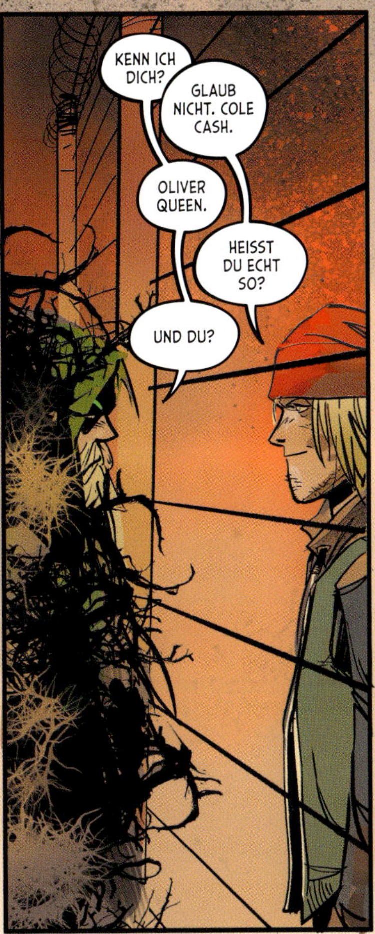
KENN ICH DICH?
GLAUB NICHT. COLE CASH.
OLIVER QUEEN.
HEISST DU ECHT SO?
UND DU?

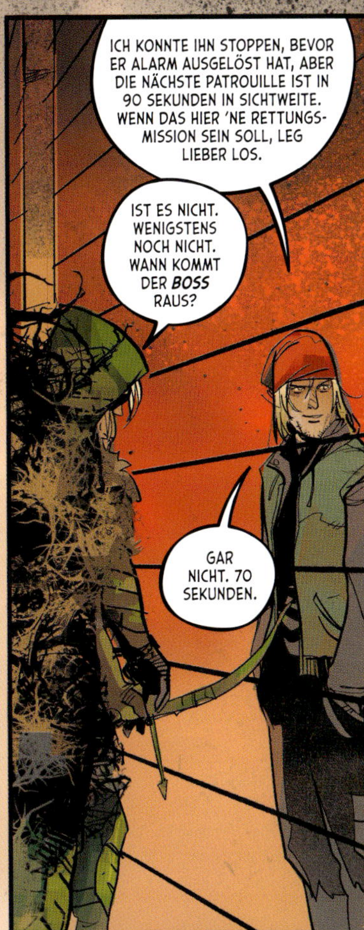
ICH KONNTE IHN STOPPEN, BEVOR ER ALARM AUSGELÖST HAT, ABER DIE NÄCHSTE PATROUILLE IST IN 90 SEKUNDEN IN SICHTWEITE. WENN DAS HIER 'NE RETTUNGS-MISSION SEIN SOLL, LEG LIEBER LOS.
IST ES NICHT. WENIGSTENS NOCH NICHT. WANN KOMMT DER *BOSS* RAUS?
GAR NICHT. 70 SEKUNDEN.

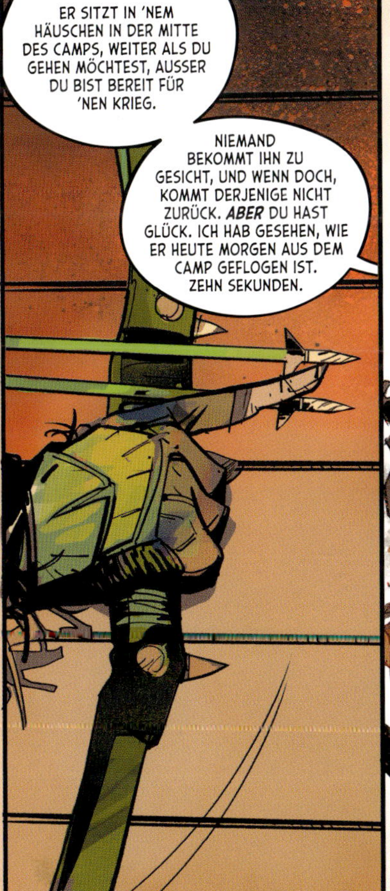
ER SITZT IN 'NEM HÄUSCHEN IN DER MITTE DES CAMPS, WEITER ALS DU GEHEN MÖCHTEST, AUSSER DU BIST BEREIT FÜR 'NEN KRIEG.
NIEMAND BEKOMMT IHN ZU GESICHT, UND WENN DOCH, KOMMT DERJENIGE NICHT ZURÜCK. *ABER* DU HAST GLÜCK. ICH HAB GESEHEN, WIE ER HEUTE MORGEN AUS DEM CAMP GEFLOGEN IST. ZEHN SEKUNDEN.

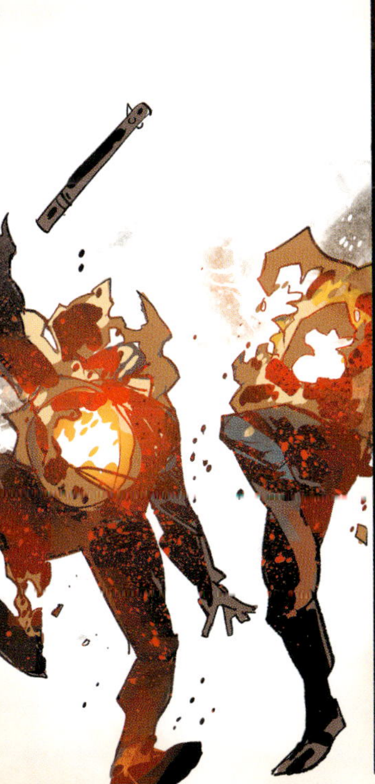
„WO IST ER HIN?"
„ER SAGT MIR SELTEN, WAS ER PLANT."

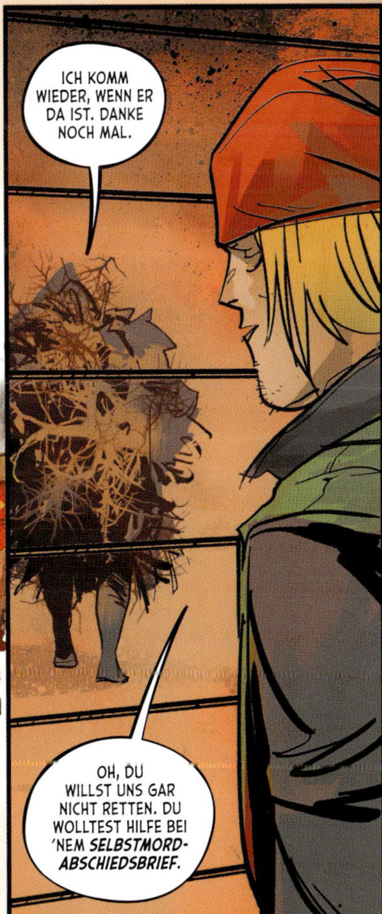
ICH KOMM WIEDER, WENN ER DA IST. DANKE NOCH MAL.
OH, DU WILLST UNS GAR NICHT RETTEN. DU WOLLTEST HILFE BEI 'NEM *SELBSTMORD-ABSCHIEDSBRIEF.*

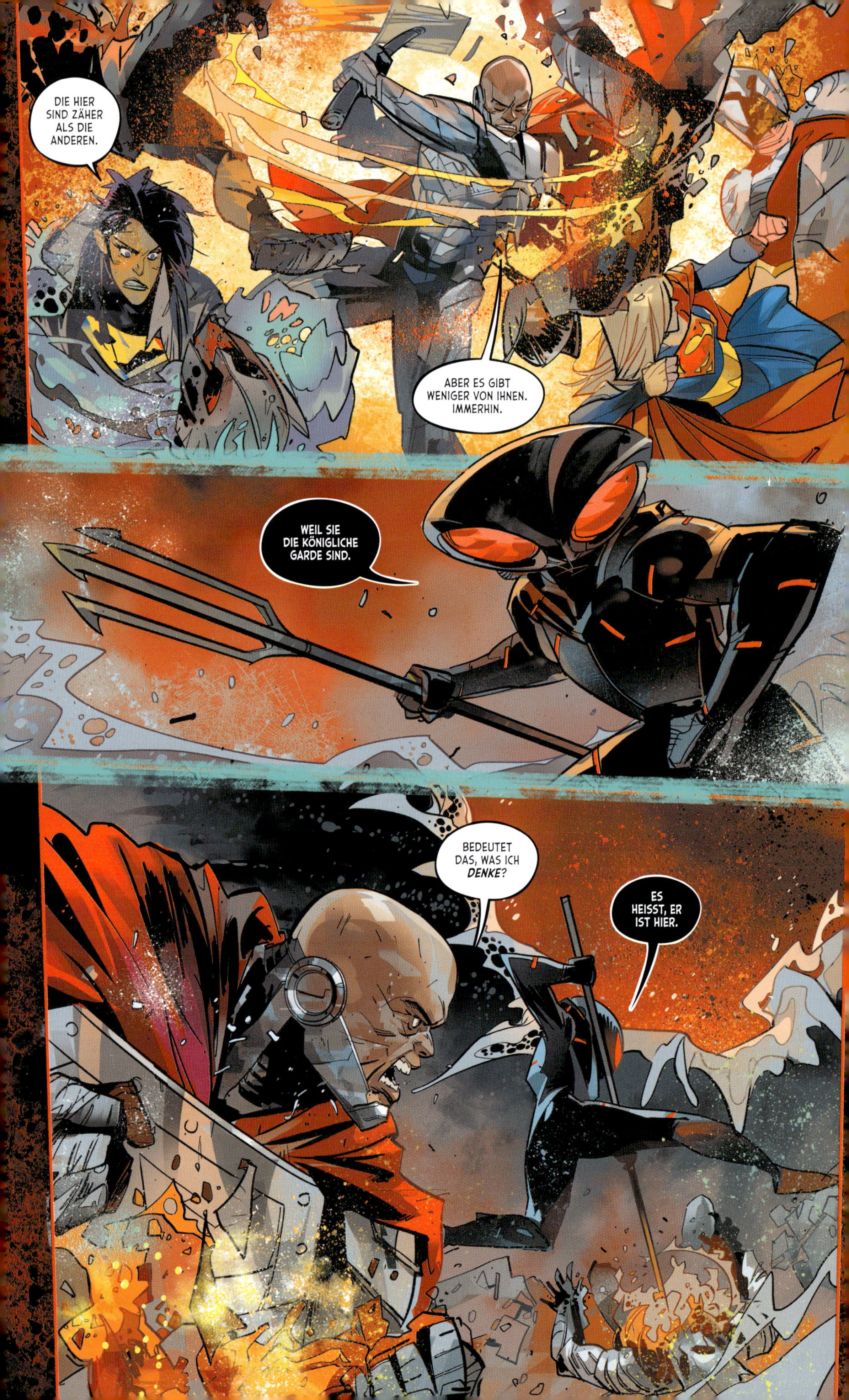
DIE HIER SIND ZÄHER ALS DIE ANDEREN.
ABER ES GIBT WENIGER VON IHNEN. IMMERHIN.
WEIL SIE DIE KÖNIGLICHE GARDE SIND.
BEDEUTET DAS, WAS ICH *DENKE*?
ES HEISST, ER IST HIER.

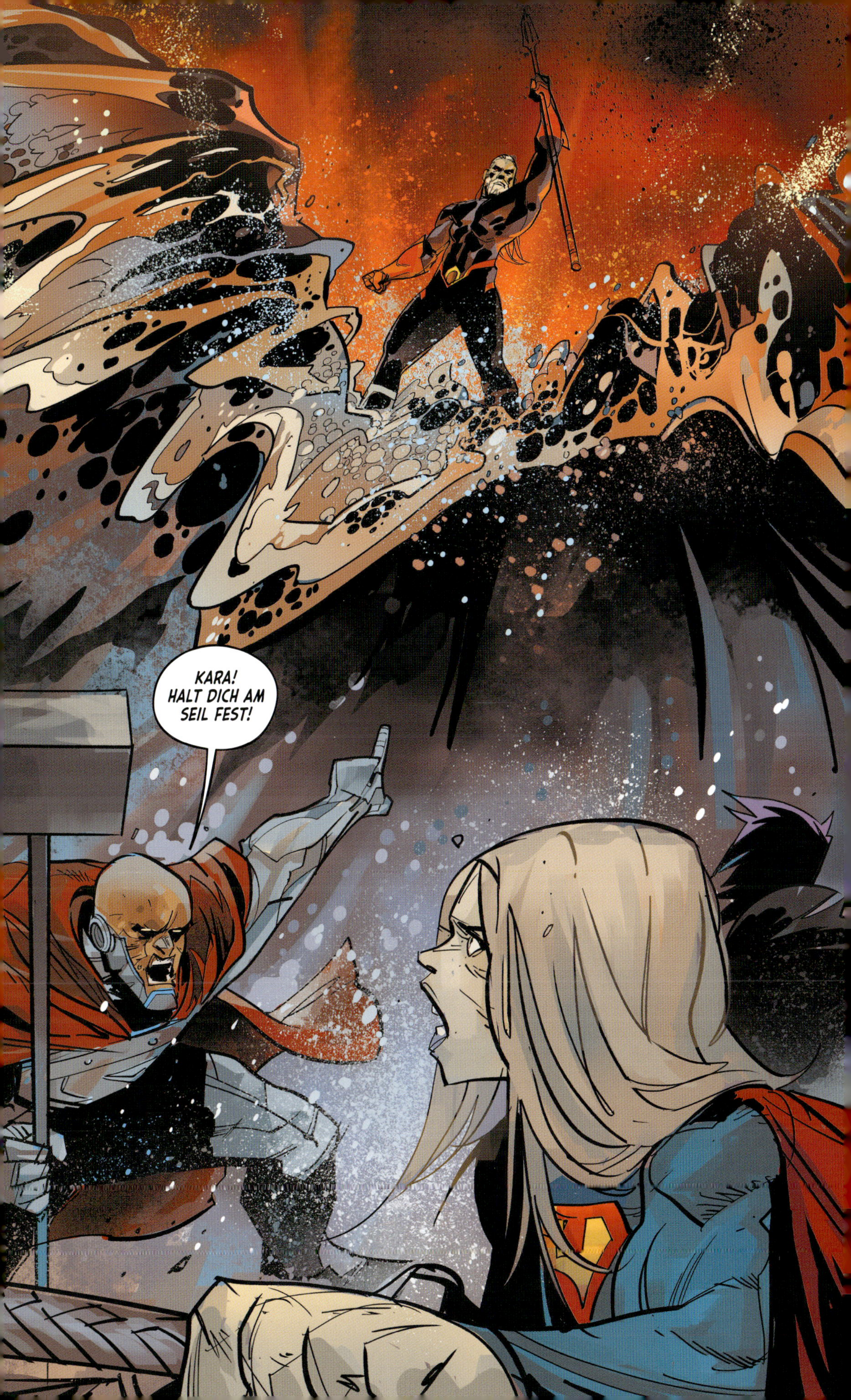
KARA! HALT DICH AM SEIL FEST!

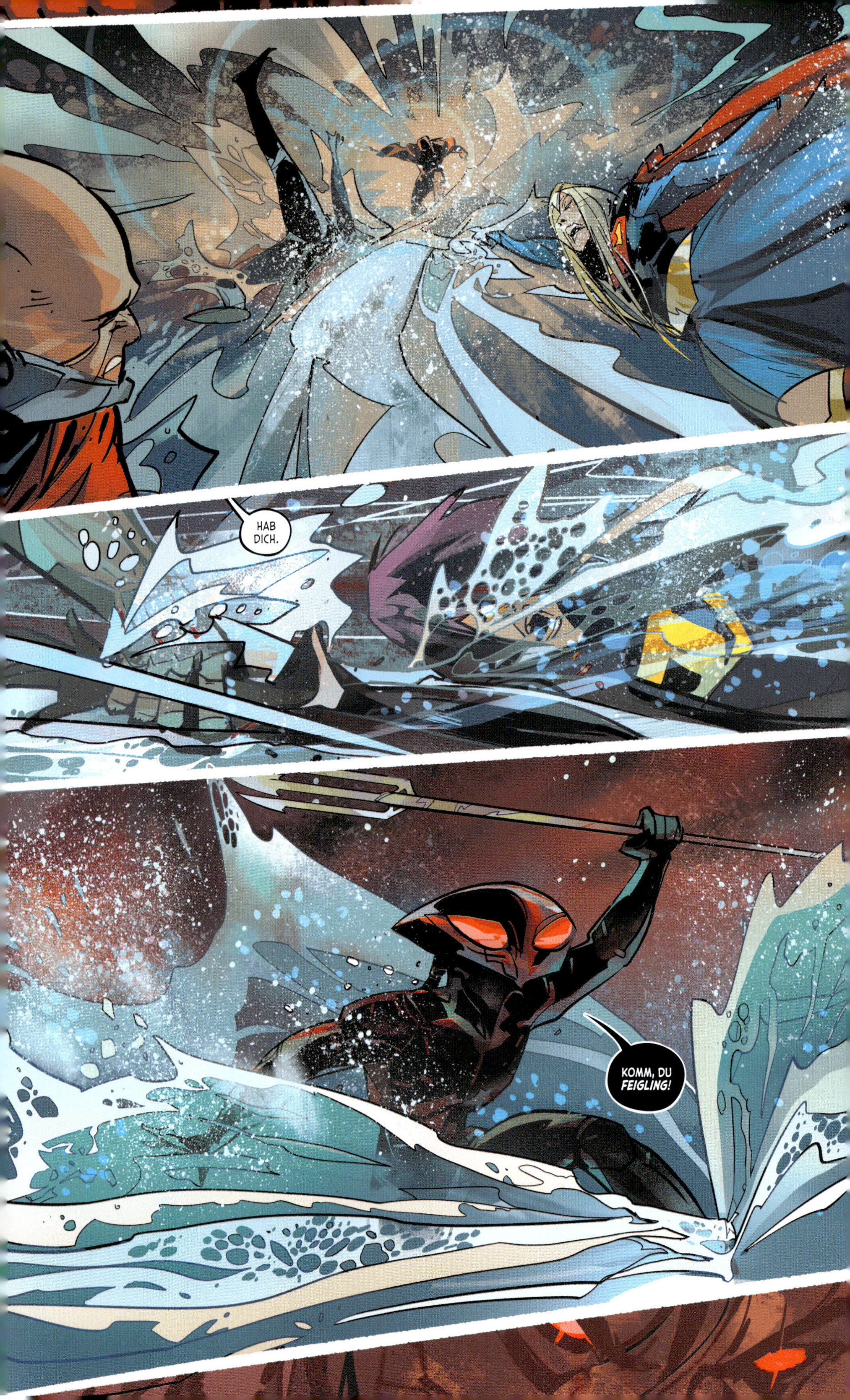
HAB DICH.
KOMM, DU *FEIGLING!*

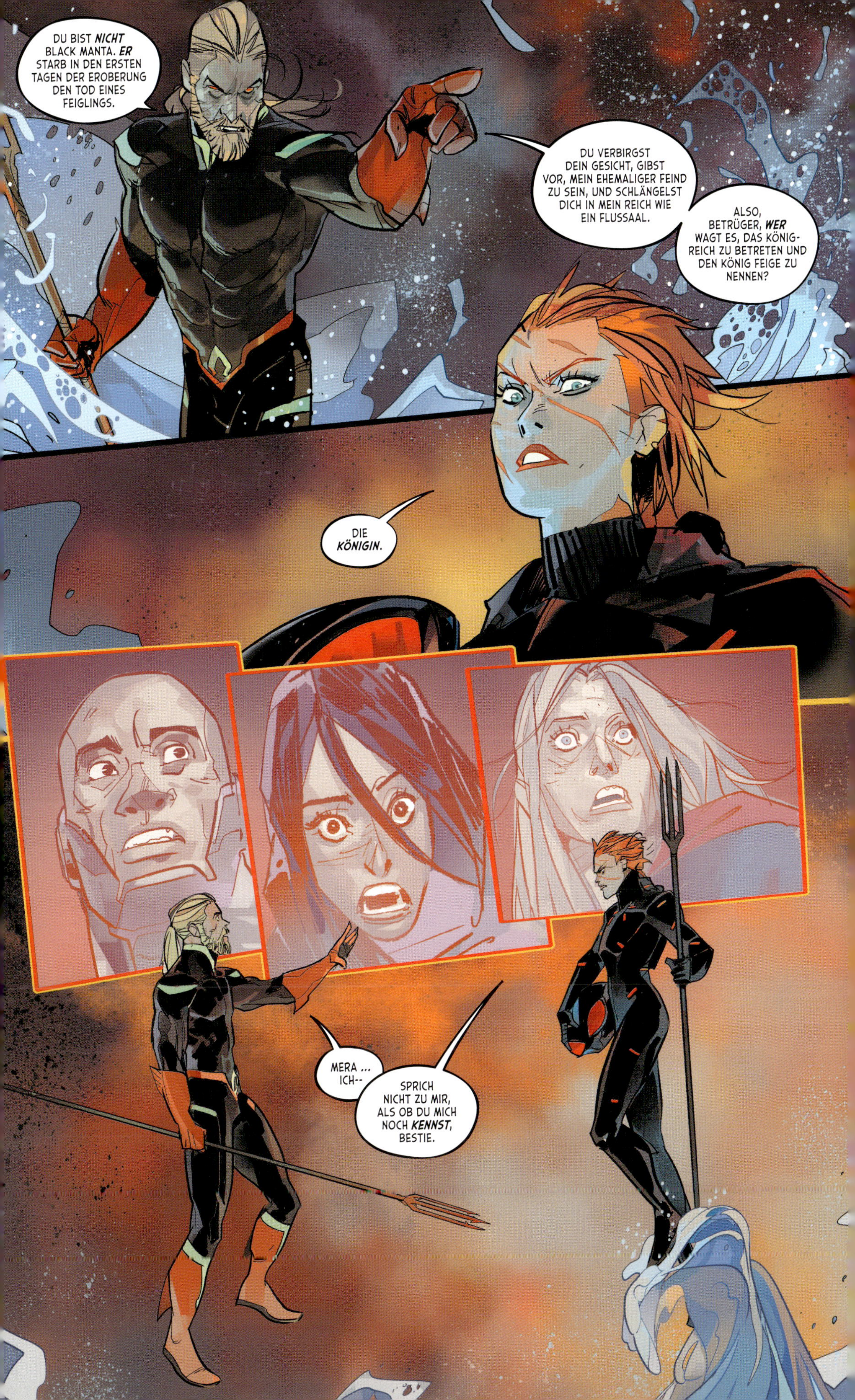
DU BIST *NICHT* BLACK MANTA. *ER* STARB IN DEN ERSTEN TAGEN DER EROBERUNG DEN TOD EINES FEIGLINGS.
DU VERBIRGST DEIN GESICHT, GIBST VOR, MEIN EHEMALIGER FEIND ZU SEIN, UND SCHLÄNGELST DICH IN MEIN REICH WIE EIN FLUSSAAL.
ALSO, BETRÜGER, *WER* WAGT ES, DAS KÖNIG-REICH ZU BETRETEN UND DEN KÖNIG FEIGE ZU NENNEN?
DIE *KÖNIGIN.*
MERA ... ICH--
SPRICH NICHT ZU MIR, ALS OB DU MICH NOCH *KENNST*, BESTIE.

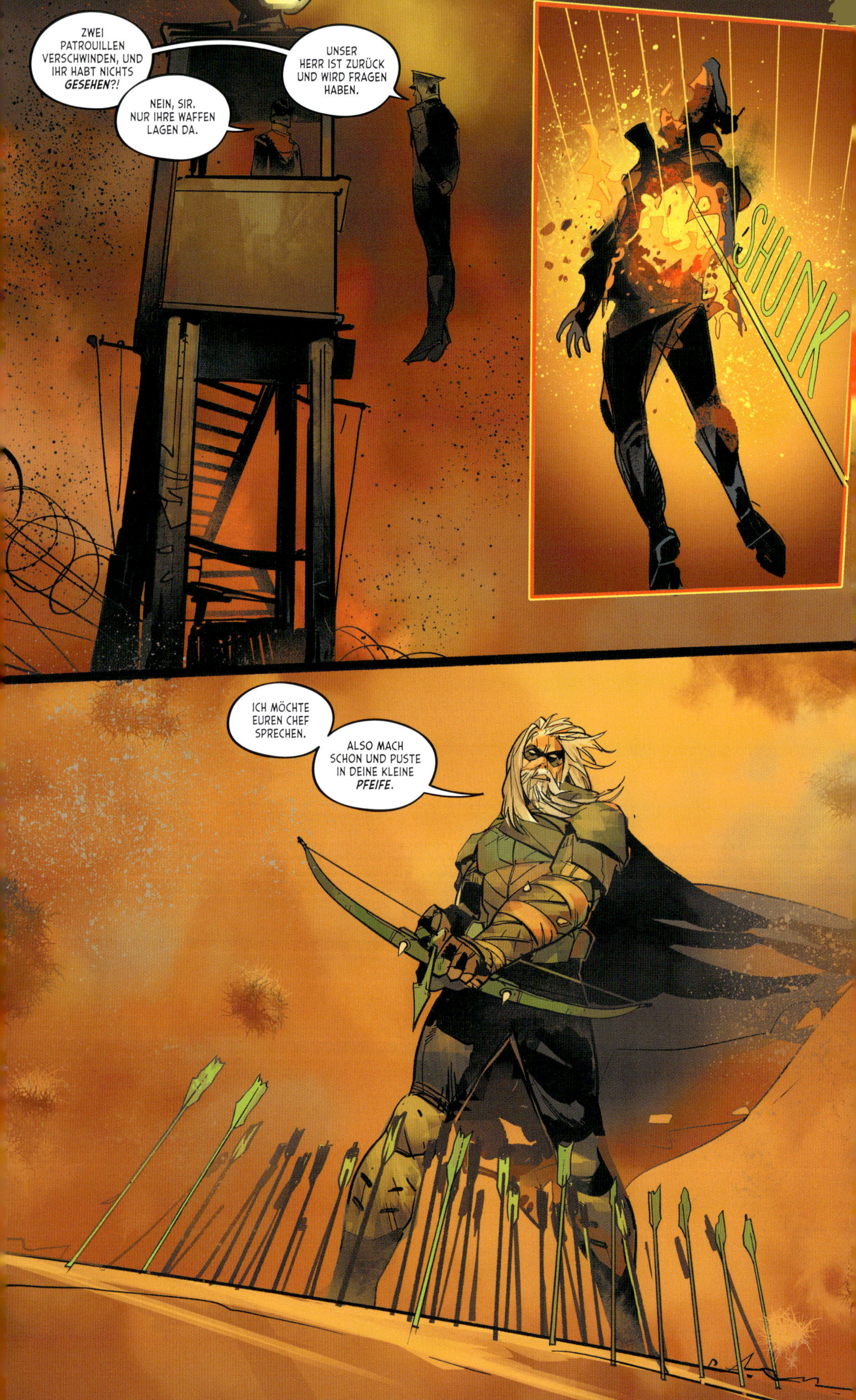
ZWEI PATROUILLEN VERSCHWINDEN, UND IHR HABT NICHTS *GESEHEN*?!
NEIN, SIR. NUR IHRE WAFFEN LAGEN DA.
UNSER HERR IST ZURÜCK UND WIRD FRAGEN HABEN.
SHUNK
ICH MÖCHTE EUREN CHEF SPRECHEN.
ALSO MACH SCHON UND PUSTE IN DEINE KLEINE *PFEIFE*.

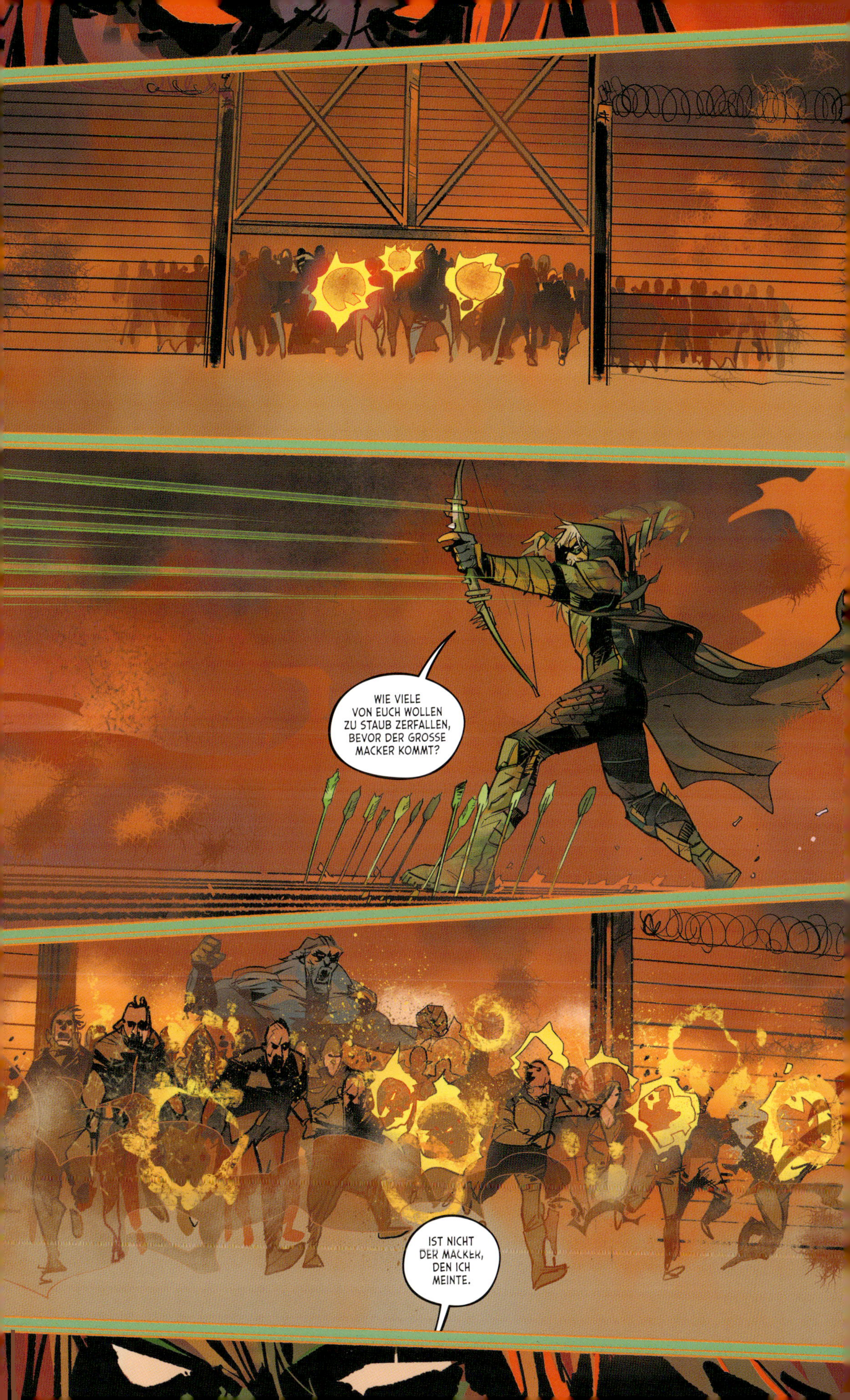
WIE VIELE VON EUCH WOLLEN ZU STAUB ZERFALLEN, BEVOR DER GROSSE MACKER KOMMT?
IST NICHT DER MACKER, DEN ICH MEINTE.

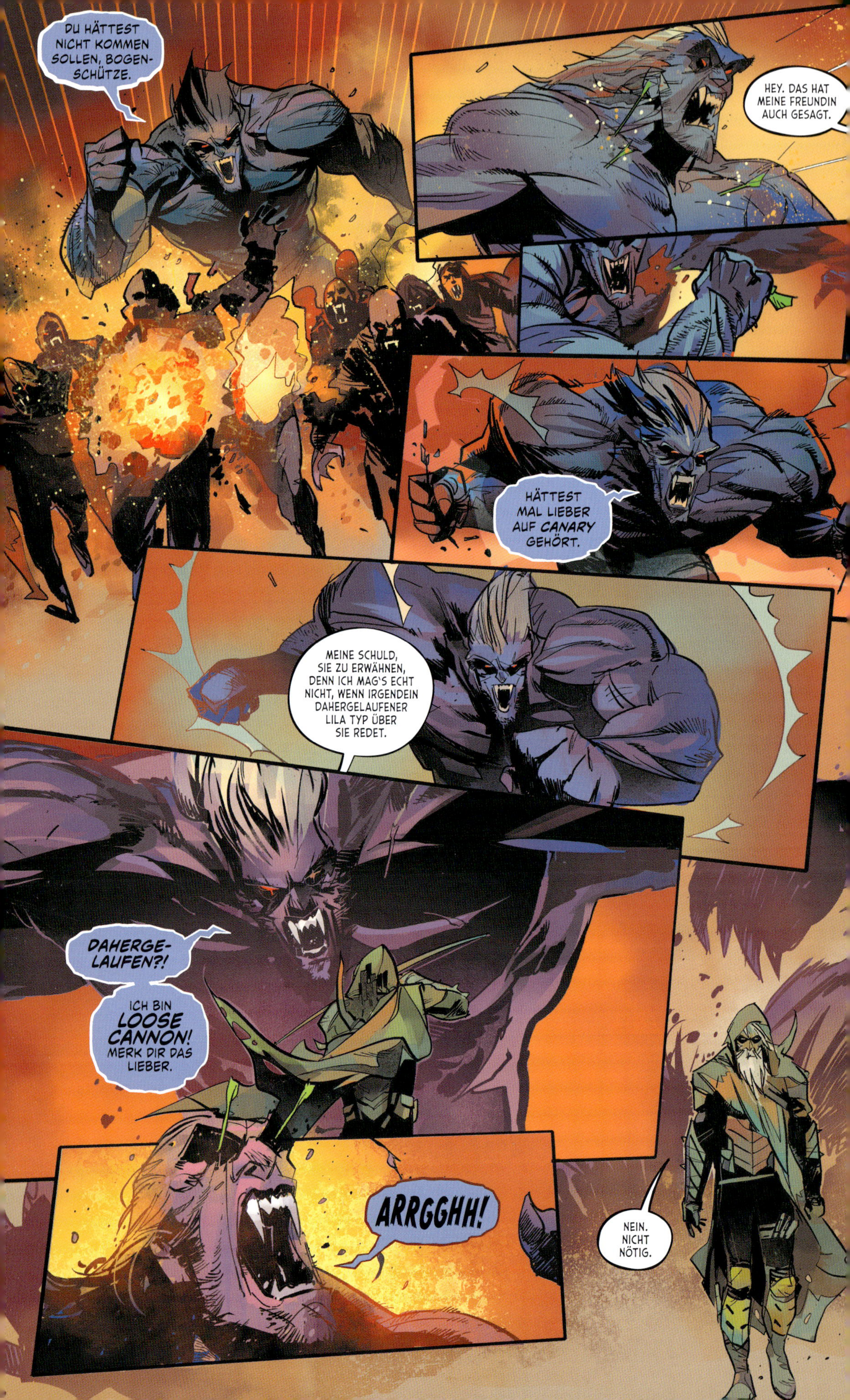
DU HÄTTEST NICHT KOMMEN SOLLEN, BOGEN-SCHÜTZE.
HEY. DAS HAT MEINE FREUNDIN AUCH GESAGT.
HÄTTEST MAL LIEBER AUF CANARY GEHÖRT.
MEINE SCHULD, SIE ZU ERWÄHNEN, DENN ICH MAG'S ECHT NICHT, WENN IRGENDEIN DAHERGELAUFENER LILA TYP ÜBER SIE REDET.
DAHERGE-LAUFEN?!
ICH BIN LOOSE CANNON! MERK DIR DAS LIEBER.
ARRGGHH!
NEIN. NICHT NÖTIG.

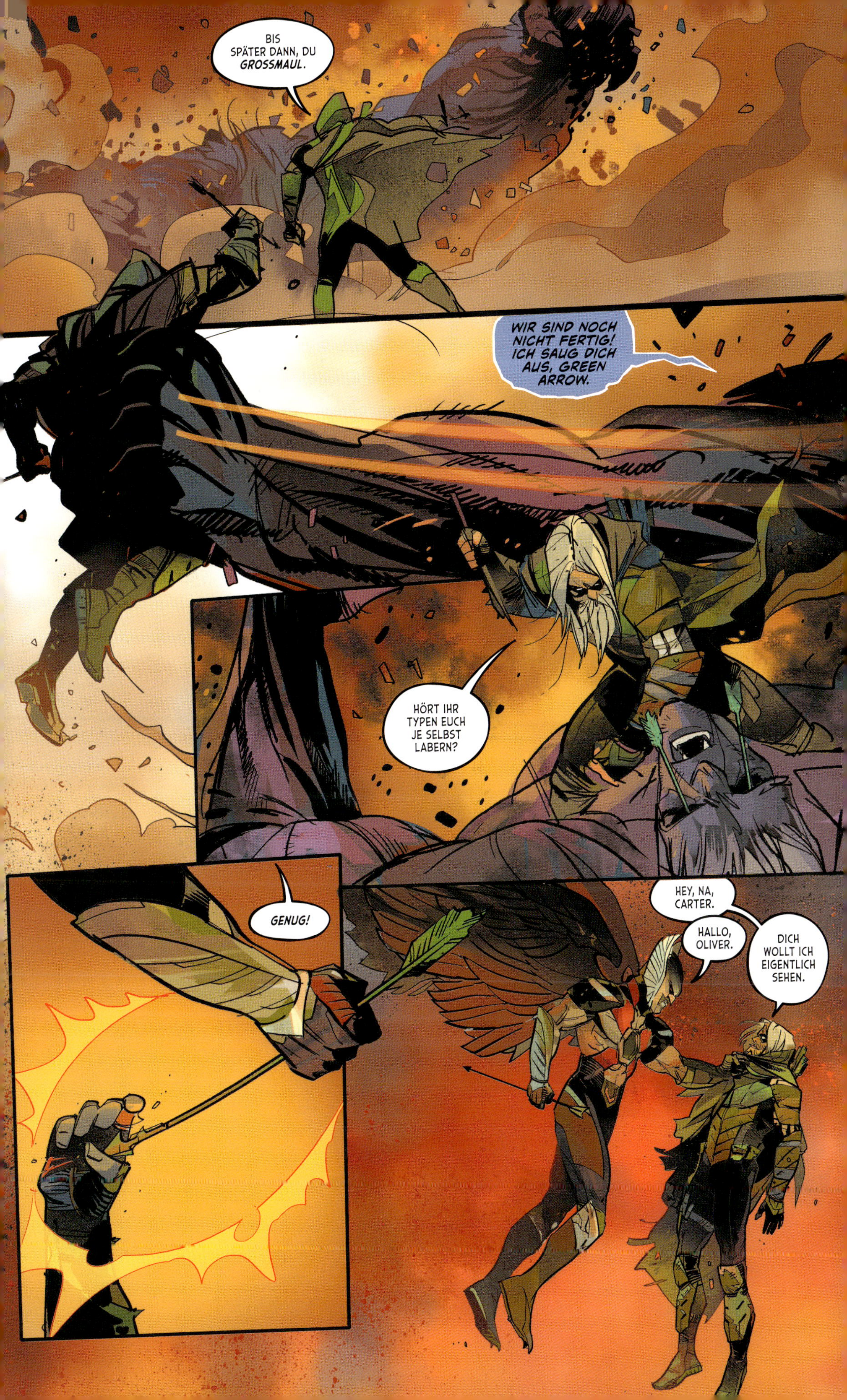
BIS SPÄTER DANN, DU GROSSMAUL.
WIR SIND NOCH NICHT FERTIG! ICH SAUG DICH AUS, GREEN ARROW.
HÖRT IHR TYPEN EUCH JE SELBST LABERN?
GENUG!
HEY, NA, CARTER.
HALLO, OLIVER.
DICH WOLLT ICH EIGENTLICH SEHEN.

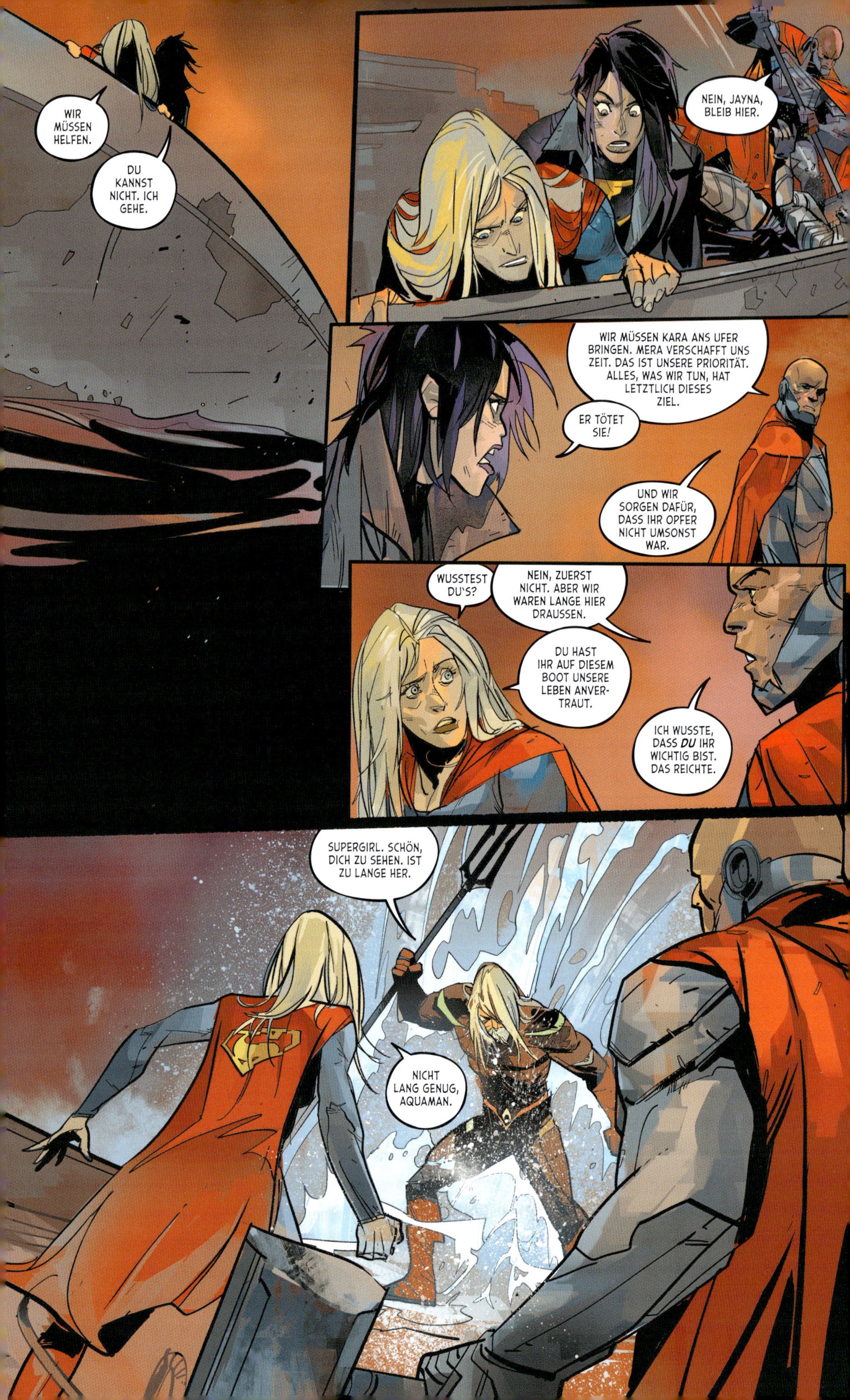
WIR MÜSSEN HELFEN.
DU KANNST NICHT. ICH GEHE.
NEIN, JAYNA, BLEIB HIER.
WIR MÜSSEN KARA ANS UFER BRINGEN. MERA VERSCHAFFT UNS ZEIT. DAS IST UNSERE PRIORITÄT. ALLES, WAS WIR TUN, HAT LETZTLICH DIESES ZIEL.
ER TÖTET SIE!
UND WIR SORGEN DAFÜR, DASS IHR OPFER NICHT UMSONST WAR.
WUSSTEST DU'S?
NEIN, ZUERST NICHT. ABER WIR WAREN LANGE HIER DRAUSSEN.
DU HAST IHR AUF DIESEM BOOT UNSERE LEBEN ANVERTRAUT.
ICH WUSSTE, DASS *DU* IHR WICHTIG BIST. DAS REICHTE.
SUPERGIRL. SCHÖN, DICH ZU SEHEN. IST ZU LANGE HER.
NICHT LANG GENUG, AQUAMAN.

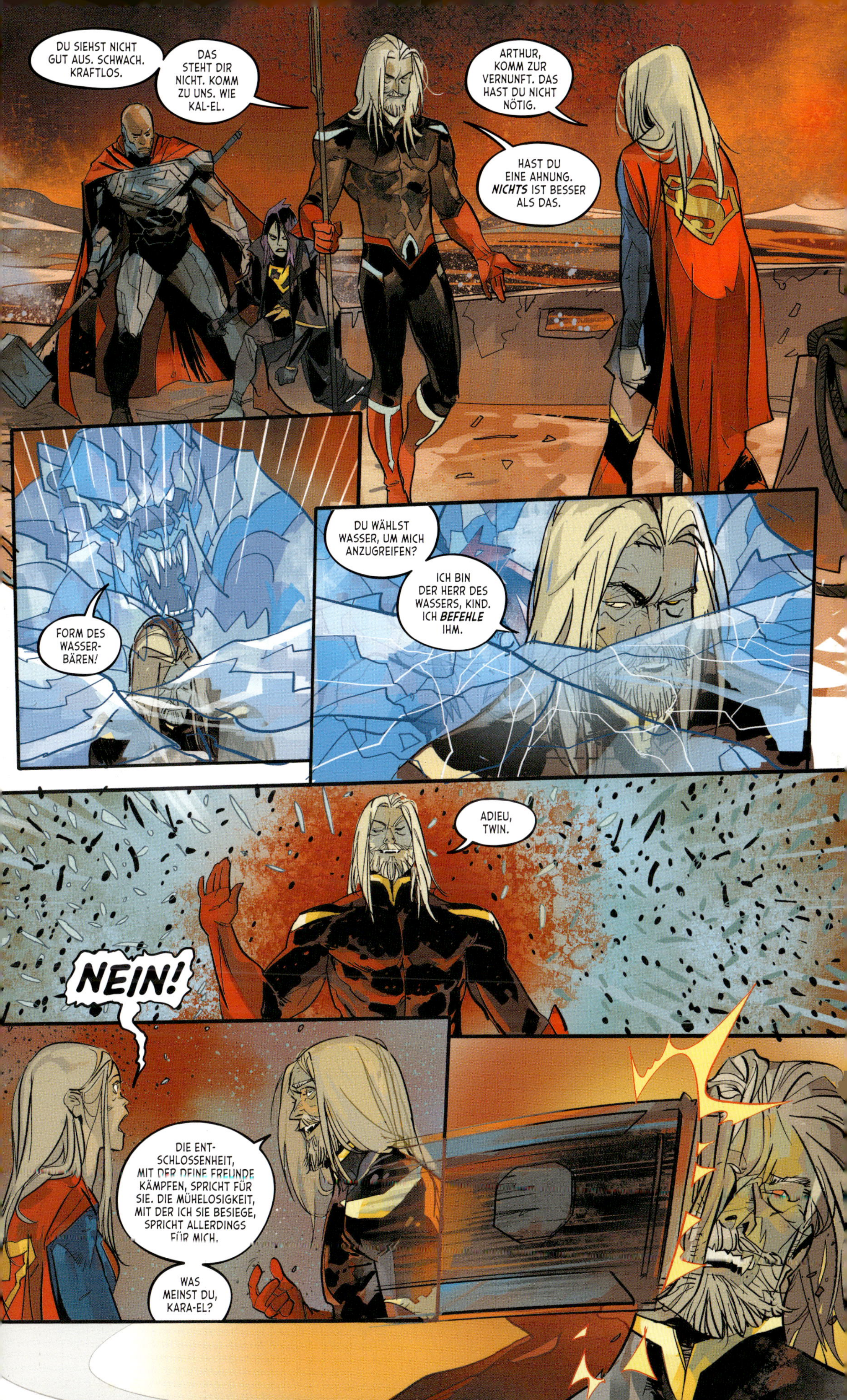
DU SIEHST NICHT GUT AUS. SCHWACH. KRAFTLOS.
DAS STEHT DIR NICHT. KOMM ZU UNS. WIE KAL-EL.
ARTHUR, KOMM ZUR VERNUNFT. DAS HAST DU NICHT NÖTIG.
HAST DU EINE AHNUNG. *NICHTS* IST BESSER ALS DAS.
FORM DES WASSER-BÄREN!
DU WÄHLST WASSER, UM MICH ANZUGREIFEN?
ICH BIN DER HERR DES WASSERS, KIND. ICH *BEFEHLE* IHM.
ADIEU, TWIN.
NEIN!
DIE ENT-SCHLOSSENHEIT, MIT DER DEINE FREUNDE KÄMPFEN, SPRICHT FÜR SIE. DIE MÜHELOSIGKEIT, MIT DER ICH SIE BESIEGE, SPRICHT ALLERDINGS FÜR MICH.
WAS MEINST DU, KARA-EL?

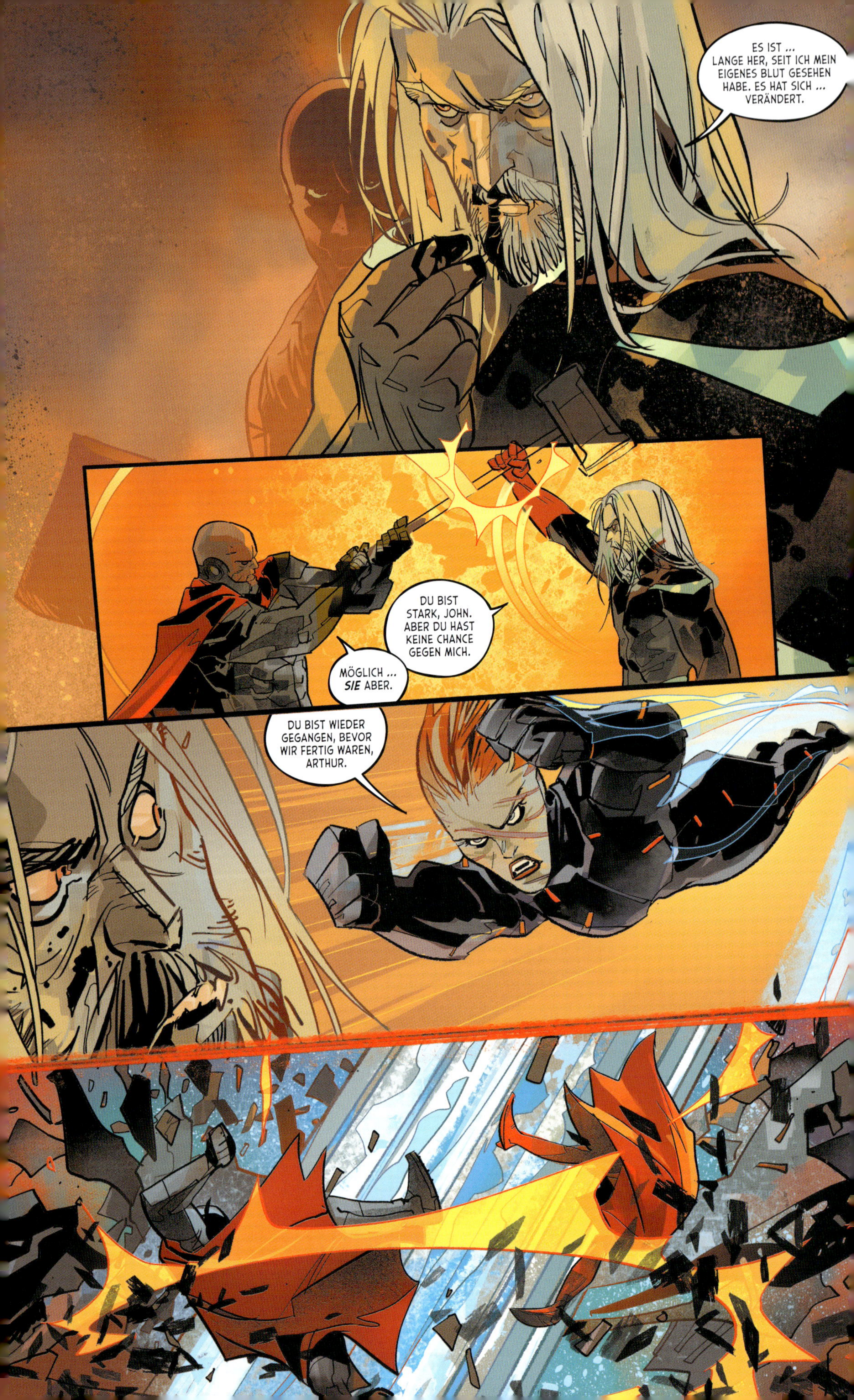
ES IST ...
LANGE HER, SEIT ICH MEIN EIGENES BLUT GESEHEN HABE. ES HAT SICH ... VERÄNDERT.
DU BIST STARK, JOHN. ABER DU HAST KEINE CHANCE GEGEN MICH.
MÖGLICH ... *SIE* ABER.
DU BIST WIEDER GEGANGEN, BEVOR WIR FERTIG WAREN, ARTHUR.

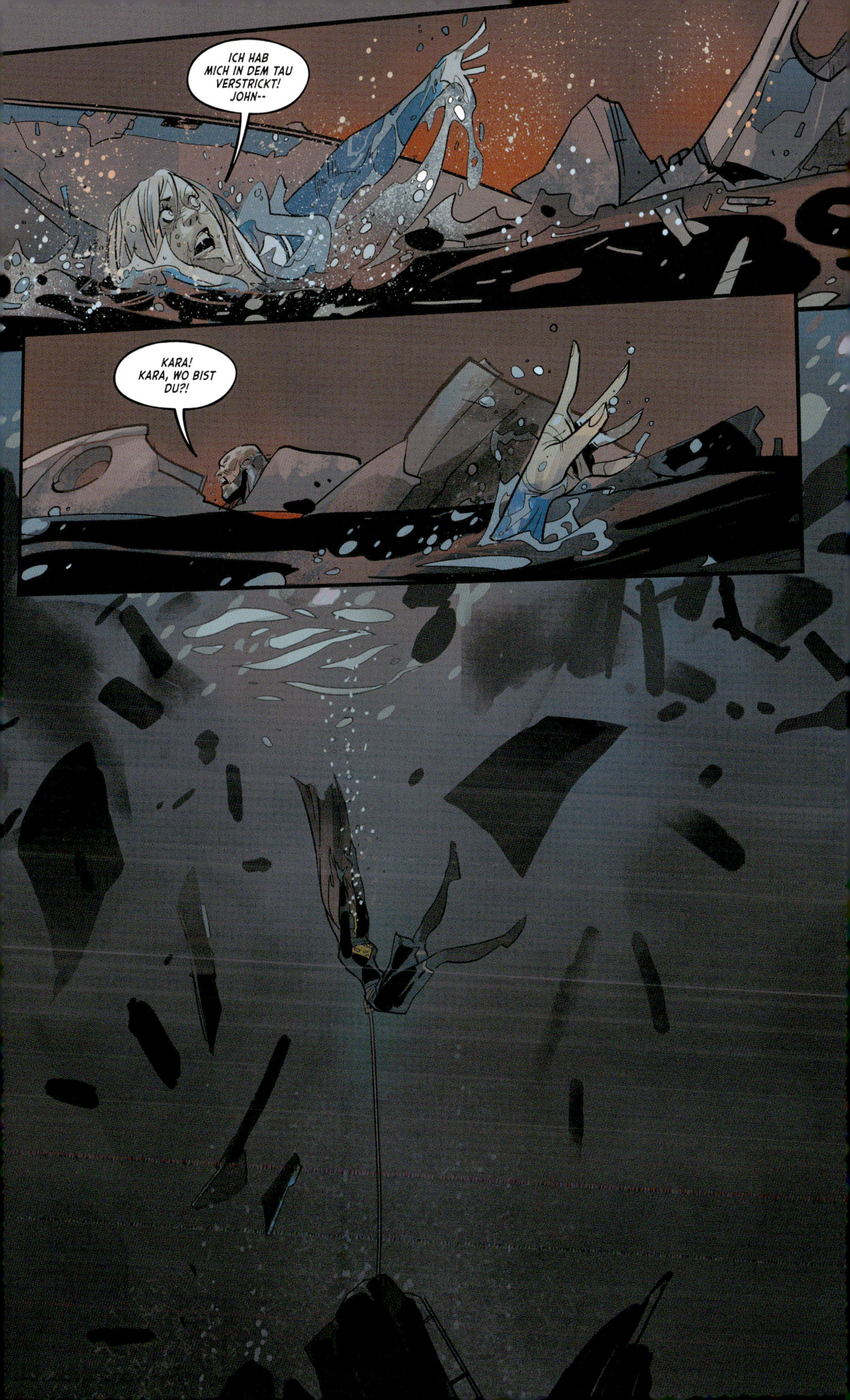
ICH HAB MICH IN DEM TAU VERSTRICKT! JOHN--
KARA! KARA, WO BIST DU?!

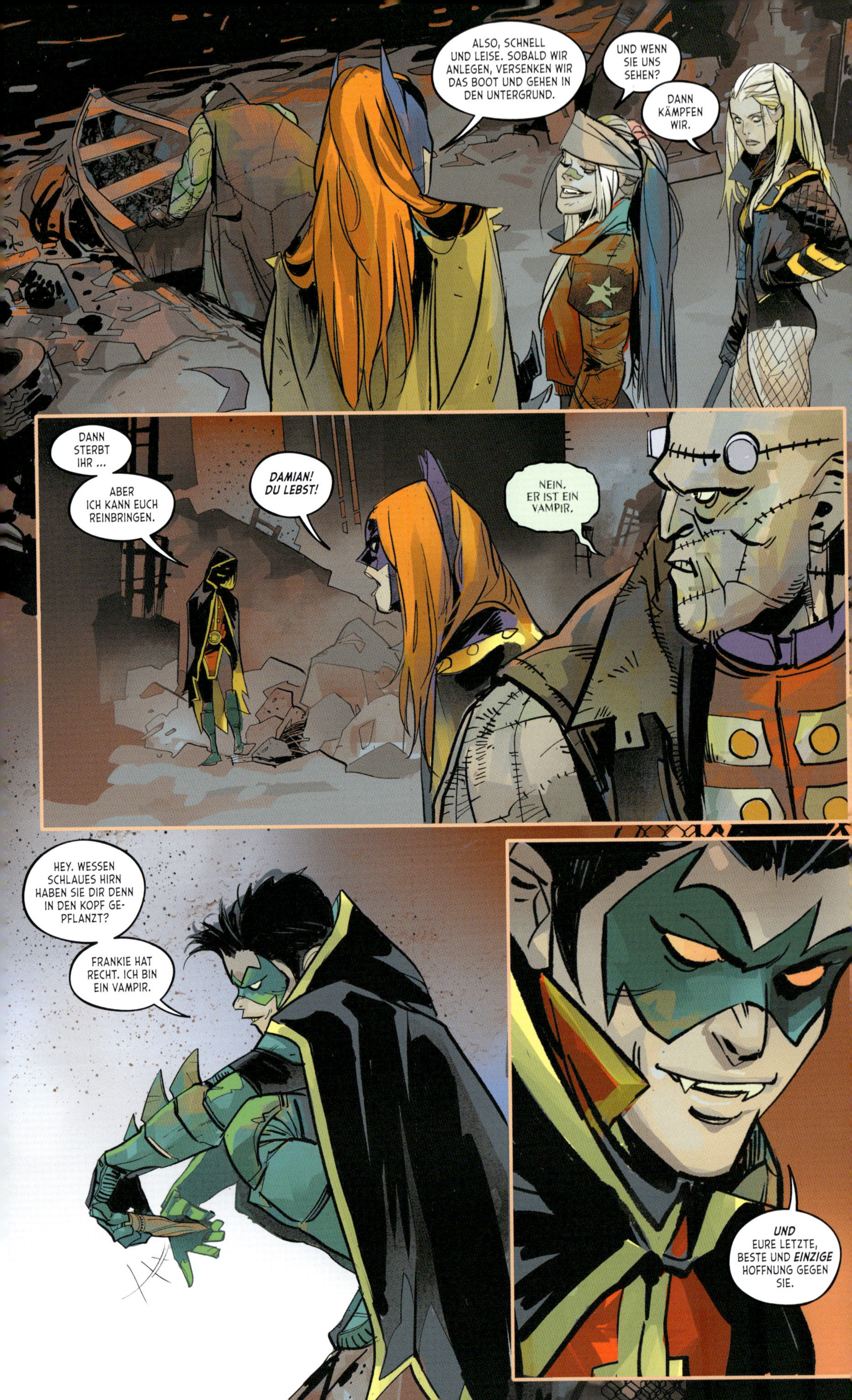
ALSO, SCHNELL UND LEISE. SOBALD WIR ANLEGEN, VERSENKEN WIR DAS BOOT UND GEHEN IN DEN UNTERGRUND.
UND WENN SIE UNS SEHEN?
DANN KÄMPFEN WIR.
DANN STERBT IHR ...
ABER ICH KANN EUCH REINBRINGEN.
DAMIAN! DU LEBST!
NEIN. ER IST EIN VAMPIR.
HEY. WESSEN SCHLAUES HIRN HABEN SIE DIR DENN IN DEN KOPF GEPFLANZT?
FRANKIE HAT RECHT. ICH BIN EIN VAMPIR.
UND EURE LETZTE, BESTE UND EINZIGE HOFFNUNG GEGEN SIE.

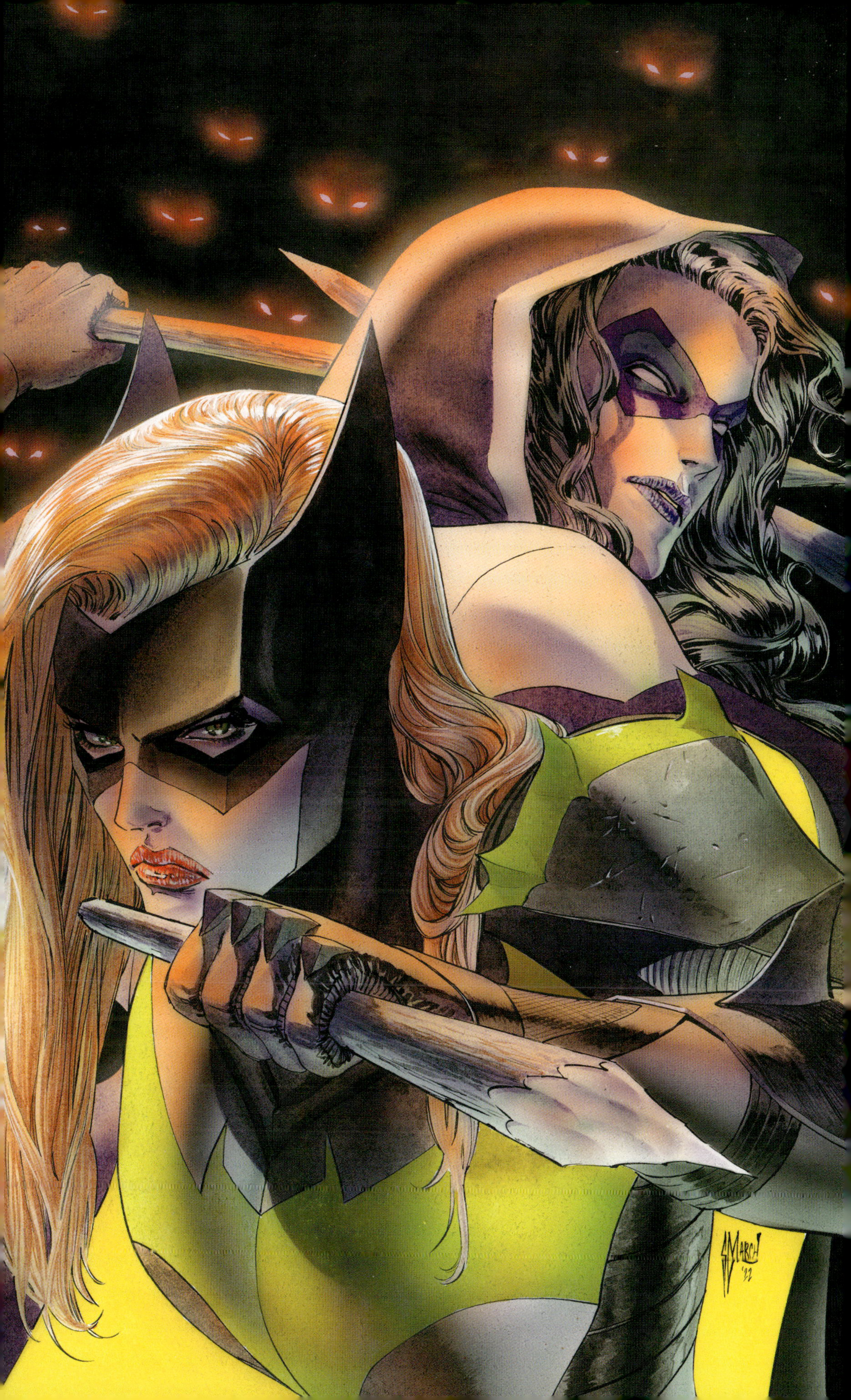

DC VS. VAMPIRES 10

GOTHAM MUSS FALLEN

JAMES TYNION IV
MATTHEW ROSENBERG
STORY

OTTO SCHMIDT
ZEICHNUNGEN, TUSCHE UND FARBEN

GUILLEM MARCH
ORIGINAL-COVER

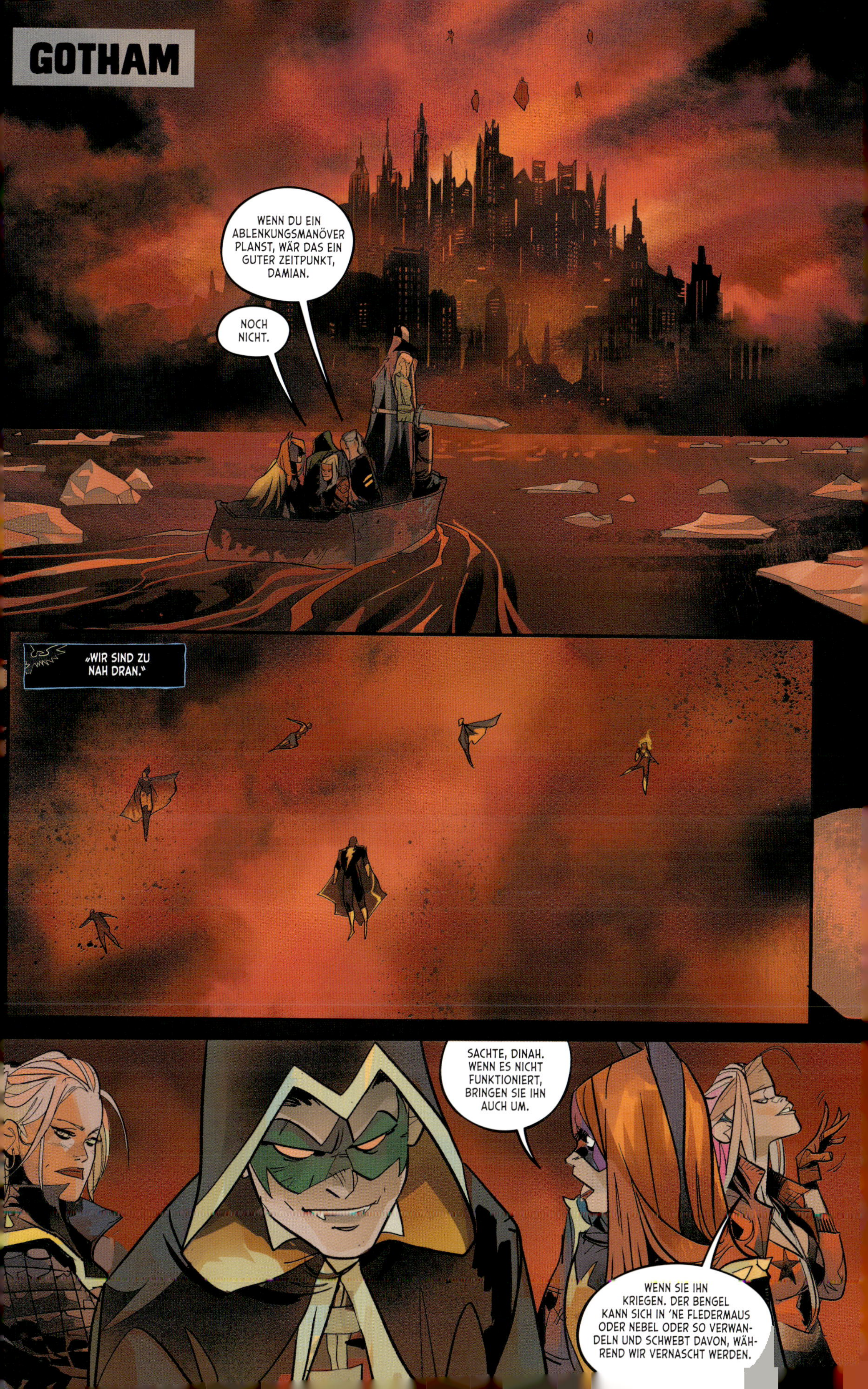
GOTHAM
WENN DU EIN ABLENKUNGSMANÖVER PLANST, WÄR DAS EIN GUTER ZEITPUNKT, DAMIAN.
NOCH NICHT.
„WIR SIND ZU NAH DRAN."
SACHTE, DINAH. WENN ES NICHT FUNKTIONIERT, BRINGEN SIE IHN AUCH UM.
WENN SIE IHN KRIEGEN. DER BENGEL KANN SICH IN 'NE FLEDERMAUS ODER NEBEL ODER SO VERWANDELN UND SCHWEBT DAVON, WÄHREND WIR VERNASCHT WERDEN.

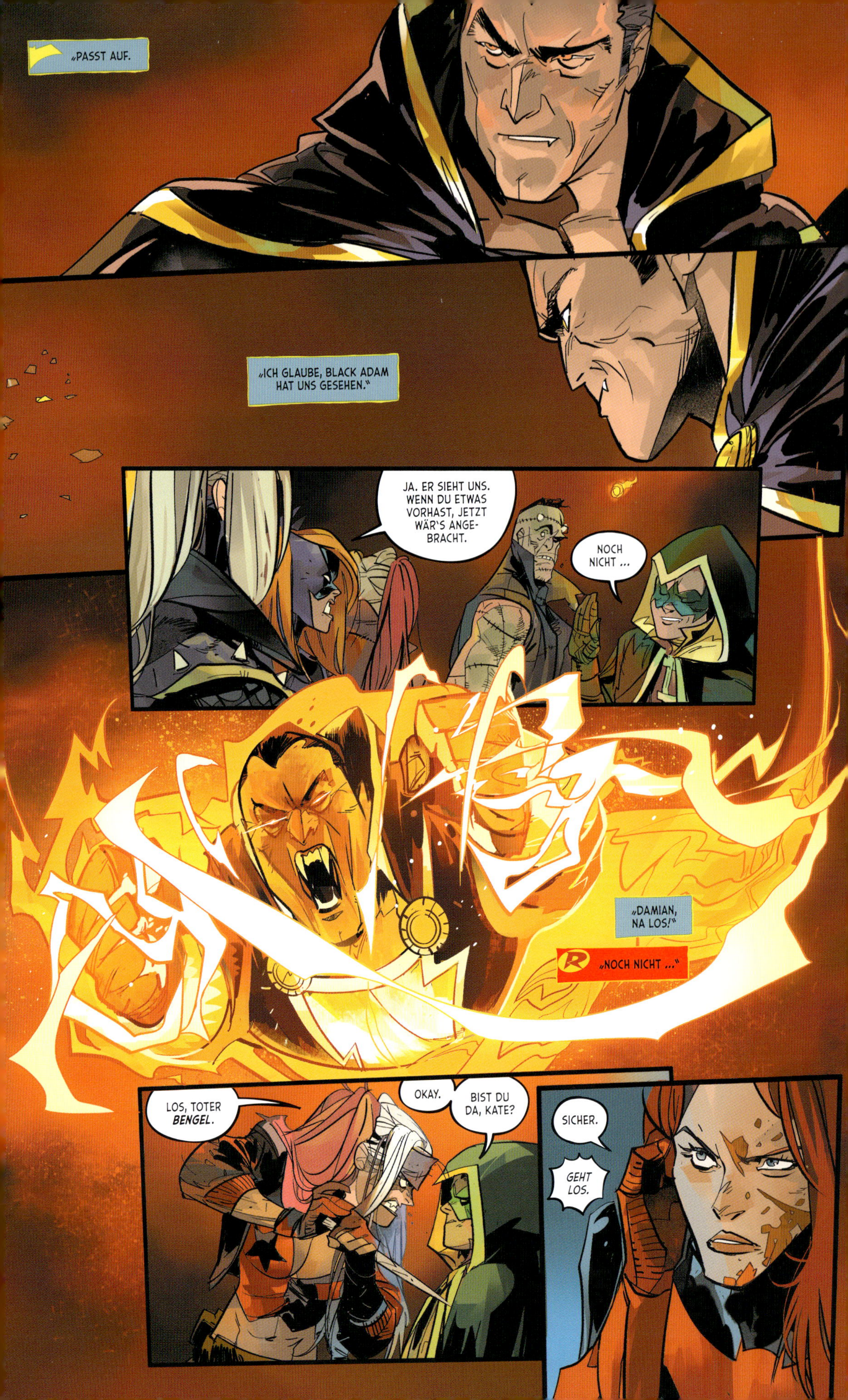
„PASST AUF.
„ICH GLAUBE, BLACK ADAM HAT UNS GESEHEN."
JA. ER SIEHT UNS. WENN DU ETWAS VORHAST, JETZT WÄR'S ANGE-BRACHT.
NOCH NICHT ...
„DAMIAN, NA LOS!"
„NOCH NICHT ..."
LOS, TOTER BENGEL.
OKAY.
BIST DU DA, KATE?
SICHER.
GEHT LOS.

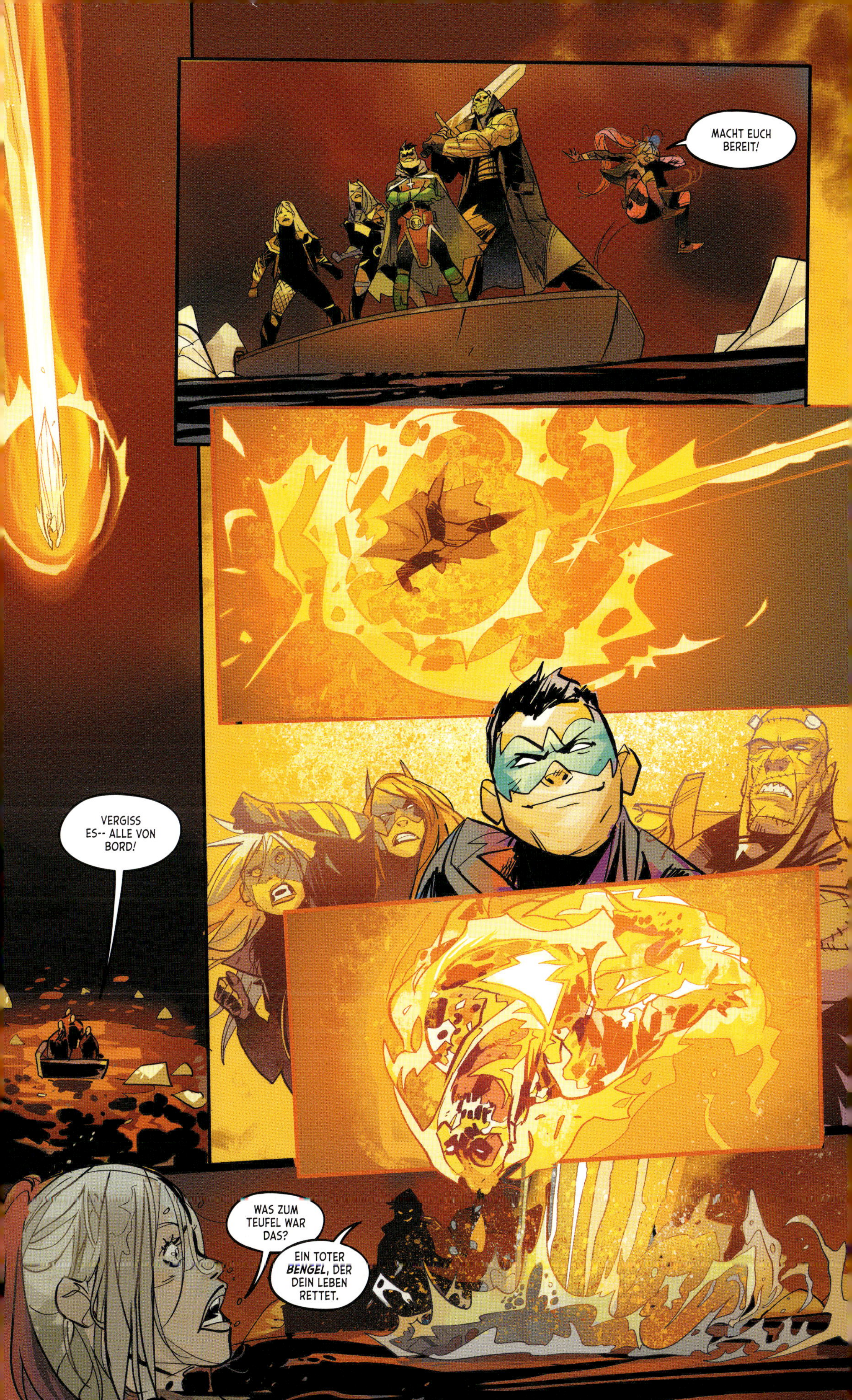
MACHT EUCH BEREIT!
VERGISS ES-- ALLE VON BORD!
WAS ZUM TEUFEL WAR DAS?
EIN TOTER BENGEL, DER DEIN LEBEN RETTET.

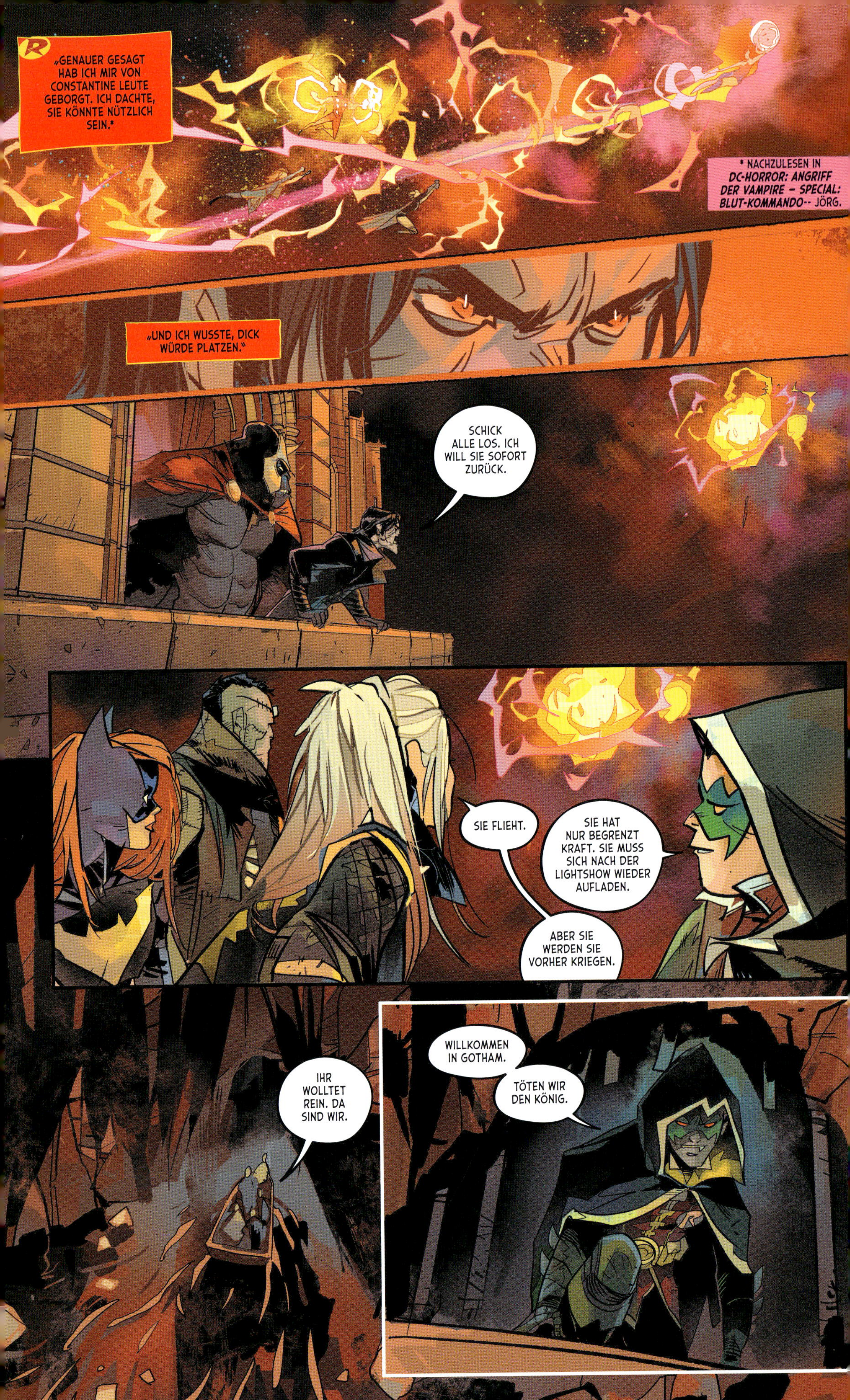
„GENAUER GESAGT HAB ICH MIR VON CONSTANTINE LEUTE GEBORGT. ICH DACHTE, SIE KÖNNTE NÜTZLICH SEIN.*"
* NACHZULESEN IN DC-HORROR: ANGRIFF DER VAMPIRE – SPECIAL: BLUT-KOMMANDO-- JÖRG.
„UND ICH WUSSTE, DICK WÜRDE PLATZEN."
SCHICK ALLE LOS. ICH WILL SIE SOFORT ZURÜCK.
SIE FLIEHT.
SIE HAT NUR BEGRENZT KRAFT. SIE MUSS SICH NACH DER LIGHTSHOW WIEDER AUFLADEN.
ABER SIE WERDEN SIE VORHER KRIEGEN.
IHR WOLLTET REIN. DA SIND WIR.
WILLKOMMEN IN GOTHAM.
TÖTEN WIR DEN KÖNIG.

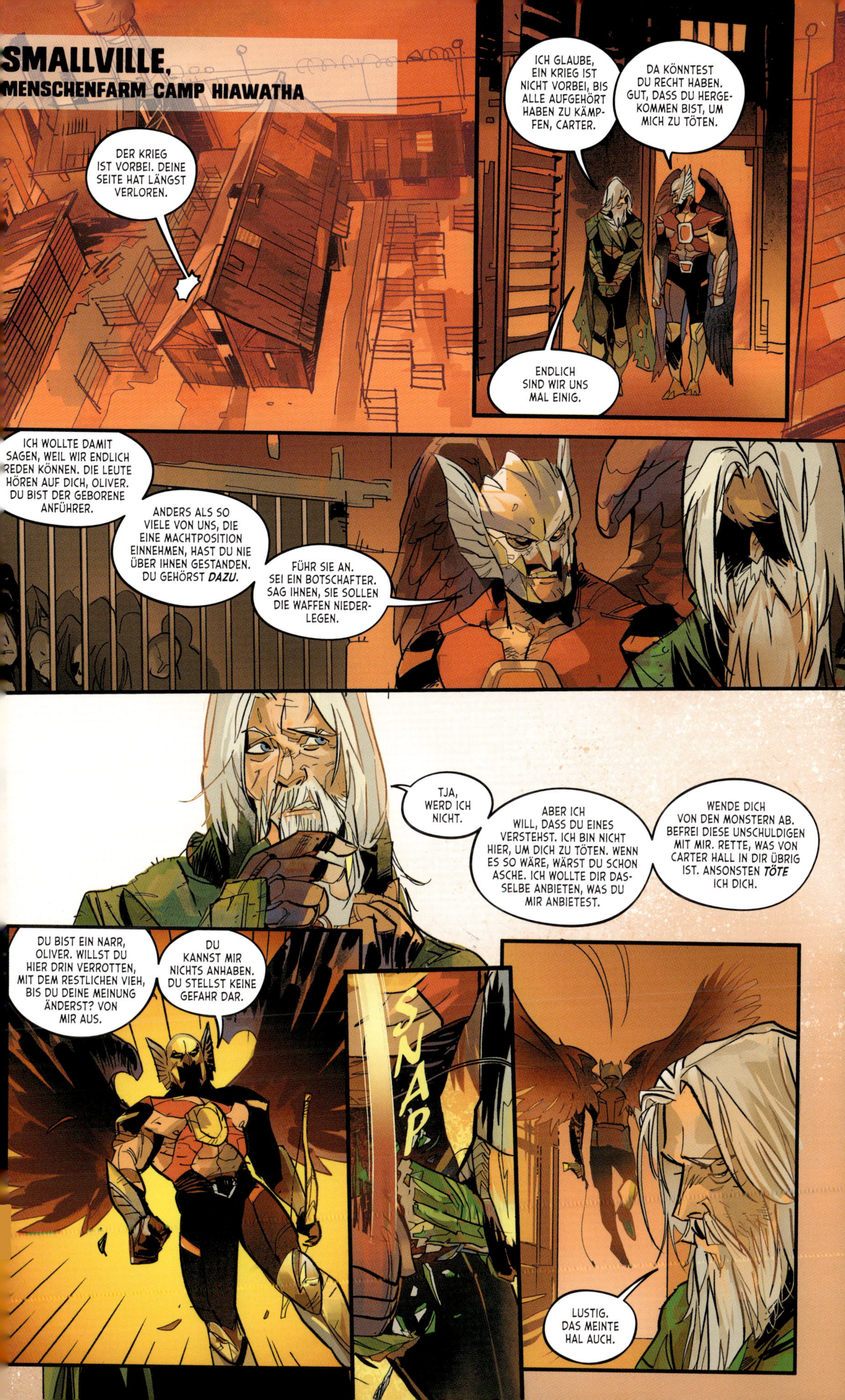
SMALLVILLE,
MENSCHENFARM CAMP HIAWATHA
DER KRIEG IST VORBEI. DEINE SEITE HAT LÄNGST VERLOREN.
ICH GLAUBE, EIN KRIEG IST NICHT VORBEI, BIS ALLE AUFGEHÖRT HABEN ZU KÄMPFEN, CARTER.
DA KÖNNTEST DU RECHT HABEN. GUT, DASS DU HERGEKOMMEN BIST, UM MICH ZU TÖTEN.
ENDLICH SIND WIR UNS MAL EINIG.
ICH WOLLTE DAMIT SAGEN, WEIL WIR ENDLICH REDEN KÖNNEN. DIE LEUTE HÖREN AUF DICH, OLIVER. DU BIST DER GEBORENE ANFÜHRER.
ANDERS ALS SO VIELE VON UNS, DIE EINE MACHTPOSITION EINNEHMEN, HAST DU NIE ÜBER IHNEN GESTANDEN. DU GEHÖRST *DAZU*.
FÜHR SIE AN. SEI EIN BOTSCHAFTER. SAG IHNEN, SIE SOLLEN DIE WAFFEN NIEDERLEGEN.
TJA, WERD ICH NICHT.
ABER ICH WILL, DASS DU EINES VERSTEHST. ICH BIN NICHT HIER, UM DICH ZU TÖTEN. WENN ES SO WÄRE, WÄRST DU SCHON ASCHE. ICH WOLLTE DIR DASSELBE ANBIETEN, WAS DU MIR ANBIETEST.
WENDE DICH VON DEN MONSTERN AB. BEFREI DIESE UNSCHULDIGEN MIT MIR. RETTE, WAS VON CARTER HALL IN DIR ÜBRIG IST. ANSONSTEN *TÖTE* ICH DICH.
DU BIST EIN NARR, OLIVER. WILLST DU HIER DRIN VERROTTEN, MIT DEM RESTLICHEN VIEH, BIS DU DEINE MEINUNG ÄNDERST? VON MIR AUS.
DU KANNST MIR NICHTS ANHABEN. DU STELLST KEINE GEFAHR DAR.
SNAP
LUSTIG. DAS MEINTE HAL AUCH.

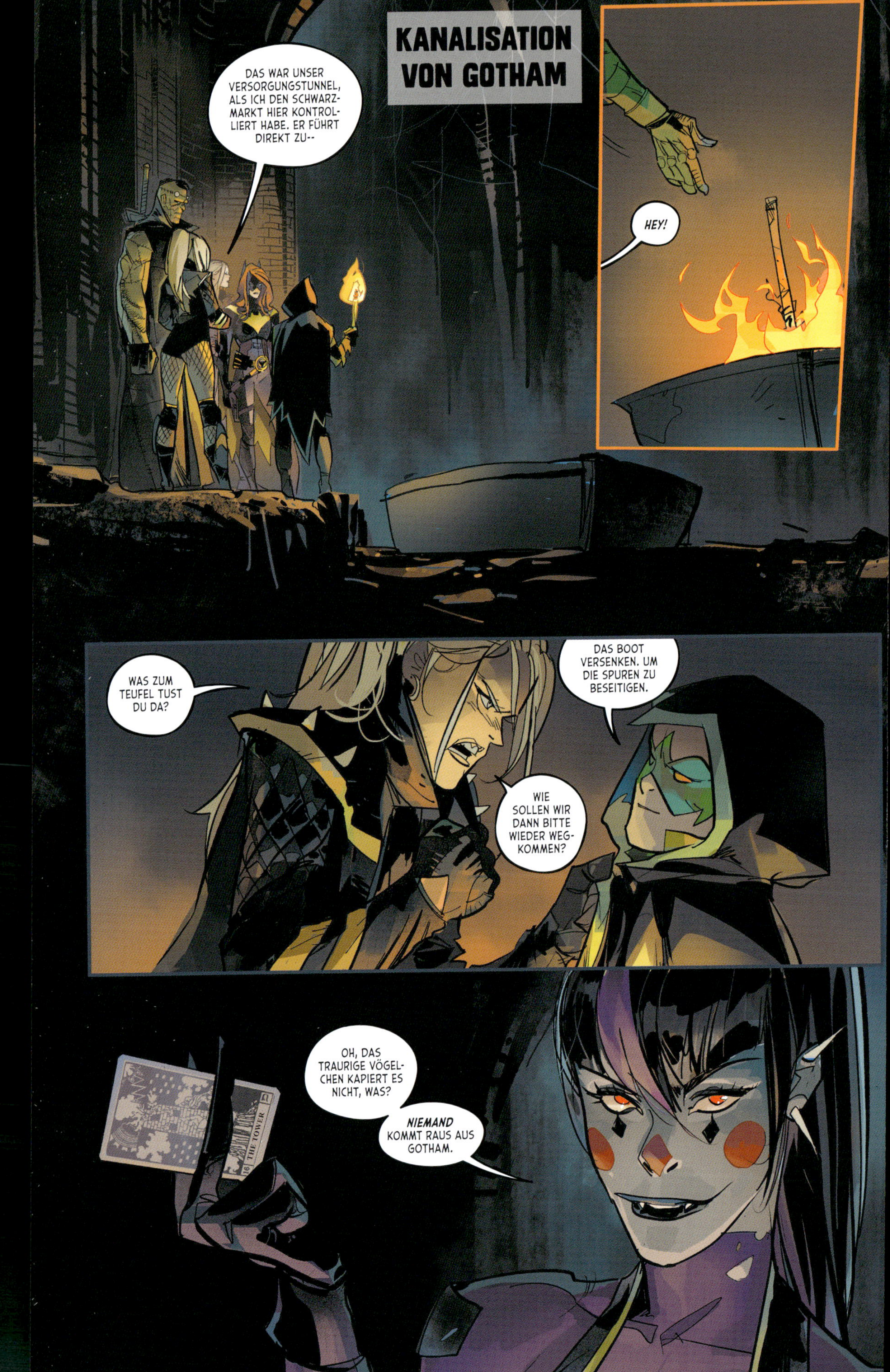
KANALISATION VON GOTHAM
DAS WAR UNSER VERSORGUNGSTUNNEL, ALS ICH DEN SCHWARZMARKT HIER KONTROLLIERT HABE. ER FÜHRT DIREKT ZU--
HEY!
WAS ZUM TEUFEL TUST DU DA?
DAS BOOT VERSENKEN. UM DIE SPUREN ZU BESEITIGEN.
WIE SOLLEN WIR DANN BITTE WIEDER WEGKOMMEN?
OH, DAS TRAURIGE VÖGELCHEN KAPIERT ES NICHT, WAS?
NIEMAND KOMMT RAUS AUS GOTHAM.
16 THE TOWER

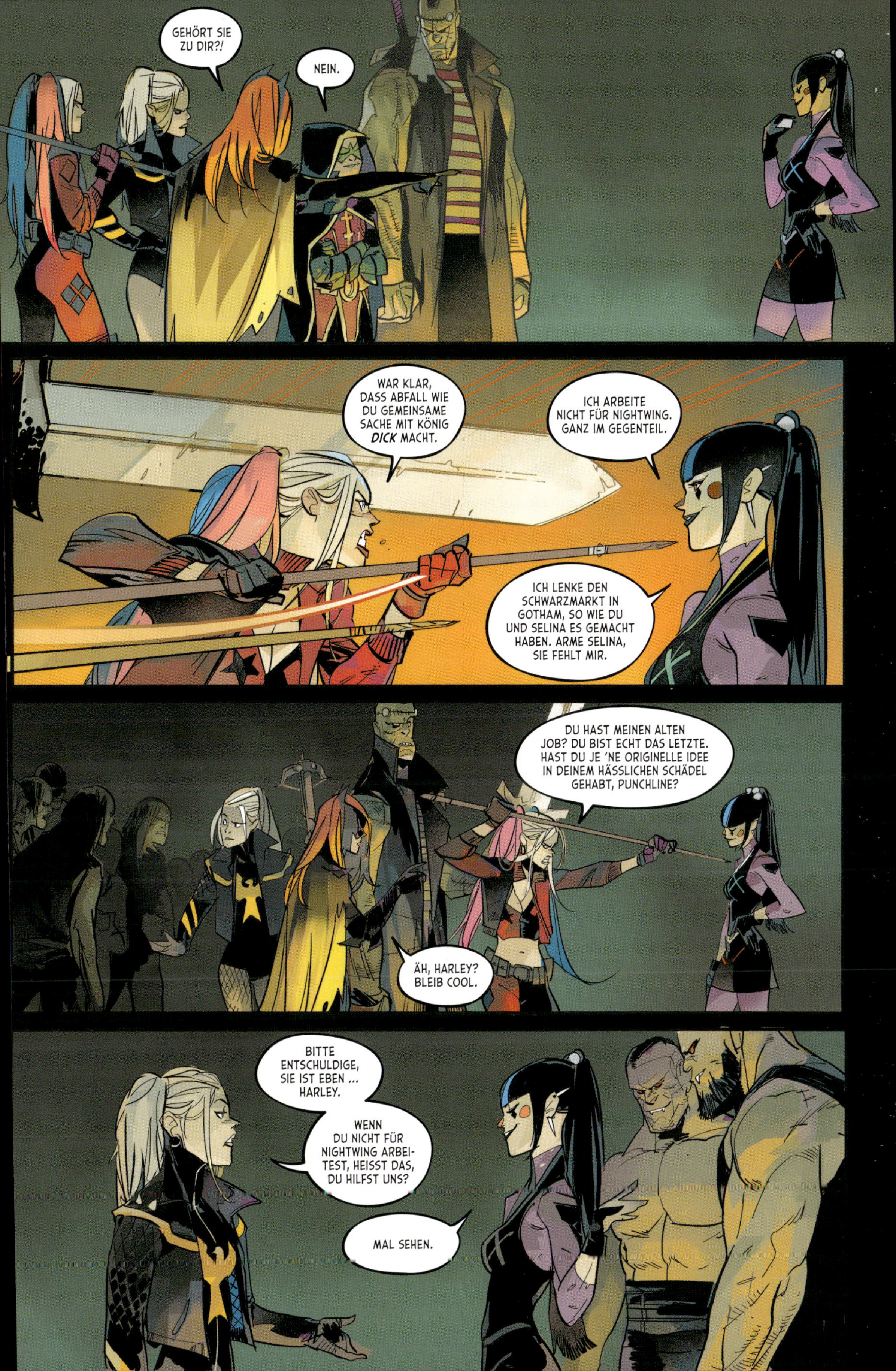

GEHÖRT SIE ZU DIR?!
NEIN.
WAR KLAR, DASS ABFALL WIE DU GEMEINSAME SACHE MIT KÖNIG *DICK* MACHT.
ICH ARBEITE NICHT FÜR NIGHTWING. GANZ IM GEGENTEIL.
ICH LENKE DEN SCHWARZMARKT IN GOTHAM, SO WIE DU UND SELINA ES GEMACHT HABEN. ARME SELINA, SIE FEHLT MIR.
DU HAST MEINEN ALTEN JOB? DU BIST ECHT DAS LETZTE. HAST DU JE 'NE ORIGINELLE IDEE IN DEINEM HÄSSLICHEN SCHÄDEL GEHABT, PUNCHLINE?
ÄH, HARLEY? BLEIB COOL.

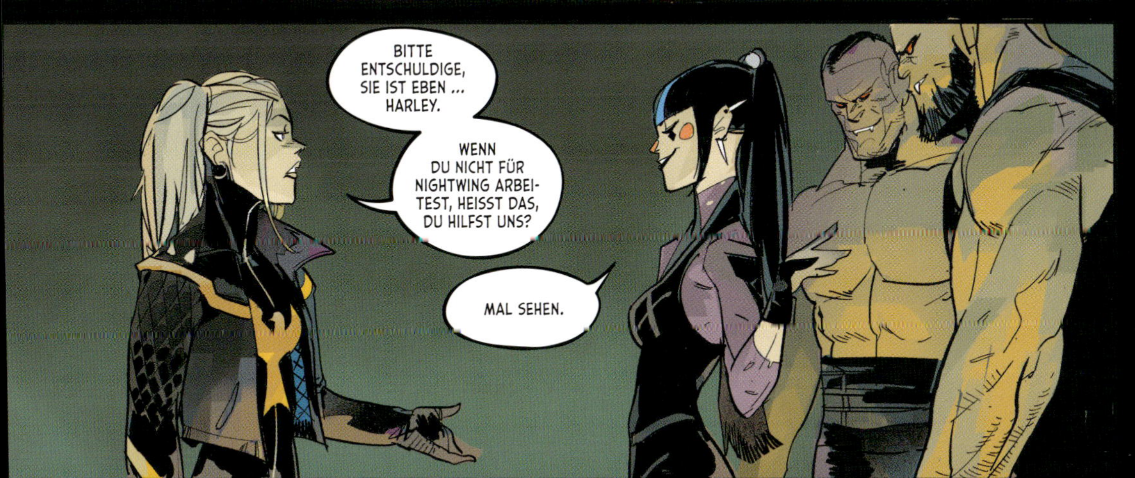

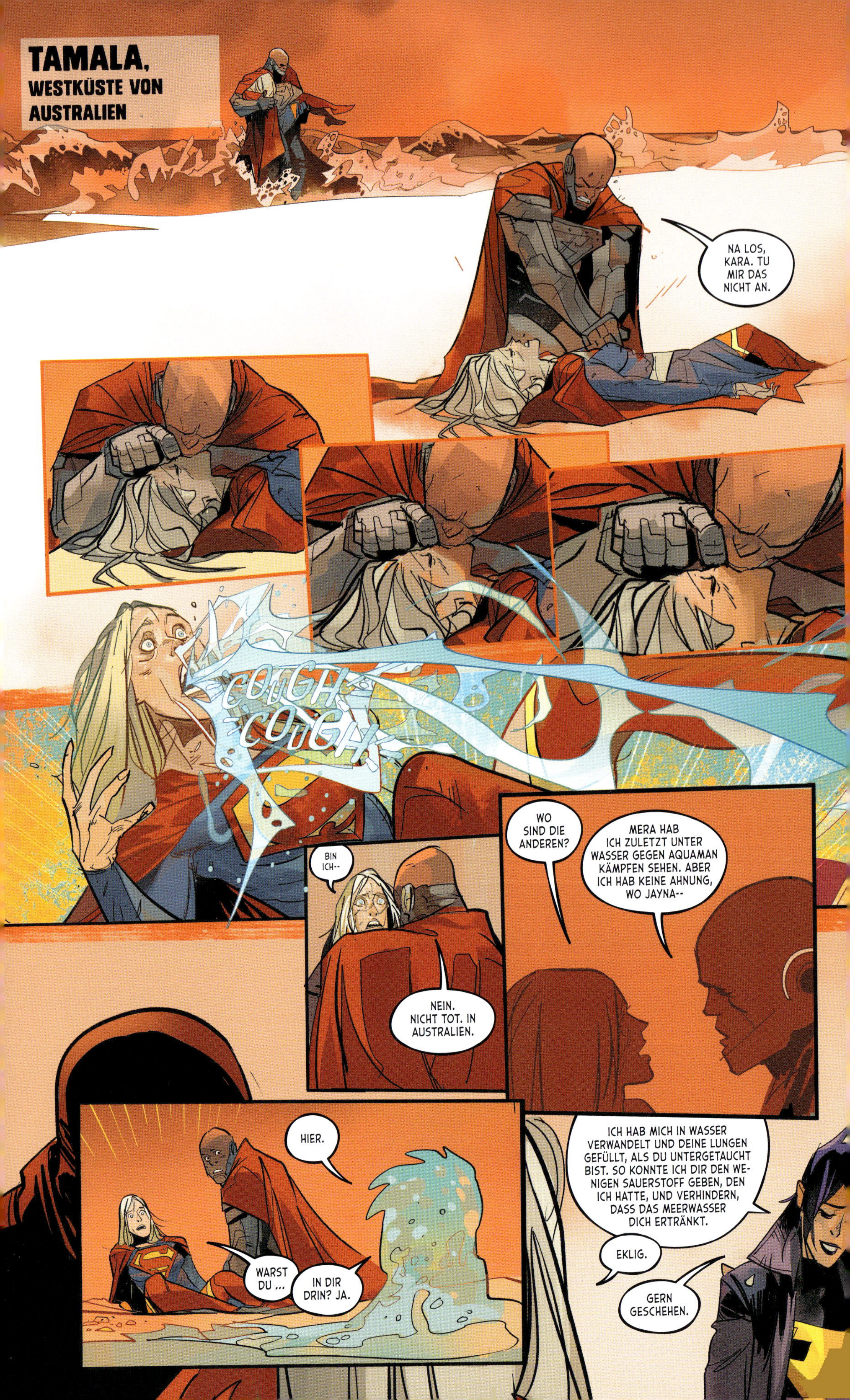
TAMALA, WESTKÜSTE VON AUSTRALIEN
NA LOS, KARA. TU MIR DAS NICHT AN.
COUGH COUGH
BIN ICH--
NEIN. NICHT TOT. IN AUSTRALIEN.
WO SIND DIE ANDEREN?
MERA HAB ICH ZULETZT UNTER WASSER GEGEN AQUAMAN KÄMPFEN SEHEN. ABER ICH HAB KEINE AHNUNG, WO JAYNA--
HIER.
WARST DU ...
IN DIR DRIN? JA.
ICH HAB MICH IN WASSER VERWANDELT UND DEINE LUNGEN GEFÜLLT, ALS DU UNTERGETAUCHT BIST. SO KONNTE ICH DIR DEN WENIGEN SAUERSTOFF GEBEN, DEN ICH HATTE, UND VERHINDERN, DASS DAS MEERWASSER DICH ERTRÄNKT.
EKLIG.
GERN GESCHEHEN.

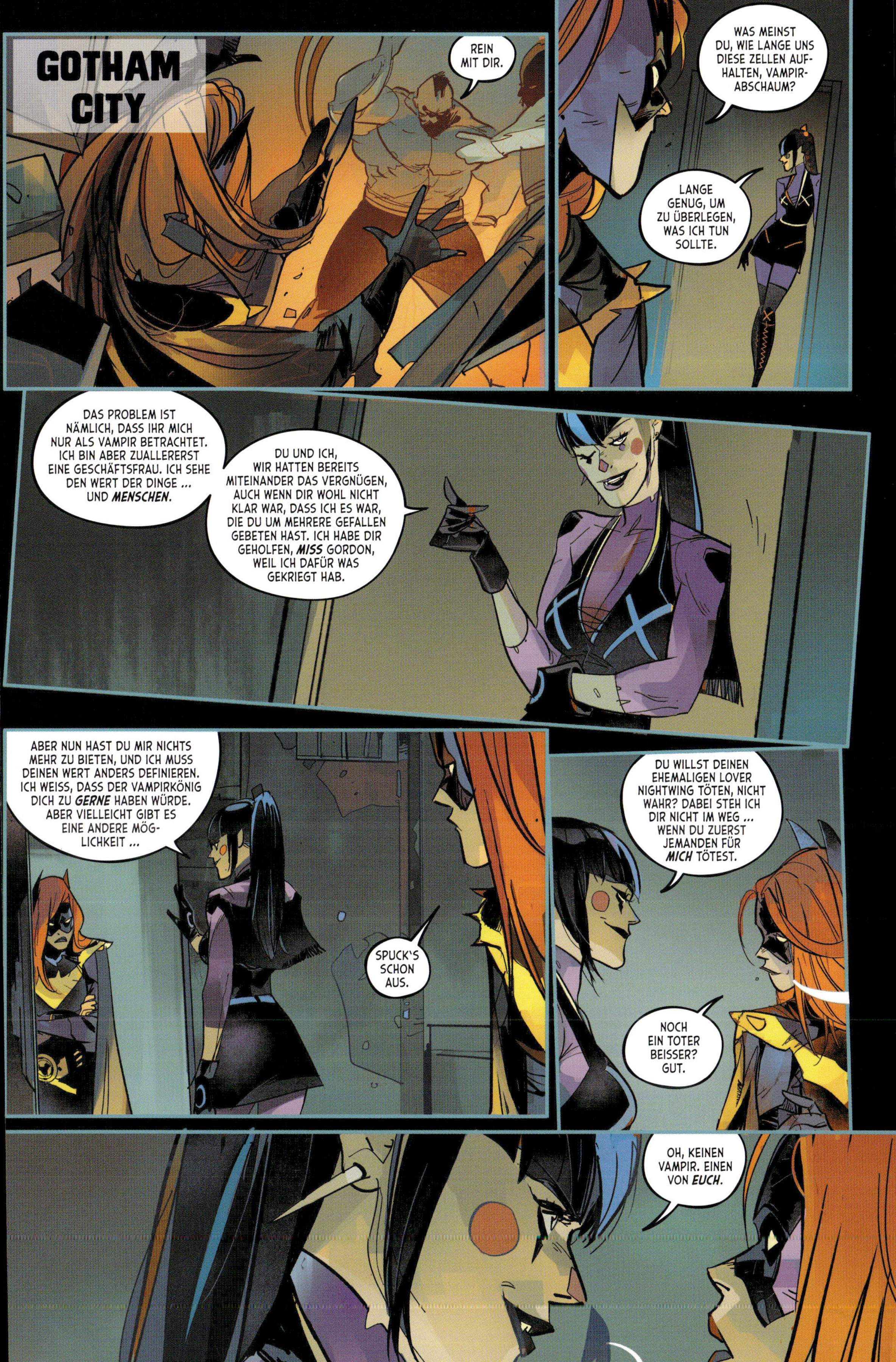
GOTHAM CITY
REIN MIT DIR.
WAS MEINST DU, WIE LANGE UNS DIESE ZELLEN AUF-HALTEN, VAMPIR-ABSCHAUM?
LANGE GENUG, UM ZU ÜBERLEGEN, WAS ICH TUN SOLLTE.
DAS PROBLEM IST NÄMLICH, DASS IHR MICH NUR ALS VAMPIR BETRACHTET. ICH BIN ABER ZUALLERERST EINE GESCHÄFTSFRAU. ICH SEHE DEN WERT DER DINGE ... UND MENSCHEN.
DU UND ICH, WIR HATTEN BEREITS MITEINANDER DAS VERGNÜGEN, AUCH WENN DIR WOHL NICHT KLAR WAR, DASS ICH ES WAR, DIE DU UM MEHRERE GEFALLEN GEBETEN HAST. ICH HABE DIR GEHOLFEN, MISS GORDON, WEIL ICH DAFÜR WAS GEKRIEGT HAB.
ABER NUN HAST DU MIR NICHTS MEHR ZU BIETEN, UND ICH MUSS DEINEN WERT ANDERS DEFINIEREN. ICH WEISS, DASS DER VAMPIRKÖNIG DICH ZU GERNE HABEN WÜRDE. ABER VIELLEICHT GIBT ES EINE ANDERE MÖG-LICHKEIT ...
SPUCK'S SCHON AUS.
DU WILLST DEINEN EHEMALIGEN LOVER NIGHTWING TÖTEN, NICHT WAHR? DABEI STEH ICH DIR NICHT IM WEG ... WENN DU ZUERST JEMANDEN FÜR MICH TÖTEST.
NOCH EIN TOTER BEISSER? GUT.
OH, KEINEN VAMPIR. EINEN VON EUCH.

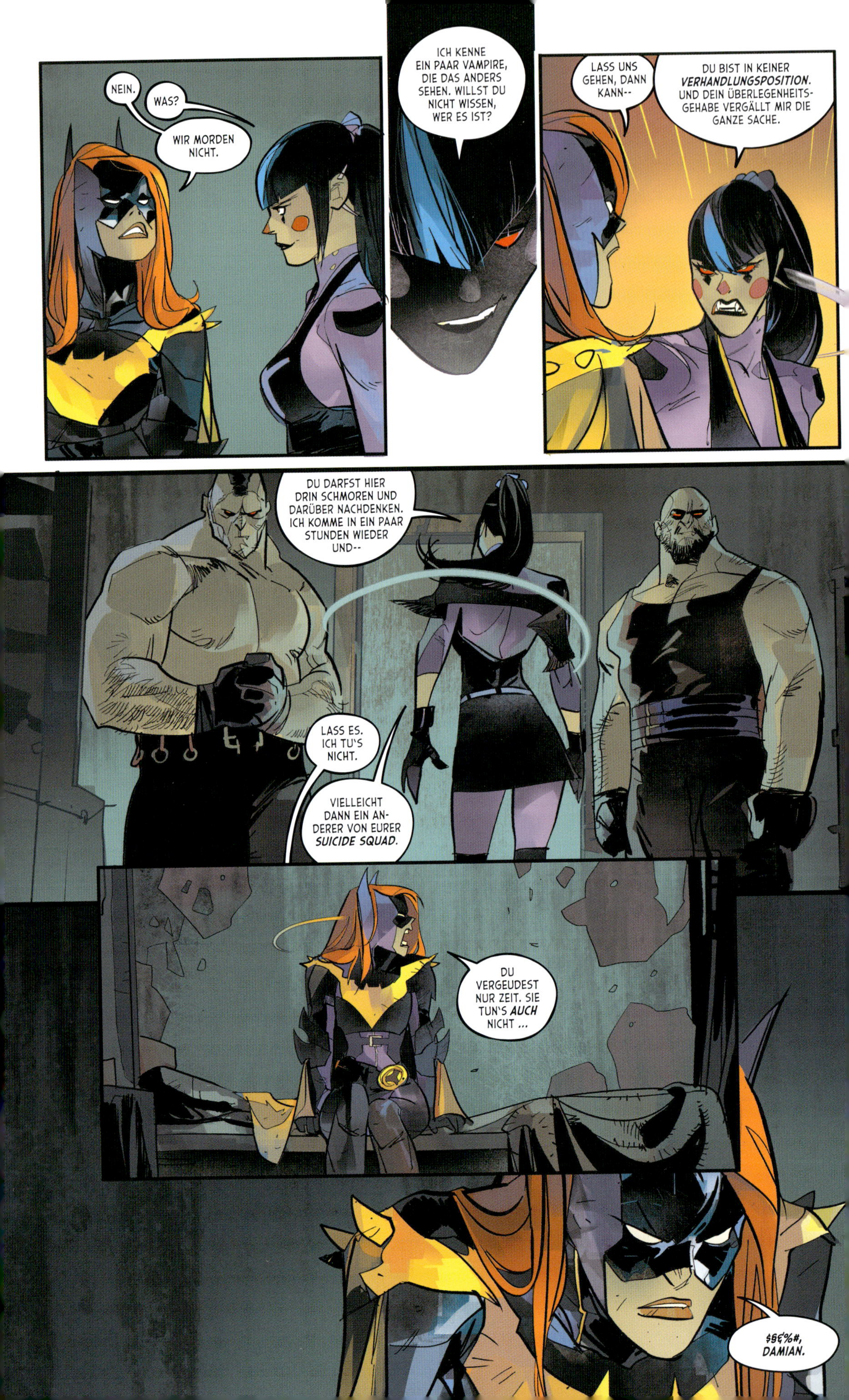

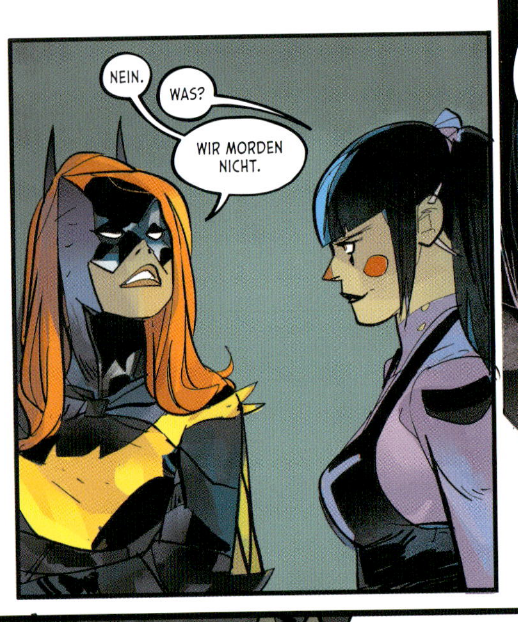
NEIN.
WAS?
WIR MORDEN NICHT.

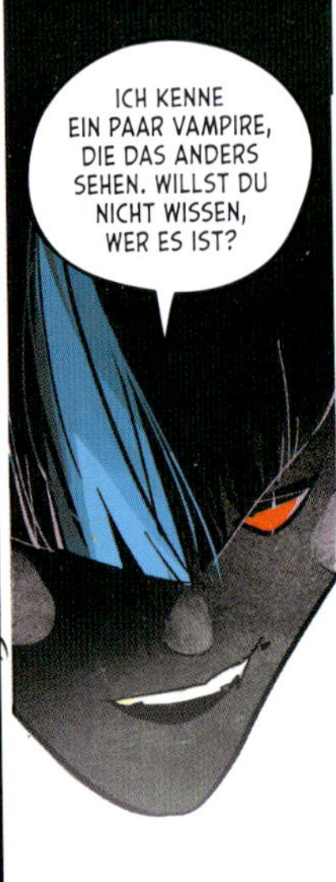
ICH KENNE EIN PAAR VAMPIRE, DIE DAS ANDERS SEHEN. WILLST DU NICHT WISSEN, WER ES IST?

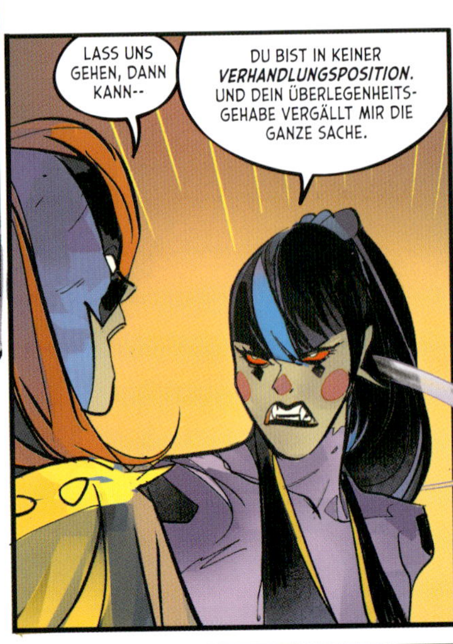
LASS UNS GEHEN, DANN KANN--
DU BIST IN KEINER *VERHANDLUNGSPOSITION*. UND DEIN ÜBERLEGENHEITS-GEHABE VERGÄLLT MIR DIE GANZE SACHE.

DU DARFST HIER DRIN SCHMOREN UND DARÜBER NACHDENKEN. ICH KOMME IN EIN PAAR STUNDEN WIEDER UND--
LASS ES. ICH TU'S NICHT.
VIELLEICHT DANN EIN ANDERER VON EURER *SUICIDE SQUAD*.
DU VERGEUDEST NUR ZEIT. SIE TUN'S *AUCH* NICHT ...
$§€%#, DAMIAN.

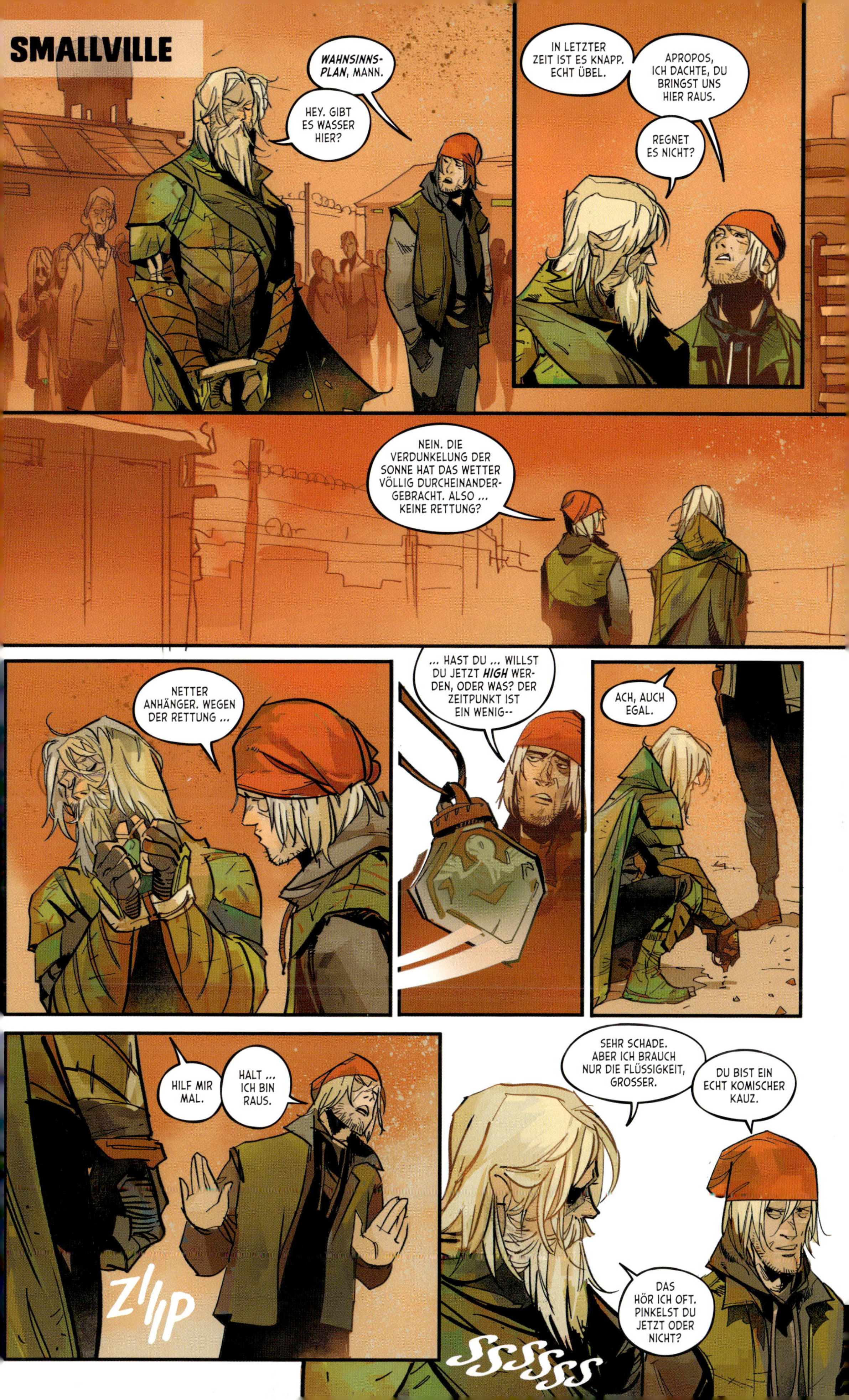

SMALLVILLE

WAHNSINNS-PLAN, MANN.

HEY. GIBT ES WASSER HIER?

IN LETZTER ZEIT IST ES KNAPP. ECHT ÜBEL.

APROPOS, ICH DACHTE, DU BRINGST UNS HIER RAUS.

REGNET ES NICHT?

NEIN. DIE VERDUNKELUNG DER SONNE HAT DAS WETTER VÖLLIG DURCHEINANDER-GEBRACHT. ALSO ... KEINE RETTUNG?

NETTER ANHÄNGER. WEGEN DER RETTUNG ...

... HAST DU ... WILLST DU JETZT *HIGH* WERDEN, ODER WAS? DER ZEITPUNKT IST EIN WENIG--

ACH, AUCH EGAL.

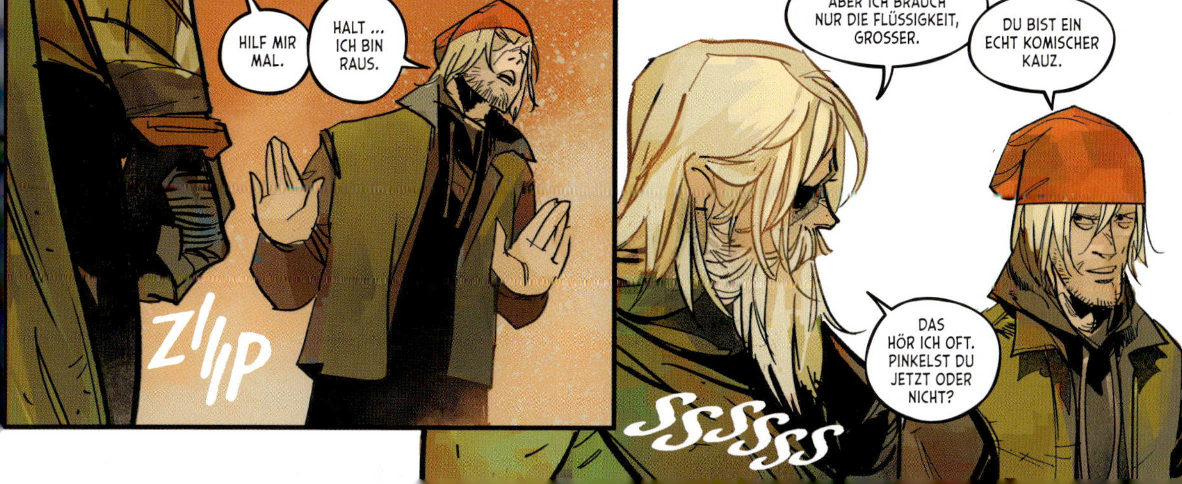

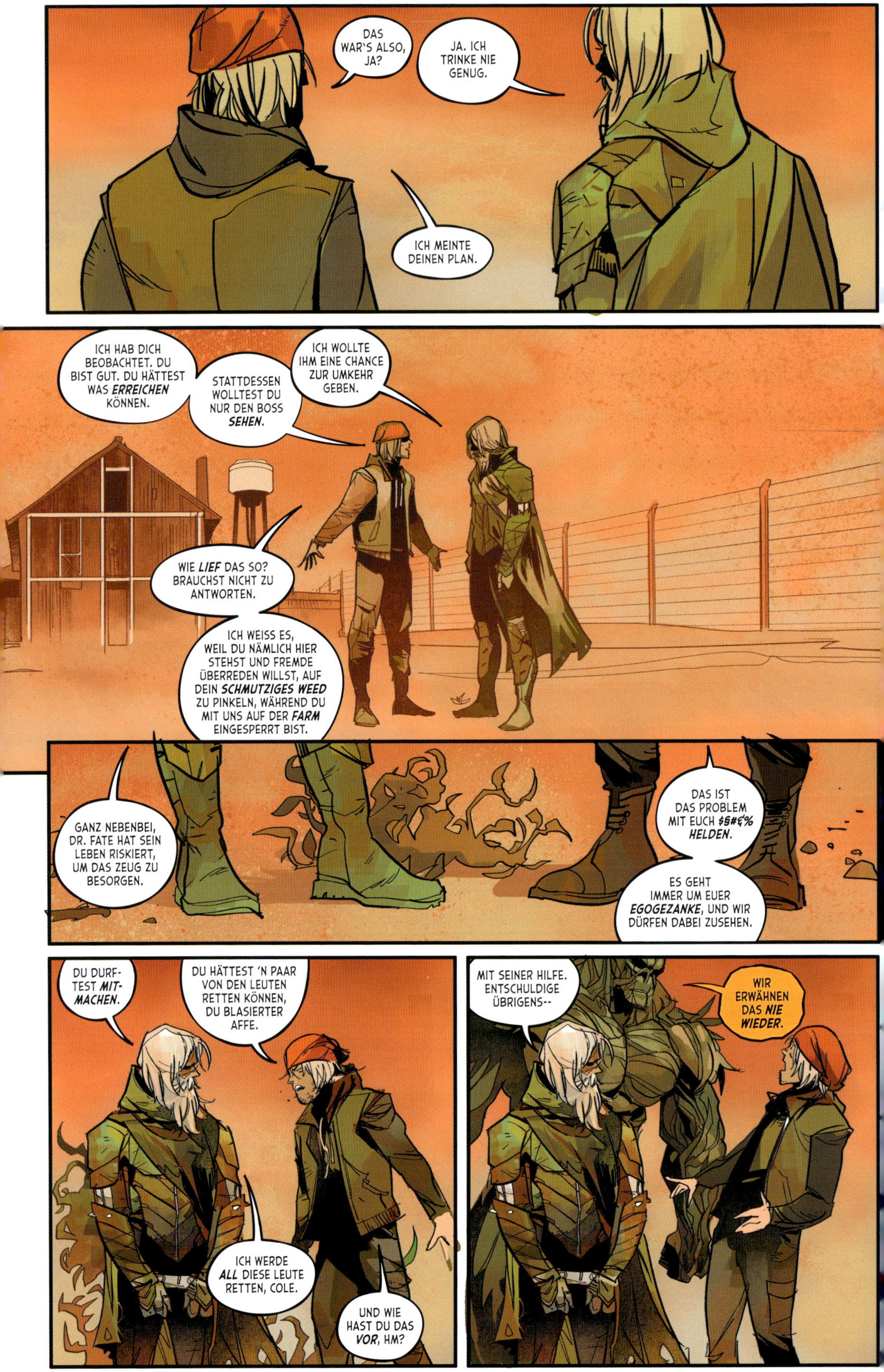

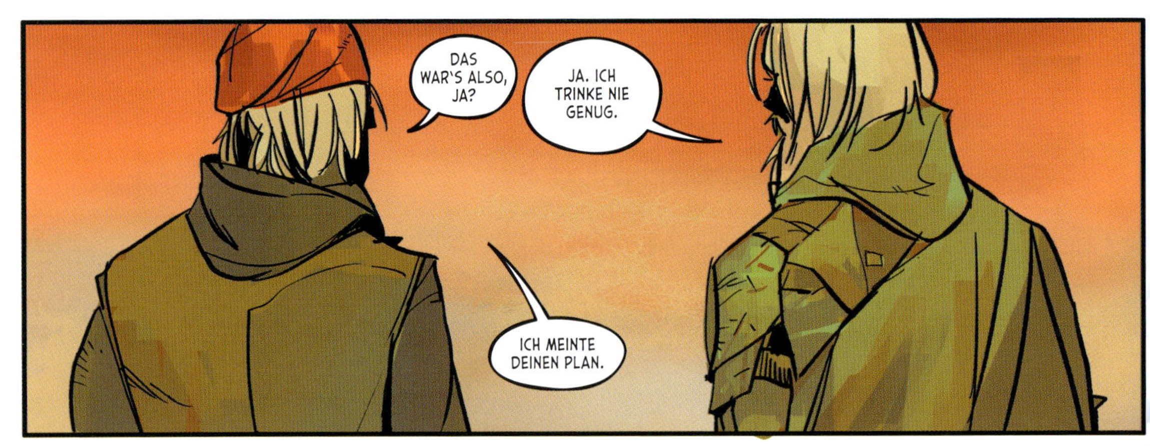

ICH HAB DICH BEOBACHTET. DU BIST GUT. DU HÄTTEST WAS **ERREICHEN** KÖNNEN.

STATTDESSEN WOLLTEST DU NUR DEN BOSS **SEHEN**.

ICH WOLLTE IHM EINE CHANCE ZUR UMKEHR GEBEN.

WIE **LIEF** DAS SO? BRAUCHST NICHT ZU ANTWORTEN.

ICH WEISS ES, WEIL DU NÄMLICH HIER STEHST UND FREMDE ÜBERREDEN WILLST, AUF DEIN **SCHMUTZIGES WEED** ZU PINKELN, WÄHREND DU MIT UNS AUF DER **FARM** EINGESPERRT BIST.

GANZ NEBENBEI, DR. FATE HAT SEIN LEBEN RISKIERT, UM DAS ZEUG ZU BESORGEN.

DAS IST DAS PROBLEM MIT EUCH **$§#€% HELDEN.**

ES GEHT IMMER UM EUER **EGOGEZANKE**, UND WIR DÜRFEN DABEI ZUSEHEN.

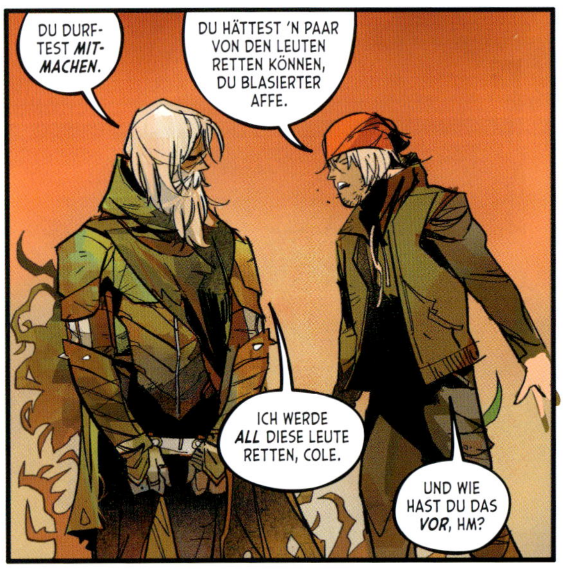

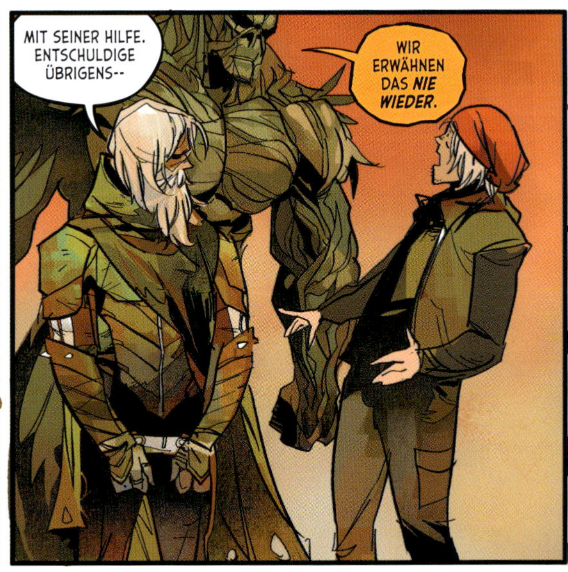

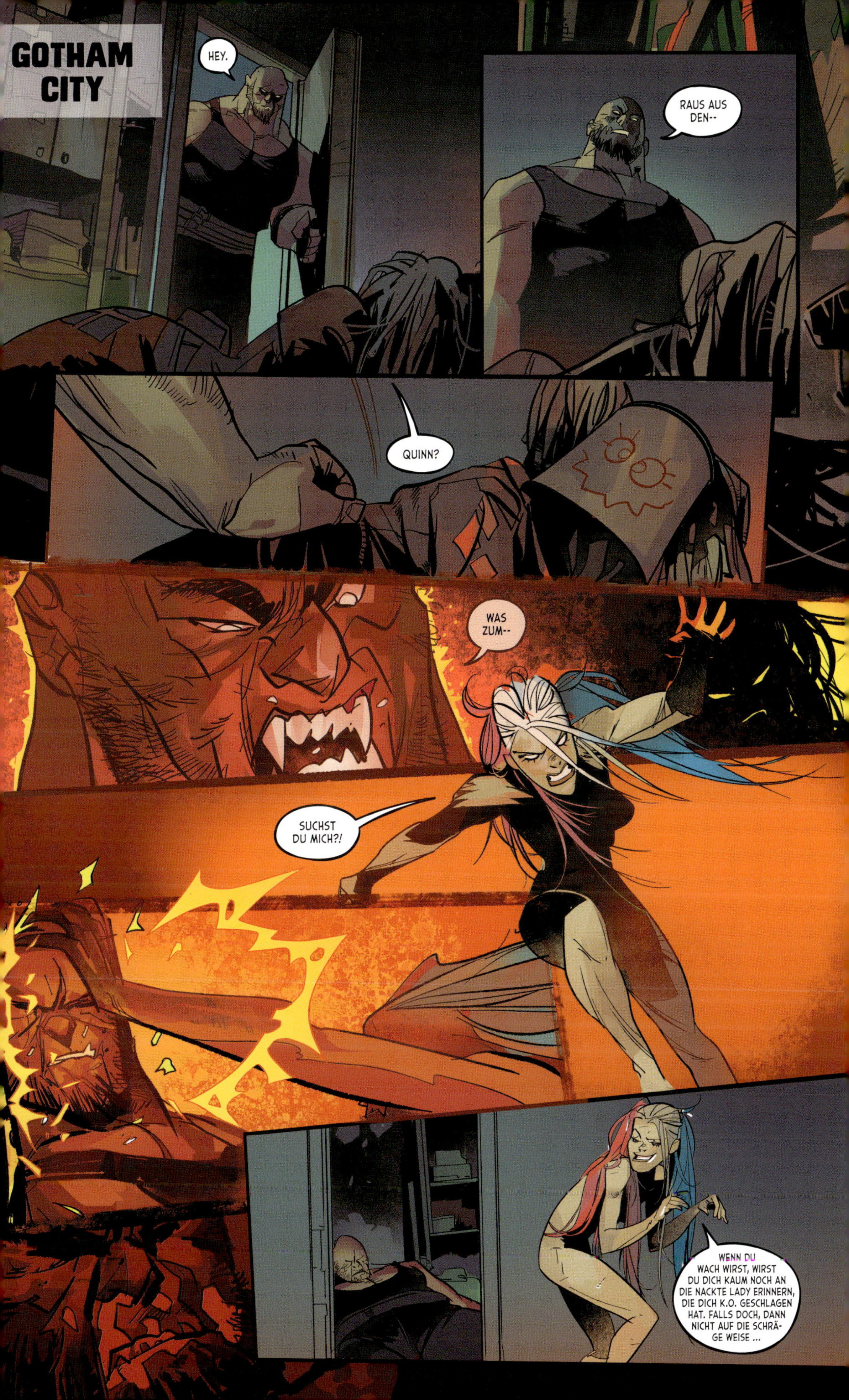
GOTHAM CITY
HEY.
RAUS AUS DEN--
QUINN?
WAS ZUM--
SUCHST DU MICH?!
WENN DU WACH WIRST, WIRST DU DICH KAUM NOCH AN DIE NACKTE LADY ERINNERN, DIE DICH K.O. GESCHLAGEN HAT. FALLS DOCH, DANN NICHT AUF DIE SCHRÄGE WEISE ...

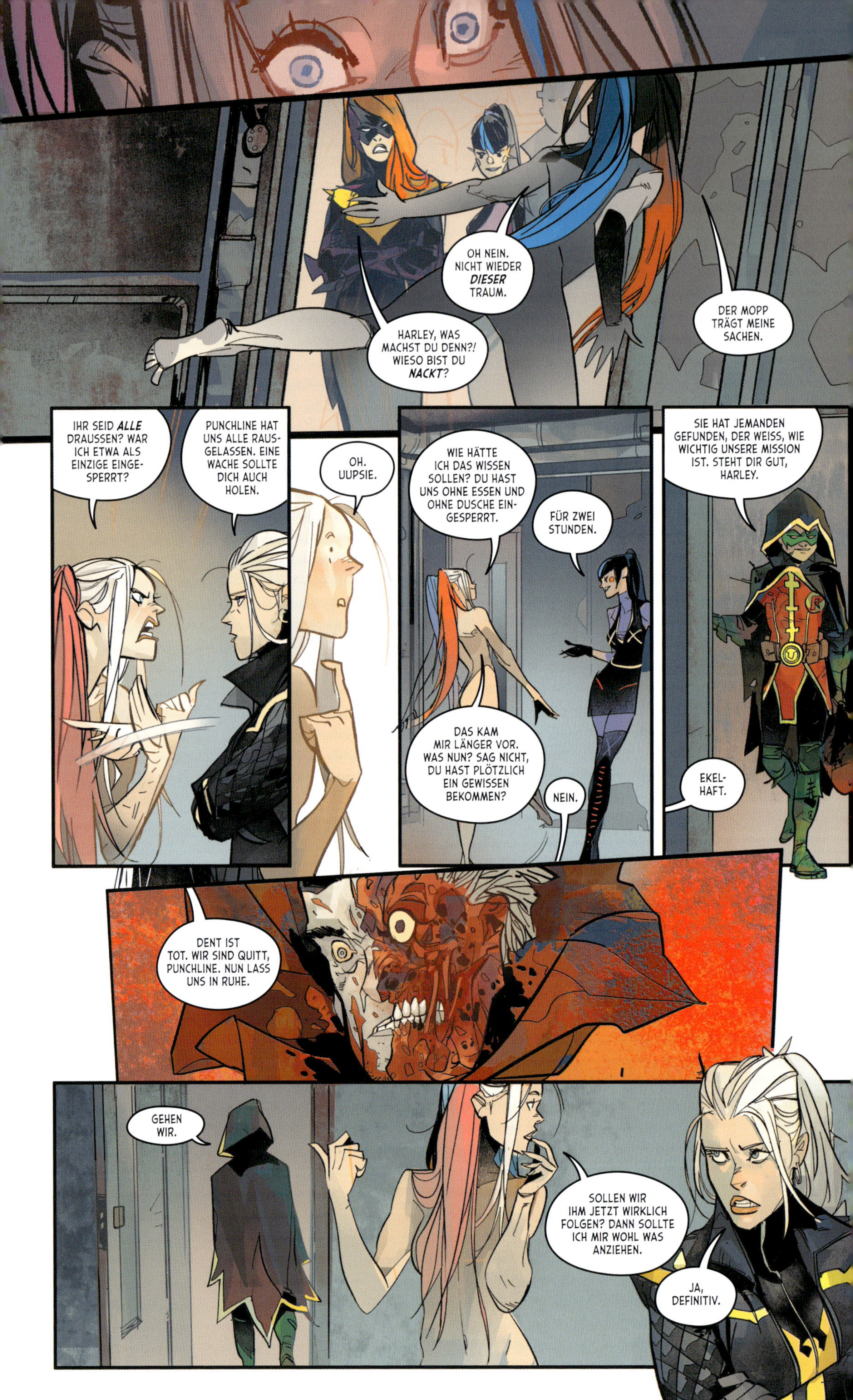
OH NEIN. NICHT WIEDER *DIESER* TRAUM.
HARLEY, WAS MACHST DU DENN?! WIESO BIST DU *NACKT*?
DER MOPP TRÄGT MEINE SACHEN.
IHR SEID *ALLE* DRAUSSEN? WAR ICH ETWA ALS EINZIGE EINGE-SPERRT?
PUNCHLINE HAT UNS ALLE RAUS-GELASSEN. EINE WACHE SOLLTE DICH AUCH HOLEN.
OH. UUPSIE.
WIE HÄTTE ICH DAS WISSEN SOLLEN? DU HAST UNS OHNE ESSEN UND OHNE DUSCHE EIN-GESPERRT.
FÜR ZWEI STUNDEN.
DAS KAM MIR LÄNGER VOR. WAS NUN? SAG NICHT, DU HAST PLÖTZLICH EIN GEWISSEN BEKOMMEN?
NEIN.
SIE HAT JEMANDEN GEFUNDEN, DER WEISS, WIE WICHTIG UNSERE MISSION IST. STEHT DIR GUT, HARLEY.
EKEL-HAFT.
DENT IST TOT. WIR SIND QUITT, PUNCHLINE. NUN LASS UNS IN RUHE.
GEHEN WIR.
SOLLEN WIR IHM JETZT WIRKLICH FOLGEN? DANN SOLLTE ICH MIR WOHL WAS ANZIEHEN.
JA, DEFINITIV.

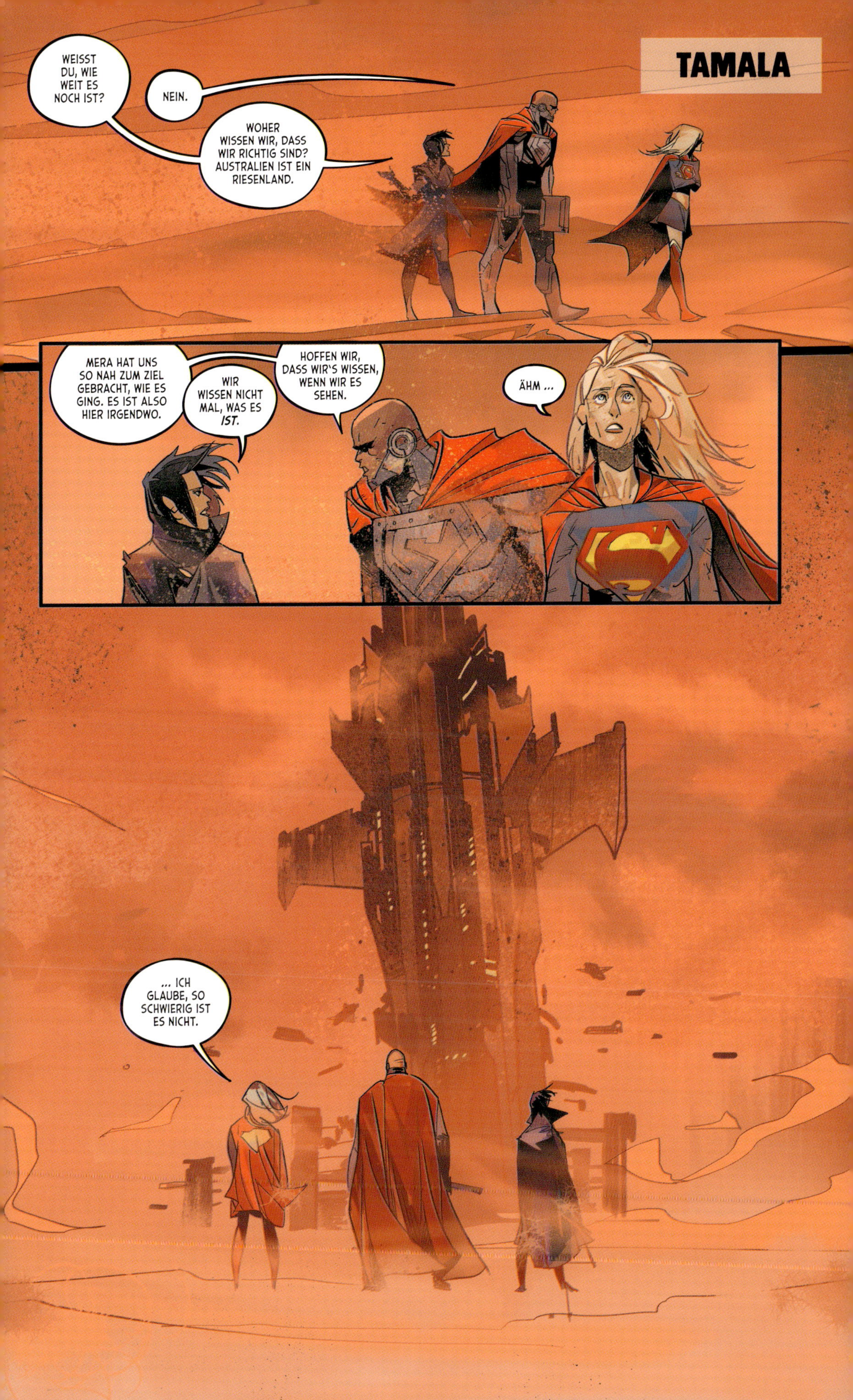
TAMALA
WEISST DU, WIE WEIT ES NOCH IST?
NEIN.
WOHER WISSEN WIR, DASS WIR RICHTIG SIND? AUSTRALIEN IST EIN RIESENLAND.
MERA HAT UNS SO NAH ZUM ZIEL GEBRACHT, WIE ES GING. ES IST ALSO HIER IRGENDWO.
WIR WISSEN NICHT MAL, WAS ES *IST*.
HOFFEN WIR, DASS WIR'S WISSEN, WENN WIR ES SEHEN.
ÄHM ...
... ICH GLAUBE, SO SCHWIERIG IST ES NICHT.

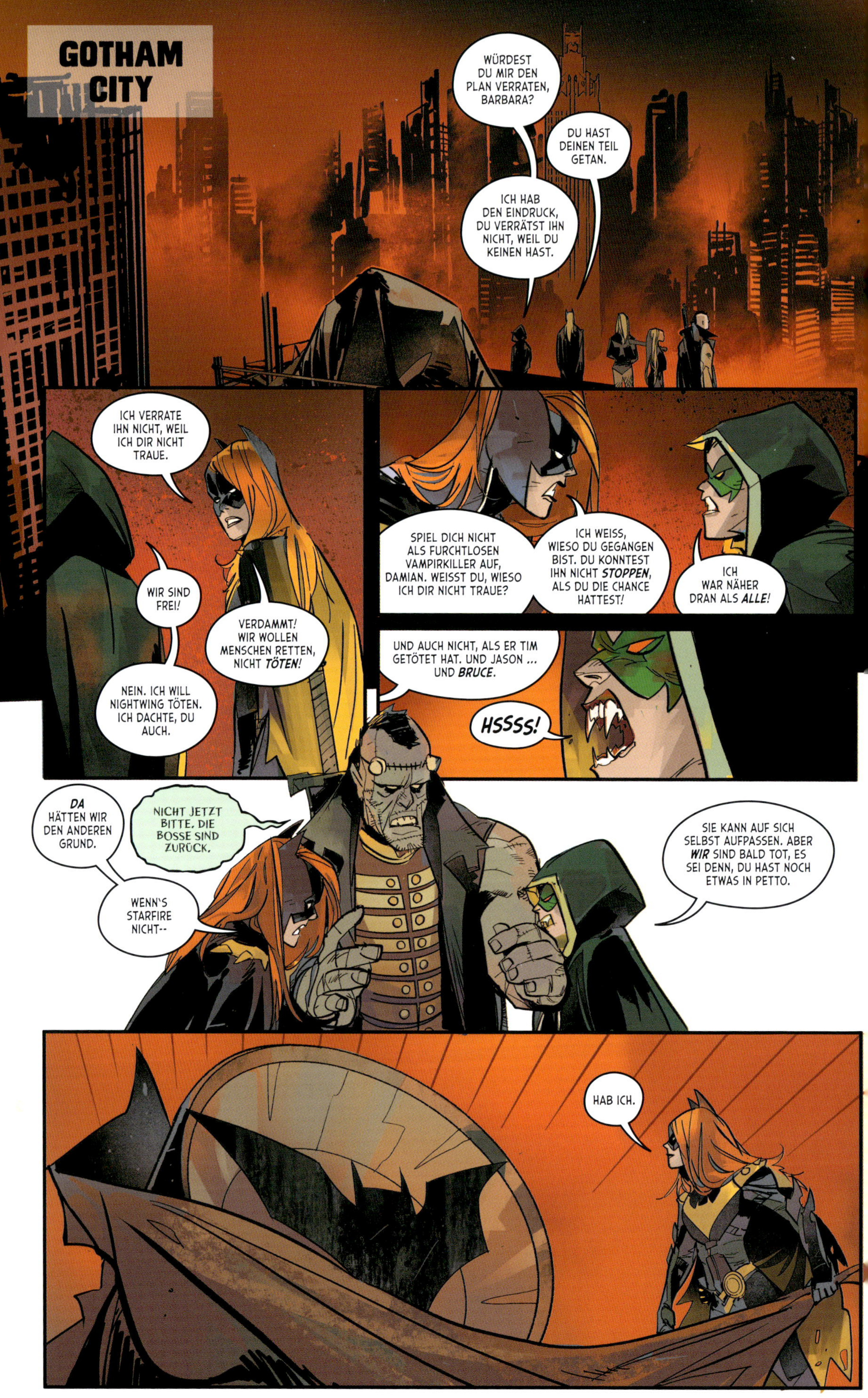
GOTHAM CITY
WÜRDEST DU MIR DEN PLAN VERRATEN, BARBARA?
DU HAST DEINEN TEIL GETAN.
ICH HAB DEN EINDRUCK, DU VERRÄTST IHN NICHT, WEIL DU KEINEN HAST.
ICH VERRATE IHN NICHT, WEIL ICH DIR NICHT TRAUE.
WIR SIND FREI!
VERDAMMT! WIR WOLLEN MENSCHEN RETTEN, NICHT *TÖTEN*!
NEIN. ICH WILL NIGHTWING TÖTEN. ICH DACHTE, DU AUCH.
SPIEL DICH NICHT ALS FURCHTLOSEN VAMPIRKILLER AUF, DAMIAN. WEISST DU, WIESO ICH DIR NICHT TRAUE?
ICH WEISS, WIESO DU GEGANGEN BIST. DU KONNTEST IHN NICHT *STOPPEN*, ALS DU DIE CHANCE HATTEST!
ICH WAR NÄHER DRAN ALS *ALLE*!
UND AUCH NICHT, ALS ER TIM GETÖTET HAT. UND JASON ... UND *BRUCE*.
HSSSS!
DA HÄTTEN WIR DEN ANDEREN GRUND.
NICHT JETZT BITTE. DIE BOSSE SIND ZURÜCK.
WENN'S STARFIRE NICHT--
SIE KANN AUF SICH SELBST AUFPASSEN. ABER *WIR* SIND BALD TOT, ES SEI DENN, DU HAST NOCH ETWAS IN PETTO.
HAB ICH.

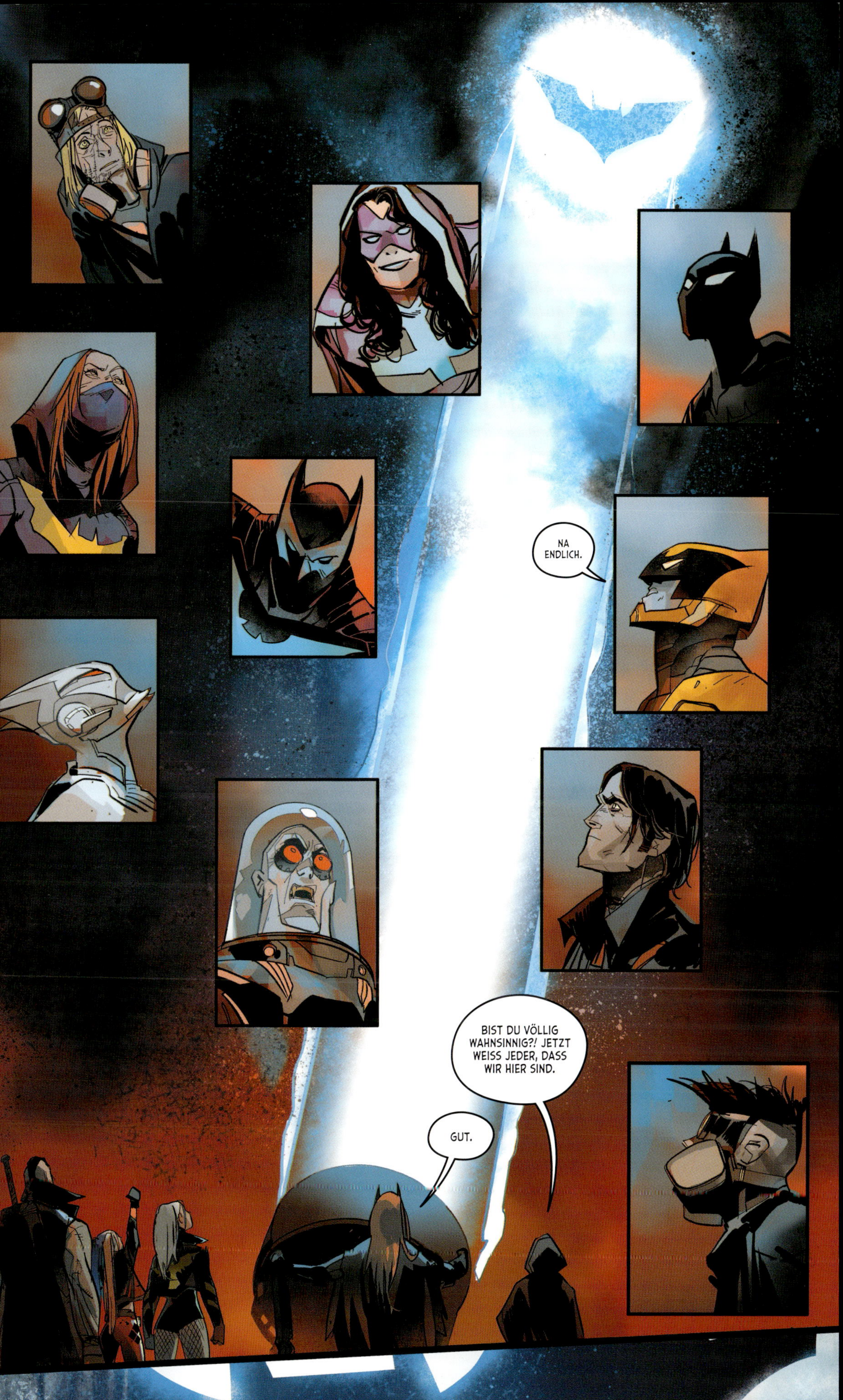
NA ENDLICH.
BIST DU VÖLLIG WAHNSINNIG?! JETZT WEISS JEDER, DASS WIR HIER SIND.
GUT.

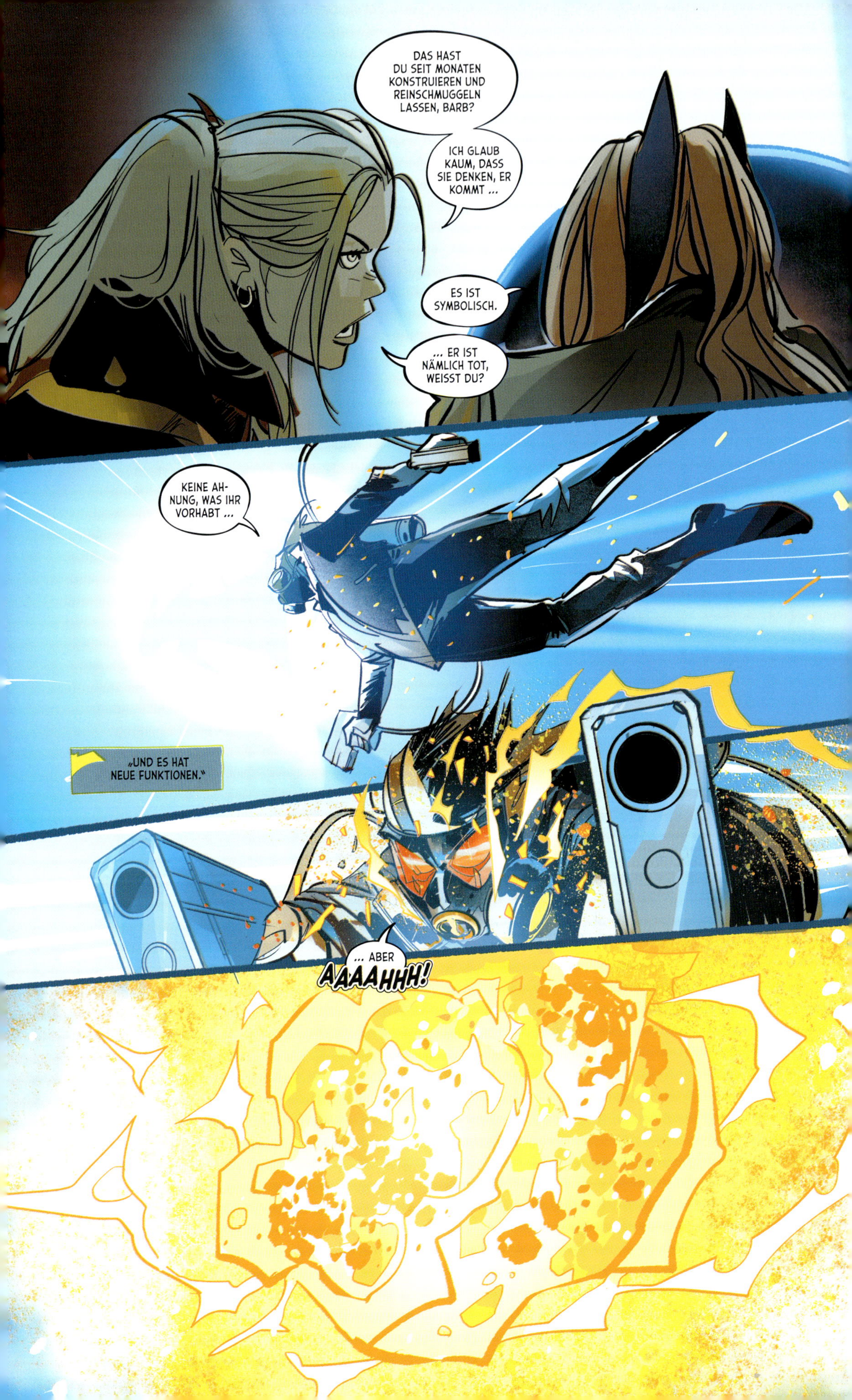
DAS HAST DU SEIT MONATEN KONSTRUIEREN UND REINSCHMUGGELN LASSEN, BARB?
ICH GLAUB KAUM, DASS SIE DENKEN, ER KOMMT ...
ES IST SYMBOLISCH.
... ER IST NÄMLICH TOT, WEISST DU?
KEINE AH-NUNG, WAS IHR VORHABT ...
„UND ES HAT NEUE FUNKTIONEN."
... ABER
AAAAHHH!

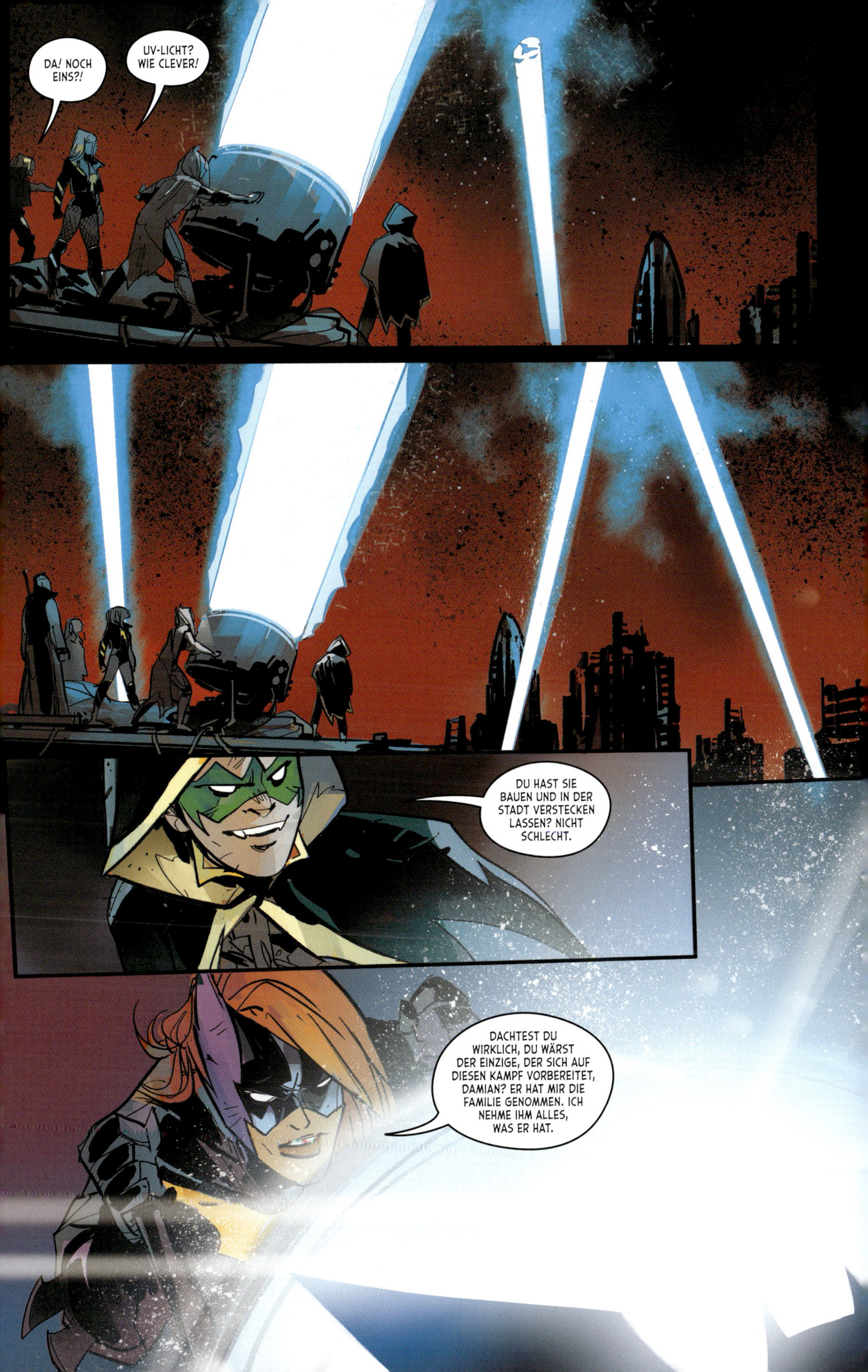
DA! NOCH EINS?!
UV-LICHT? WIE CLEVER!
DU HAST SIE BAUEN UND IN DER STADT VERSTECKEN LASSEN? NICHT SCHLECHT.
DACHTEST DU WIRKLICH, DU WÄRST DER EINZIGE, DER SICH AUF DIESEN KAMPF VORBEREITET, DAMIAN? ER HAT MIR DIE FAMILIE GENOMMEN. ICH NEHME IHM ALLES, WAS ER HAT.

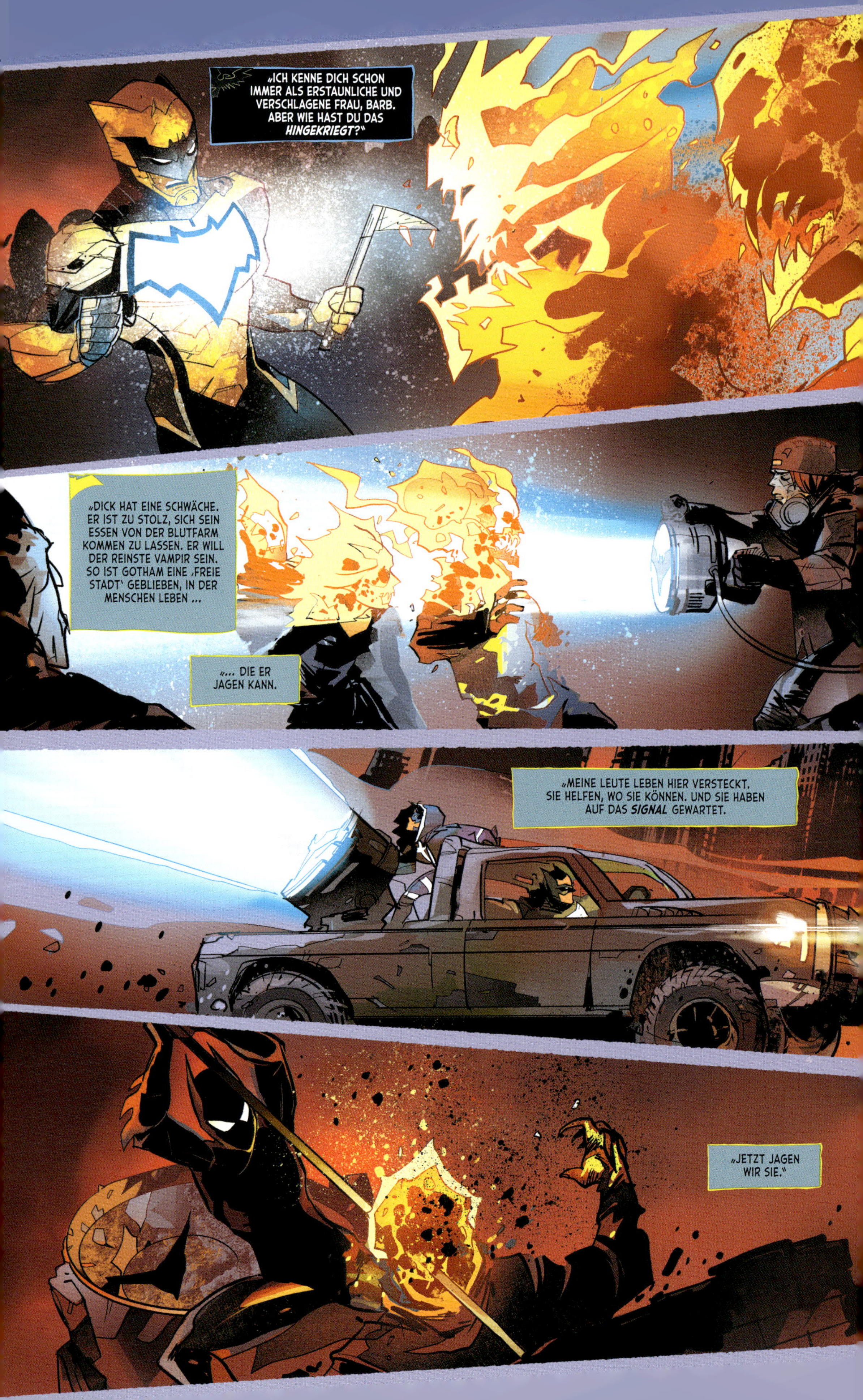
„ICH KENNE DICH SCHON IMMER ALS ERSTAUNLICHE UND VERSCHLAGENE FRAU, BARB. ABER WIE HAST DU DAS *HINGEKRIEGT*?"
„DICK HAT EINE SCHWÄCHE. ER IST ZU STOLZ, SICH SEIN ESSEN VON DER BLUTFARM KOMMEN ZU LASSEN. ER WILL DER REINSTE VAMPIR SEIN. SO IST GOTHAM EINE ‚FREIE STADT' GEBLIEBEN, IN DER MENSCHEN LEBEN ...
„... DIE ER JAGEN KANN.
„MEINE LEUTE LEBEN HIER VERSTECKT. SIE HELFEN, WO SIE KÖNNEN. UND SIE HABEN AUF DAS *SIGNAL* GEWARTET.
„JETZT JAGEN WIR SIE."

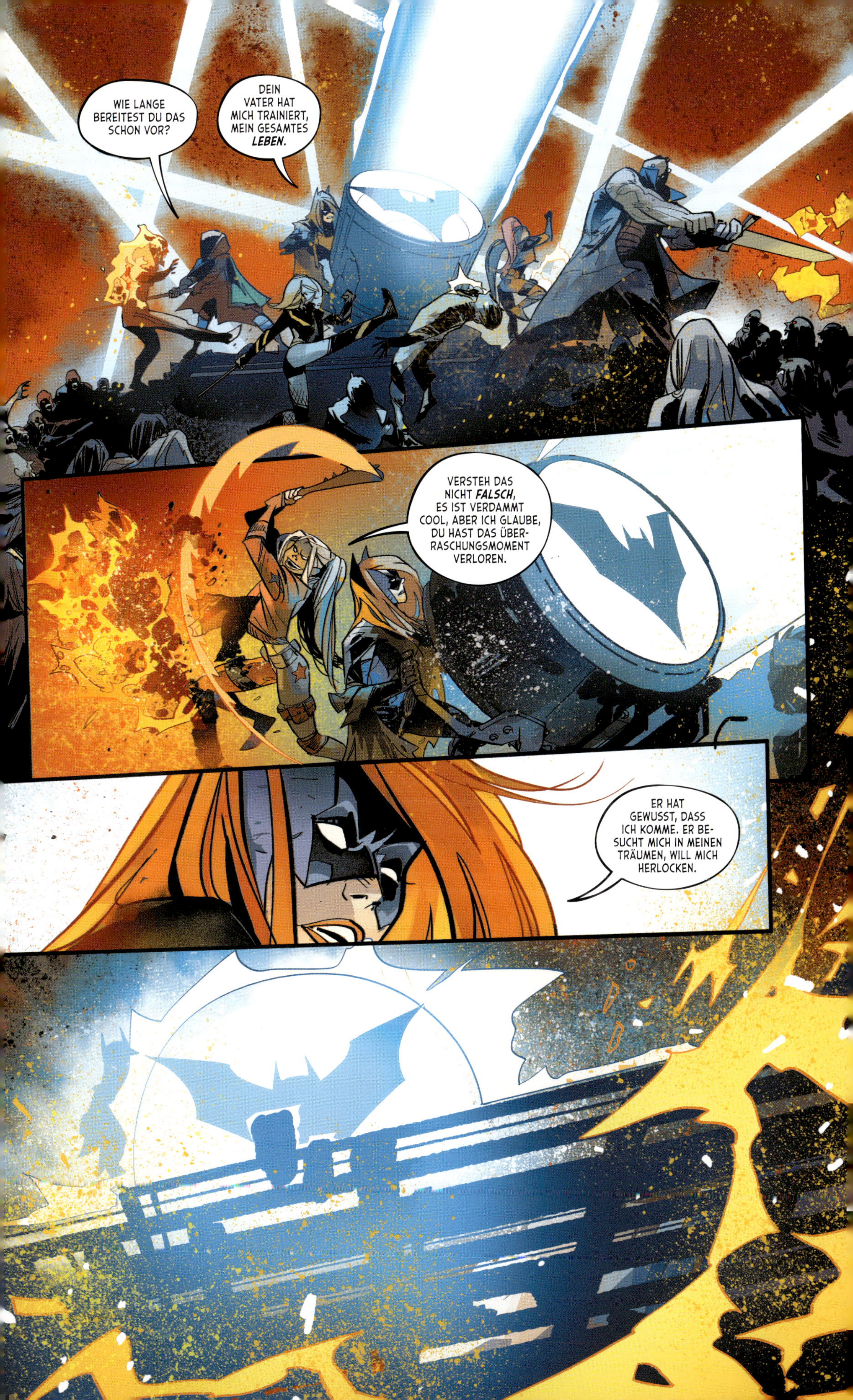
WIE LANGE BEREITEST DU DAS SCHON VOR?
DEIN VATER HAT MICH TRAINIERT, MEIN GESAMTES *LEBEN*.
VERSTEH DAS NICHT *FALSCH*, ES IST VERDAMMT COOL, ABER ICH GLAUBE, DU HAST DAS ÜBER-RASCHUNGSMOMENT VERLOREN.
ER HAT GEWUSST, DASS ICH KOMME. ER BE-SUCHT MICH IN MEINEN TRÄUMEN, WILL MICH HERLOCKEN.

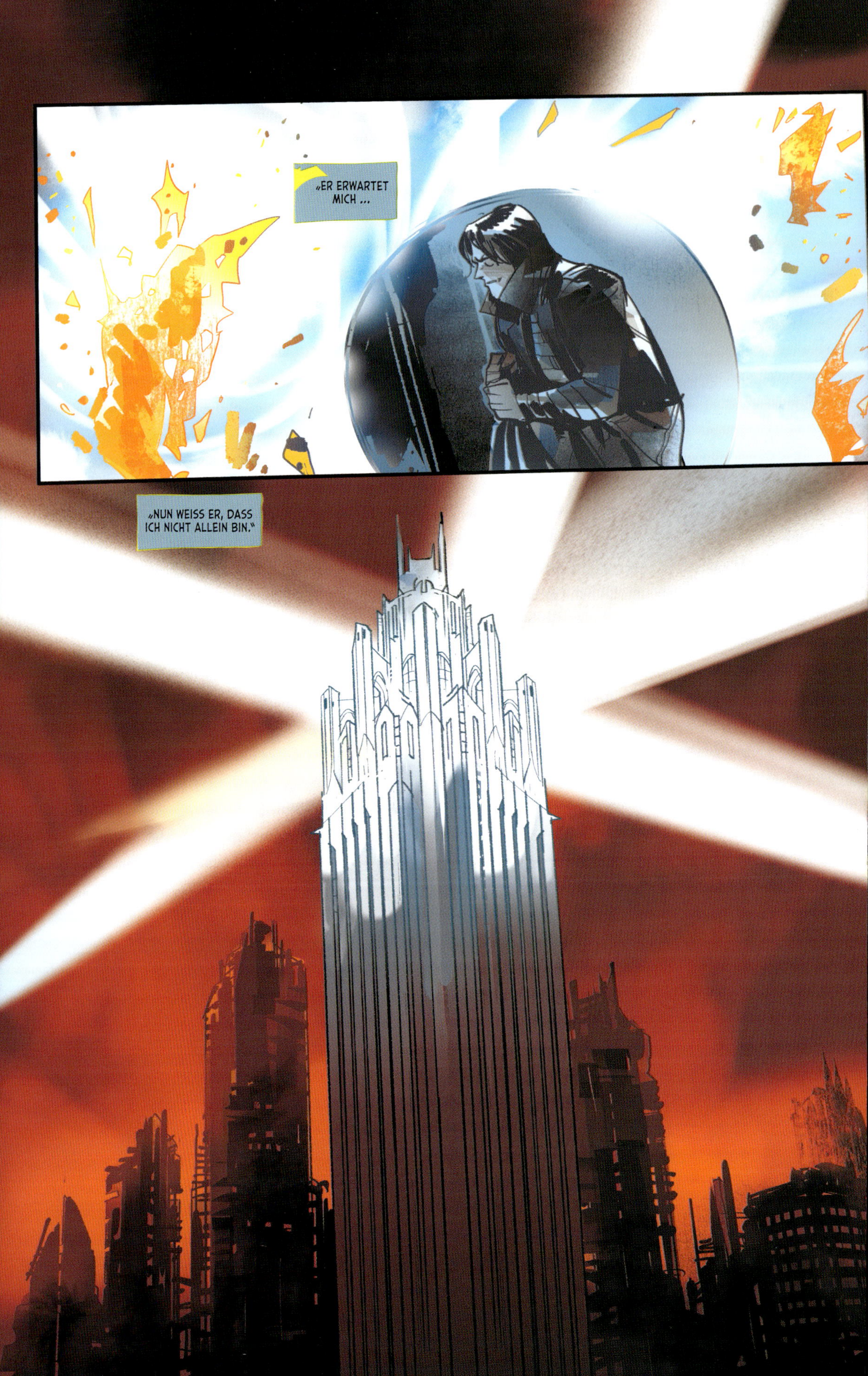
„ER ERWARTET MICH ...
„NUN WEISS ER, DASS ICH NICHT ALLEIN BIN."

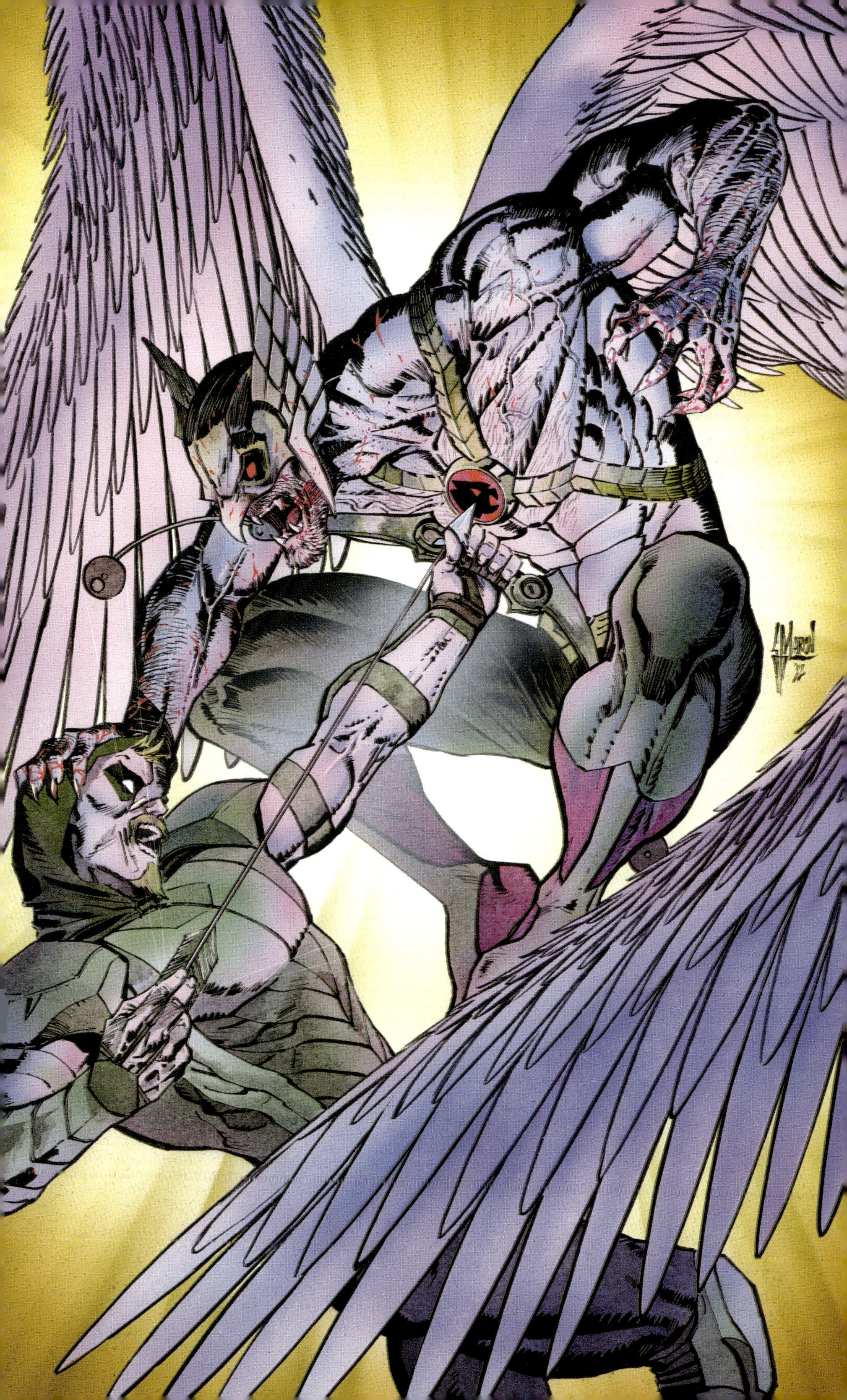

DC VS. VAMPIRES 11

UNSERE LETZTEN STUNDEN

JAMES TYNION IV
MATTHEW ROSENBERG
STORY

OTTO SCHMIDT
FRANCESCO MORTARINO
PIERLUIGI CASOLINO
ZEICHNUNGEN, TUSCHE UND FARBEN

GUILLEM MARCH
ORIGINAL-COVER

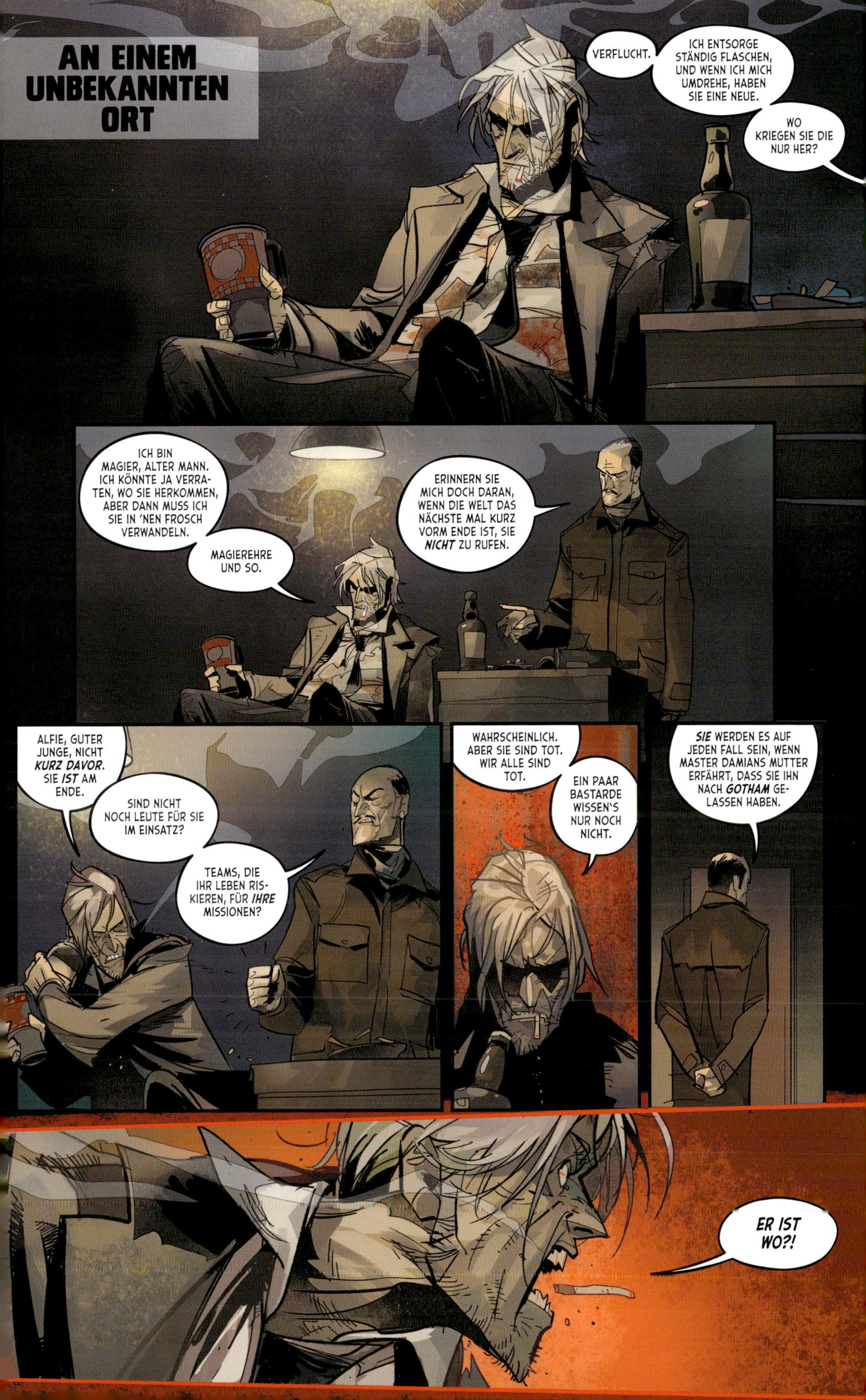
AN EINEM UNBEKANNTEN ORT
VERFLUCHT.
ICH ENTSORGE STÄNDIG FLASCHEN, UND WENN ICH MICH UMDREHE, HABEN SIE EINE NEUE.
WO KRIEGEN SIE DIE NUR HER?
ICH BIN MAGIER, ALTER MANN. ICH KÖNNTE JA VERRATEN, WO SIE HERKOMMEN, ABER DANN MUSS ICH SIE IN 'NEN FROSCH VERWANDELN.
MAGIEREHRE UND SO.
ERINNERN SIE MICH DOCH DARAN, WENN DIE WELT DAS NÄCHSTE MAL KURZ VORM ENDE IST, SIE *NICHT* ZU RUFEN.
ALFIE, GUTER JUNGE, NICHT *KURZ DAVOR*. SIE *IST* AM ENDE.
SIND NICHT NOCH LEUTE FÜR SIE IM EINSATZ?
TEAMS, DIE IHR LEBEN RISKIEREN, FÜR *IHRE* MISSIONEN?
WAHRSCHEINLICH. ABER SIE SIND TOT. WIR ALLE SIND TOT.
EIN PAAR BASTARDE WISSEN'S NUR NOCH NICHT.
SIE WERDEN ES AUF JEDEN FALL SEIN, WENN MASTER DAMIANS MUTTER ERFÄHRT, DASS SIE IHN NACH *GOTHAM* GELASSEN HABEN.
ER IST WO?!

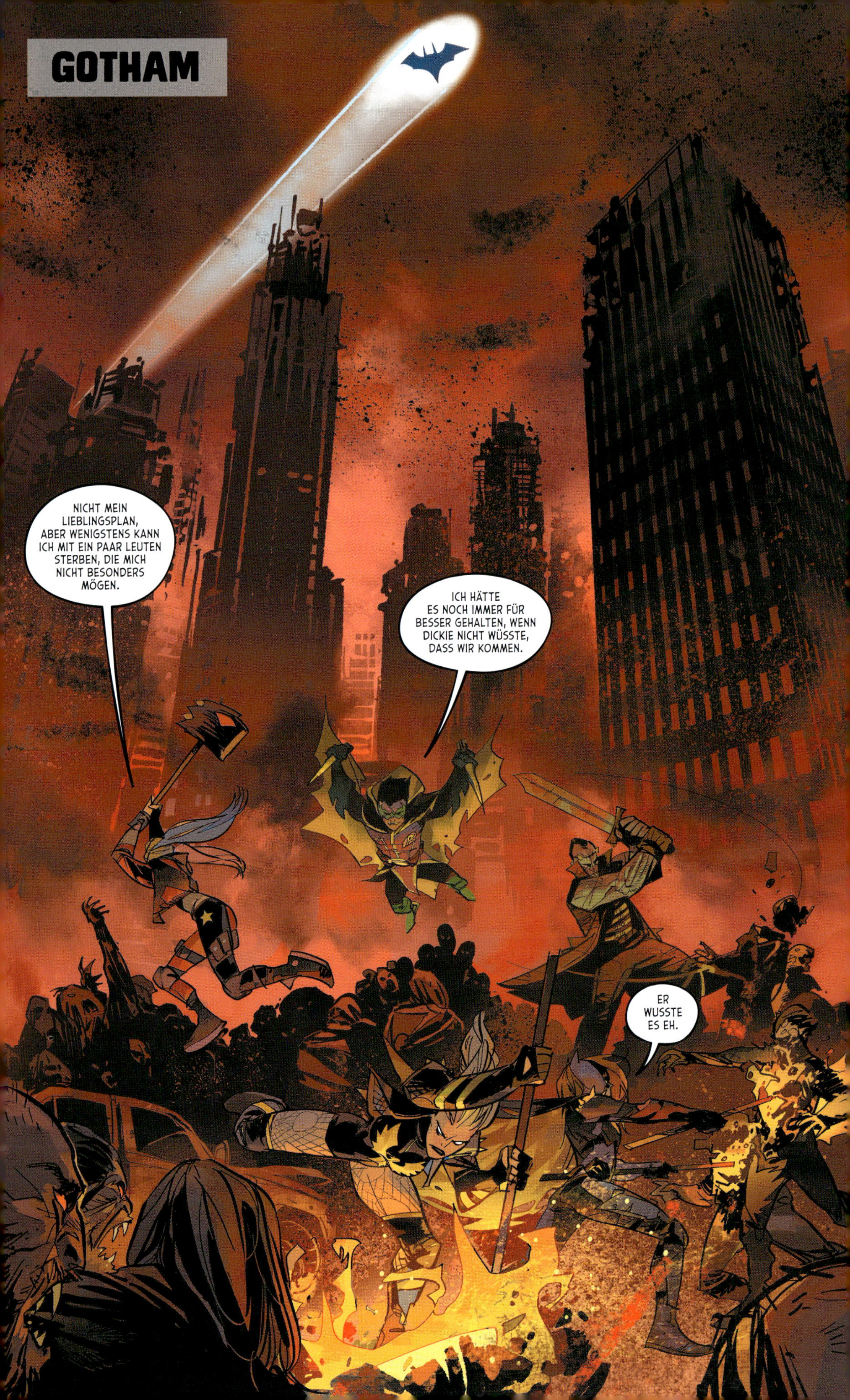
GOTHAM
NICHT MEIN LIEBLINGSPLAN, ABER WENIGSTENS KANN ICH MIT EIN PAAR LEUTEN STERBEN, DIE MICH NICHT BESONDERS MÖGEN.
ICH HÄTTE ES NOCH IMMER FÜR BESSER GEHALTEN, WENN DICKIE NICHT WÜSSTE, DASS WIR KOMMEN.
ER WUSSTE ES EH.

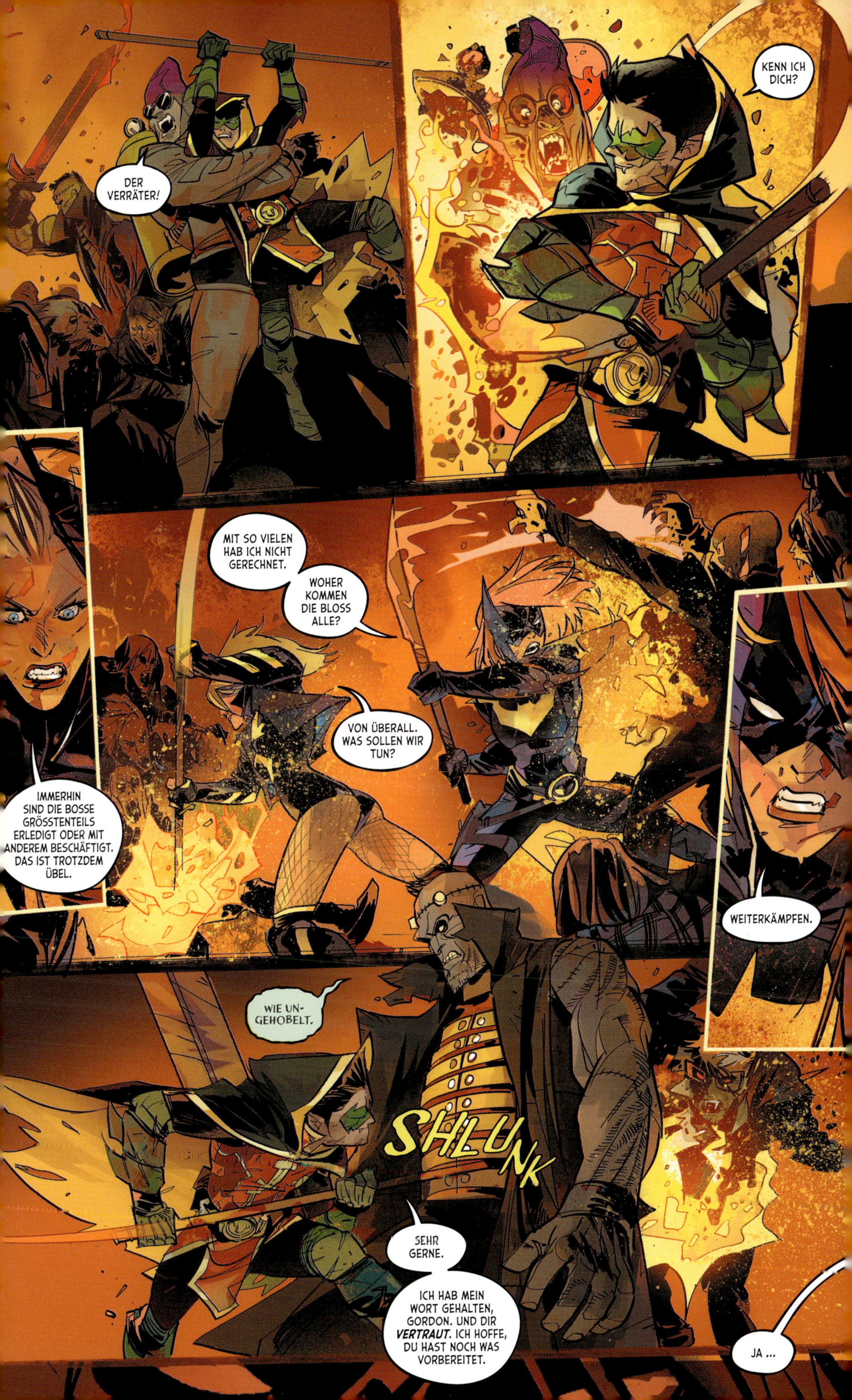
DER VERRÄTER!
KENN ICH DICH?
MIT SO VIELEN HAB ICH NICHT GERECHNET.
WOHER KOMMEN DIE BLOSS ALLE?
VON ÜBERALL. WAS SOLLEN WIR TUN?
IMMERHIN SIND DIE BOSSE GRÖSSTENTEILS ERLEDIGT ODER MIT ANDEREM BESCHÄFTIGT. DAS IST TROTZDEM ÜBEL.
WEITERKÄMPFEN.
WIE UN-GEHOBELT.
SHLUNK
SEHR GERNE.
ICH HAB MEIN WORT GEHALTEN, GORDON. UND DIR *VERTRAUT*. ICH HOFFE, DU HAST NOCH WAS VORBEREITET.
JA ...

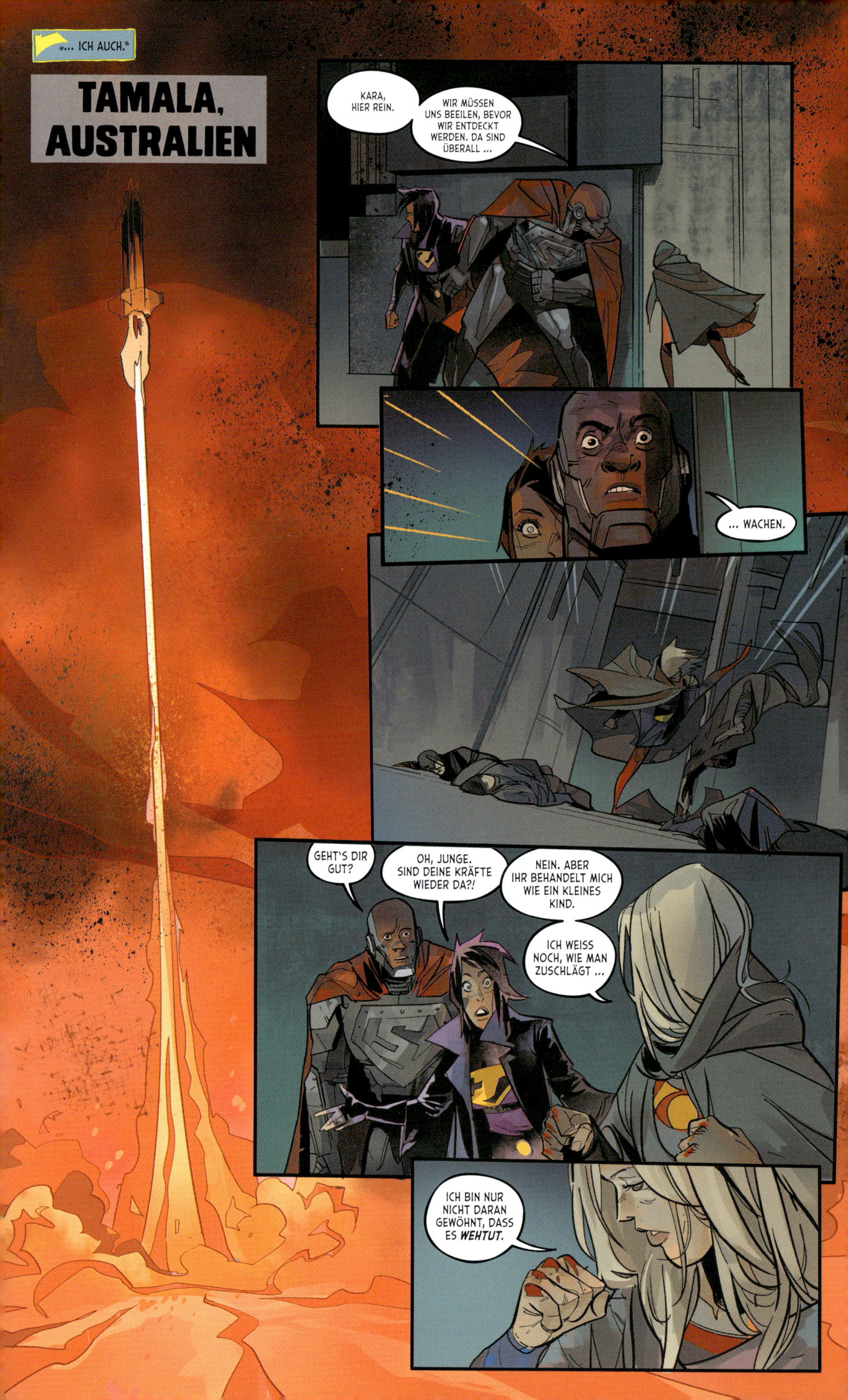
„... ICH AUCH.“
TAMALA, AUSTRALIEN
KARA, HIER REIN.
WIR MÜSSEN UNS BEEILEN, BEVOR WIR ENTDECKT WERDEN. DA SIND ÜBERALL ...
... WACHEN.
GEHT'S DIR GUT?
OH, JUNGE. SIND DEINE KRÄFTE WIEDER DA?!
NEIN. ABER IHR BEHANDELT MICH WIE EIN KLEINES KIND.
ICH WEISS NOCH, WIE MAN ZUSCHLÄGT ...
ICH BIN NUR NICHT DARAN GEWÖHNT, DASS ES *WEHTUT*.

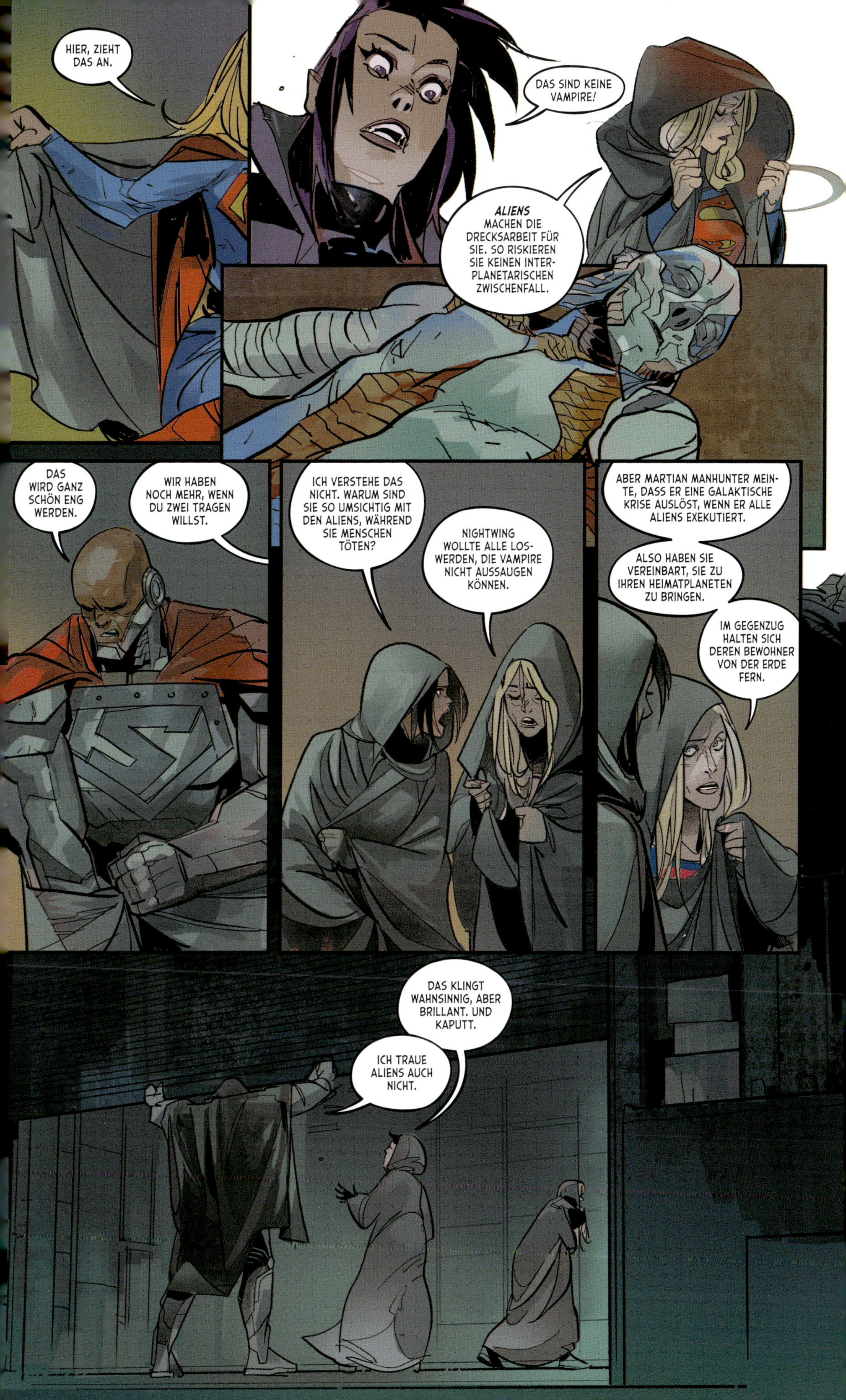
HIER, ZIEHT DAS AN.
DAS SIND KEINE VAMPIRE!
ALIENS MACHEN DIE DRECKSARBEIT FÜR SIE. SO RISKIEREN SIE KEINEN INTERPLANETARISCHEN ZWISCHENFALL.
DAS WIRD GANZ SCHÖN ENG WERDEN.
WIR HABEN NOCH MEHR, WENN DU ZWEI TRAGEN WILLST.
ICH VERSTEHE DAS NICHT. WARUM SIND SIE SO UMSICHTIG MIT DEN ALIENS, WÄHREND SIE MENSCHEN TÖTEN?
NIGHTWING WOLLTE ALLE LOSWERDEN, DIE VAMPIRE NICHT AUSSAUGEN KÖNNEN.
ABER MARTIAN MANHUNTER MEINTE, DASS ER EINE GALAKTISCHE KRISE AUSLÖST, WENN ER ALLE ALIENS EXEKUTIERT.
ALSO HABEN SIE VEREINBART, SIE ZU IHREN HEIMATPLANETEN ZU BRINGEN.
IM GEGENZUG HALTEN SICH DEREN BEWOHNER VON DER ERDE FERN.
DAS KLINGT WAHNSINNIG, ABER BRILLANT. UND KAPUTT.
ICH TRAUE ALIENS AUCH NICHT.

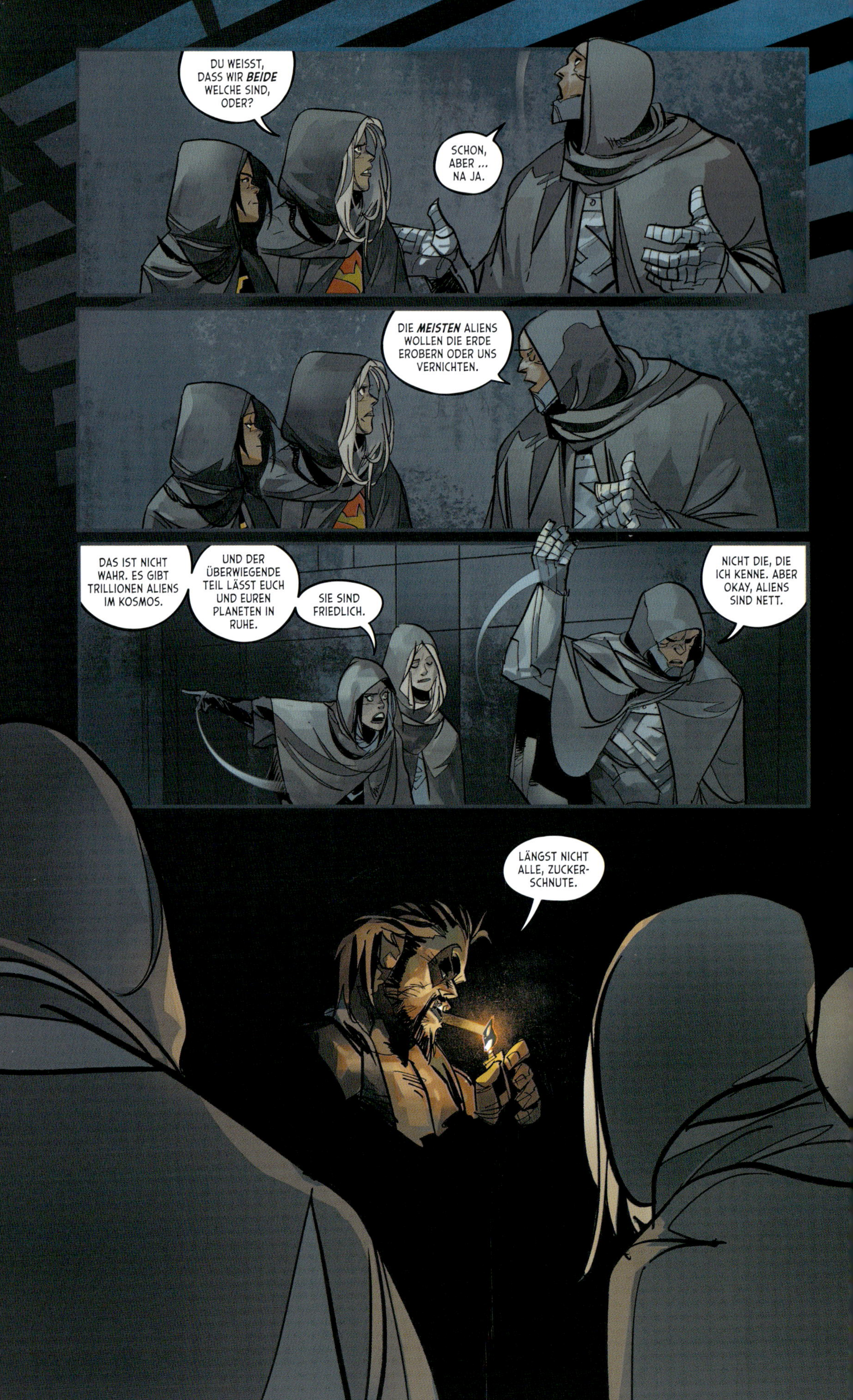
DU WEISST, DASS WIR *BEIDE* WELCHE SIND, ODER?
SCHON, ABER ... NA JA.
DIE *MEISTEN* ALIENS WOLLEN DIE ERDE EROBERN ODER UNS VERNICHTEN.
DAS IST NICHT WAHR. ES GIBT TRILLIONEN ALIENS IM KOSMOS.
UND DER ÜBERWIEGENDE TEIL LÄSST EUCH UND EUREN PLANETEN IN RUHE.
SIE SIND FRIEDLICH.
NICHT DIE, DIE ICH KENNE. ABER OKAY, ALIENS SIND NETT.
LÄNGST NICHT ALLE, ZUCKER-SCHNUTE.

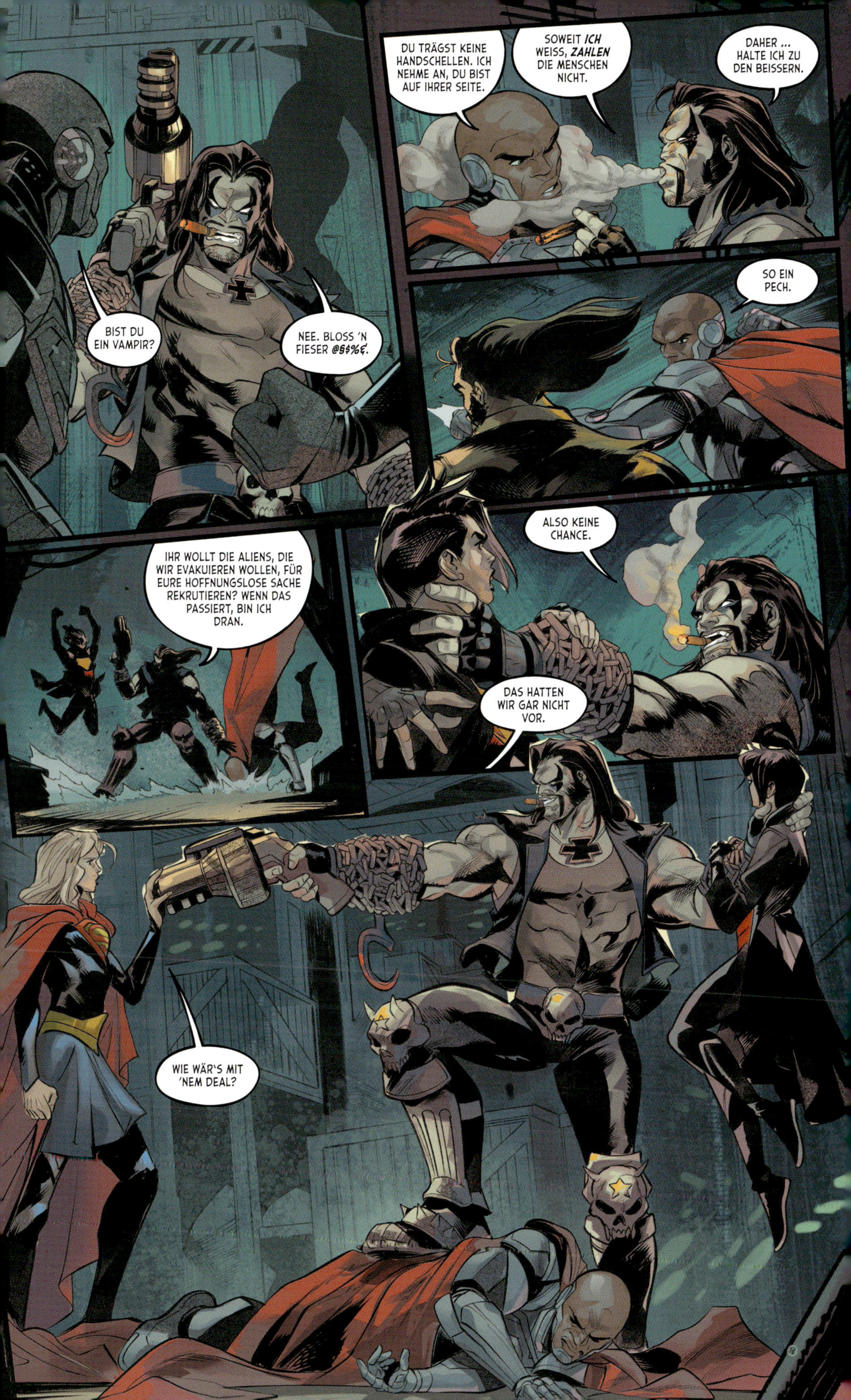
BIST DU EIN VAMPIR?
NEE. BLOSS 'N FIESER @§$%€.
DU TRÄGST KEINE HANDSCHELLEN. ICH NEHME AN, DU BIST AUF IHRER SEITE.
SOWEIT ICH WEISS, ZAHLEN DIE MENSCHEN NICHT.
DAHER ... HALTE ICH ZU DEN BEISSERN.
SO EIN PECH.
IHR WOLLT DIE ALIENS, DIE WIR EVAKUIEREN WOLLEN, FÜR EURE HOFFNUNGSLOSE SACHE REKRUTIEREN? WENN DAS PASSIERT, BIN ICH DRAN.
ALSO KEINE CHANCE.
DAS HATTEN WIR GAR NICHT VOR.
WIE WÄR'S MIT 'NEM DEAL?

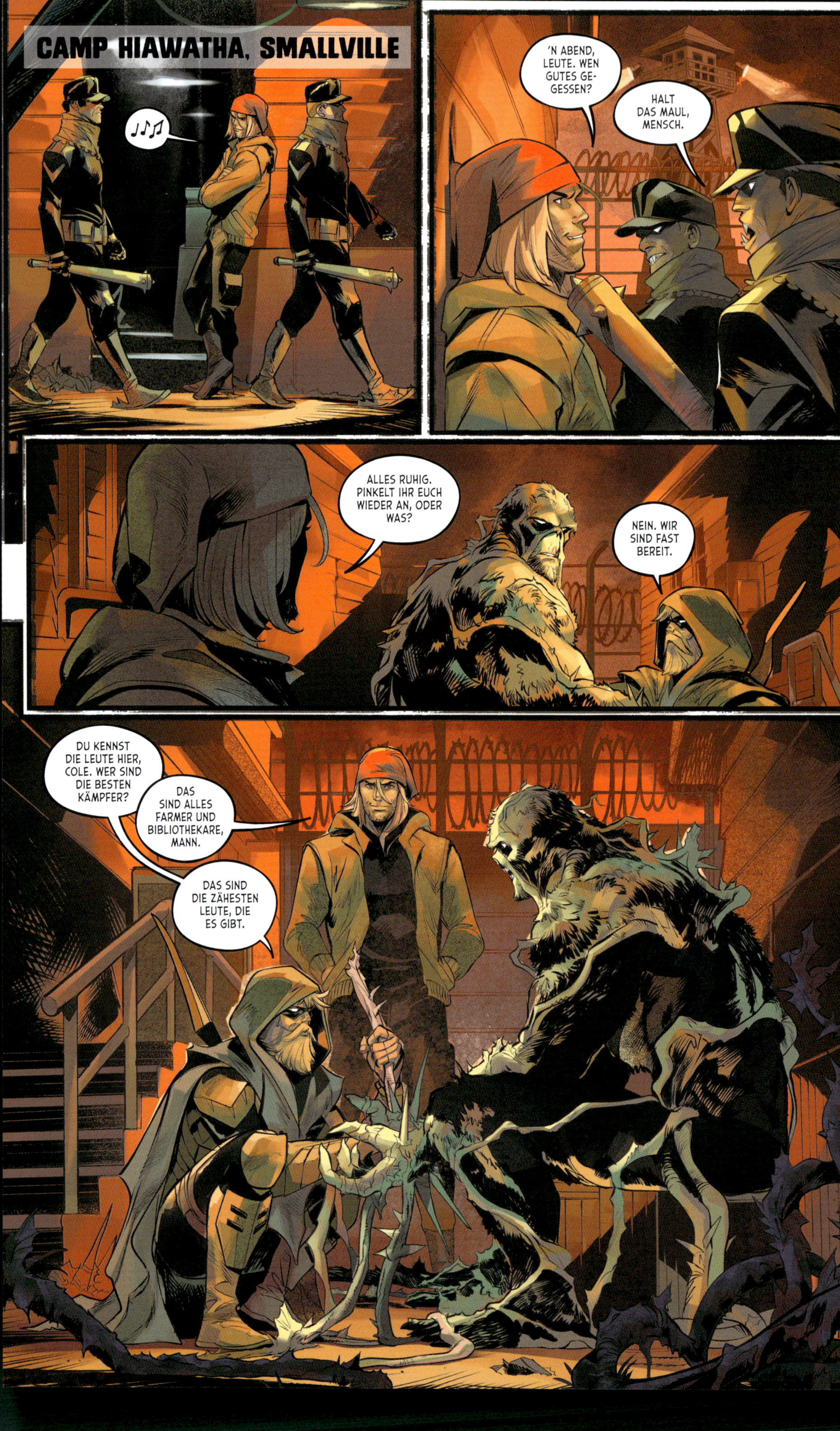
CAMP HIAWATHA, SMALLVILLE
♪♪♪
'N ABEND, LEUTE. WEN GUTES GEGESSEN?
HALT DAS MAUL, MENSCH.
ALLES RUHIG. PINKELT IHR EUCH WIEDER AN, ODER WAS?
NEIN. WIR SIND FAST BEREIT.
DU KENNST DIE LEUTE HIER, COLE. WER SIND DIE BESTEN KÄMPFER?
DAS SIND ALLES FARMER UND BIBLIOTHEKARE, MANN.
DAS SIND DIE ZÄHESTEN LEUTE, DIE ES GIBT.

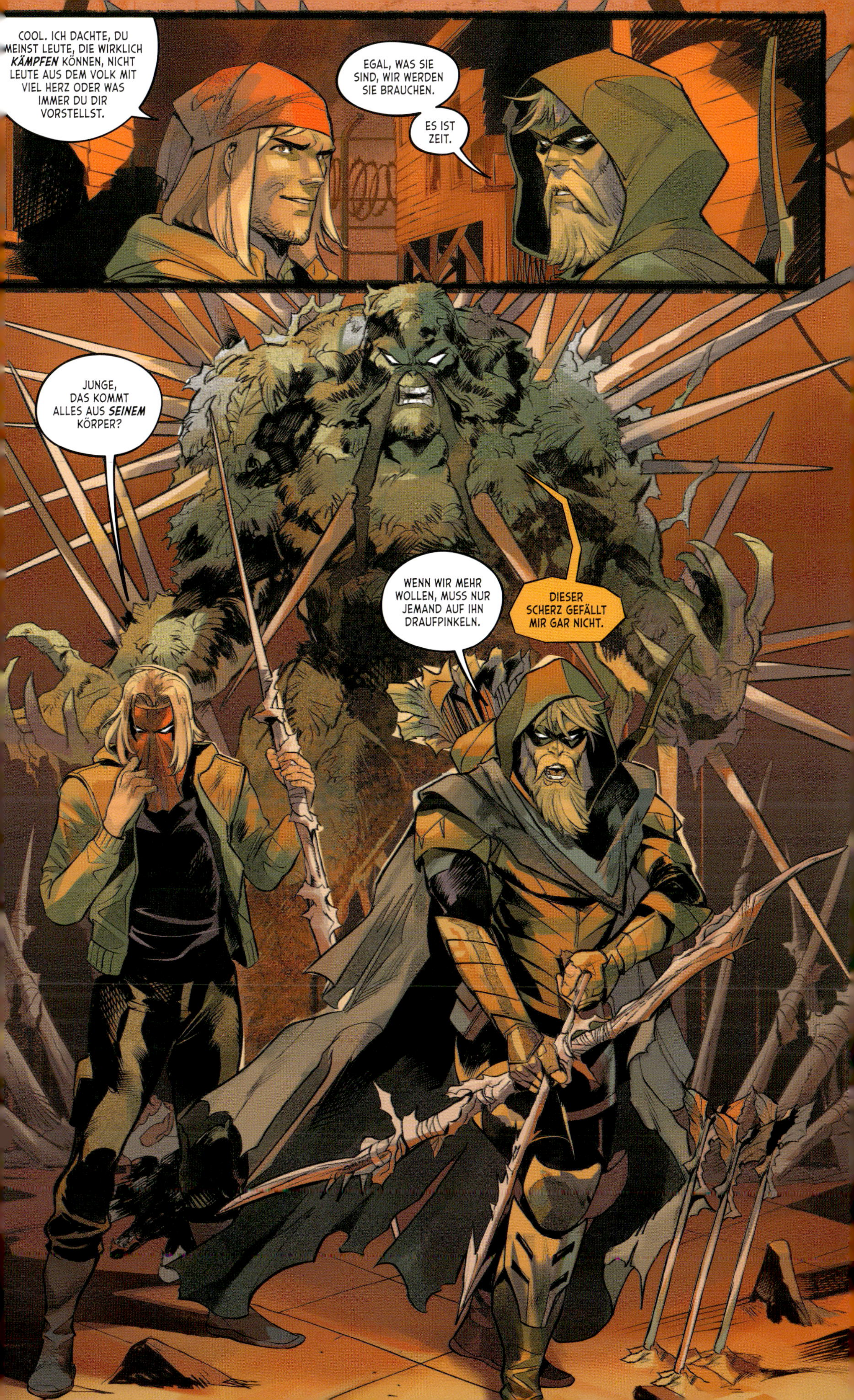
COOL. ICH DACHTE, DU MEINST LEUTE, DIE WIRKLICH *KÄMPFEN* KÖNNEN, NICHT LEUTE AUS DEM VOLK MIT VIEL HERZ ODER WAS IMMER DU DIR VORSTELLST.
EGAL, WAS SIE SIND, WIR WERDEN SIE BRAUCHEN.
ES IST ZEIT.
JUNGE, DAS KOMMT ALLES AUS *SEINEM* KÖRPER?
WENN WIR MEHR WOLLEN, MUSS NUR JEMAND AUF IHN DRAUFPINKELN.
DIESER SCHERZ GEFÄLLT MIR GAR NICHT.

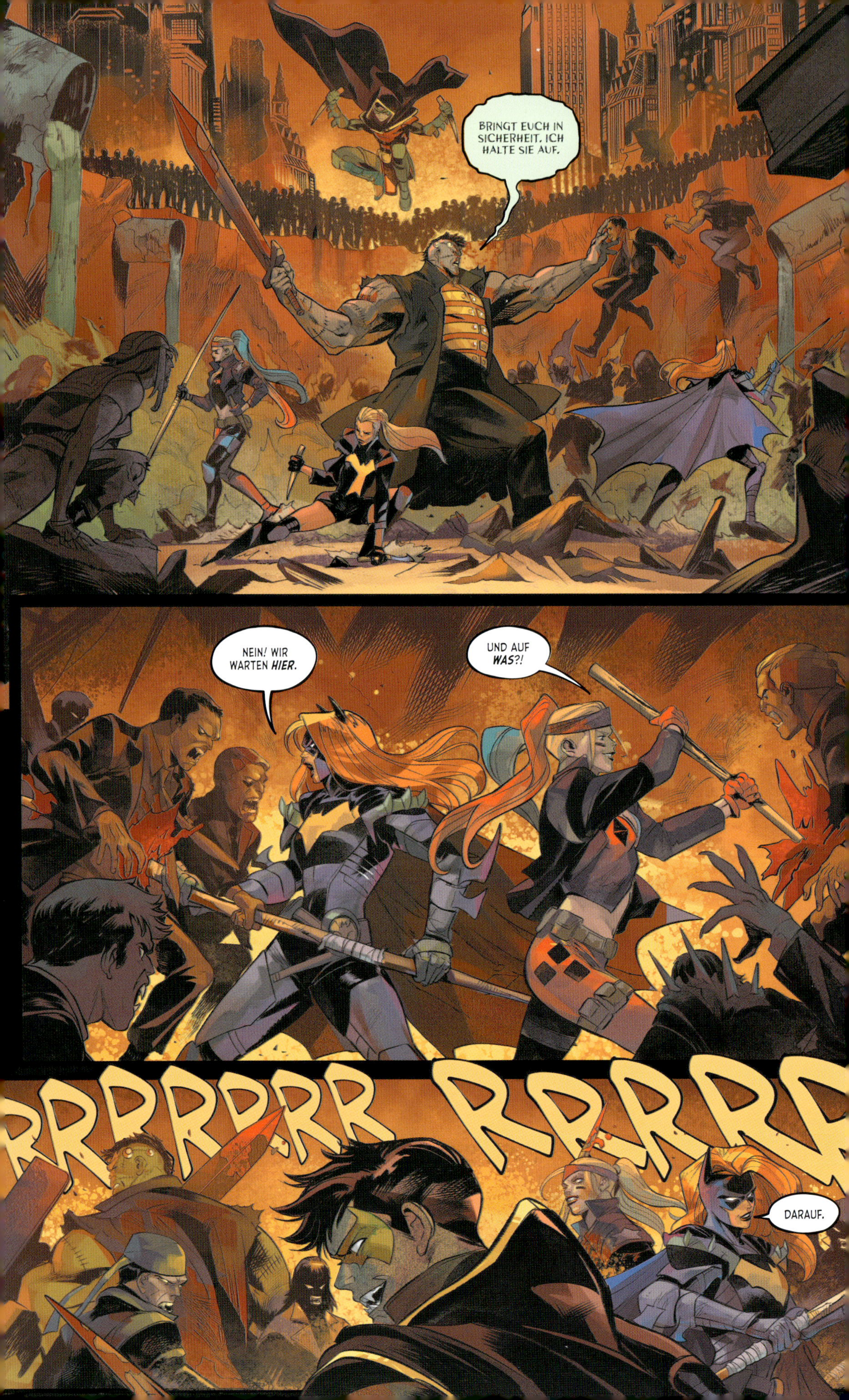

BRINGT EUCH IN SICHERHEIT. ICH HALTE SIE AUF.
NEIN! WIR WARTEN *HIER*.
UND AUF *WAS*?!
RRRRRRR RRRRR
DARAUF.

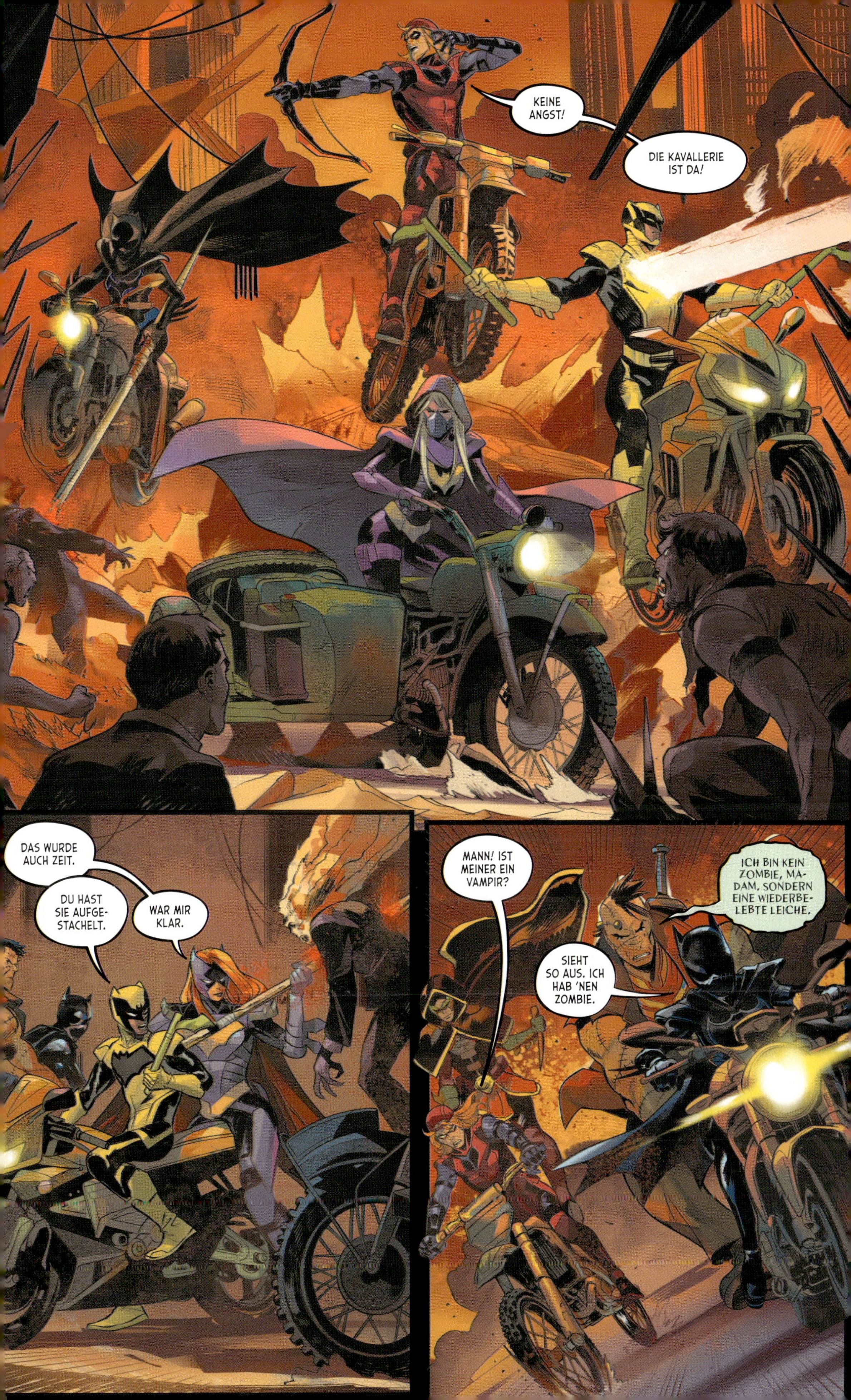
KEINE ANGST!
DIE KAVALLERIE IST DA!
DAS WURDE AUCH ZEIT.
DU HAST SIE AUFGE-STACHELT.
WAR MIR KLAR.
MANN! IST MEINER EIN VAMPIR?
ICH BIN KEIN ZOMBIE, MA-DAM, SONDERN EINE WIEDERBE-LEBTE LEICHE.
SIEHT SO AUS. ICH HAB 'NEN ZOMBIE.

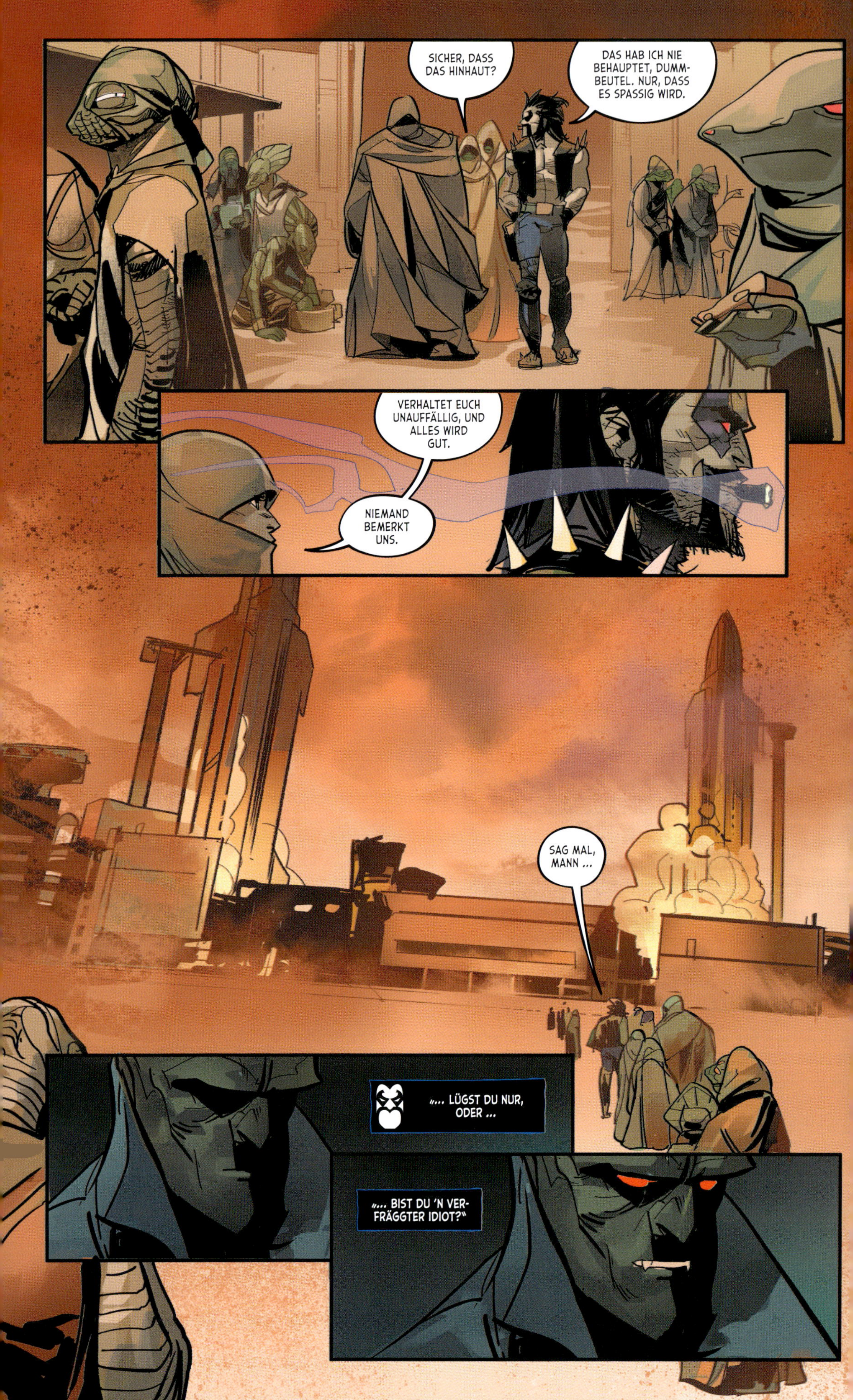
SICHER, DASS DAS HINHAUT?
DAS HAB ICH NIE BEHAUPTET, DUMM-BEUTEL. NUR, DASS ES SPASSIG WIRD.
VERHALTET EUCH UNAUFFÄLLIG, UND ALLES WIRD GUT.
NIEMAND BEMERKT UNS.
SAG MAL, MANN ...
„... LÜGST DU NUR, ODER ...
„... BIST DU 'N VER-FRÄGGTER IDIOT?“

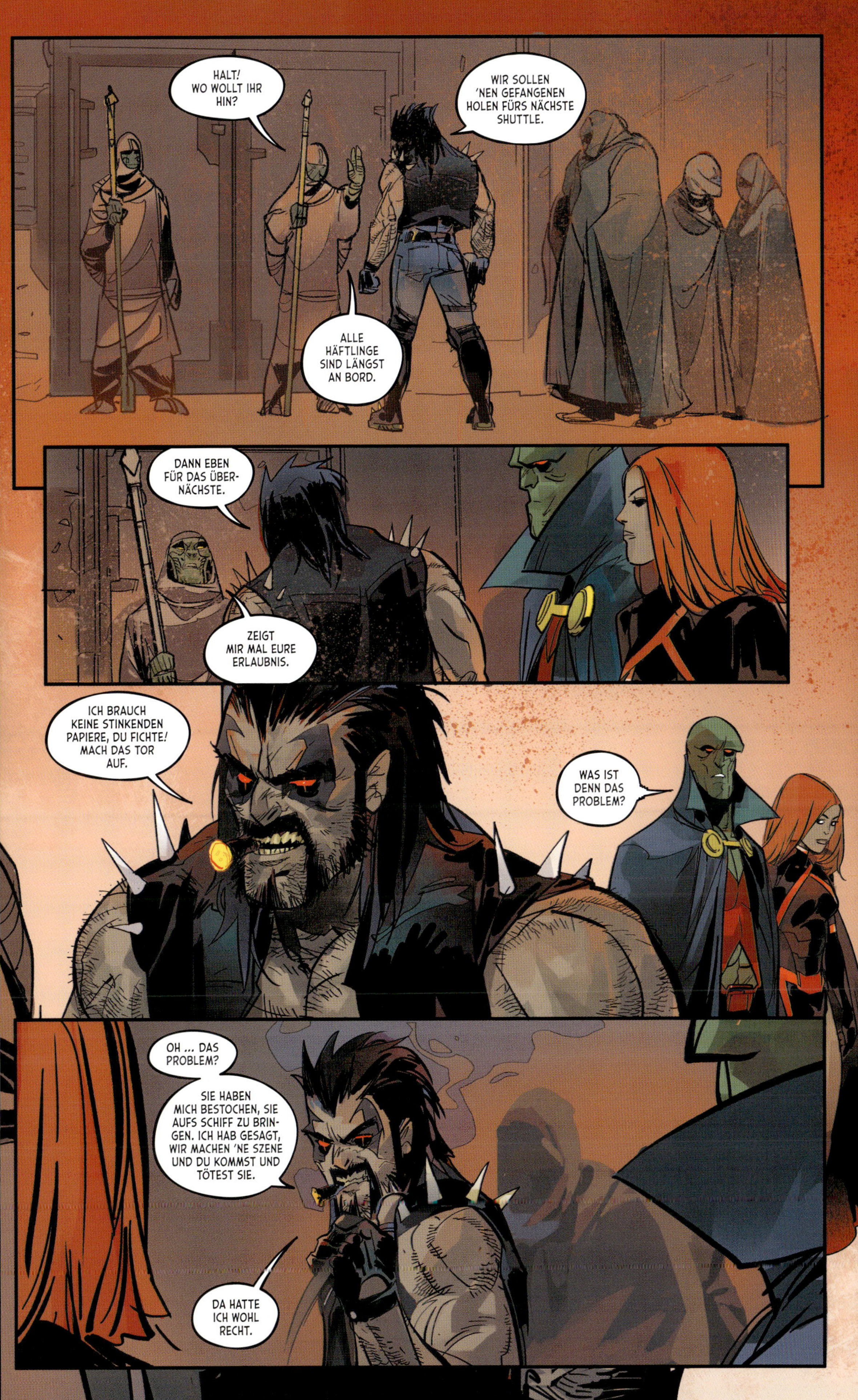
HALT! WO WOLLT IHR HIN?
WIR SOLLEN 'NEN GEFANGENEN HOLEN FÜRS NÄCHSTE SHUTTLE.
ALLE HÄFTLINGE SIND LÄNGST AN BORD.
DANN EBEN FÜR DAS ÜBER-NÄCHSTE.
ZEIGT MIR MAL EURE ERLAUBNIS.
ICH BRAUCH KEINE STINKENDEN PAPIERE, DU FICHTE! MACH DAS TOR AUF.
WAS IST DENN DAS PROBLEM?
OH ... DAS PROBLEM?
SIE HABEN MICH BESTOCHEN, SIE AUFS SCHIFF ZU BRIN-GEN. ICH HAB GESAGT, WIR MACHEN 'NE SZENE UND DU KOMMST UND TÖTEST SIE.
DA HATTE ICH WOHL RECHT.

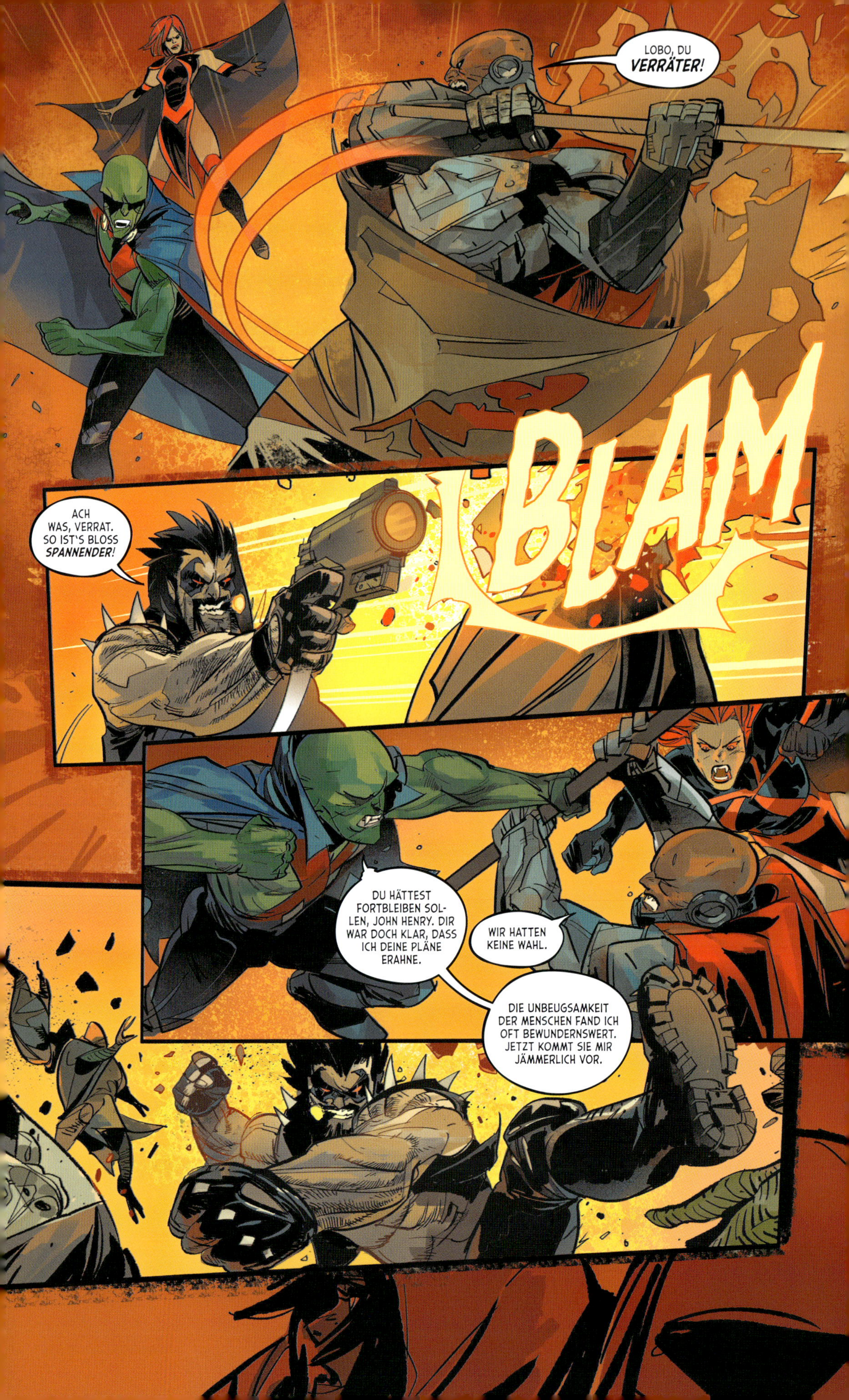
LOBO, DU VERRÄTER!
BLAM
ACH WAS, VERRAT. SO IST'S BLOSS SPANNENDER!
DU HÄTTEST FORTBLEIBEN SOLLEN, JOHN HENRY. DIR WAR DOCH KLAR, DASS ICH DEINE PLÄNE ERAHNE.
WIR HATTEN KEINE WAHL.
DIE UNBEUGSAMKEIT DER MENSCHEN FAND ICH OFT BEWUNDERNSWERT. JETZT KOMMT SIE MIR JÄMMERLICH VOR.

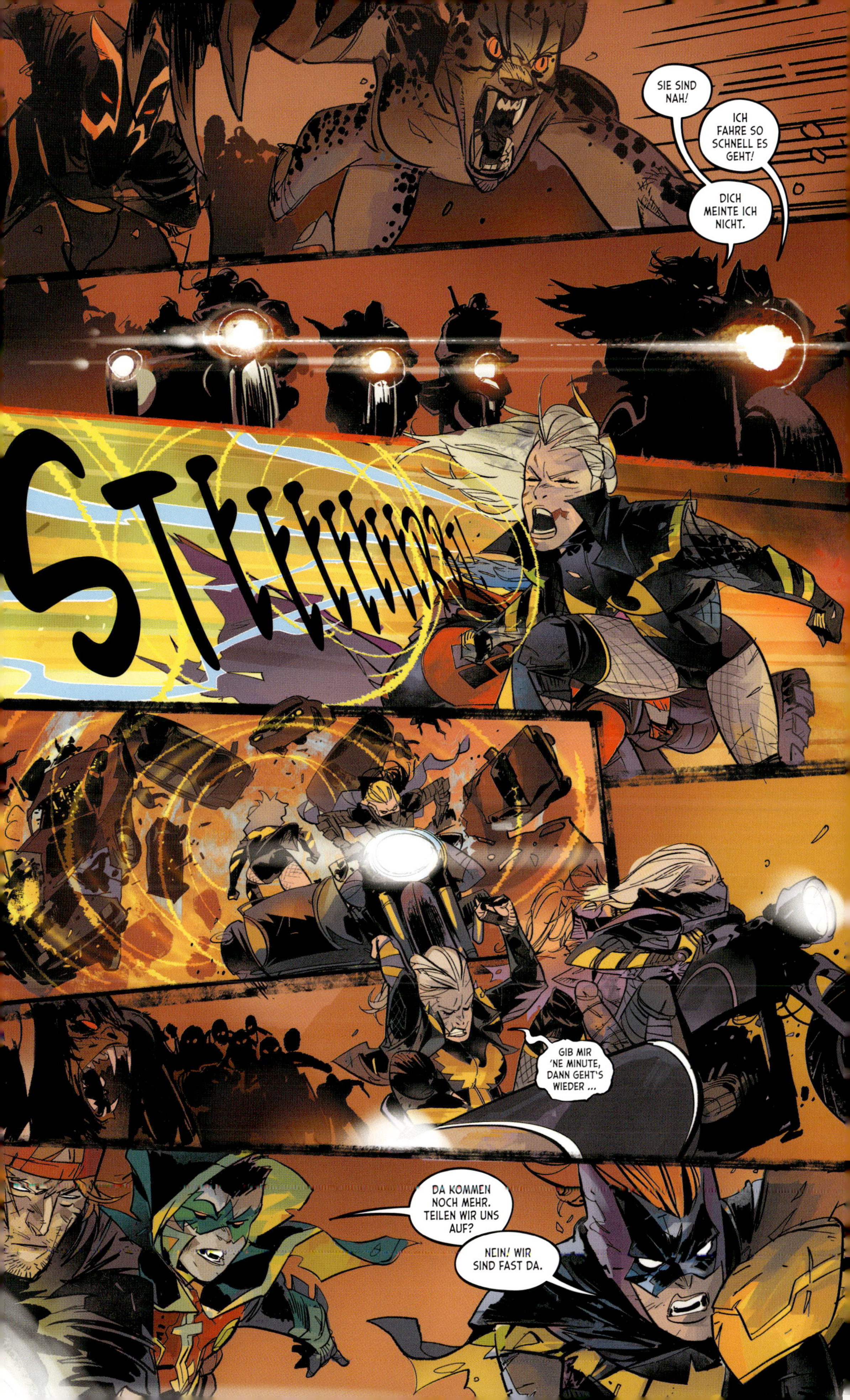
SIE SIND NAH!
ICH FAHRE SO SCHNELL ES GEHT!
DICH MEINTE ICH NICHT.
GIB MIR 'NE MINUTE, DANN GEHT'S WIEDER ...
DA KOMMEN NOCH MEHR. TEILEN WIR UNS AUF?
NEIN! WIR SIND FAST DA.

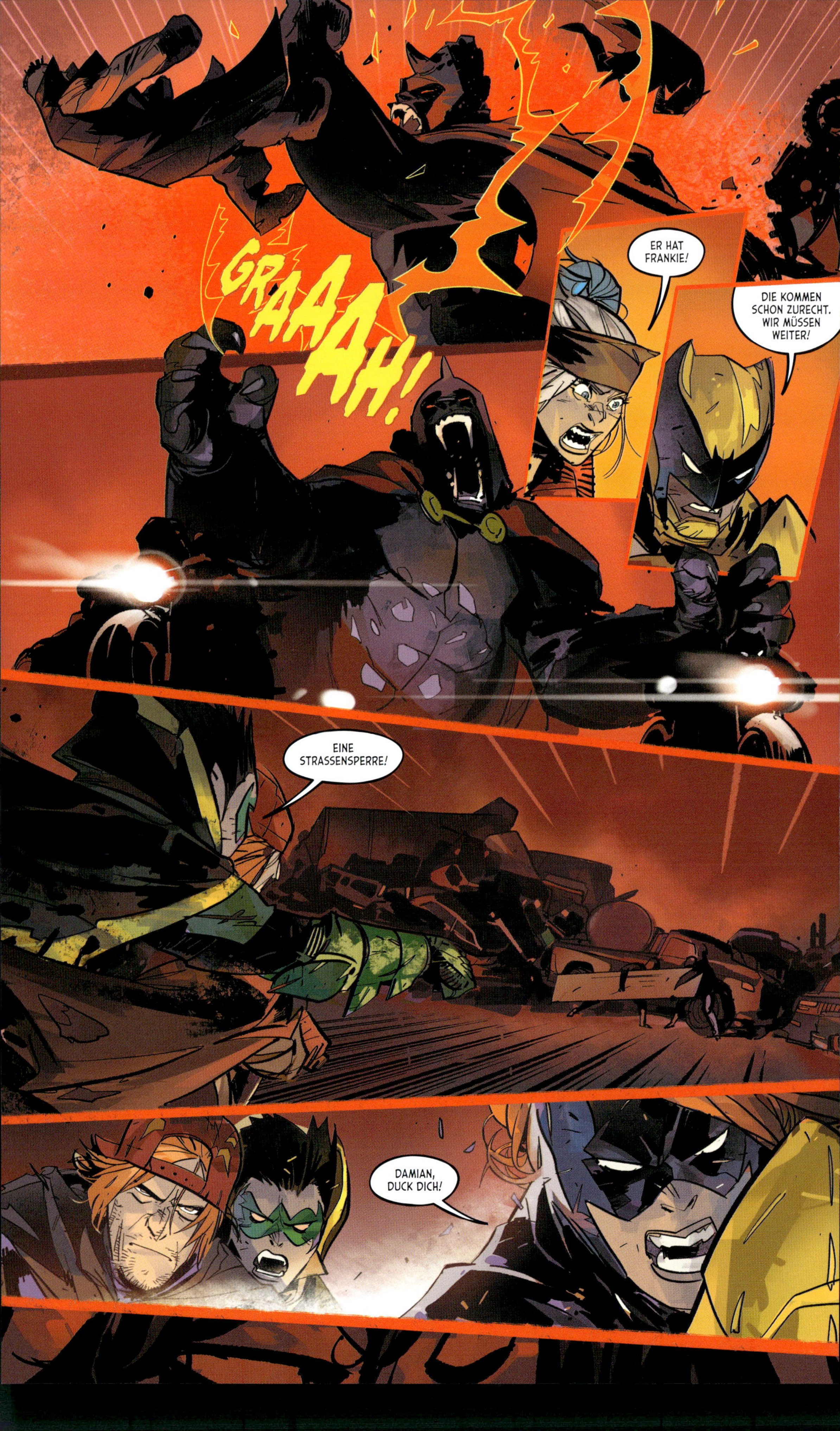
GRAAAAH!
ER HAT FRANKIE!
DIE KOMMEN SCHON ZURECHT. WIR MÜSSEN WEITER!
EINE STRASSENSPERRE!
DAMIAN, DUCK DICH!

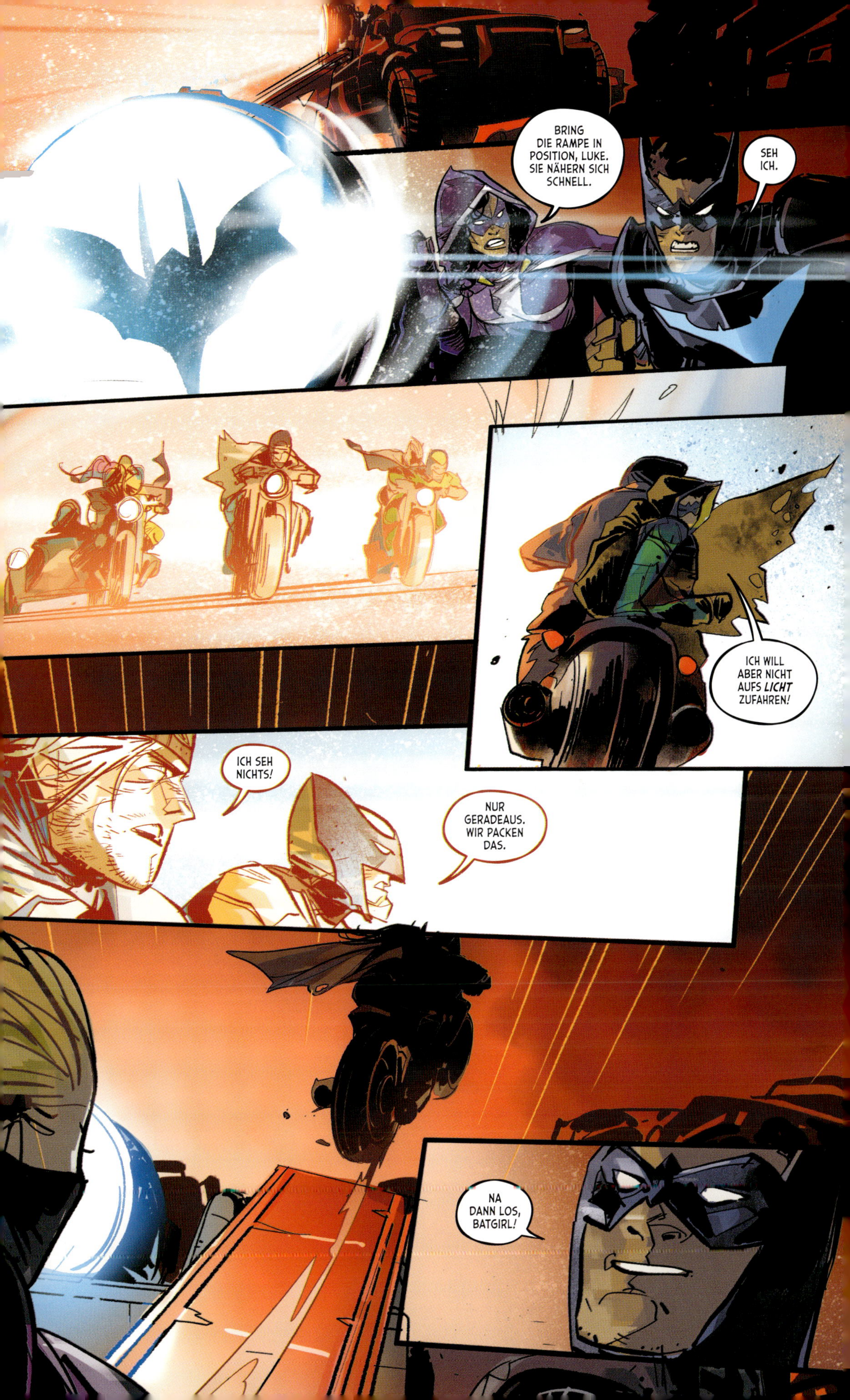
BRING DIE RAMPE IN POSITION, LUKE. SIE NÄHERN SICH SCHNELL.
SEH ICH.
ICH WILL ABER NICHT AUFS *LICHT* ZUFAHREN!
ICH SEH NICHTS!
NUR GERADEAUS. WIR PACKEN DAS.
NA DANN LOS, BATGIRL!

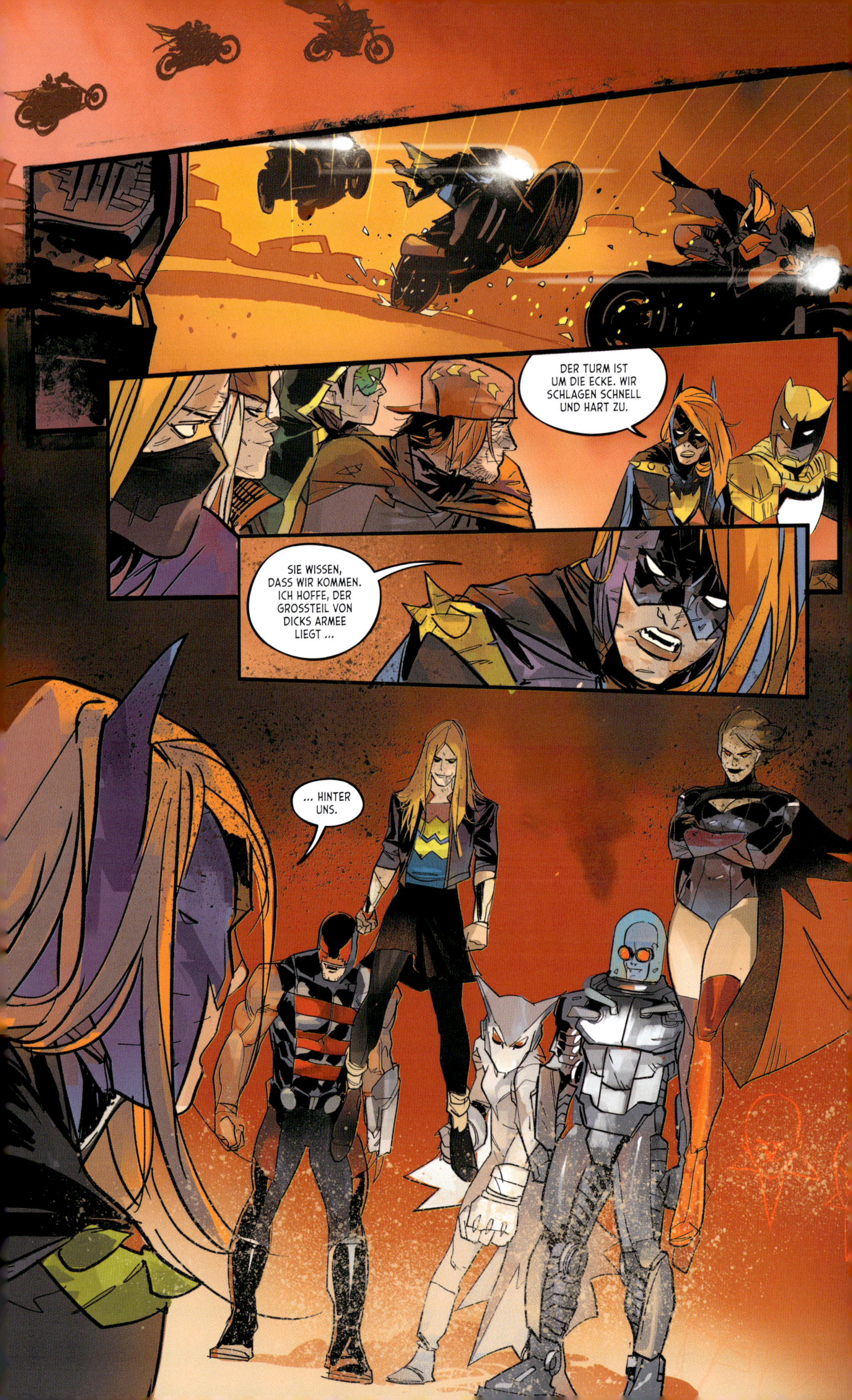
DER TURM IST UM DIE ECKE. WIR SCHLAGEN SCHNELL UND HART ZU.
SIE WISSEN, DASS WIR KOMMEN. ICH HOFFE, DER GROSSTEIL VON DICKS ARMEE LIEGT ...
... HINTER UNS.

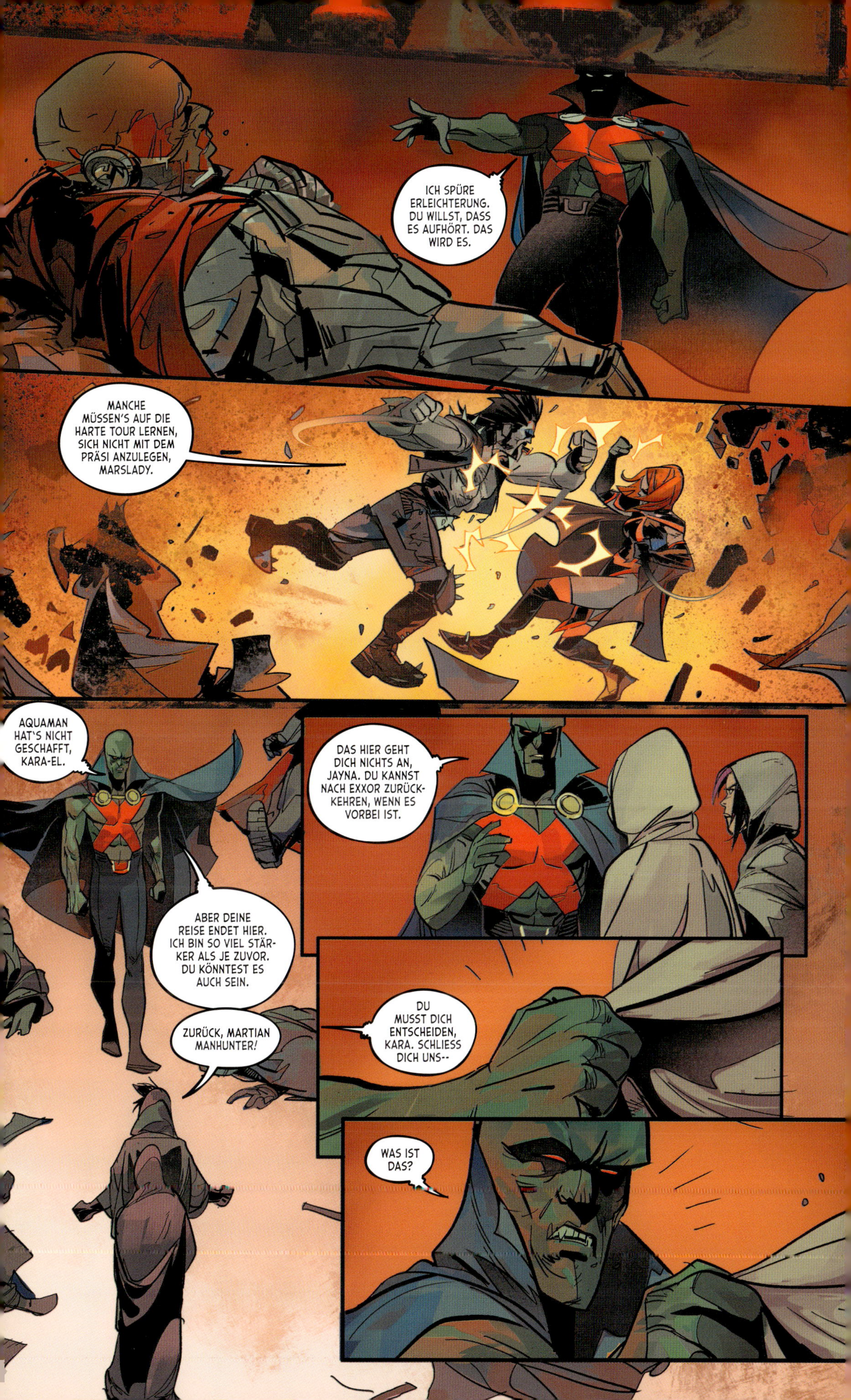
ICH SPÜRE ERLEICHTERUNG. DU WILLST, DASS ES AUFHÖRT. DAS WIRD ES.
MANCHE MÜSSEN'S AUF DIE HARTE TOUR LERNEN, SICH NICHT MIT DEM PRÄSI ANZULEGEN, MARSLADY.
AQUAMAN HAT'S NICHT GESCHAFFT, KARA-EL.
ABER DEINE REISE ENDET HIER. ICH BIN SO VIEL STÄRKER ALS JE ZUVOR. DU KÖNNTEST ES AUCH SEIN.
ZURÜCK, MARTIAN MANHUNTER!
DAS HIER GEHT DICH NICHTS AN, JAYNA. DU KANNST NACH EXXOR ZURÜCKKEHREN, WENN ES VORBEI IST.
DU MUSST DICH ENTSCHEIDEN, KARA. SCHLIESS DICH UNS--
WAS IST DAS?

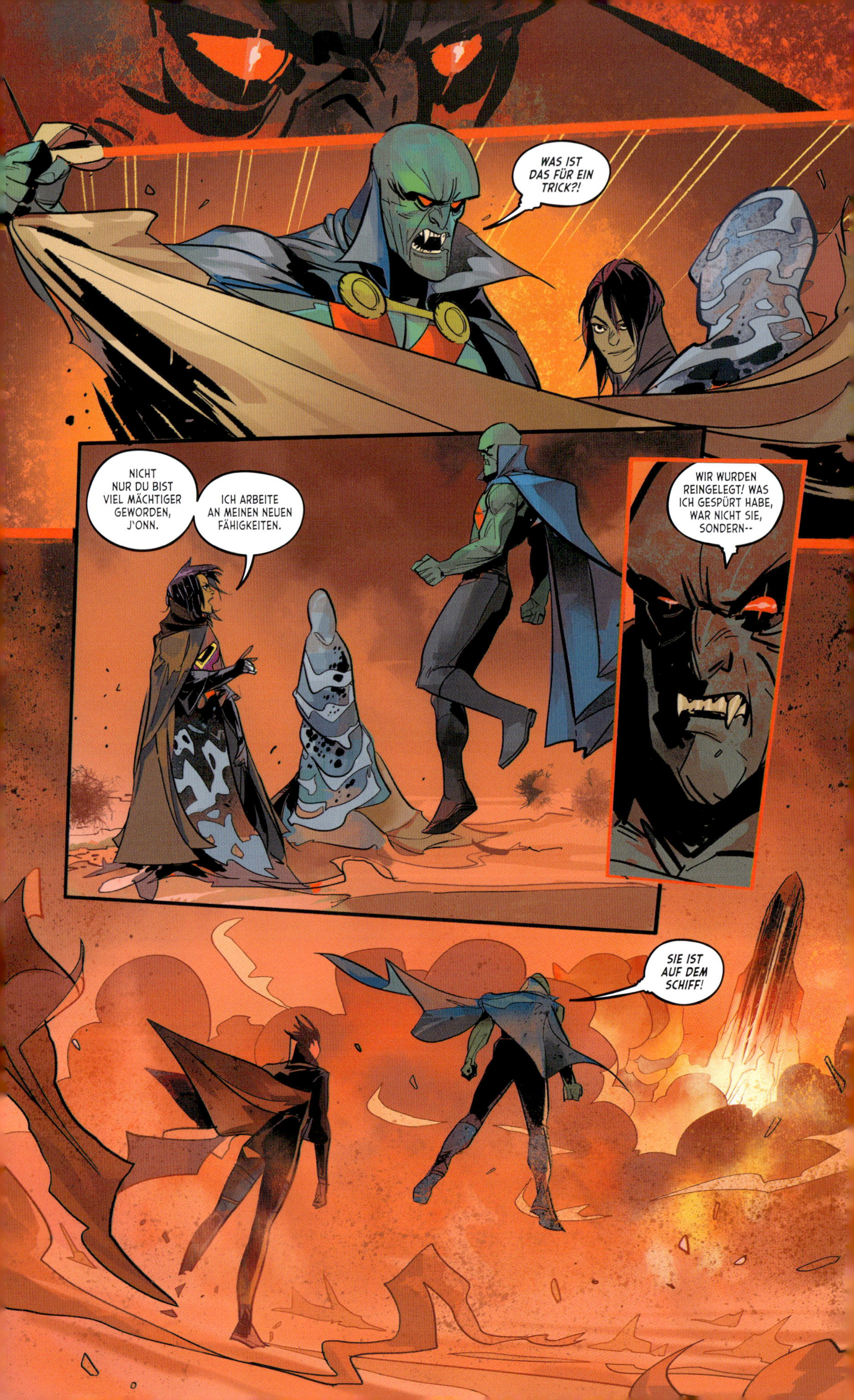
WAS IST DAS FÜR EIN TRICK?!
NICHT NUR DU BIST VIEL MÄCHTIGER GEWORDEN, J'ONN.
ICH ARBEITE AN MEINEN NEUEN FÄHIGKEITEN.
WIR WURDEN REINGELEGT! WAS ICH GESPÜRT HABE, WAR NICHT SIE, SONDERN--
SIE IST AUF DEM SCHIFF!

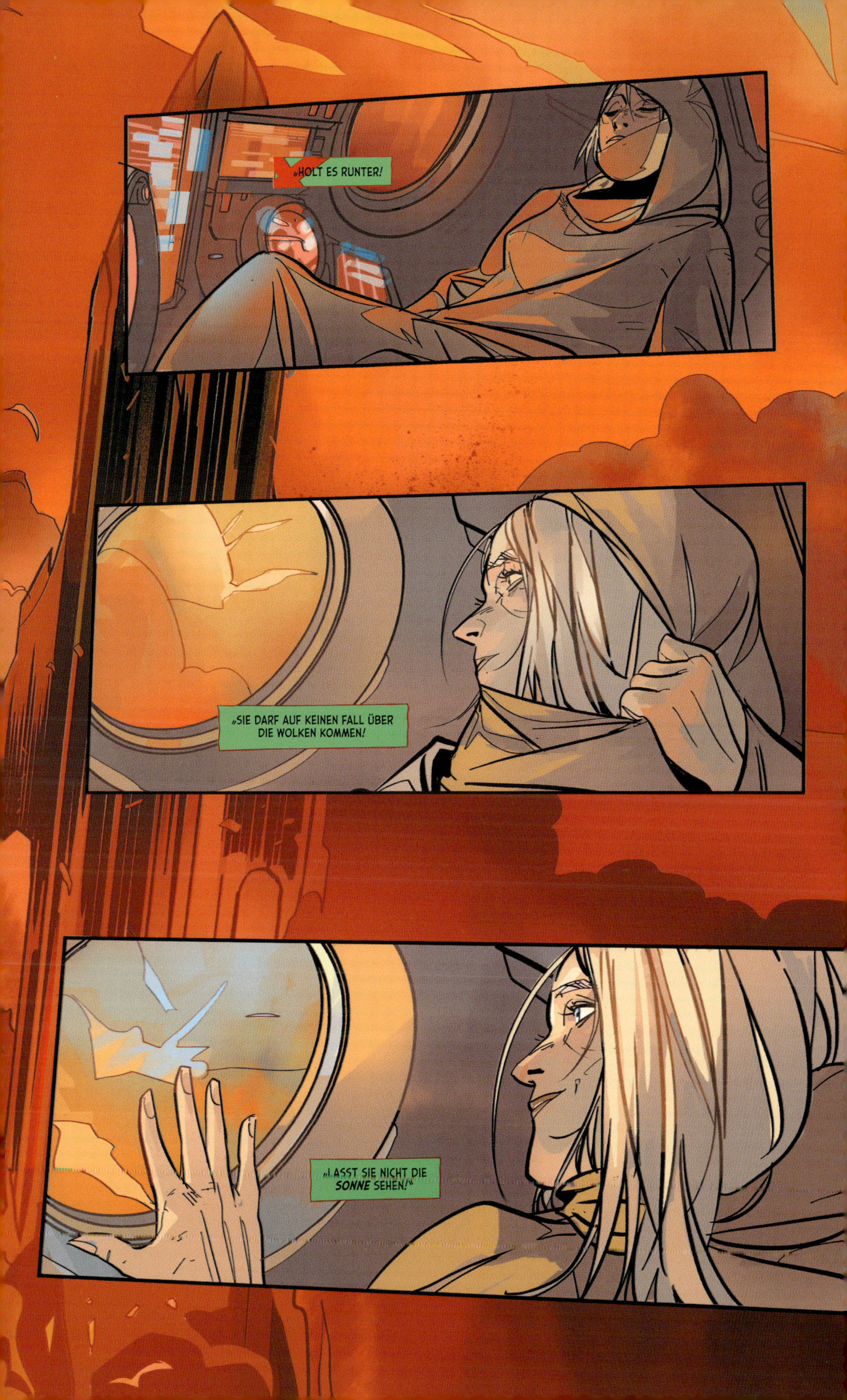
„HOLT ES RUNTER!
„SIE DARF AUF KEINEN FALL ÜBER DIE WOLKEN KOMMEN!
„LASST SIE NICHT DIE SONNE SEHEN!“

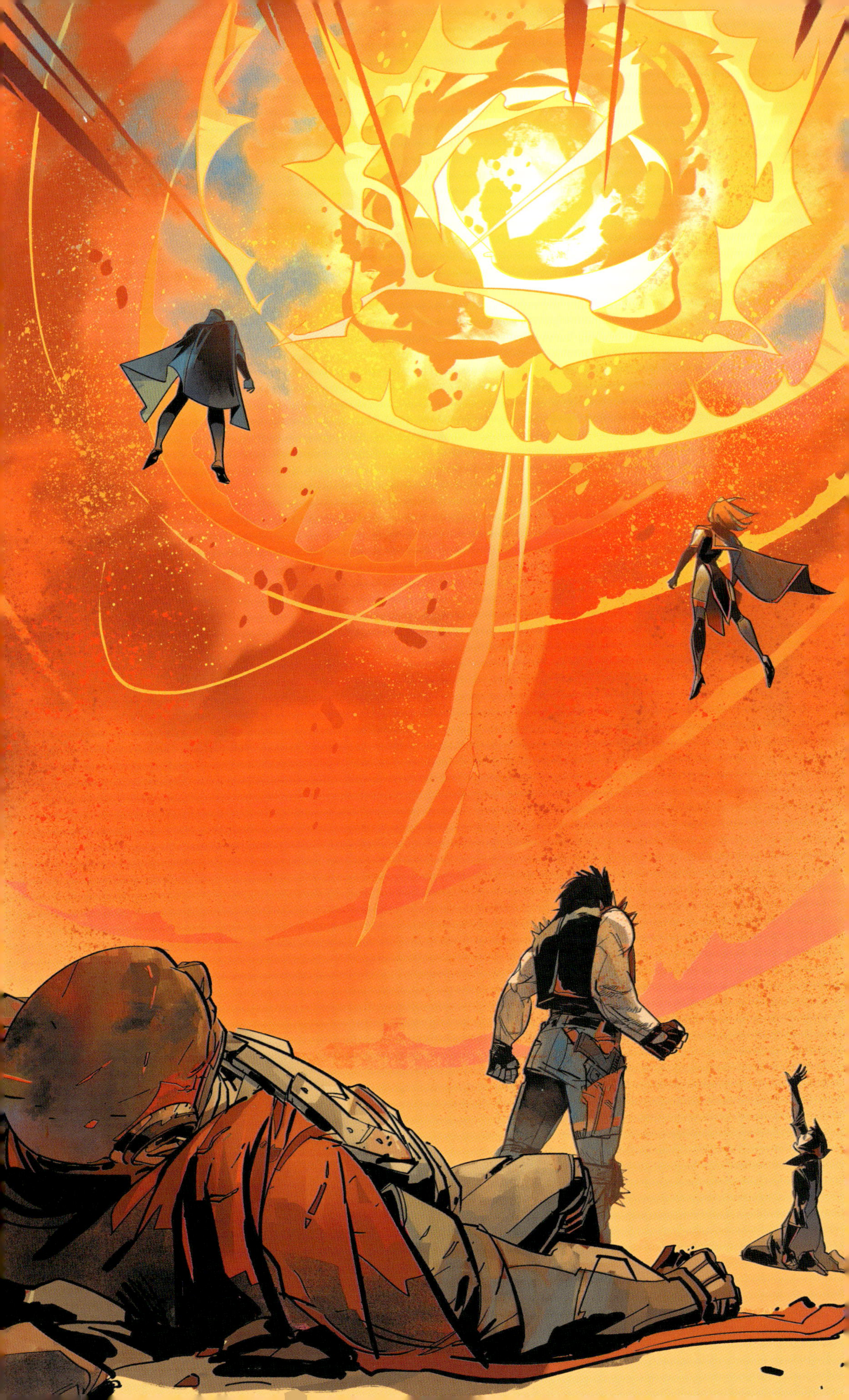

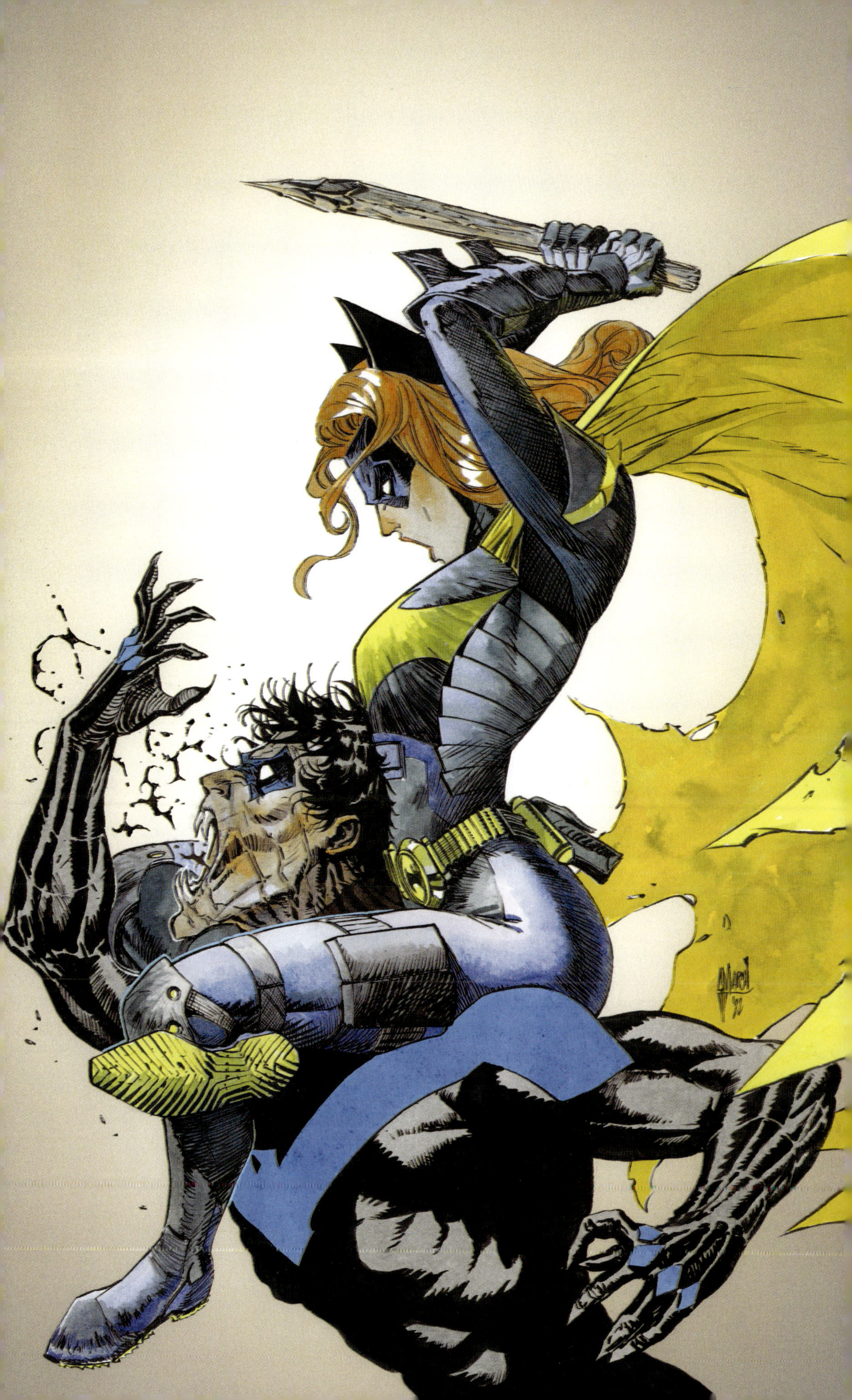

DC VS. VAMPIRES 12

MORGENGRAUEN

JAMES TYNION IV
MATTHEW ROSENBERG
STORY

OTTO SCHMIDT
FRANCESCO MORTARINO
PIERLUIGI CASOLINO
ZEICHNUNGEN, TUSCHE UND FARBEN

GUILLEM MARCH
ORIGINAL-COVER

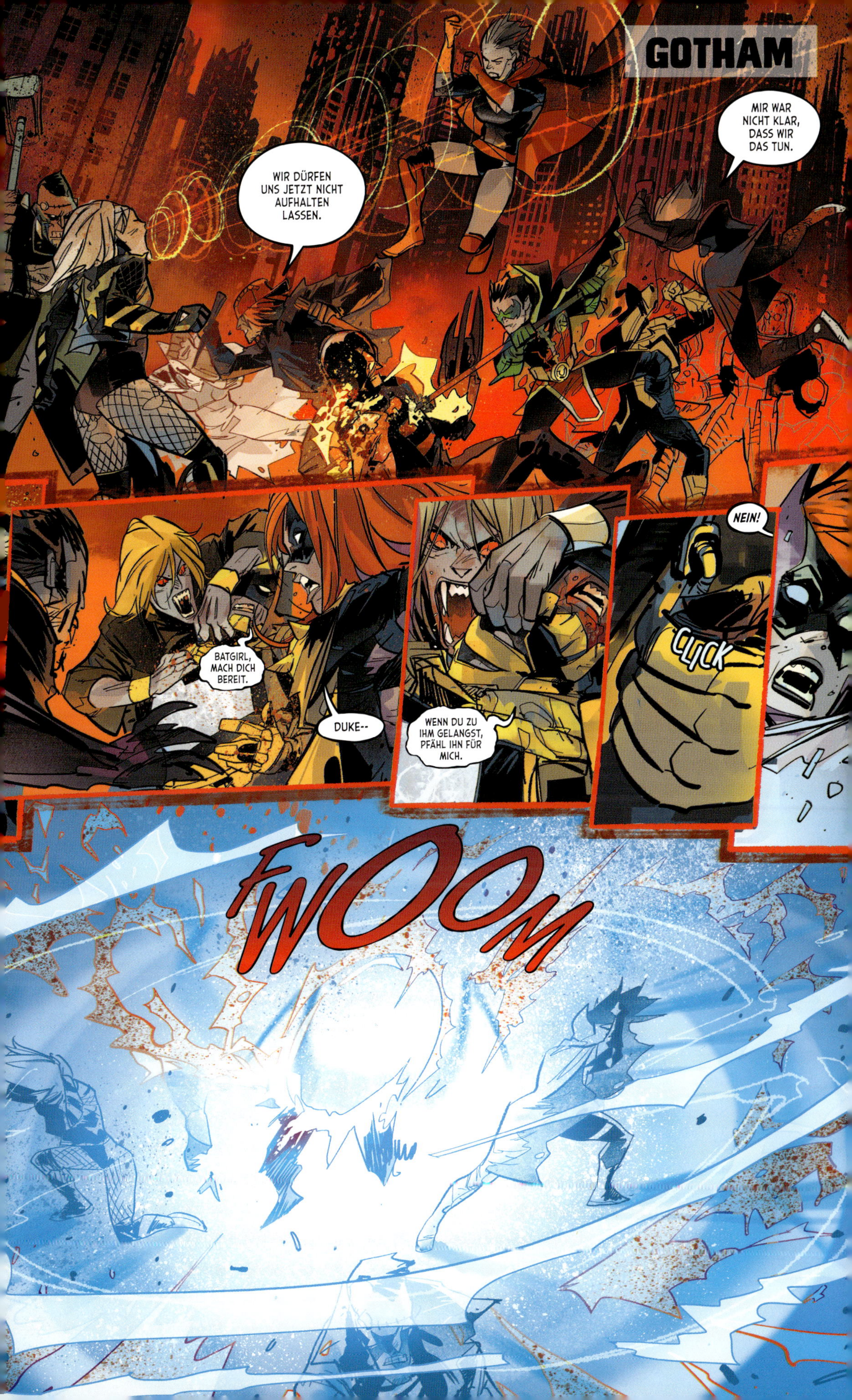
GOTHAM
WIR DÜRFEN UNS JETZT NICHT AUFHALTEN LASSEN.
MIR WAR NICHT KLAR, DASS WIR DAS TUN.
BATGIRL, MACH DICH BEREIT.
DUKE--
WENN DU ZU IHM GELANGST, PFÄHL IHN FÜR MICH.
NEIN!
CLICK
FWOOM

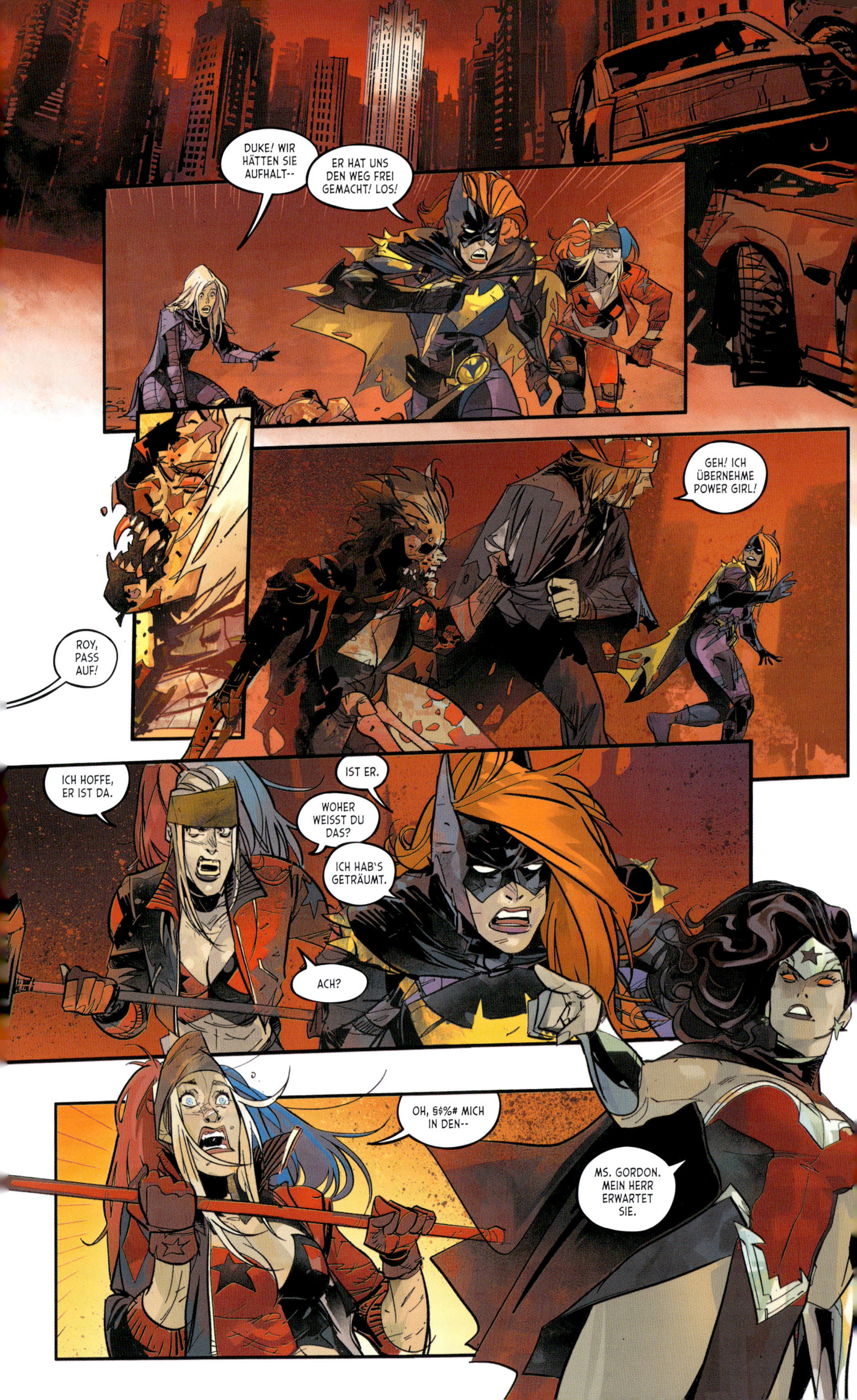
DUKE! WIR HÄTTEN SIE AUFHALT--
ER HAT UNS DEN WEG FREI GEMACHT! LOS!
GEH! ICH ÜBERNEHME POWER GIRL!
ROY, PASS AUF!
ICH HOFFE, ER IST DA.
IST ER.
WOHER WEISST DU DAS?
ICH HAB'S GETRÄUMT.
ACH?
OH, §$%# MICH IN DEN--
MS. GORDON. MEIN HERR ERWARTET SIE.

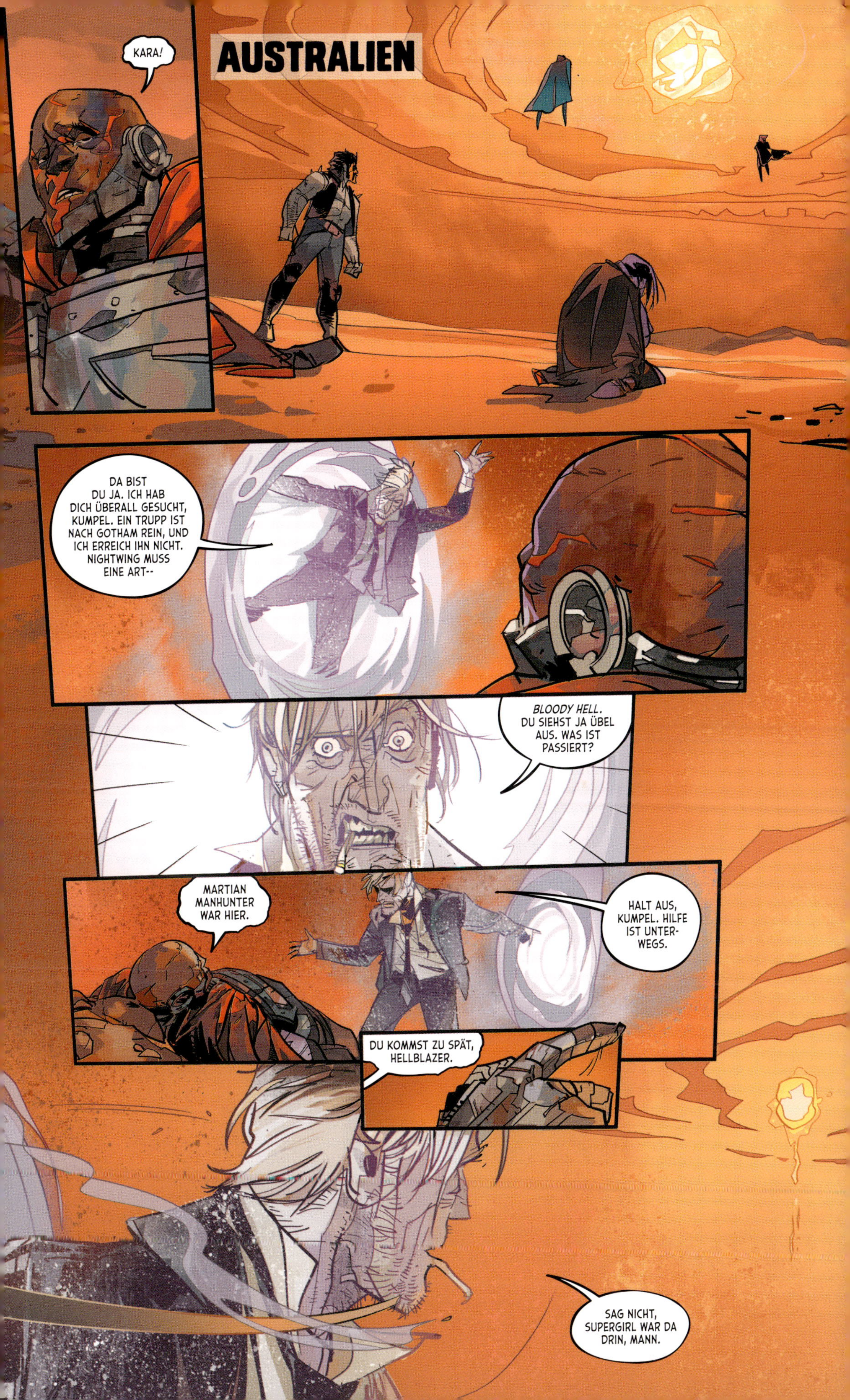
KARA!
AUSTRALIEN
DA BIST DU JA. ICH HAB DICH ÜBERALL GESUCHT, KUMPEL. EIN TRUPP IST NACH GOTHAM REIN, UND ICH ERREICH IHN NICHT. NIGHTWING MUSS EINE ART--
BLOODY HELL. DU SIEHST JA ÜBEL AUS. WAS IST PASSIERT?
MARTIAN MANHUNTER WAR HIER.
HALT AUS, KUMPEL. HILFE IST UNTERWEGS.
DU KOMMST ZU SPÄT, HELLBLAZER.
SAG NICHT, SUPERGIRL WAR DA DRIN, MANN.

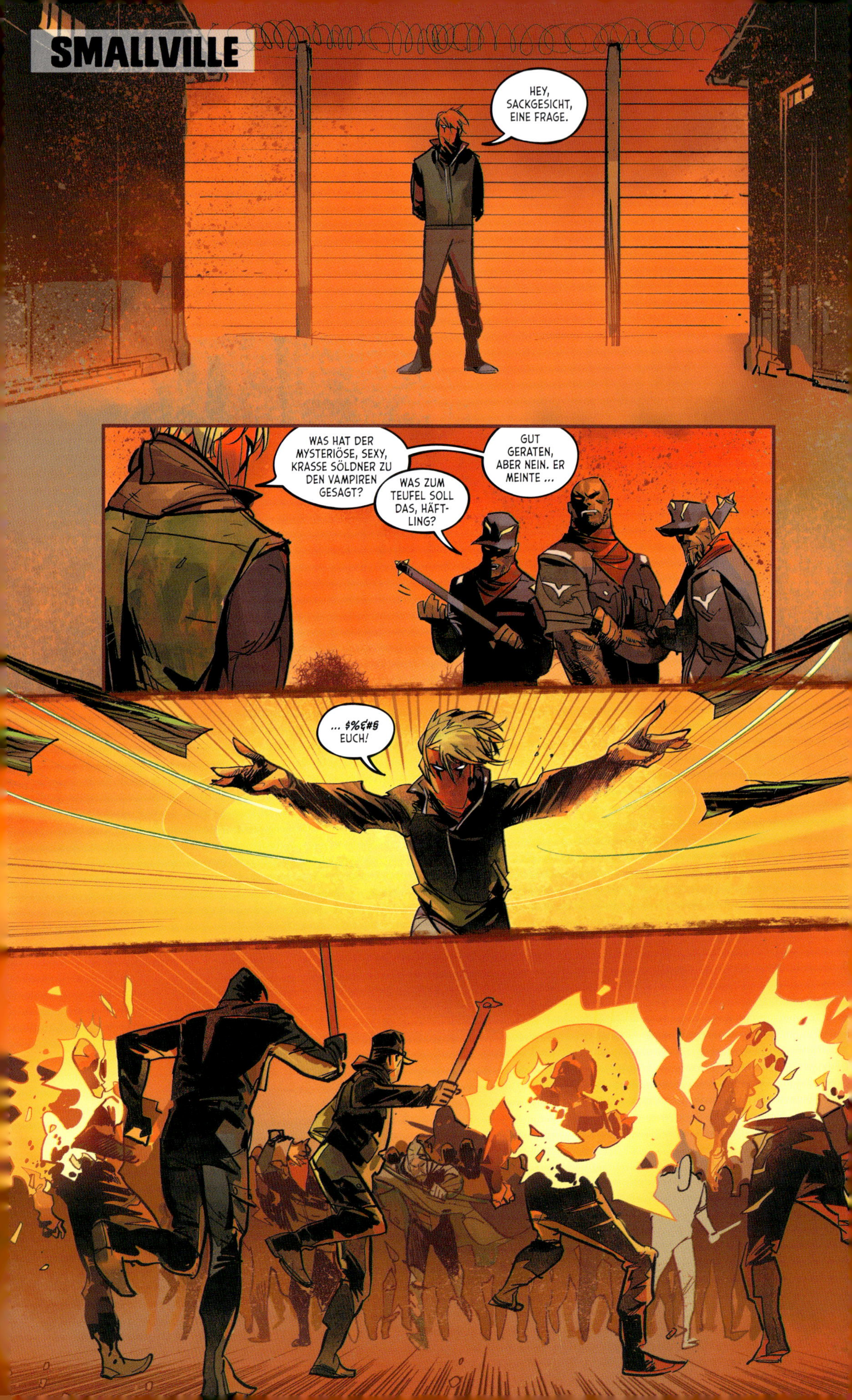
SMALLVILLE
HEY, SACKGESICHT, EINE FRAGE.
WAS HAT DER MYSTERIÖSE, SEXY, KRASSE SÖLDNER ZU DEN VAMPIREN GESAGT?
WAS ZUM TEUFEL SOLL DAS, HÄFTLING?
GUT GERATEN, ABER NEIN. ER MEINTE ...
... $%&#§ EUCH!

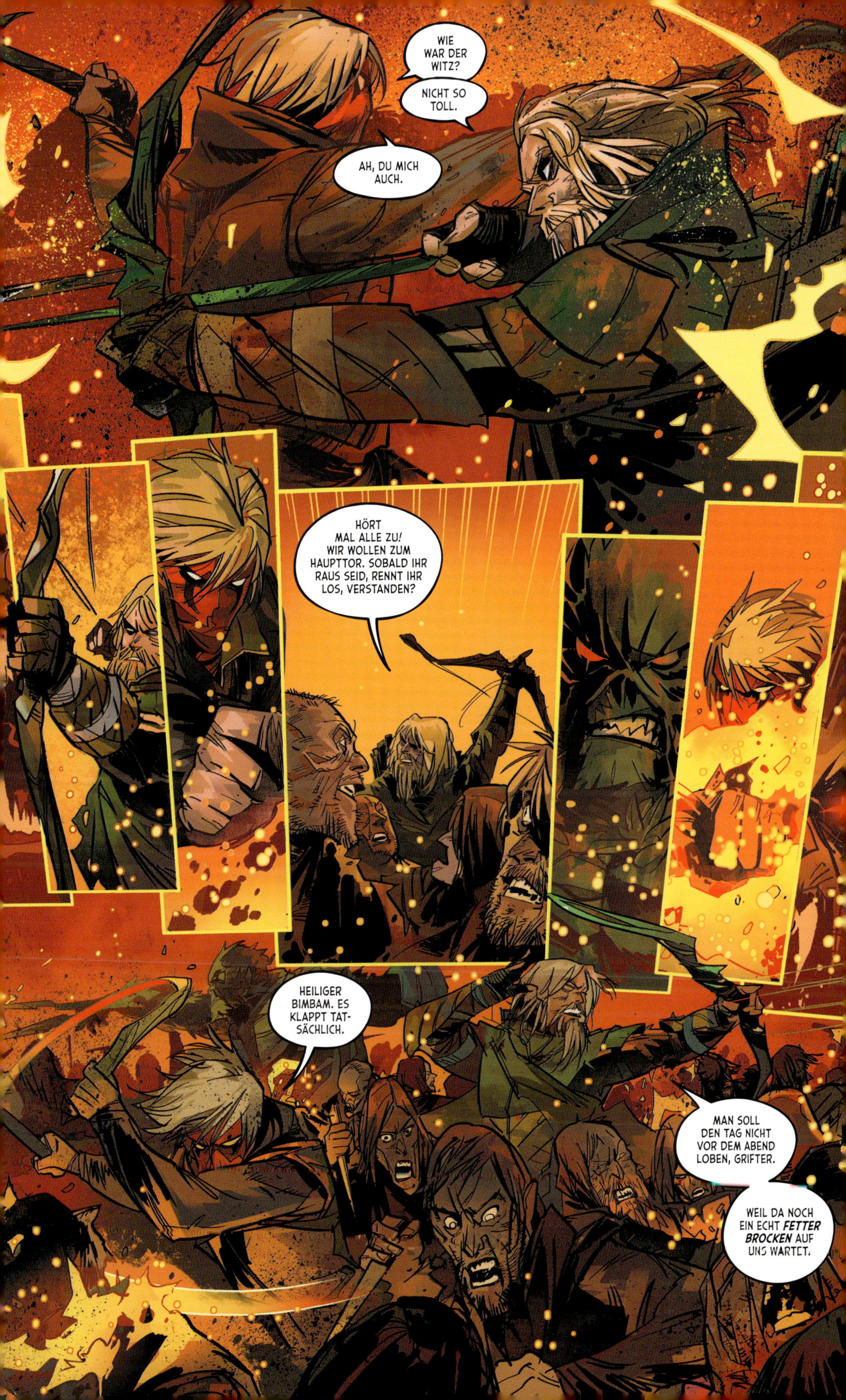
WIE WAR DER WITZ?
NICHT SO TOLL.
AH, DU MICH AUCH.
HÖRT MAL ALLE ZU! WIR WOLLEN ZUM HAUPTTOR. SOBALD IHR RAUS SEID, RENNT IHR LOS, VERSTANDEN?
HEILIGER BIMBAM. ES KLAPPT TATSÄCHLICH.
MAN SOLL DEN TAG NICHT VOR DEM ABEND LOBEN, GRIFTER.
WEIL DA NOCH EIN ECHT ***FETTER BROCKEN*** AUF UNS WARTET.

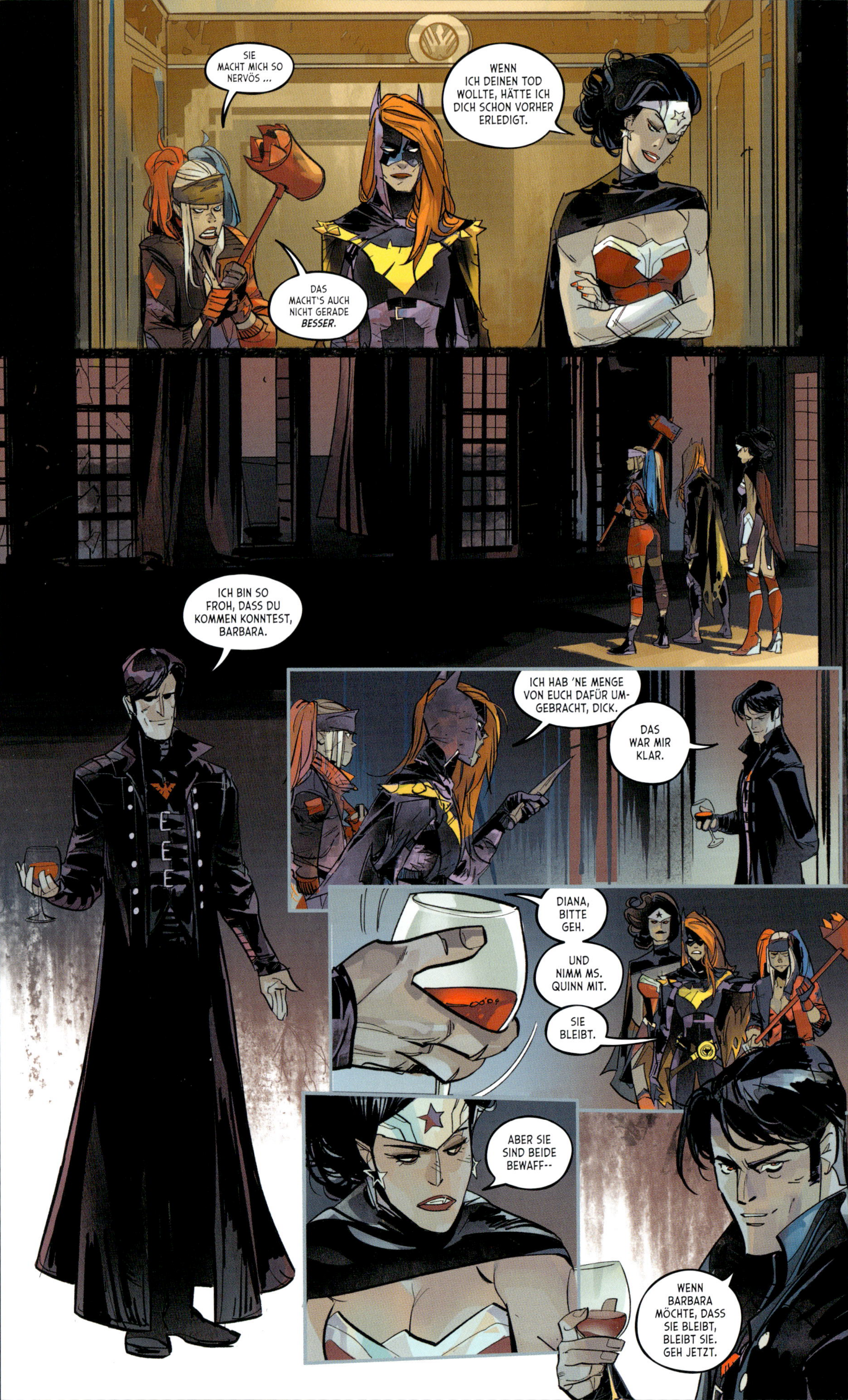
SIE MACHT MICH SO NERVÖS ...
WENN ICH DEINEN TOD WOLLTE, HÄTTE ICH DICH SCHON VORHER ERLEDIGT.
DAS MACHT'S AUCH NICHT GERADE *BESSER*.
ICH BIN SO FROH, DASS DU KOMMEN KONNTEST, BARBARA.
ICH HAB 'NE MENGE VON EUCH DAFÜR UMGEBRACHT, DICK.
DAS WAR MIR KLAR.
DIANA, BITTE GEH.
UND NIMM MS. QUINN MIT.
SIE BLEIBT.
ABER SIE SIND BEIDE BEWAFF--
WENN BARBARA MÖCHTE, DASS SIE BLEIBT, BLEIBT SIE. GEH JETZT.

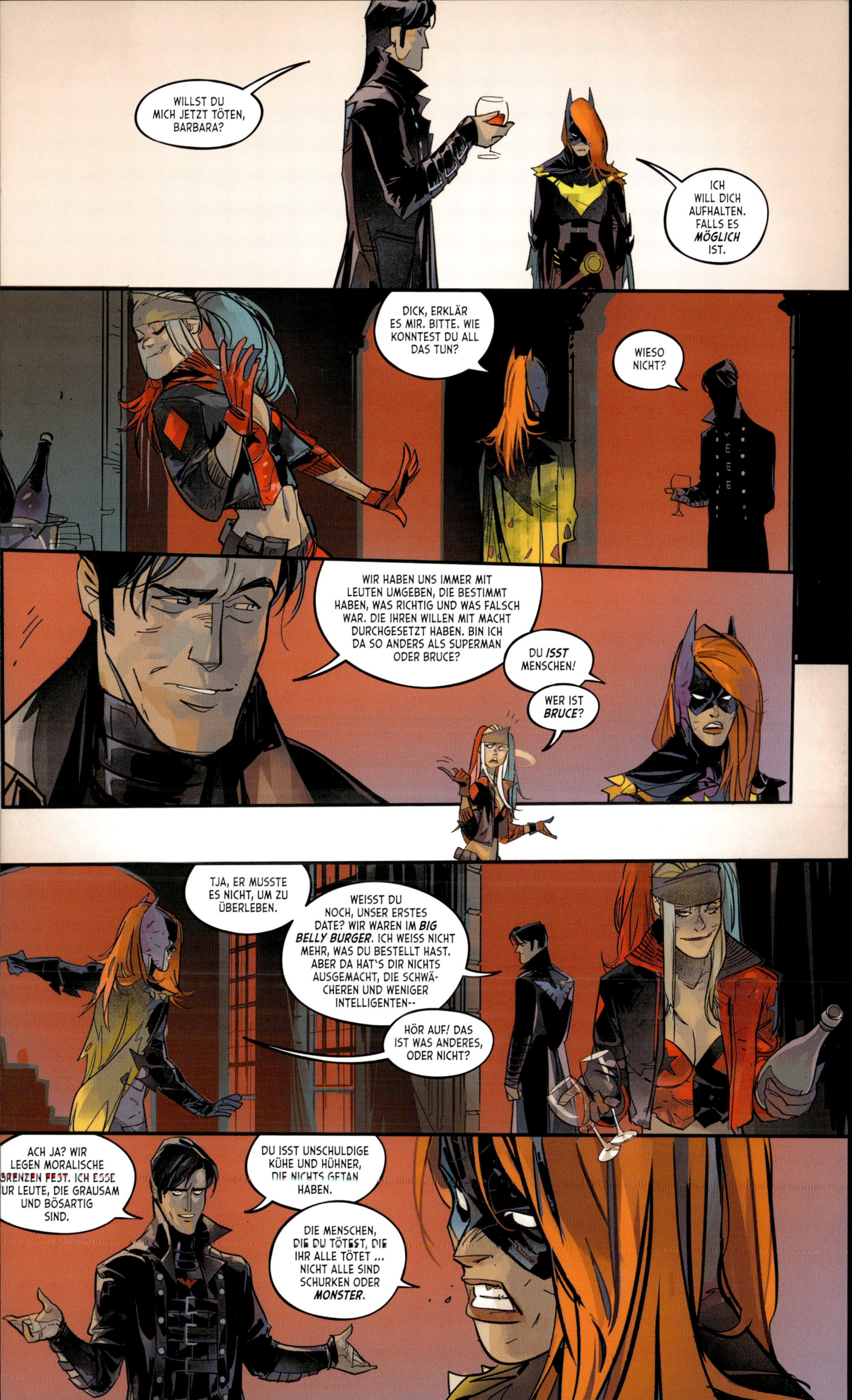
WILLST DU MICH JETZT TÖTEN, BARBARA?
ICH WILL DICH AUFHALTEN. FALLS ES *MÖGLICH* IST.
DICK, ERKLÄR ES MIR. BITTE. WIE KONNTEST DU ALL DAS TUN?
WIESO NICHT?
WIR HABEN UNS IMMER MIT LEUTEN UMGEBEN, DIE BESTIMMT HABEN, WAS RICHTIG UND WAS FALSCH WAR. DIE IHREN WILLEN MIT MACHT DURCHGESETZT HABEN. BIN ICH DA SO ANDERS ALS SUPERMAN ODER BRUCE?
DU *ISST* MENSCHEN!
WER IST *BRUCE?*
TJA, ER MUSSTE ES NICHT, UM ZU ÜBERLEBEN.
WEISST DU NOCH, UNSER ERSTES DATE? WIR WAREN IM *BIG BELLY BURGER*. ICH WEISS NICHT MEHR, WAS DU BESTELLT HAST. ABER DA HAT'S DIR NICHTS AUSGEMACHT, DIE SCHWÄCHEREN UND WENIGER INTELLIGENTEN--
HÖR AUF! DAS IST WAS ANDERES, ODER NICHT?
ACH JA? WIR LEGEN MORALISCHE GRENZEN FEST. ICH ESSE UR LEUTE, DIE GRAUSAM UND BÖSARTIG SIND.
DU ISST UNSCHULDIGE KÜHE UND HÜHNER, DIE NICHTS GETAN HABEN.
DIE MENSCHEN, DIE DU TÖTEST, DIE IHR ALLE TÖTET ... NICHT ALLE SIND SCHURKEN ODER *MONSTER*.

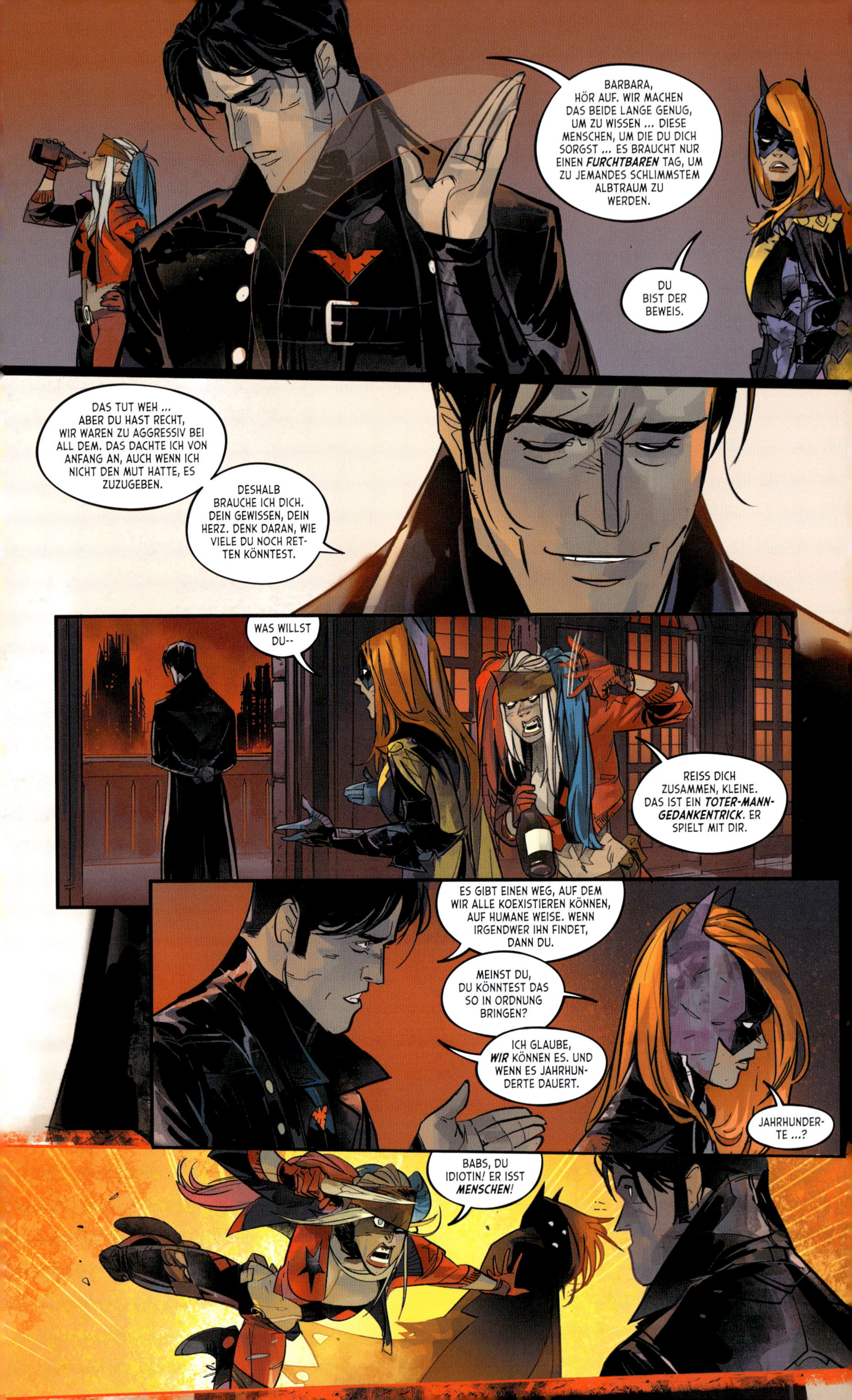

BARBARA, HÖR AUF. WIR MACHEN DAS BEIDE LANGE GENUG, UM ZU WISSEN ... DIESE MENSCHEN, UM DIE DU DICH SORGST ... ES BRAUCHT NUR EINEN **FURCHTBAREN** TAG, UM ZU JEMANDES SCHLIMMSTEM ALBTRAUM ZU WERDEN.
DU BIST DER BEWEIS.
DAS TUT WEH ... ABER DU HAST RECHT, WIR WAREN ZU AGGRESSIV BEI ALL DEM. DAS DACHTE ICH VON ANFANG AN, AUCH WENN ICH NICHT DEN MUT HATTE, ES ZUZUGEBEN.
DESHALB BRAUCHE ICH DICH. DEIN GEWISSEN, DEIN HERZ. DENK DARAN, WIE VIELE DU NOCH RETTEN KÖNNTEST.
WAS WILLST DU--
REISS DICH ZUSAMMEN, KLEINE. DAS IST EIN ***TOTER-MANN-GEDANKENTRICK***. ER SPIELT MIT DIR.
ES GIBT EINEN WEG, AUF DEM WIR ALLE KOEXISTIEREN KÖNNEN, AUF HUMANE WEISE. WENN IRGENDWER IHN FINDET, DANN DU.
MEINST DU, DU KÖNNTEST DAS SO IN ORDNUNG BRINGEN?
ICH GLAUBE, ***WIR*** KÖNNEN ES. UND WENN ES JAHRHUNDERTE DAUERT.
JAHRHUNDERTE ...?
BABS, DU IDIOTIN! ER ISST ***MENSCHEN***!

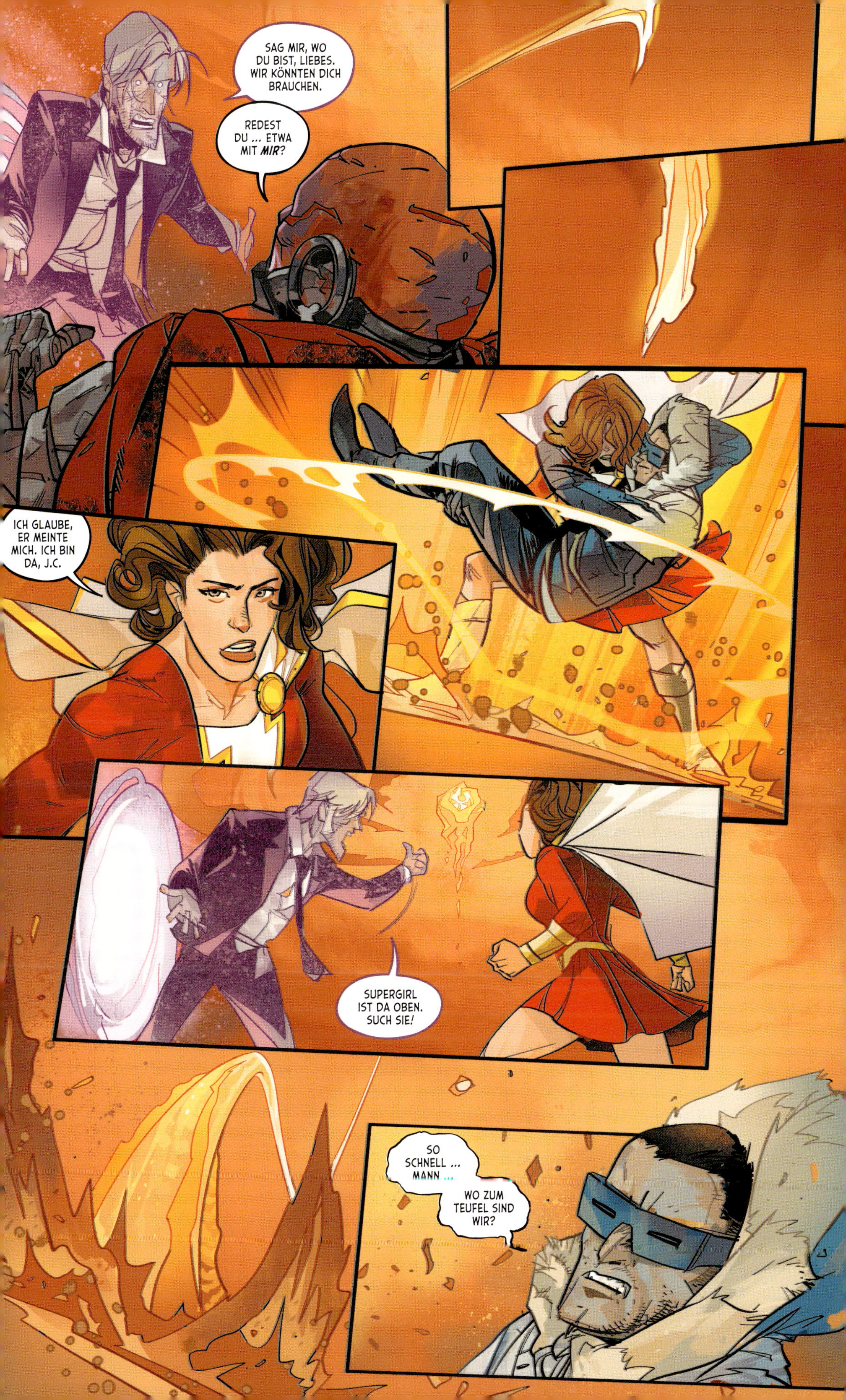
SAG MIR, WO DU BIST, LIEBES. WIR KÖNNTEN DICH BRAUCHEN.
REDEST DU ... ETWA MIT *MIR*?
ICH GLAUBE, ER MEINTE MICH. ICH BIN DA, J.C.
SUPERGIRL IST DA OBEN. SUCH SIE!
SO SCHNELL ... MANN ...
WO ZUM TEUFEL SIND WIR?

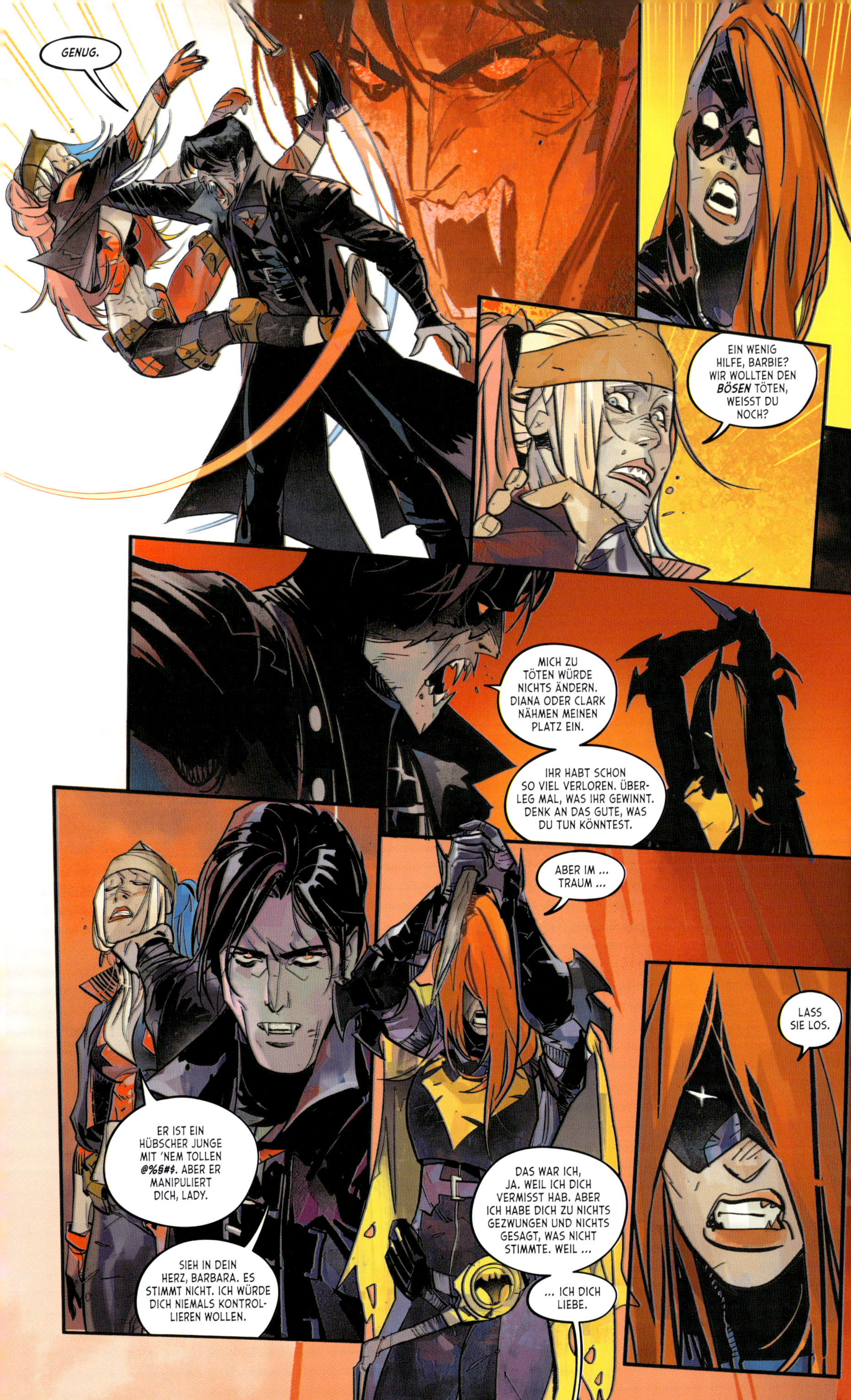
GENUG.
EIN WENIG HILFE, BARBIE? WIR WOLLTEN DEN BÖSEN TÖTEN, WEISST DU NOCH?
MICH ZU TÖTEN WÜRDE NICHTS ÄNDERN. DIANA ODER CLARK NÄHMEN MEINEN PLATZ EIN.
IHR HABT SCHON SO VIEL VERLOREN. ÜBERLEG MAL, WAS IHR GEWINNT. DENK AN DAS GUTE, WAS DU TUN KÖNNTEST.
ABER IM ... TRAUM ...
LASS SIE LOS.
ER IST EIN HÜBSCHER JUNGE MIT 'NEM TOLLEN @%$#$. ABER ER MANIPULIERT DICH, LADY.
SIEH IN DEIN HERZ, BARBARA. ES STIMMT NICHT. ICH WÜRDE DICH NIEMALS KONTROLLIEREN WOLLEN.
DAS WAR ICH, JA. WEIL ICH DICH VERMISST HAB. ABER ICH HABE DICH ZU NICHTS GEZWUNGEN UND NICHTS GESAGT, WAS NICHT STIMMTE. WEIL ...
... ICH DICH LIEBE.

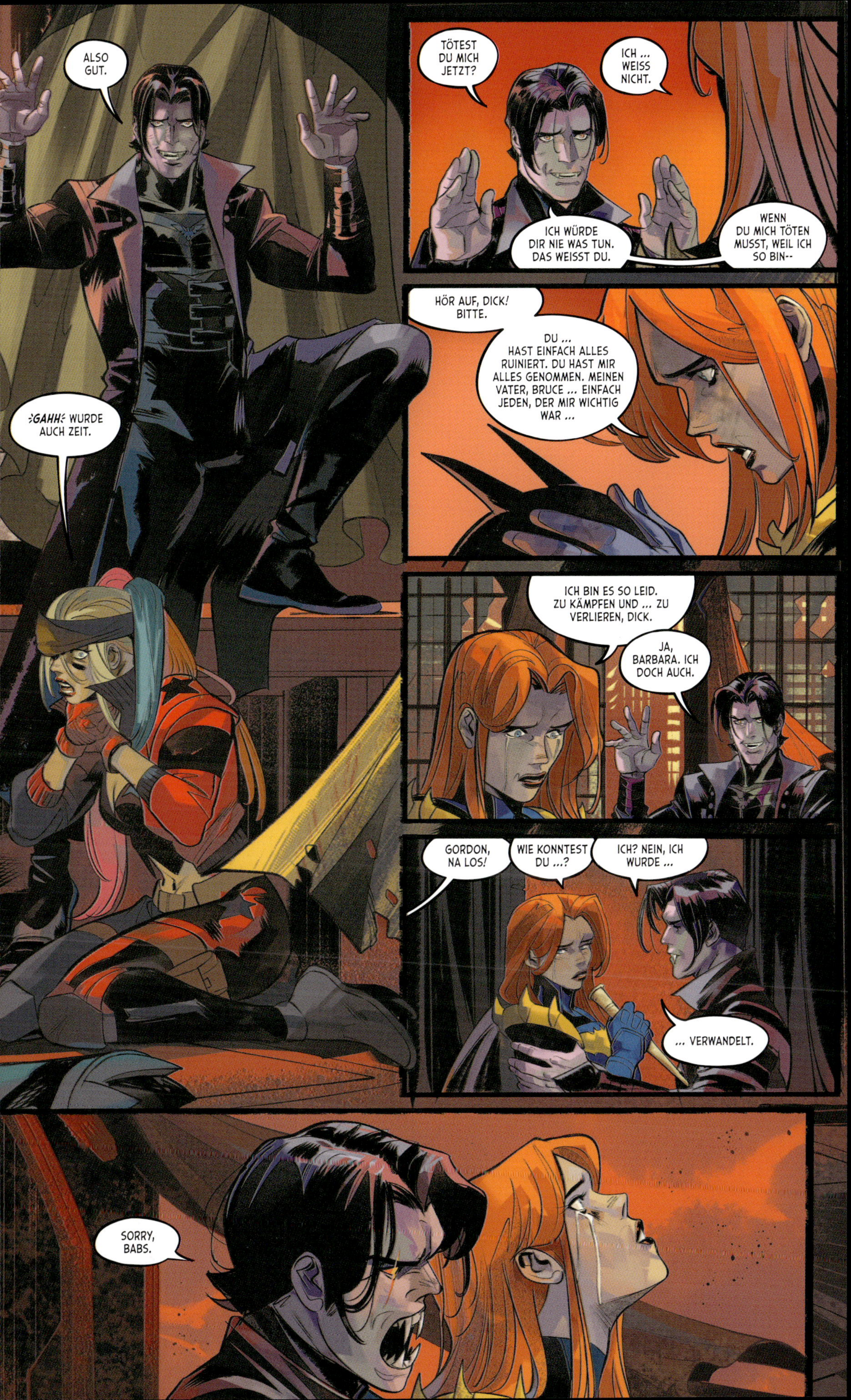
ALSO GUT.
›GAHH‹ WURDE AUCH ZEIT.
TÖTEST DU MICH JETZT?
ICH ... WEISS NICHT.
ICH WÜRDE DIR NIE WAS TUN. DAS WEISST DU.
WENN DU MICH TÖTEN MUSST, WEIL ICH SO BIN--
HÖR AUF, DICK! BITTE.
DU ... HAST EINFACH ALLES RUINIERT. DU HAST MIR ALLES GENOMMEN. MEINEN VATER, BRUCE ... EINFACH JEDEN, DER MIR WICHTIG WAR ...
ICH BIN ES SO LEID. ZU KÄMPFEN UND ... ZU VERLIEREN, DICK.
JA, BARBARA. ICH DOCH AUCH.
GORDON, NA LOS!
WIE KONNTEST DU ...?
ICH? NEIN, ICH WURDE ...
... VERWANDELT.
SORRY, BABS.

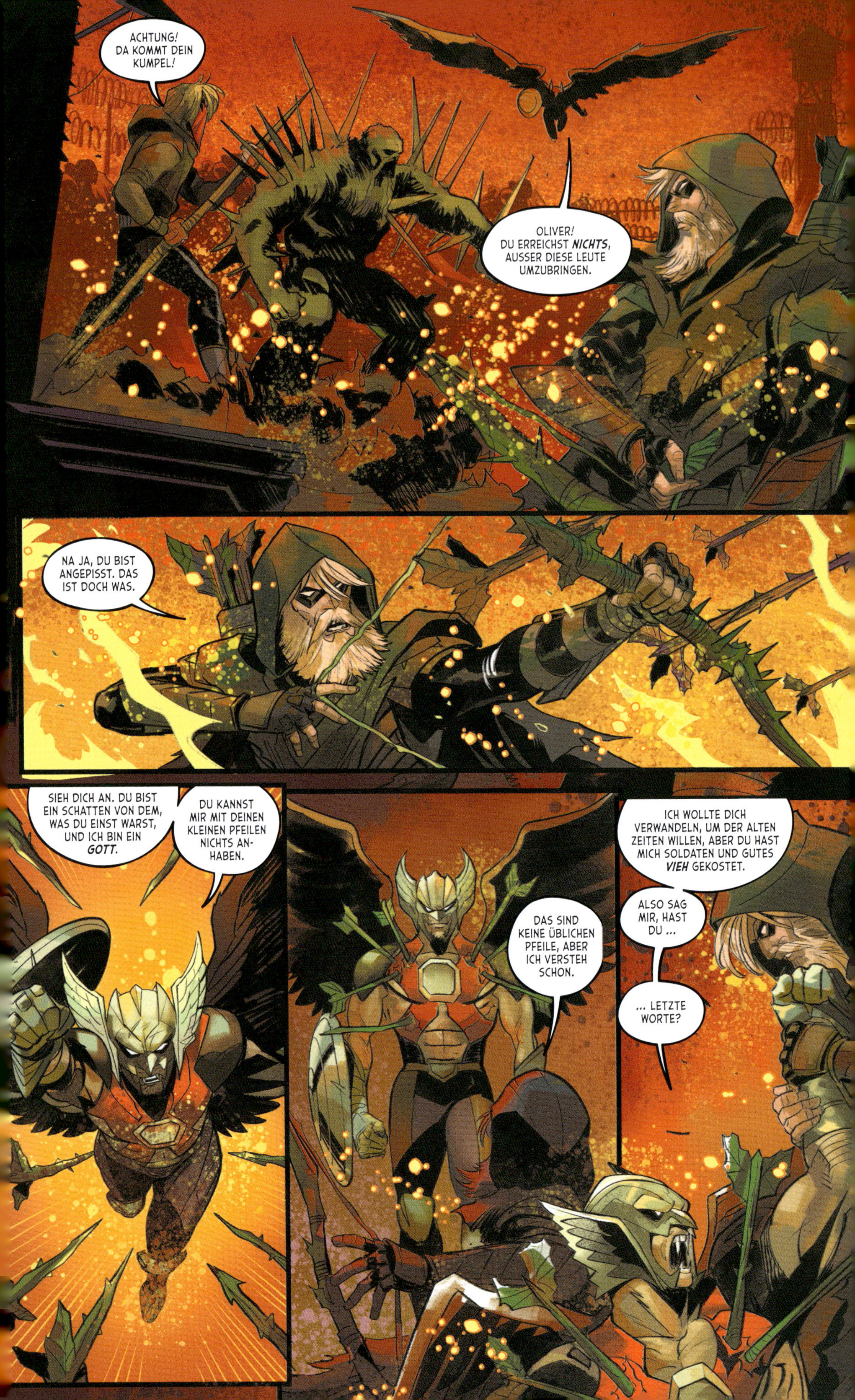
ACHTUNG! DA KOMMT DEIN KUMPEL!
OLIVER! DU ERREICHST NICHTS, AUSSER DIESE LEUTE UMZUBRINGEN.
NA JA, DU BIST ANGEPISST. DAS IST DOCH WAS.
SIEH DICH AN. DU BIST EIN SCHATTEN VON DEM, WAS DU EINST WARST, UND ICH BIN EIN GOTT.
DU KANNST MIR MIT DEINEN KLEINEN PFEILEN NICHTS ANHABEN.
DAS SIND KEINE ÜBLICHEN PFEILE, ABER ICH VERSTEH SCHON.
ICH WOLLTE DICH VERWANDELN, UM DER ALTEN ZEITEN WILLEN, ABER DU HAST MICH SOLDATEN UND GUTES VIEH GEKOSTET.
ALSO SAG MIR, HAST DU ...
... LETZTE WORTE?

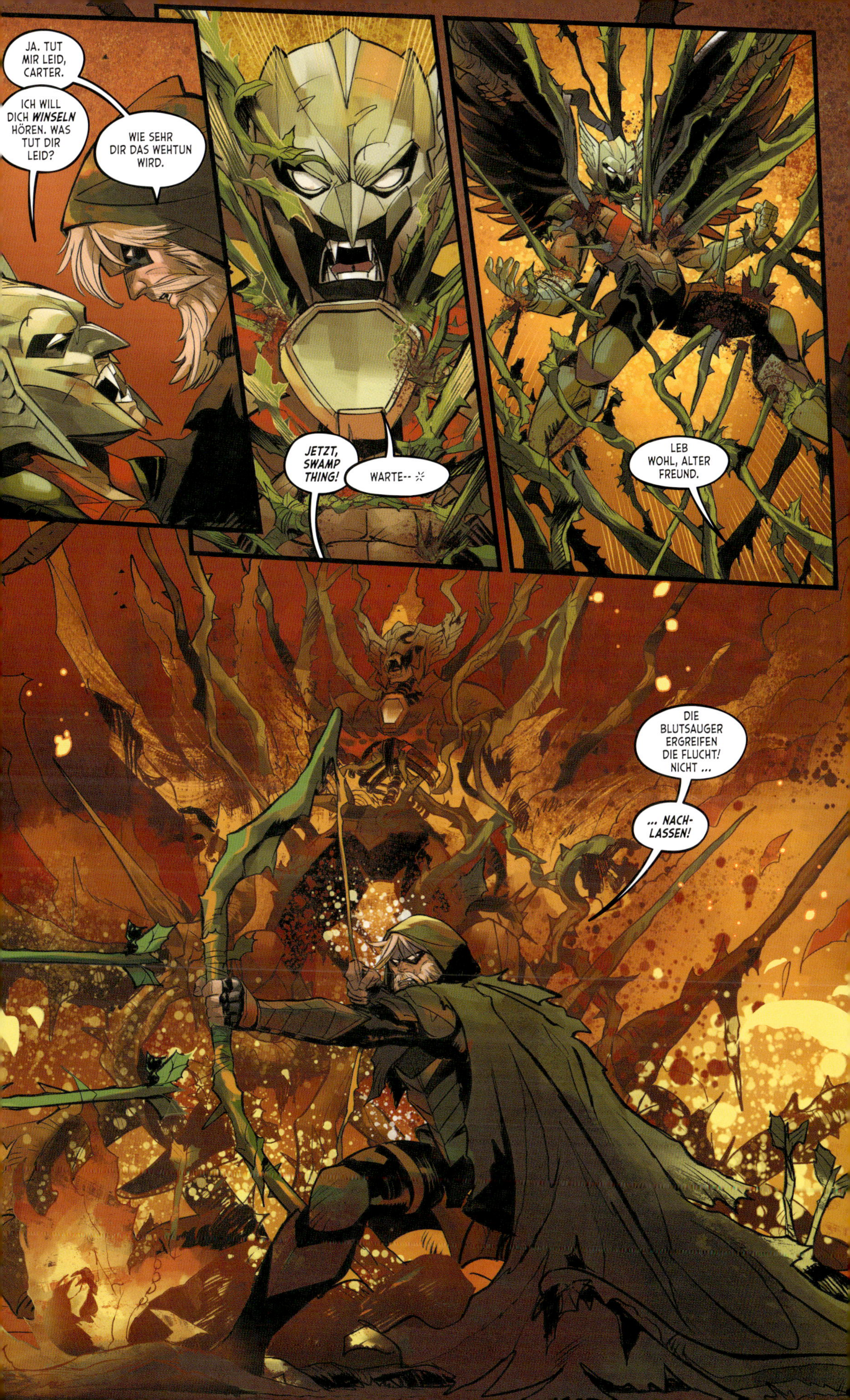
JA. TUT MIR LEID, CARTER.
ICH WILL DICH WINSELN HÖREN. WAS TUT DIR LEID?
WIE SEHR DIR DAS WEHTUN WIRD.
JETZT, SWAMP THING!
WARTE--
LEB WOHL, ALTER FREUND.
DIE BLUTSAUGER ERGREIFEN DIE FLUCHT! NICHT ...
... NACH-LASSEN!

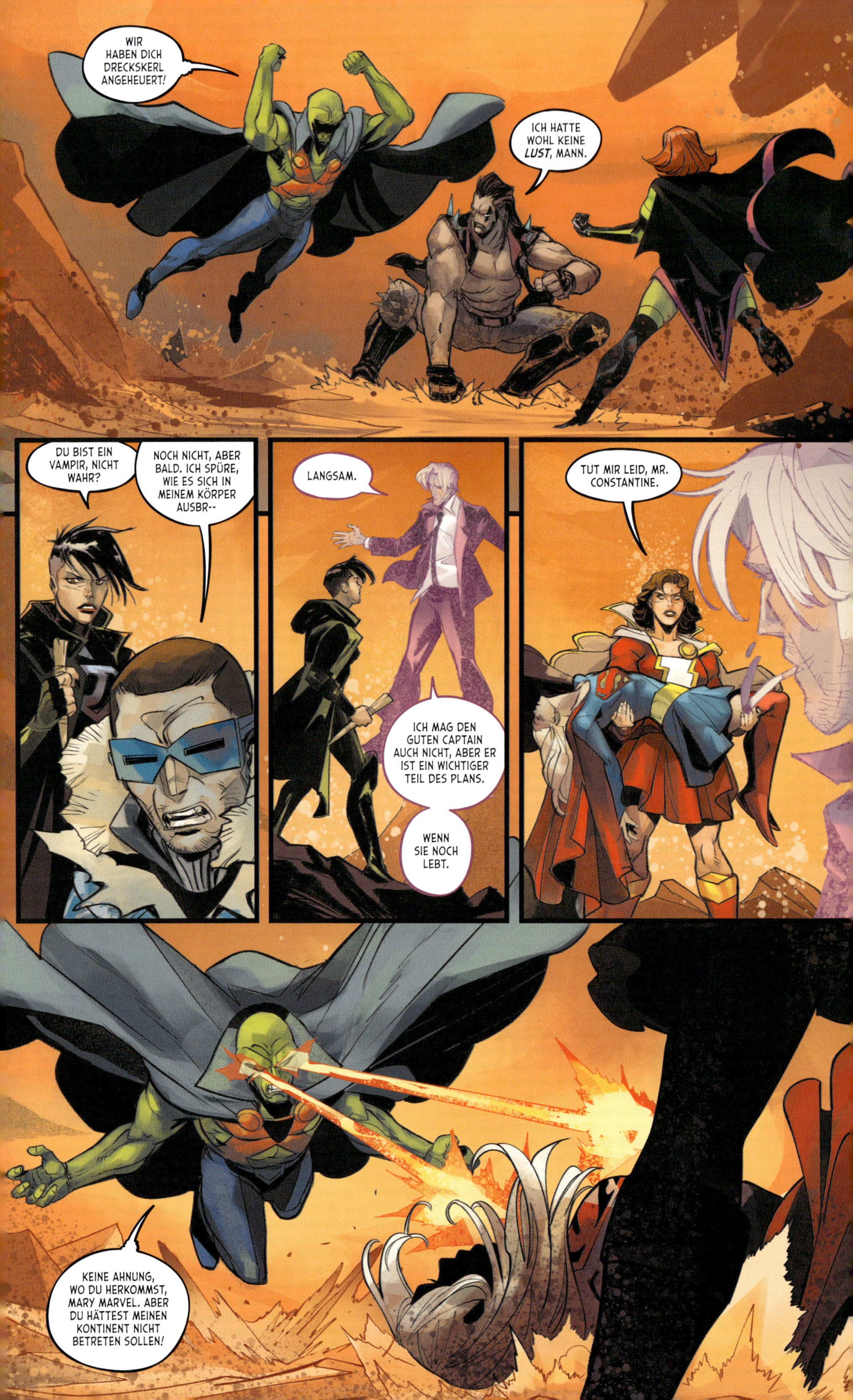
WIR HABEN DICH DRECKSKERL ANGEHEUERT!
ICH HATTE WOHL KEINE LUST, MANN.
DU BIST EIN VAMPIR, NICHT WAHR?
NOCH NICHT, ABER BALD. ICH SPÜRE, WIE ES SICH IN MEINEM KÖRPER AUSBR--
LANGSAM.
ICH MAG DEN GUTEN CAPTAIN AUCH NICHT, ABER ER IST EIN WICHTIGER TEIL DES PLANS.
WENN SIE NOCH LEBT.
TUT MIR LEID, MR. CONSTANTINE.
KEINE AHNUNG, WO DU HERKOMMST, MARY MARVEL. ABER DU HÄTTEST MEINEN KONTINENT NICHT BETRETEN SOLLEN!

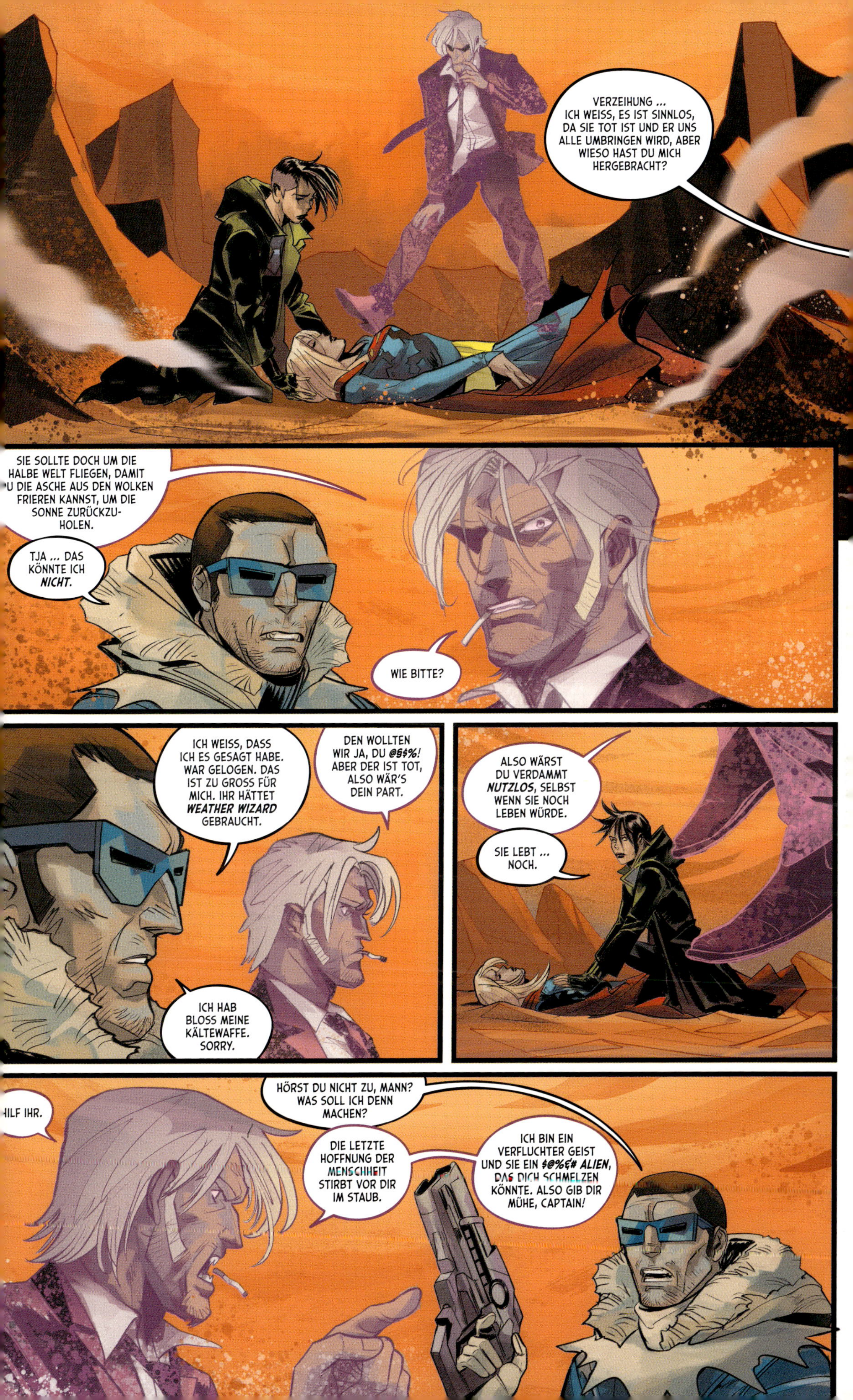

VERZEIHUNG ... ICH WEISS, ES IST SINNLOS, DA SIE TOT IST UND ER UNS ALLE UMBRINGEN WIRD, ABER WIESO HAST DU MICH HERGEBRACHT?

SIE SOLLTE DOCH UM DIE HALBE WELT FLIEGEN, DAMIT U DIE ASCHE AUS DEN WOLKEN FRIEREN KANNST, UM DIE SONNE ZURÜCKZU-HOLEN.

TJA ... DAS KÖNNTE ICH *NICHT*.

WIE BITTE?

ICH WEISS, DASS ICH ES GESAGT HABE. WAR GELOGEN. DAS IST ZU GROSS FÜR MICH. IHR HÄTTET ***WEATHER WIZARD*** GEBRAUCHT.

DEN WOLLTEN WIR JA, DU *@§$%!* ABER DER IST TOT, ALSO WÄR'S DEIN PART.

ICH HAB BLOSS MEINE KÄLTEWAFFE. SORRY.

ALSO WÄRST DU VERDAMMT ***NUTZLOS***, SELBST WENN SIE NOCH LEBEN WÜRDE.

SIE LEBT ... NOCH.

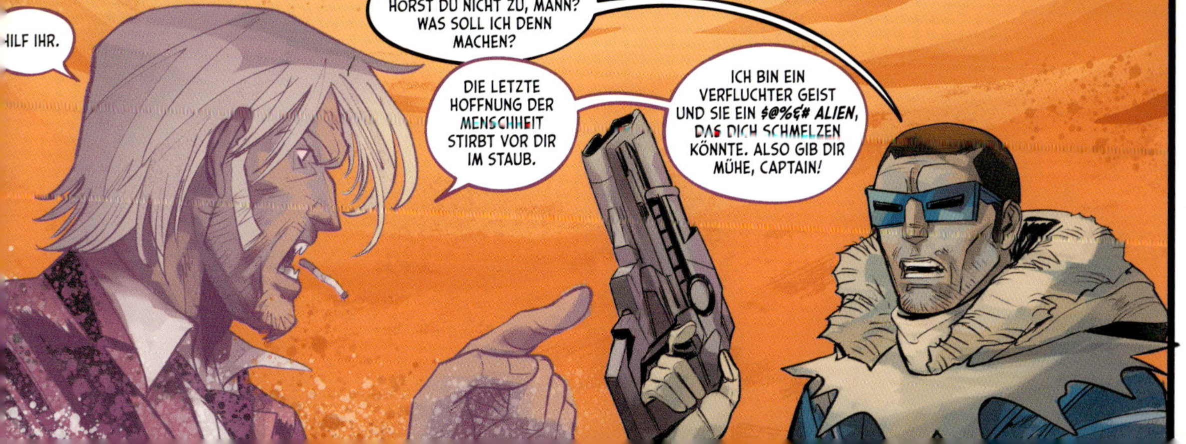

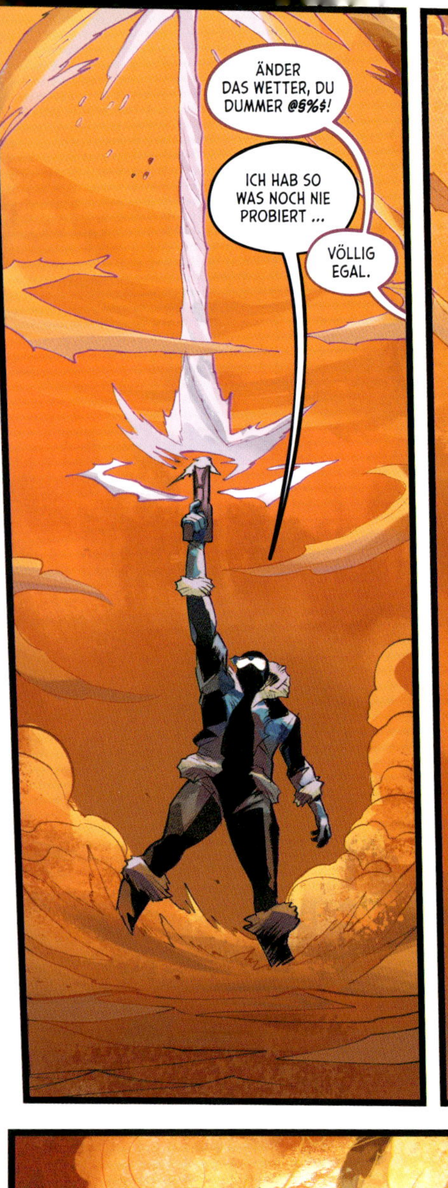
ÄNDER DAS WETTER, DU DUMMER @§%$!
ICH HAB SO WAS NOCH NIE PROBIERT ...
VÖLLIG EGAL.
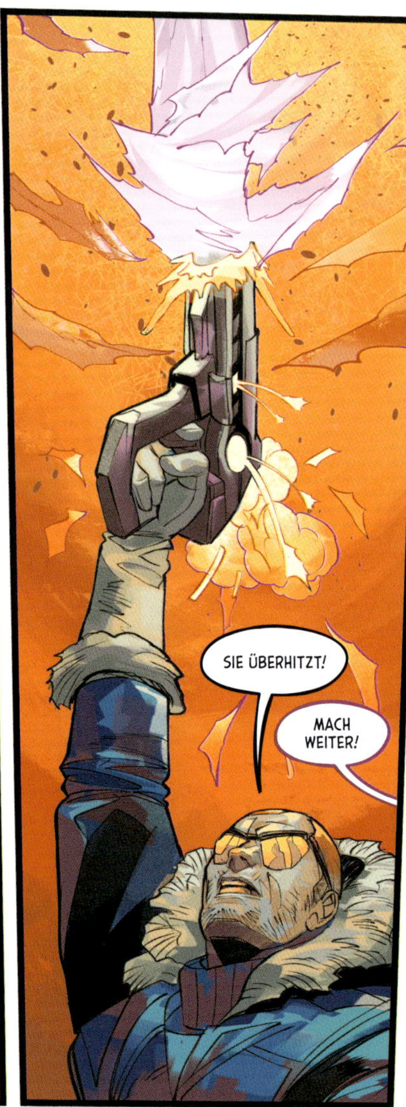
SIE ÜBERHITZT!
MACH WEITER!
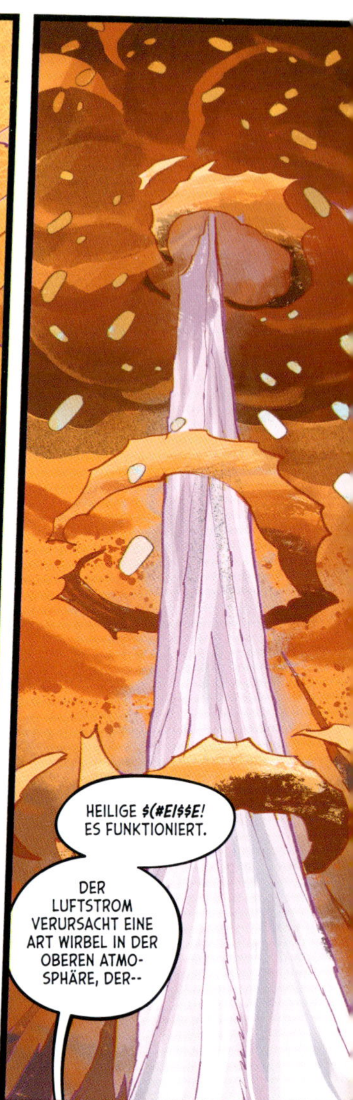
HEILIGE $(#EI$$E! ES FUNKTIONIERT.
DER LUFTSTROM VERURSACHT EINE ART WIRBEL IN DER OBEREN ATMO-SPHÄRE, DER--
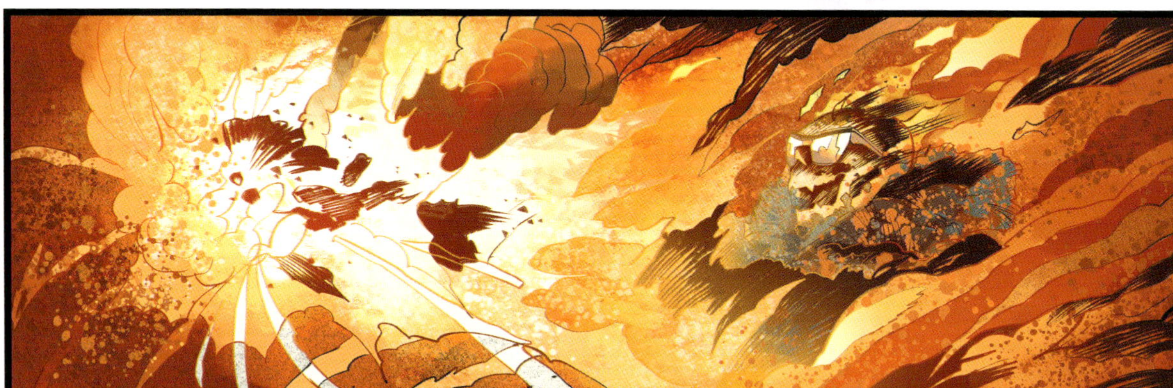
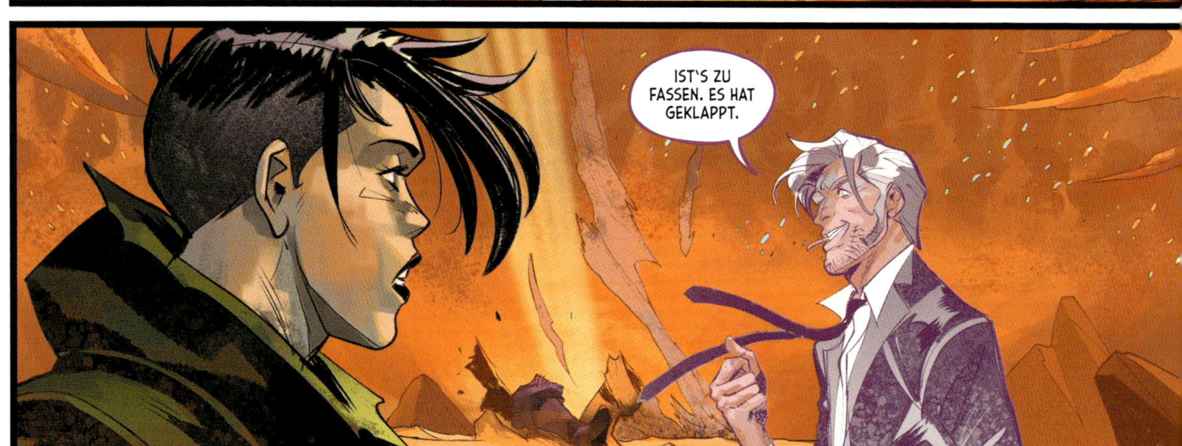
IST'S ZU FASSEN. ES HAT GEKLAPPT.

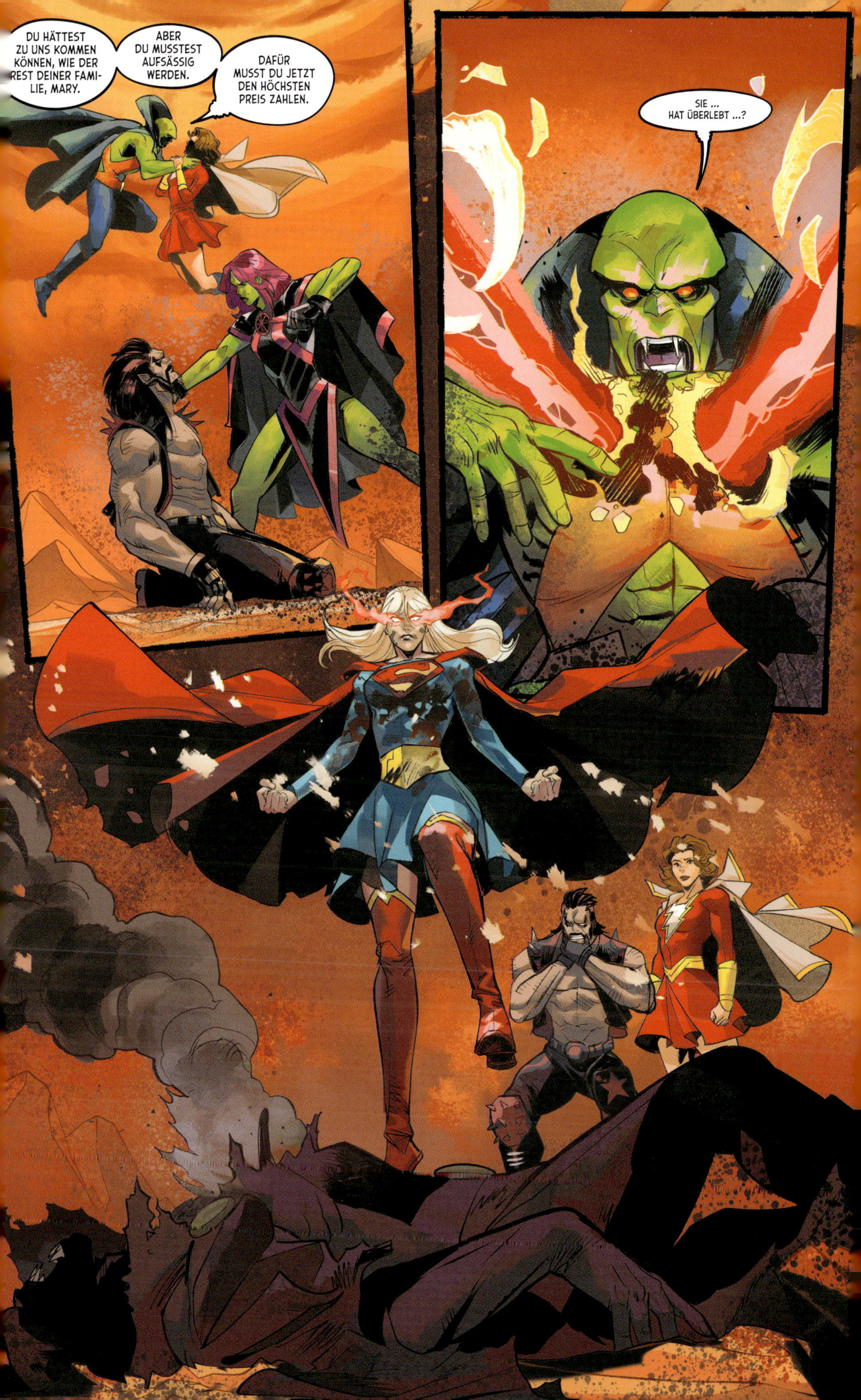
DU HÄTTEST ZU UNS KOMMEN KÖNNEN, WIE DER REST DEINER FAMILIE, MARY.
ABER DU MUSSTEST AUFSÄSSIG WERDEN.
DAFÜR MUSST DU JETZT DEN HÖCHSTEN PREIS ZAHLEN.
SIE ... HAT ÜBERLEBT ...?

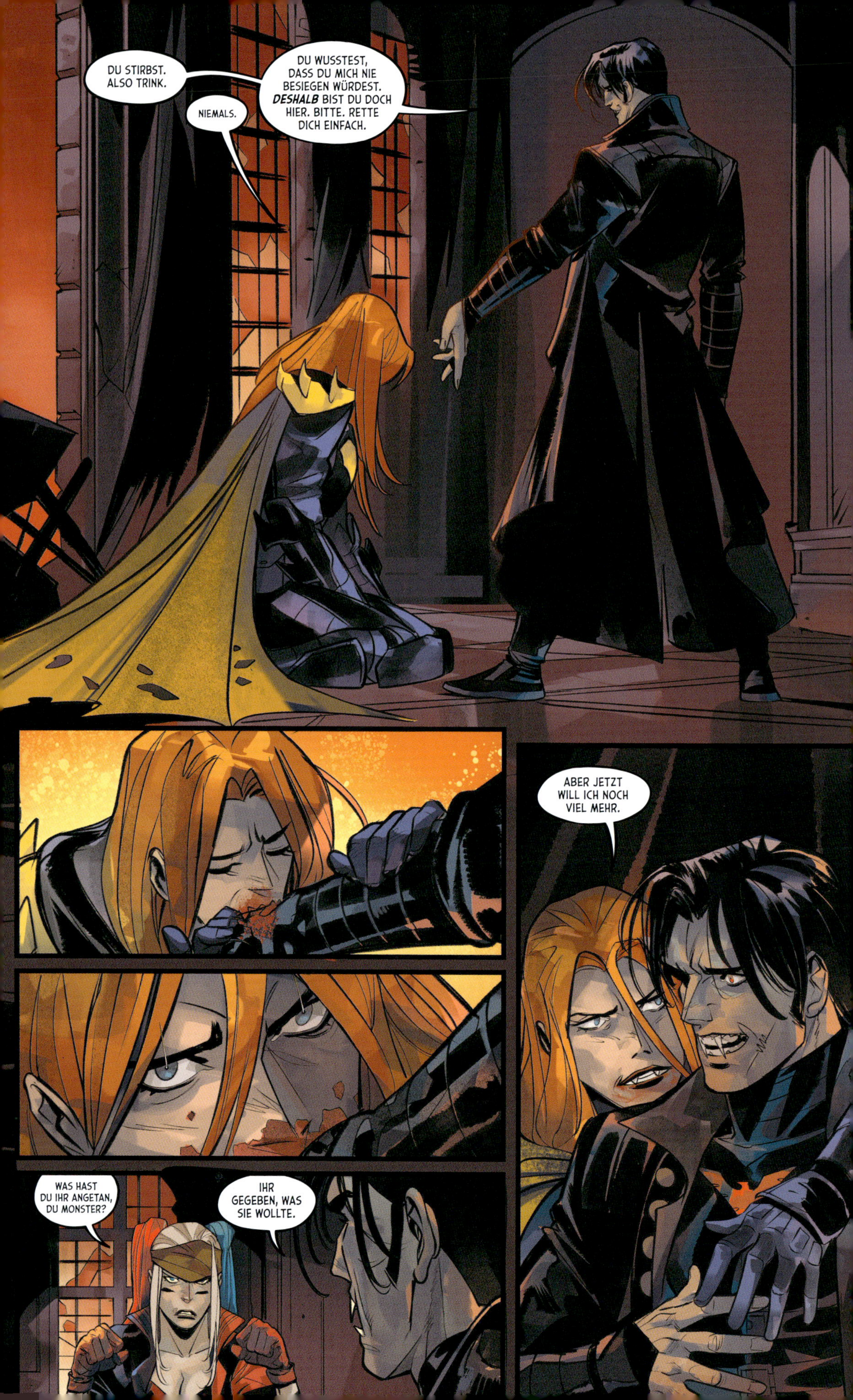
DU STIRBST. ALSO TRINK.
NIEMALS.
DU WUSSTEST, DASS DU MICH NIE BESIEGEN WÜRDEST. *DESHALB* BIST DU DOCH HIER. BITTE. RETTE DICH EINFACH.
ABER JETZT WILL ICH NOCH VIEL MEHR.
WAS HAST DU IHR ANGETAN, DU MONSTER?
IHR GEGEBEN, WAS SIE WOLLTE.

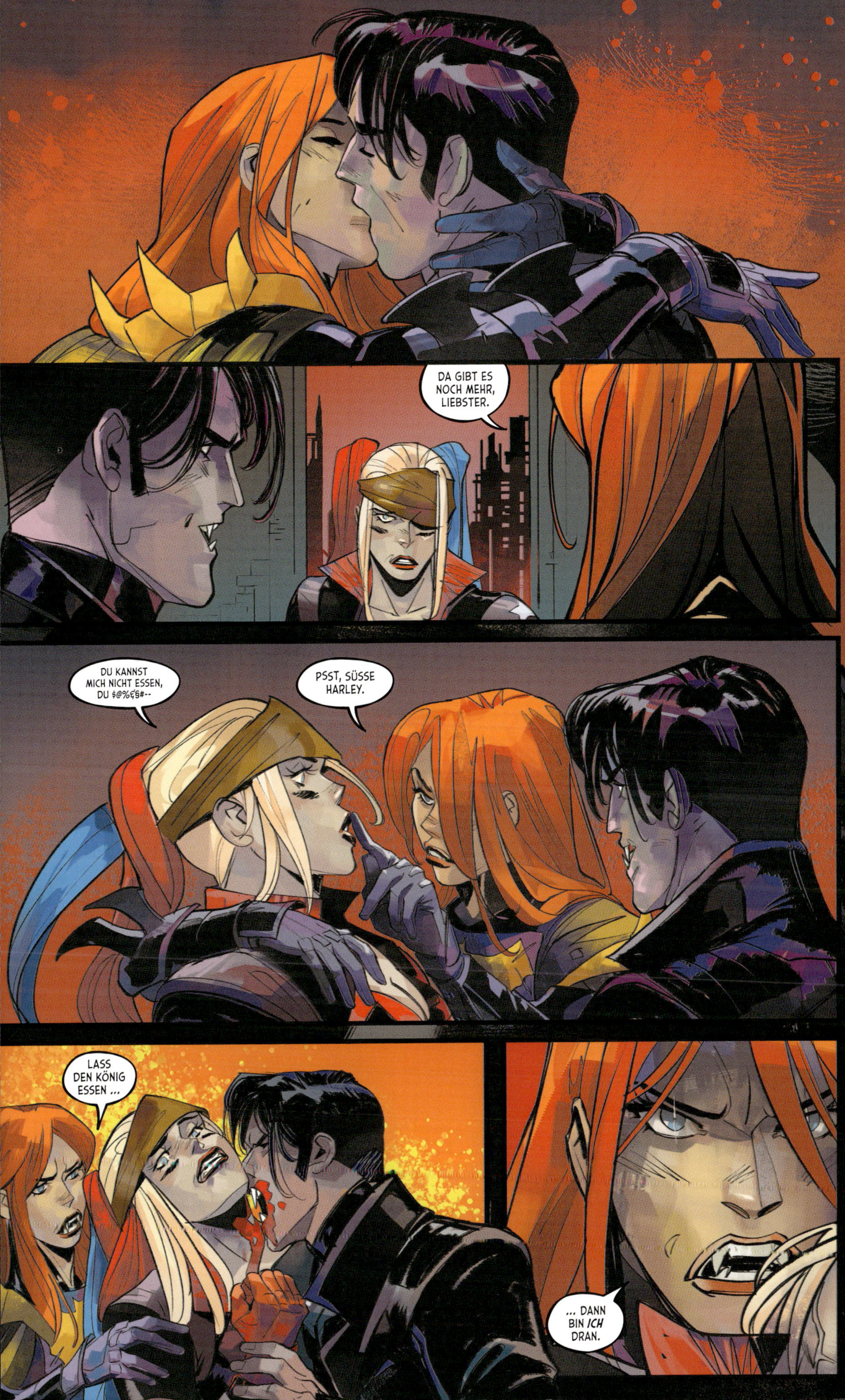
DA GIBT ES NOCH MEHR, LIEBSTER.
DU KANNST MICH NICHT ESSEN, DU $@%€§#--
PSST, SÜSSE HARLEY.
LASS DEN KÖNIG ESSEN ...
... DANN BIN *ICH* DRAN.

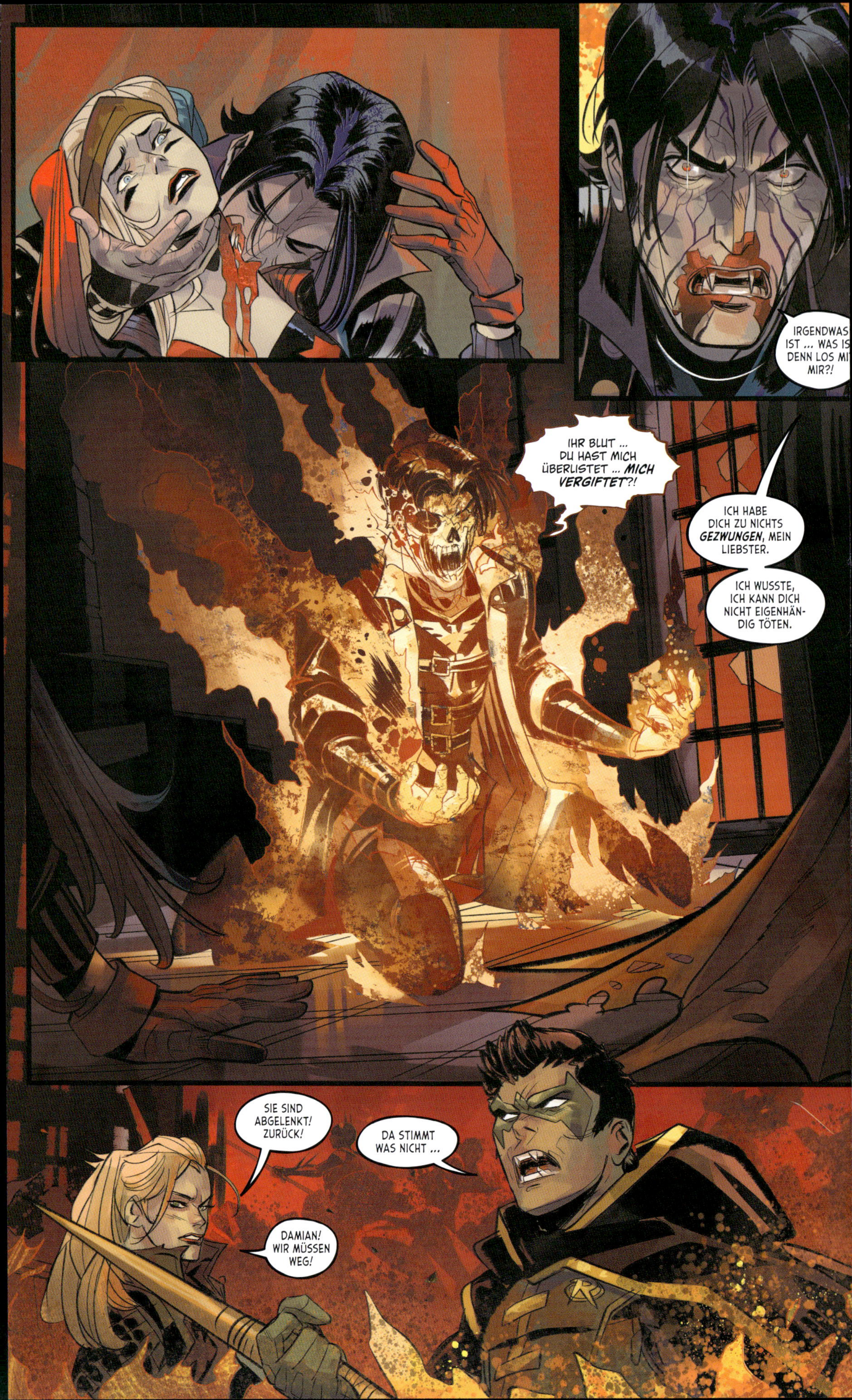
IRGENDWAS IST ... WAS IS DENN LOS MI MIR?!
IHR BLUT ... DU HAST MICH ÜBERLISTET ... ***MICH VERGIFTET***?!
ICH HABE DICH ZU NICHTS ***GEZWUNGEN***, MEIN LIEBSTER.
ICH WUSSTE, ICH KANN DICH NICHT EIGENHÄNDIG TÖTEN.
SIE SIND ABGELENKT! ZURÜCK!
DA STIMMT WAS NICHT ...
DAMIAN! WIR MÜSSEN WEG!

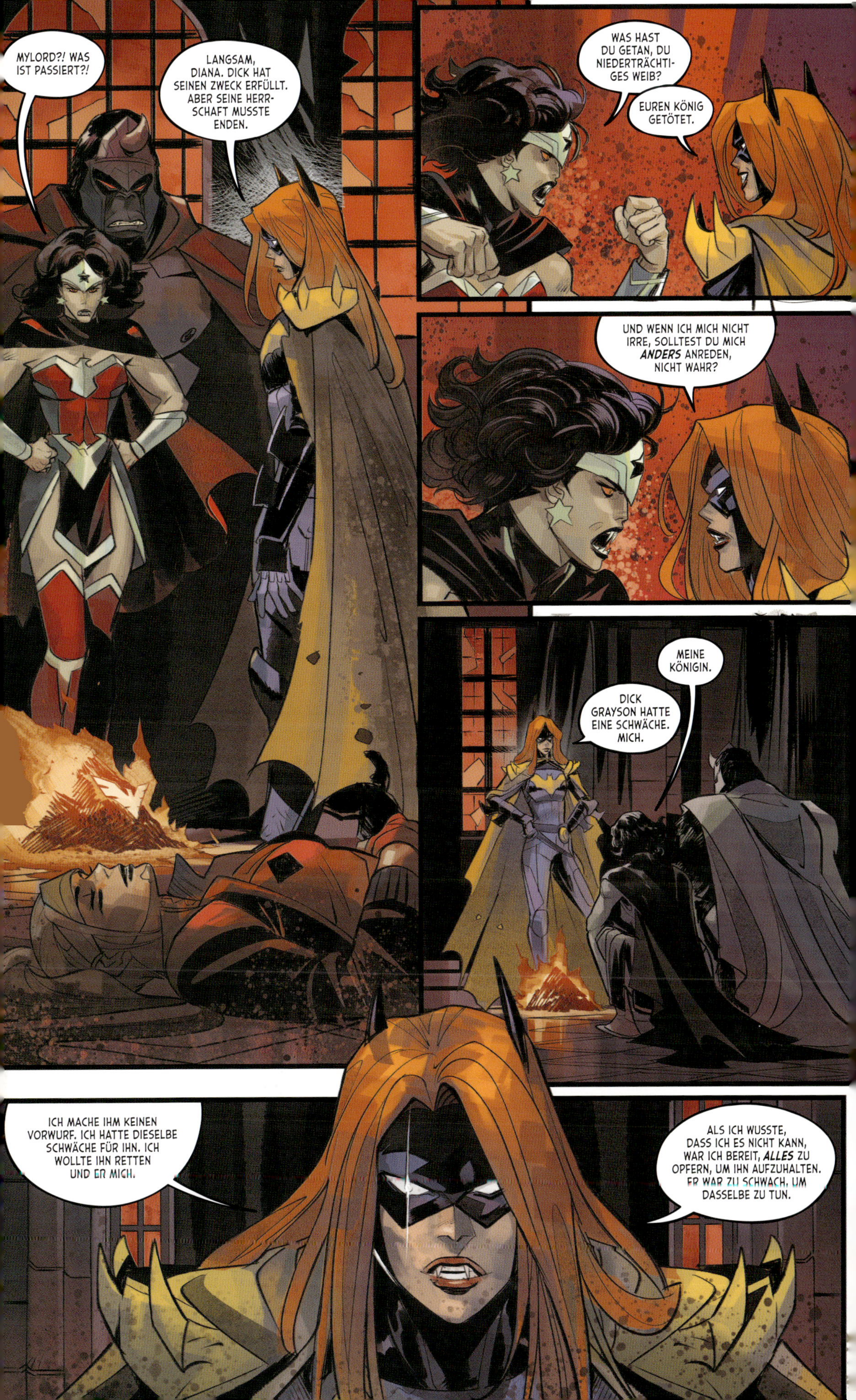
MYLORD?! WAS IST PASSIERT?!
LANGSAM, DIANA. DICK HAT SEINEN ZWECK ERFÜLLT. ABER SEINE HERRSCHAFT MUSSTE ENDEN.
WAS HAST DU GETAN, DU NIEDERTRÄCHTIGES WEIB?
EUREN KÖNIG GETÖTET.
UND WENN ICH MICH NICHT IRRE, SOLLTEST DU MICH ANDERS ANREDEN, NICHT WAHR?
MEINE KÖNIGIN.
DICK GRAYSON HATTE EINE SCHWÄCHE. MICH.
ICH MACHE IHM KEINEN VORWURF. ICH HATTE DIESELBE SCHWÄCHE FÜR IHN. ICH WOLLTE IHN RETTEN UND ER MICH.
ALS ICH WUSSTE, DASS ICH ES NICHT KANN, WAR ICH BEREIT, ALLES ZU OPFERN, UM IHN AUFZUHALTEN. ER WAR ZU SCHWACH, UM DASSELBE ZU TUN.

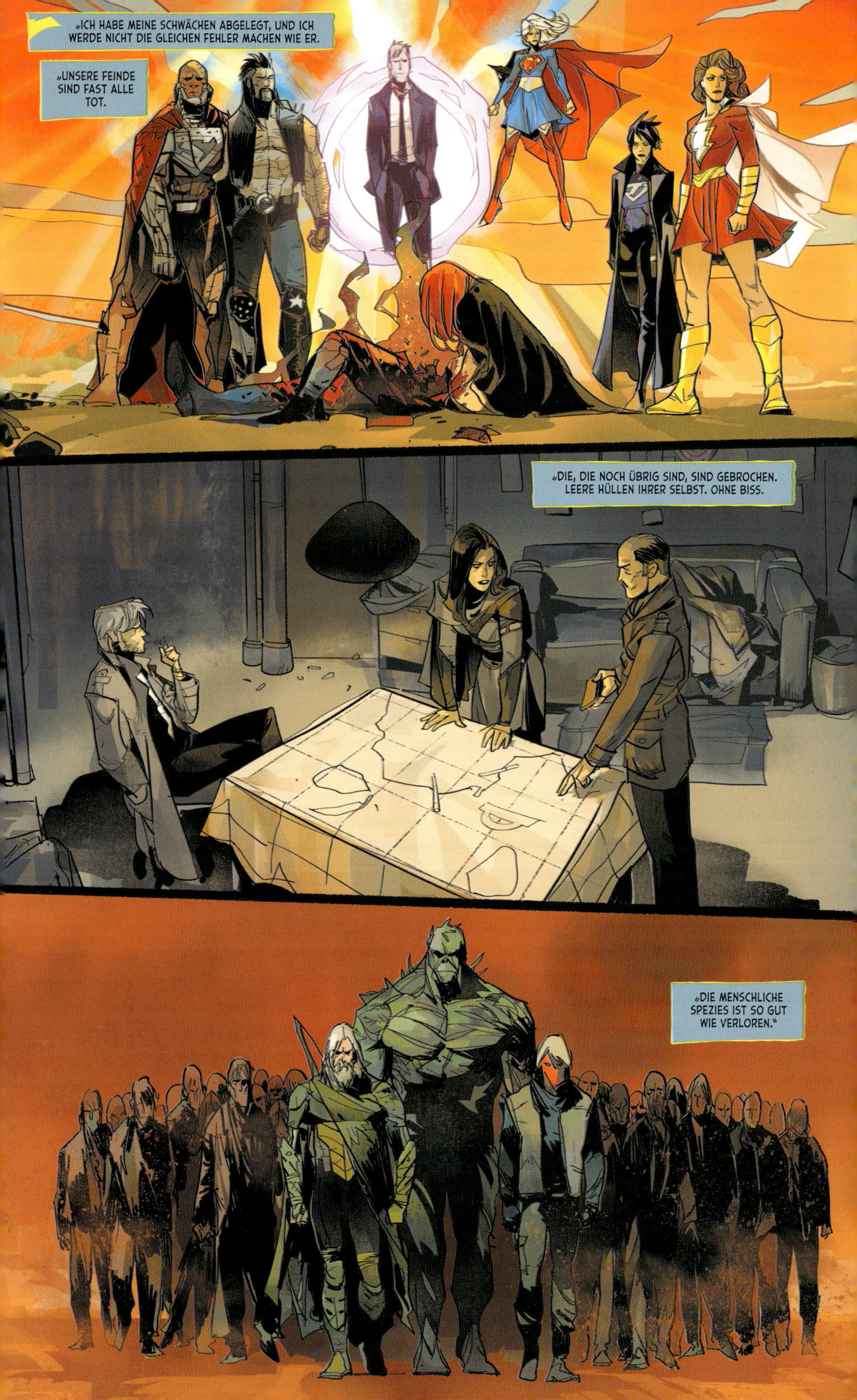
„ICH HABE MEINE SCHWÄCHEN ABGELEGT, UND ICH WERDE NICHT DIE GLEICHEN FEHLER MACHEN WIE ER.
„UNSERE FEINDE SIND FAST ALLE TOT.
„DIE, DIE NOCH ÜBRIG SIND, SIND GEBROCHEN. LEERE HÜLLEN IHRER SELBST. OHNE BISS.
„DIE MENSCHLICHE SPEZIES IST SO GUT WIE VERLOREN."

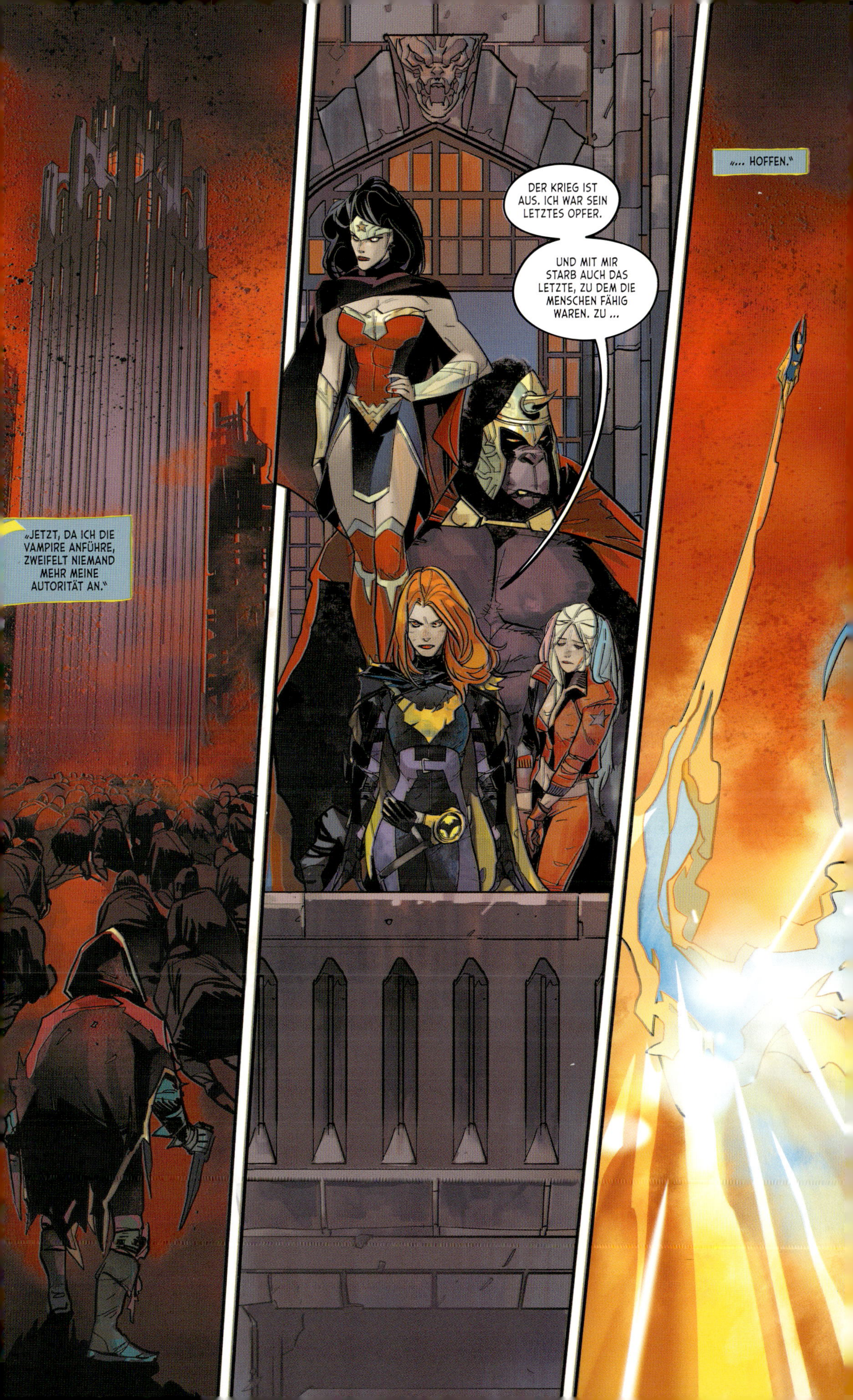
„JETZT, DA ICH DIE VAMPIRE ANFÜHRE, ZWEIFELT NIEMAND MEHR MEINE AUTORITÄT AN."
DER KRIEG IST AUS. ICH WAR SEIN LETZTES OPFER.
UND MIT MIR STARB AUCH DAS LETZTE, ZU DEM DIE MENSCHEN FÄHIG WAREN. ZU ...
„... HOFFEN."

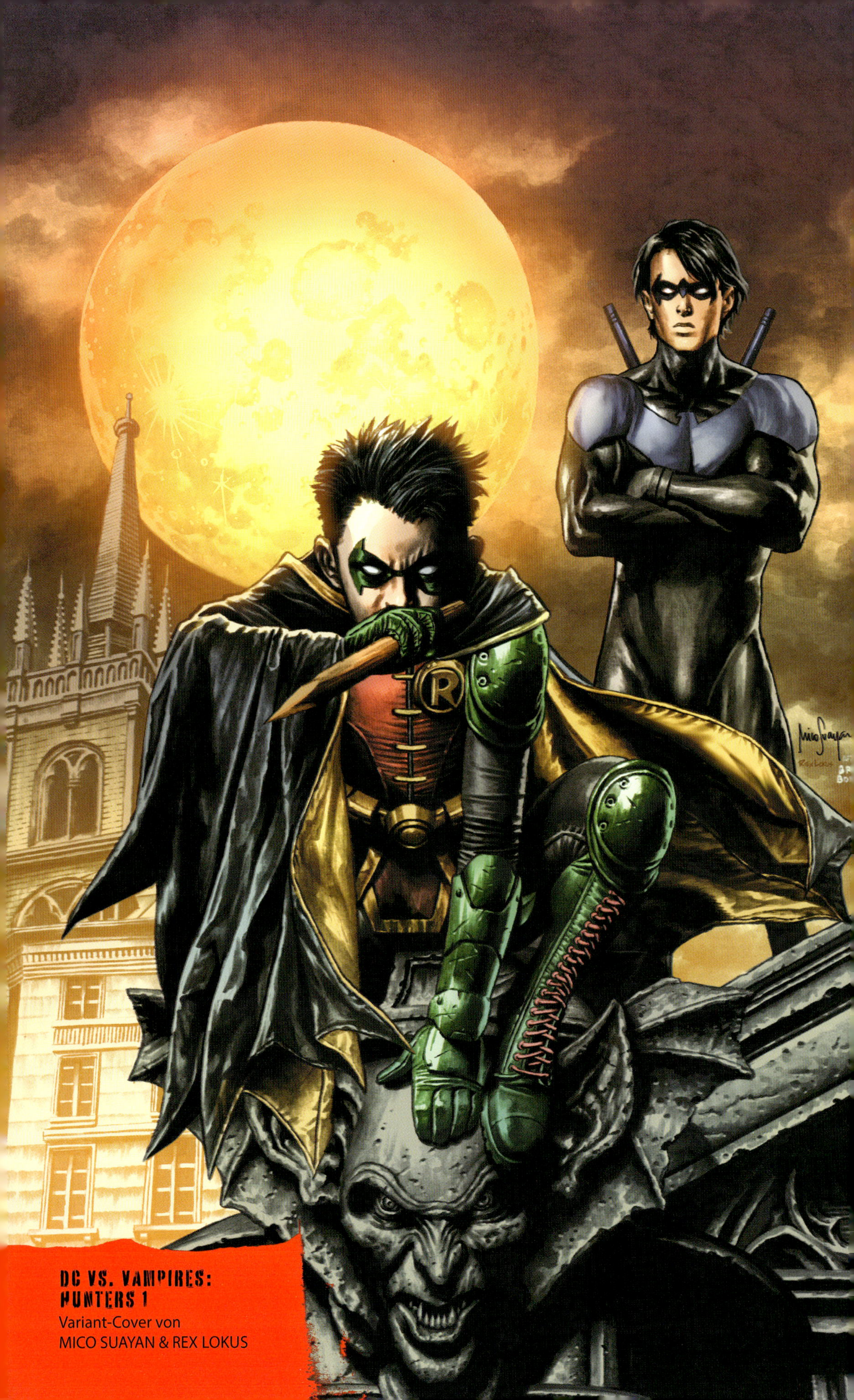

DC VS. VAMPIRES: HUNTERS 1
Variant-Cover von
MICO SUAYAN & REX LOKUS

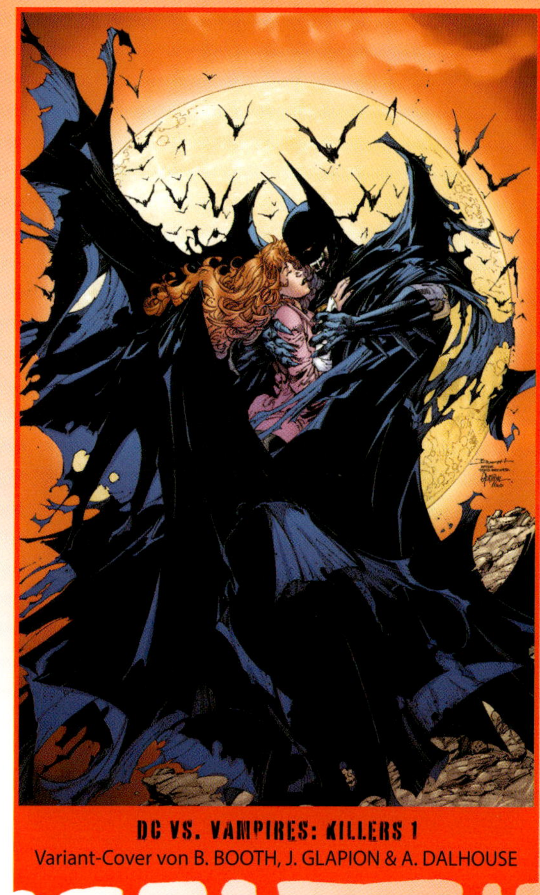

DC VS. VAMPIRES: KILLERS 1
Variant-Cover von B. BOOTH, J. GLAPION & A. DALHOUSE

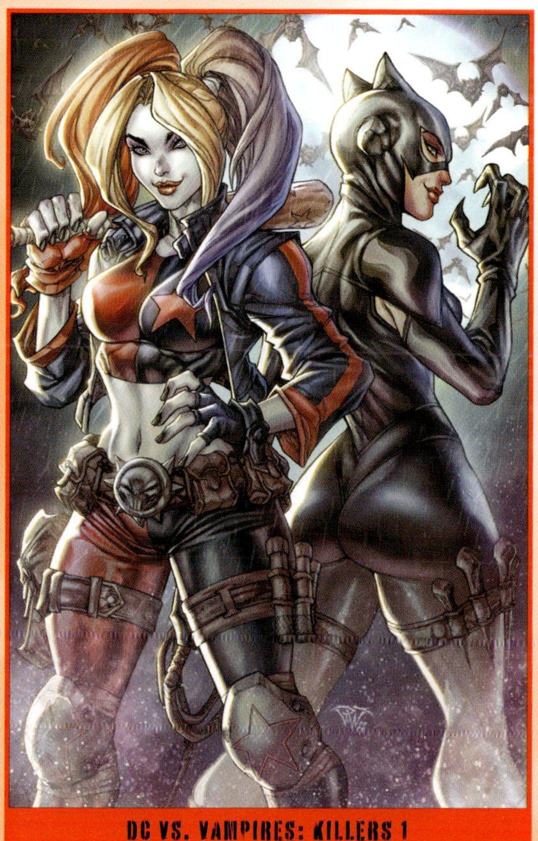

DC VS. VAMPIRES: KILLERS 1
Variant-Cover von PAOLO PANTALENA

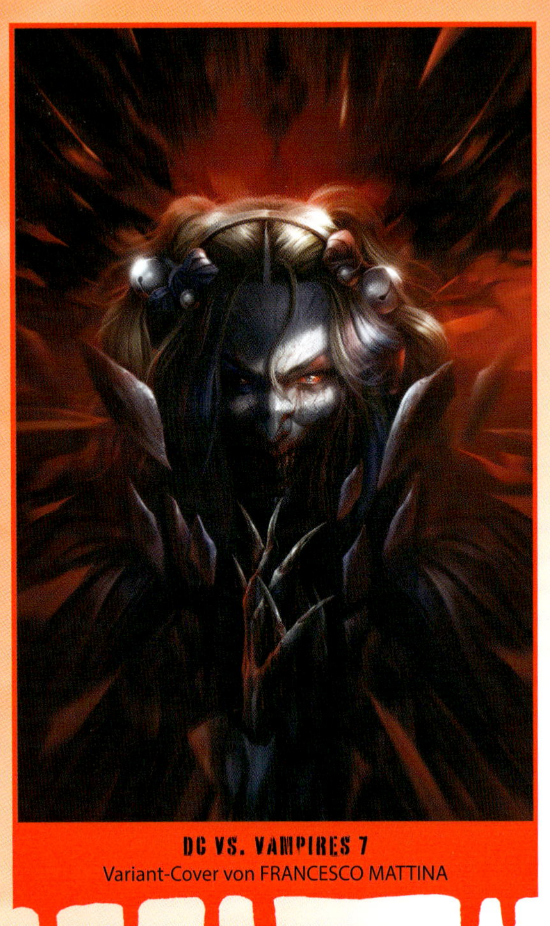

DC VS. VAMPIRES 7
Variant-Cover von FRANCESCO MATTINA

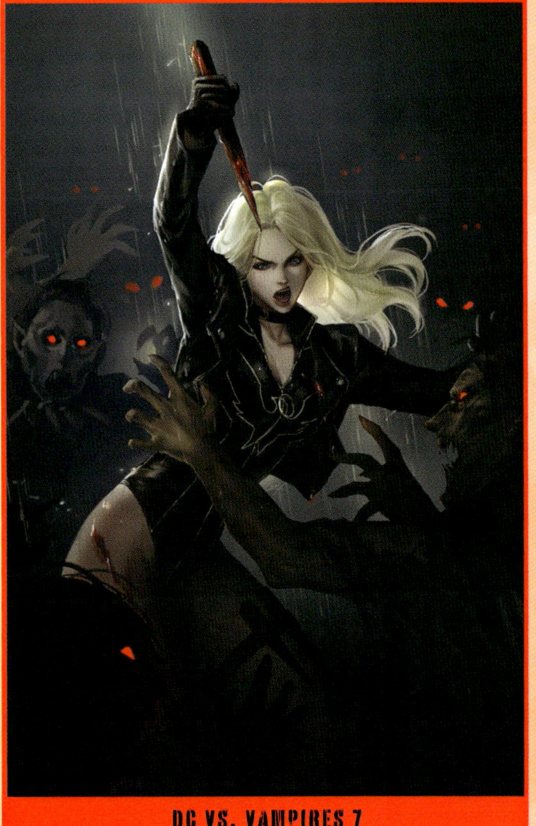

DC VS. VAMPIRES 7
Variant-Cover von LEIRIX

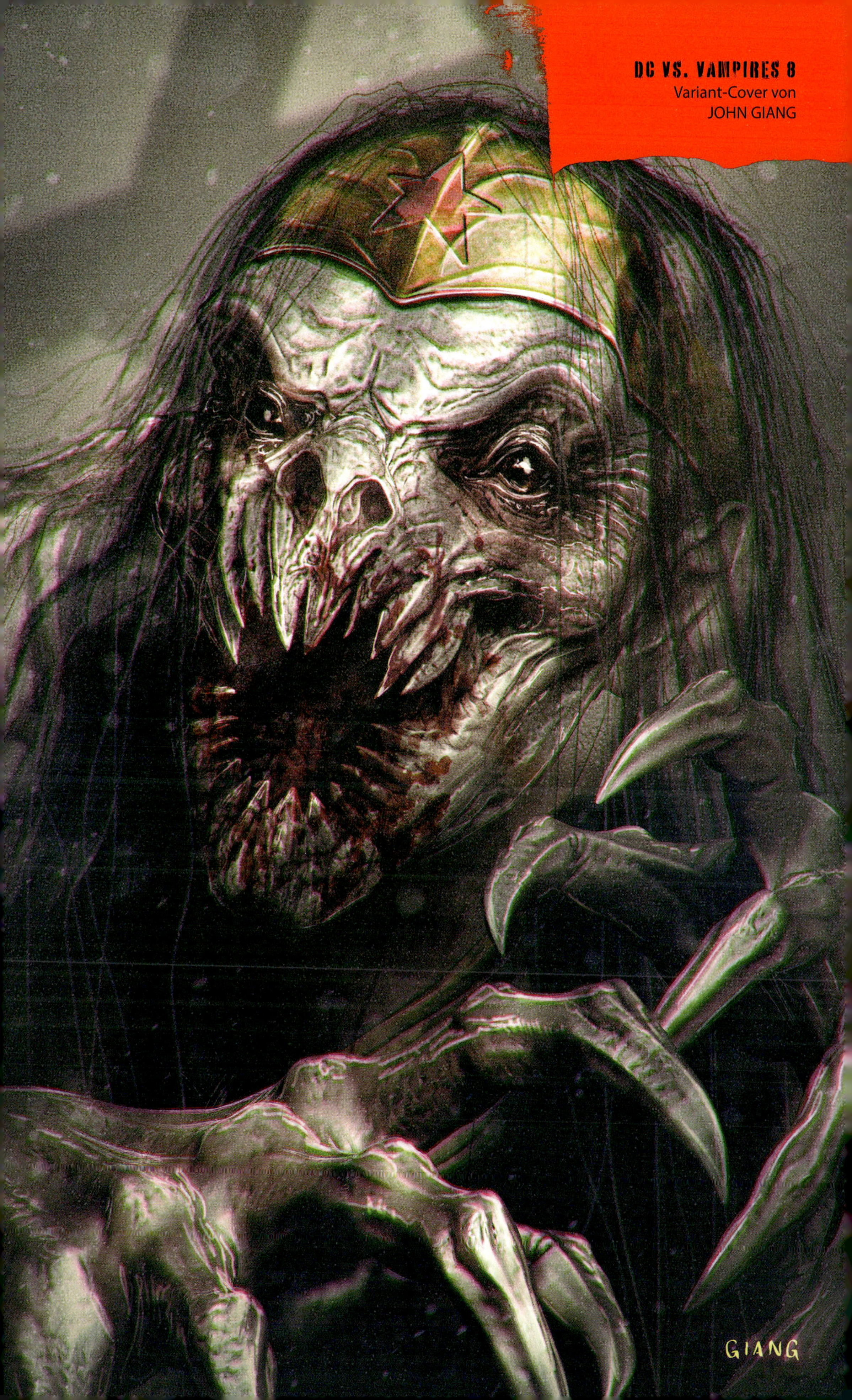
DC VS. VAMPIRES 8
Variant-Cover von
JOHN GIANG
GIANG

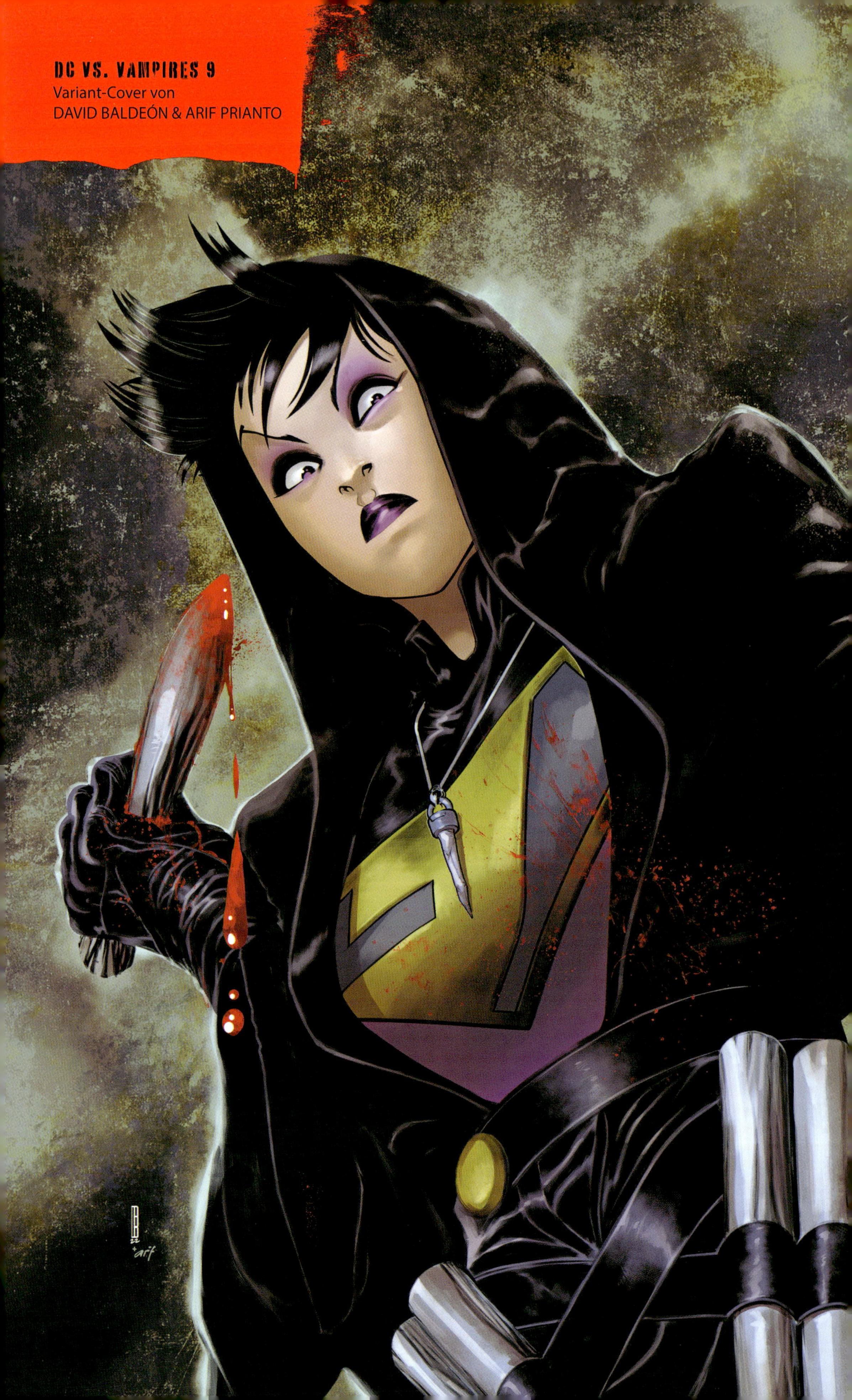

DC VS. VAMPIRES 9
Variant-Cover von
DAVID BALDEÓN & ARIF PRIANTO

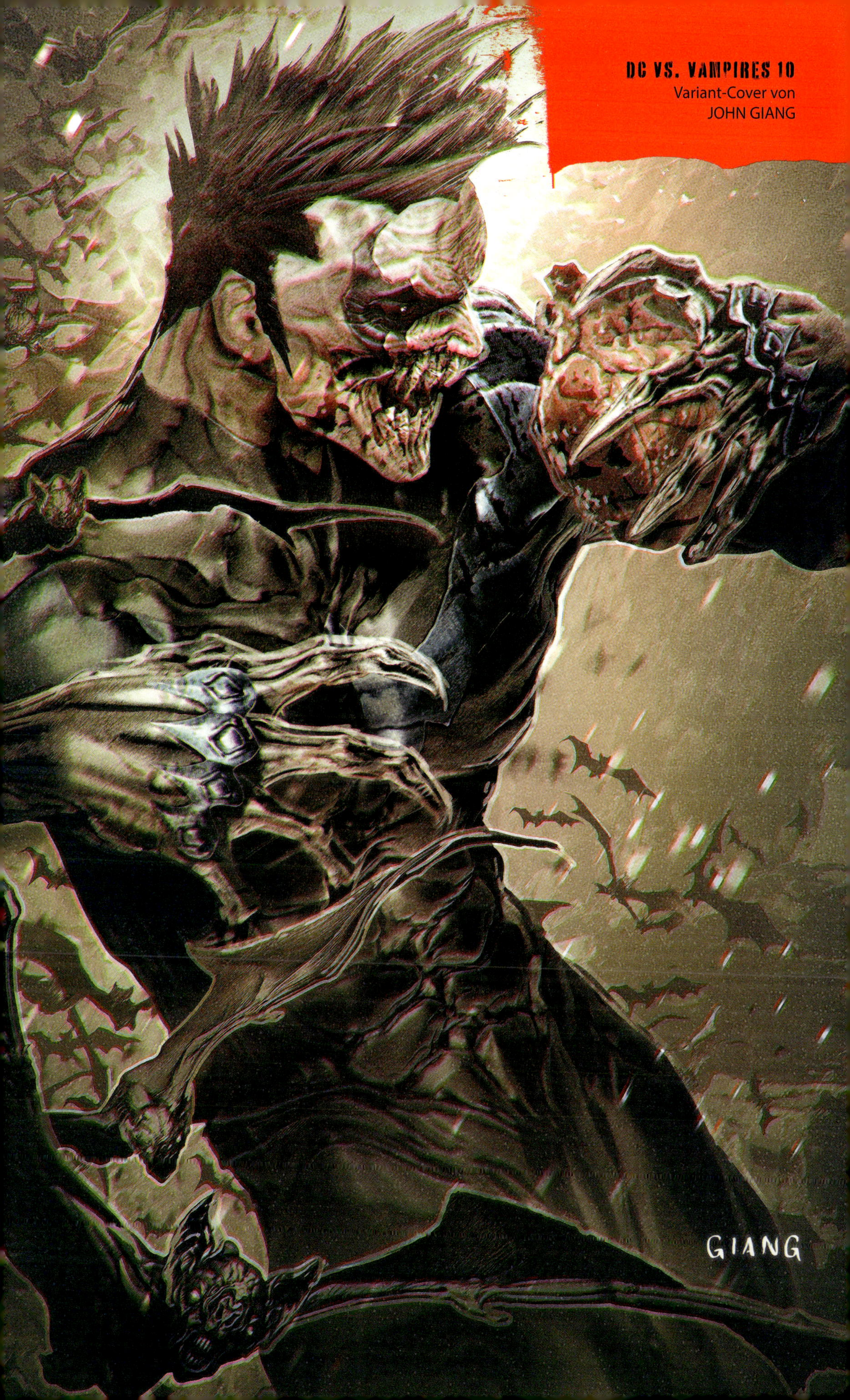
DC VS. VAMPIRES 10
Variant-Cover von
JOHN GIANG
GIANG

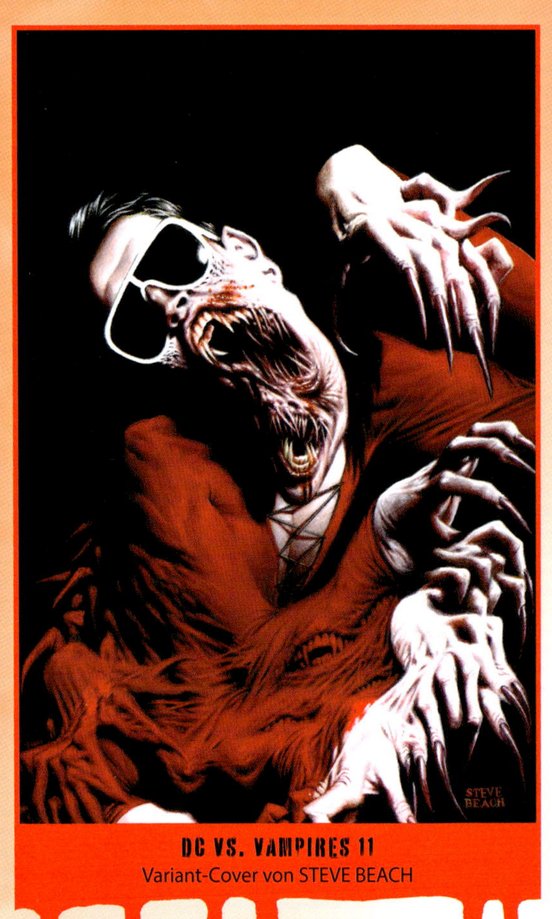

DC VS. VAMPIRES 11
Variant-Cover von STEVE BEACH

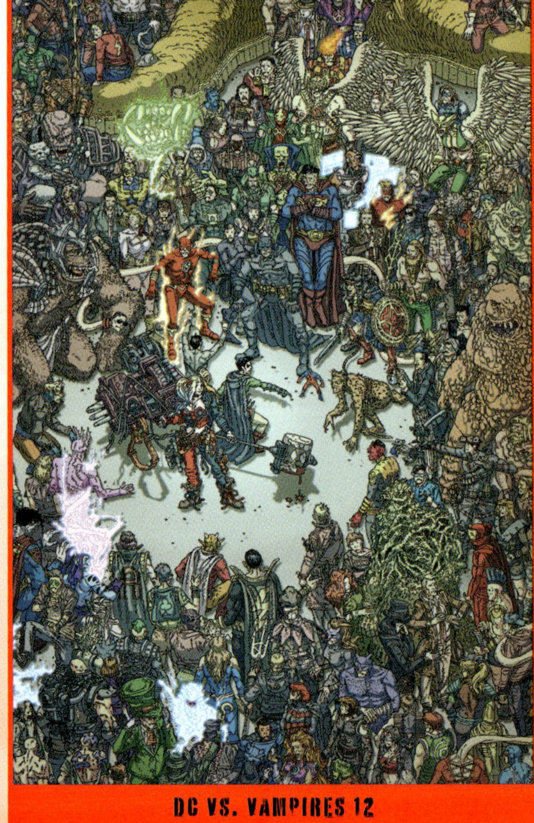

DC VS. VAMPIRES 12
Variant-Cover von FILYA BRATUKHIN & REX LOKUS

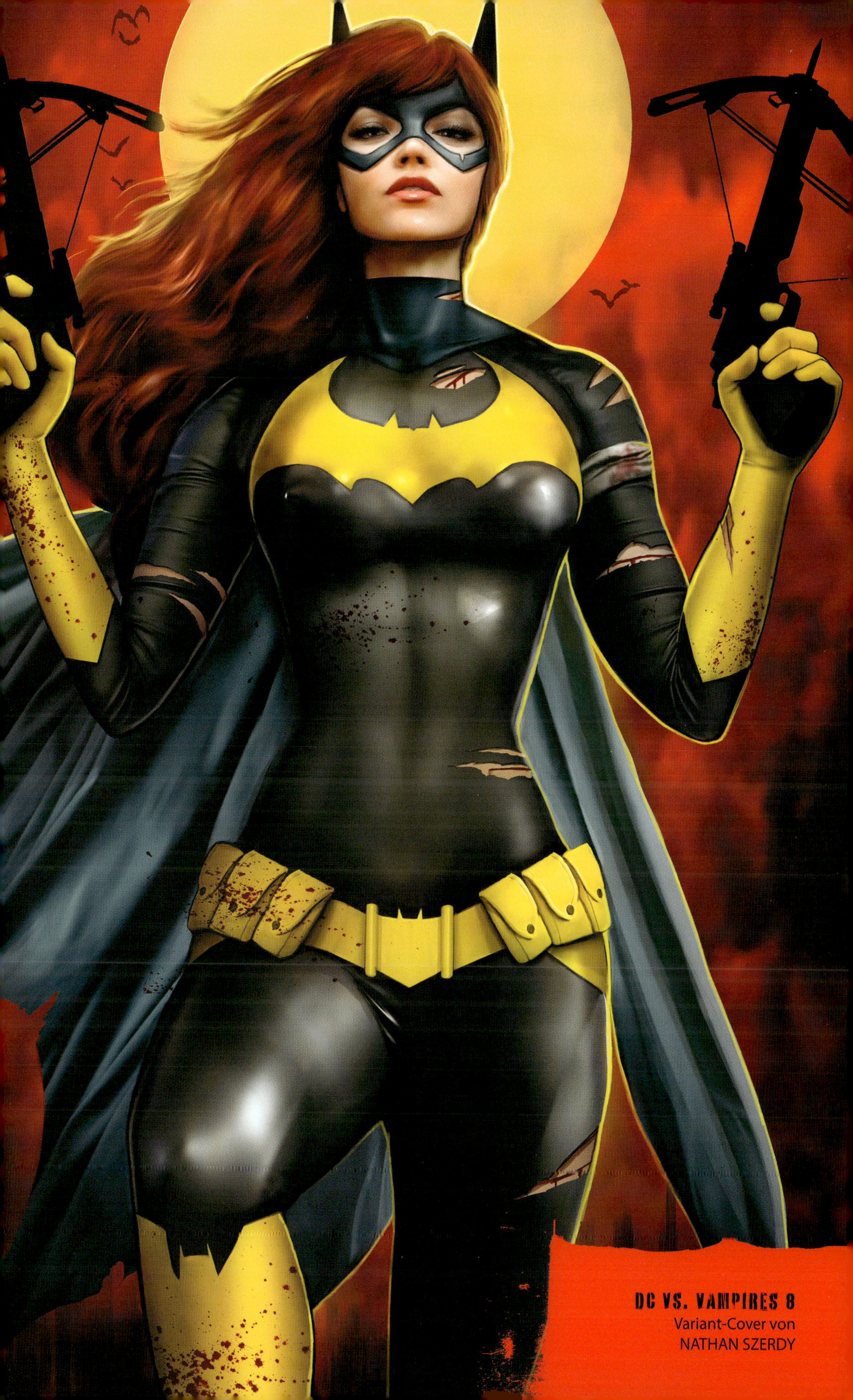
DC VS. VAMPIRES 8
Variant-Cover von
NATHAN SZERDY

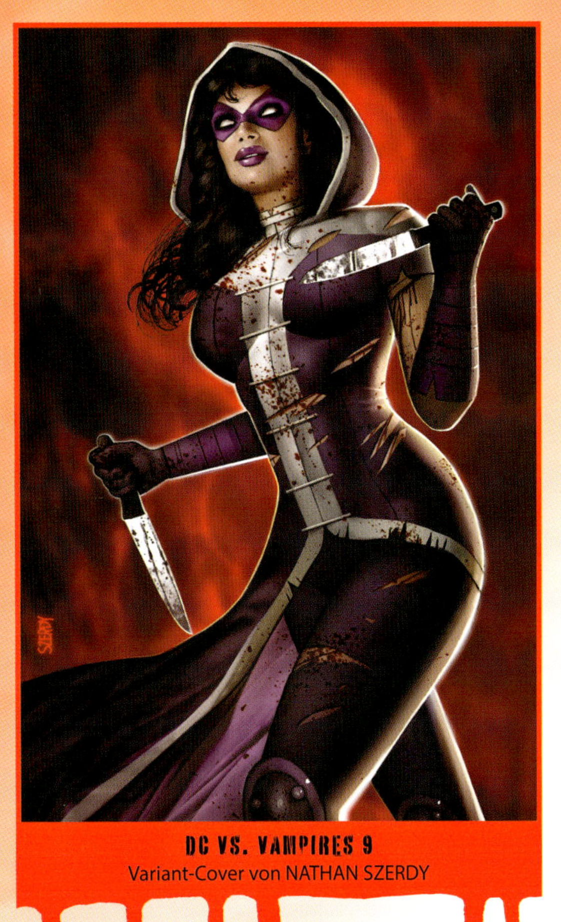

DC VS. VAMPIRES 9
Variant-Cover von NATHAN SZERDY

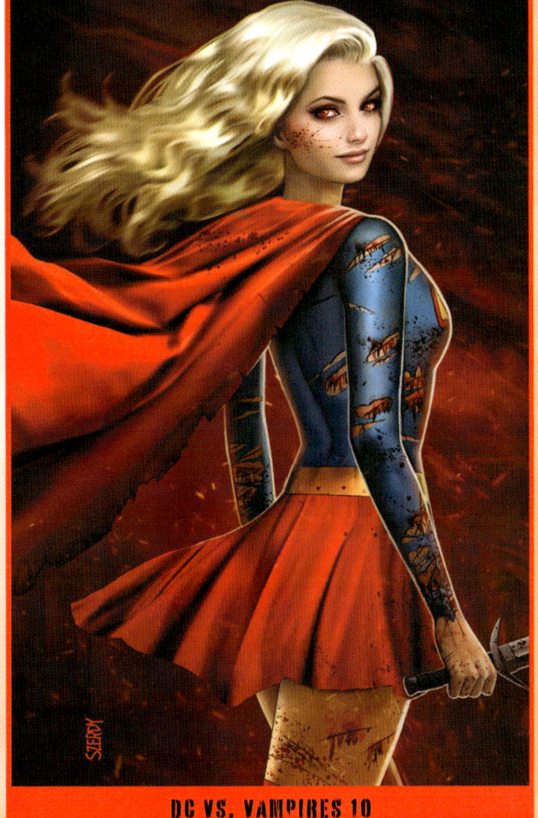

DC VS. VAMPIRES 10
Variant-Cover von NATHAN SZERDY

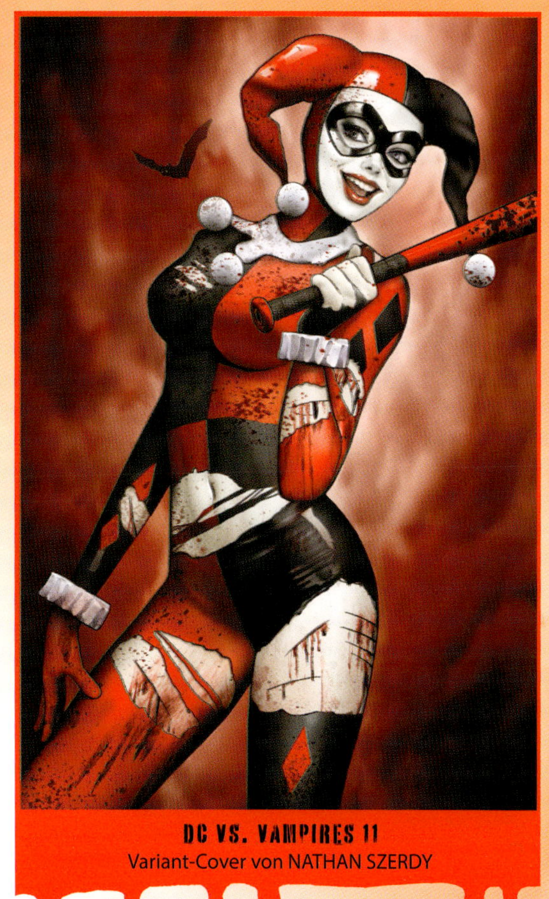

DC VS. VAMPIRES 11
Variant-Cover von NATHAN SZERDY

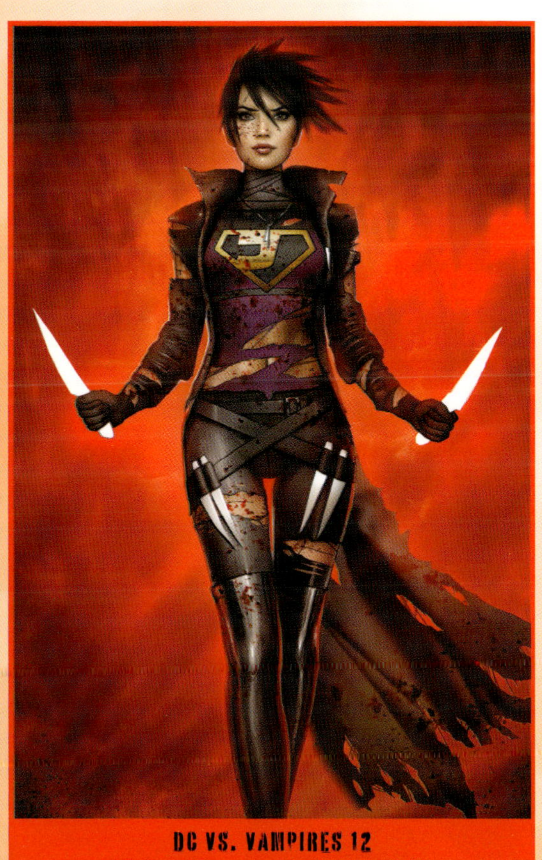

DC VS. VAMPIRES 12
Variant-Cover von NATHAN SZERDY

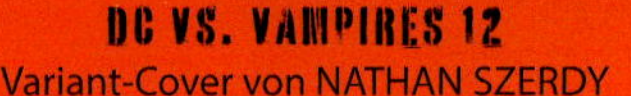

JAMES TYNION IV wurde 1987 in New York geboren und wuchs in Milwaukee, Wisconsin auf. Am College belegte er einen Creative-Writing-Kurs bei Scott Snyder, der gerade seine Laufbahn als Comic-Autor begonnen hatte. Snyder holte ihn 2012 dann als Co-Autor für Back-up-Geschichten für die Serie BATMAN an Bord. Es war der Beginn einer langjährigen Beschäftigung mit dieser Figur und ihrem Umfeld, für das Tynion u. a. TALON MEGABAND, BATMAN – DETECTIVE COMICS, DER JOKER und zusammen mit Snyder BATMAN ETERNAL und BATMAN & ROBIN ETERNAL schrieb, bevor er die Top-Serie BATMAN übernahm. Jenseits von DC verfasste er auch selbst kreierte Serien aus dem Horror- und Mystery-Genre wie *Something Is Killing the Children* und DC-SCHOCKER: DAS HAUS AM SEE.

MATTHEW ROSENBERG wurde in New York geboren. Er besaß und betreute früher ein Label für Punk-Rock-Musik und schrieb 2014 gemeinsam mit Ghostface Killah von der legendären Hip-Hop-Gruppe Wu-Tang Clan das Multimedia-Projekt *36 Seasons*. 2015 explodierte er förmlich in der US-Comic-Landschaft mit den Szenarien für die Miniserien *We Can Never Go Home* und *4 Kids Walk into a Bank*, die beim Kleinverlag Black Mask erschienen. Marvel engagierte das Talent ab 2017 u. a. für Geschichten mit den X-Men, den Guardians of the Galaxy und Spider-Man. Für Image Comics schrieb Rosenberg 2021/22 die Miniserie *What's the Furthest Place from Here?*. Seit 2021 arbeitet er vor allem für DC Comics, wo er u. a. DER JOKER: DER MANN, DER NICHT MEHR LACHT, BATMAN – DETECTIVE COMICS, DER JOKER: DIE GEHEIMNISVOLLE RÄTSELBOX sowie die Zombie-Superhelden-Serie TASK FORCE Z verfasste.

OTTO SCHMIDT wurde 1972 in Sibirien geboren und lebt auf Zypern. Für die großen US-Comic-Verlage zeichnete er u. a. GREEN ARROW MEGABAND (mit Autor Benjamin Percy), HARLEY QUINN (mit Sam Humphries), *Hawkeye: Held im freien Fall* (mit Matthew Rosenberg) und *Avengers – Die Korvac-Saga* (mit Dan Abnett). Dazu kommen Storys in BATMAN, BATMAN SONDERBAND: DIE VORGESCHICHTE ZUR HOCHZEIT, DC CELEBRATION: GREEN ARROW, BATMAN UND DIE JUSTICE LEAGUE: WEIHNACHTSGESCHICHTEN und HARLEY QUINN: SCHWARZ, WEISS UND ROT.

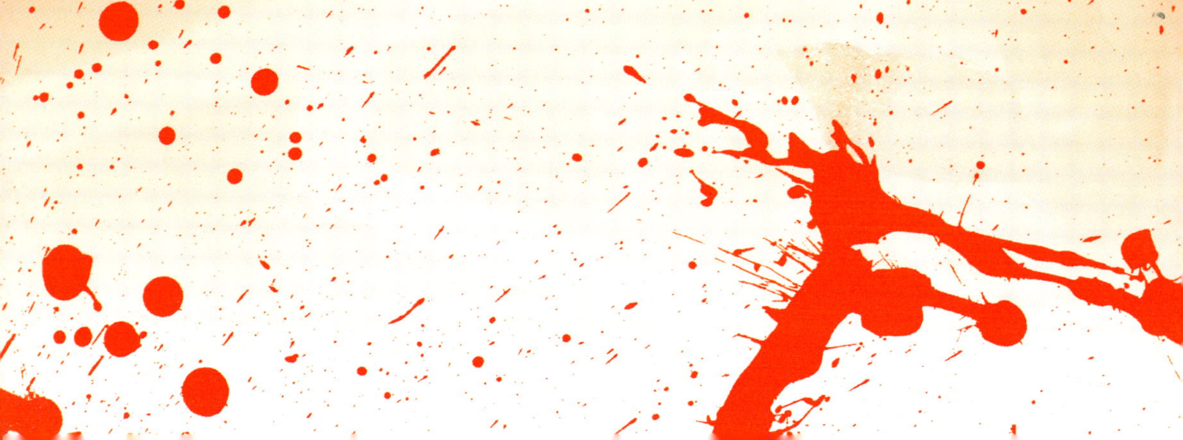